古代歷史文化 研究輯刊

二八編

王明蓀 主編

第 3 冊

唐末五代州縣與其城池變動研究

劉闖 著

國家圖書館出版品預行編目資料

唐末五代州縣與其城池變動研究／劉闖 著 -- 初版 -- 新北市：
花木蘭文化事業有限公司，2022〔民111〕
序 4+ 目 4+260 面；19×26 公分
（古代歷史文化研究輯刊 二八編；第 3 冊）
ISBN 978-626-344-077-7（精裝）
1.CST：歷史地理學 2.CST：唐代 3.CST：五代十國
618   111010271

ISBN-978-626-344-077-7

9 786263 440777

古代歷史文化研究輯刊
二八編　第三冊　　　　　　　ISBN：978-626-344-077-7

唐末五代州縣與其城池變動研究

作　　者　劉闖
主　　編　王明蓀
總 編 輯　杜潔祥
副總編輯　楊嘉樂
編輯主任　許郁翎
編　　輯　張雅淋、潘玟靜、劉子瑄　美術編輯　陳逸婷
出　　版　花木蘭文化事業有限公司
發 行 人　高小娟
聯絡地址　235 新北市中和區中安街七二號十三樓
　　　　　電話：02-2923-1455／傳真：02-2923-1452
網　　址　http://www.huamulan.tw 信箱 service@huamulans.com
印　　刷　普羅文化出版廣告事業
初　　版　2022 年 9 月
定　　價　二八編 27 冊（精裝）新台幣 80,000 元

唐末五代州縣與其城池變動研究

劉闖 著

作者簡介

劉闖博士，河南許昌人，文學學士，歷史學（中國史——歷史地理學方向）博士，許昌學院文史與傳媒學院講師。2011年考入陝西師範大學西北歷史環境與經濟社會發展研究院，2014年獲歷史地理學碩士學位，學位論文題目為《五代時期汴州城市環境初探》。2018年獲歷史學博士學位，學位論文題目為《唐末五代增廢州縣與修築城池之地理分佈研究》。期間，參與編寫原環境保護部項目《中國環境通史》第三卷（五代十國—明）。研究方向為五代十國史、歷史城市地理與河南地方文化，發表學術論文十餘篇，較重要的有《空間置換：後周開封限佛原因探析》、《防禦與擴張：唐末五代吳越錢氏築城之時空解析》、《「雍」作為西安簡稱的合理性》等。

提　　要

　　黃巢起義後，李唐王朝名存實亡，節帥割據，刺史自固，進而演變為五代十國的分裂局面。作為政權鞏固地方統治、彰顯政治意志的州縣（治所城市），其發生的諸多變動如增廢、遷移或城池修築，都是查勘所處時代歷史特徵的重要依據與途徑。本文在對唐末五代及宋初變動州縣加以統計、梳理基礎上，主要探討了它們與該區域歷史發展的關係及整體的空間分佈情況，並劃分為唐末與五代、北方與南方進行不同層次的對比，較為全面、客觀地詮釋了這一特殊時段政治、軍事及經濟等方面演進的時代特徵和區域異同。全文共分六章：

　　第一章「緒論」：凡四節。敘述了本文的選題緣由，梳理及評述了相關的學術史，闡述了本文的研究思想與框架並為本文的順利展開作了幾點說明。

　　第二章「唐末五代增廢州縣與其分佈」：凡四節。統計、解析了唐末、五代兩個時段北方、南方地區的增廢州縣與其空間分佈情況以及北宋滅亡後蜀、南漢後對其疆域內州縣政區的調整。

　　第三章「唐末五代治所城市的遷移」：凡四節。統計、解析了唐末、五代兩個時段北方、南方地區的遷治州縣與其空間分佈情況，論述了本時段北方地區政治中心由長安移至開封、浙江地區政治中心由越州遷往杭州的過程及影響機理。

　　第四章「唐末五代修築城池州縣與其分佈」：凡五節。統計、解析了唐末、五代兩個時段北方、南方地區的修築城池州縣及具備特殊城池形態（羊馬城、子—羅城）州縣與其空間分佈情況，還對宋初滅亡南唐、吳越後在江南地區的「毀城」史實進行了解讀。

　　第五章「相關問題研究」：凡四節。對與第二、三、四章研究內容相關的部分問題如州縣變動與其修築城池的關係、超規模縣城與其空間分佈進行了探討。

　　第六章「結論」：就前述各章作一總結外，進一步指出，（1）本時段發生變動的州縣在北方以州為主，南方則以縣居多，在一定程度上，北方統治者更重視州城在政治生活中的地位和刺史們在主動作為，南方縣的較多表現反映出基層社會對政治生活參與度的加強和地方良好的經濟發展態勢；（2）儘管發生變動的州縣在本時段並不少，但在龐大的政區體系中所占比例很低，沿襲前代既有狀況的州縣才是主流，彰顯出地方政治體系強大的穩定性。

序　言

侯甬堅

　　去年十月下旬，劉闖博士跟臺灣的花木蘭文化事業有限出版公司聯繫妥當後，馬上書寫郵件向我報喜，順帶提出希望我為他的第一本著作撰寫序言的想法，並將此視之為「師生學術友誼的重要見證」，我順著就應承下來了。有關文字的事情，我已養成拖一拖的習慣，拖到最後，已到「破釜沉舟」的節骨眼上，我會全力以赴，盡力思考，使出渾身的解數，很快把文字寫出來。

　　如同許多山東、河南的子弟大學畢業後，樂於選擇西安進一步學習一樣，劉闖同學選擇了陝西師範大學，又選擇了我，來到西北環發中心學習歷史地理學專業。入學的時間是 2011 年秋季。當時，我承擔著國家環境保護部組織編纂的《中國環境通史》第三卷（五代十國——明）的寫作研究工作。在約請我指導的諸位在校研究生參與這一工作時，劉闖拿到手的題目是五代十國時期的環境史研究題目，他和其他兩位同學一樣，都興高采烈，分頭去思考和準備屬於自己的研究題目了。劉闖喜歡在我名下的雁塔校區文科科研樓 401 研究室學習，投入其中的時間不算少，每晚離開時還習慣性地到運動場上去跑幾圈，保持著一名很有上進心的青年學子學習生活上的蓬勃幹勁。到了 2014 年，他完成了題為《唐末五代汴州城市環境初探》的碩士學位論文，答辯獲得通過後，他又給自己提出繼續攻讀歷史地理學專業博士學位的新任務。

　　自 2000 年我在西北環發中心這個教育部人文社會科學重點研究基地工作後，在培養研究生方面確定的方向一直是「歷史環境變遷與重建」，有人理解為是一個偏向歷史自然地理的研究方向，當然是很有道理的。劉闖同學本科所習專業是中國語言文學，獲得的是文學學士學位，碩士求學期間產生了對於歷史城市的研究興趣，在瞭解他的想法後，我就請他自己考慮合適而有意義的博士學位論文選題，後來他選擇了五代十國時期的城市地理研究方向，

最後確定的是《唐末五代增廢州縣與修築城池之地理分布研究》博士學位論文題目。到 2018 年上半年，經過一番努力，他完成了自己選擇的、研究寫作很有興趣的這篇論文。

　　再就是歷史地理學、環境史學的關係是什麼樣？報考歷史地理學專業的研究生進校後，最後寫成了具有環境史學特點的學位論文，這該怎麼理解？這其中的主要原因當然是在於我的治學路徑，一開始是學習研究歷史地理學，2005 年之後又學習研究了環境史學，我指導的研究生受我的影響，做了環境史學的題目，但屬於文本上的學科和專業規定卻不是說動就動的。最主要的原因是，在世界學科發展史裏，歷史地理學、環境史學問世背景不同，問世時間相差百年，分屬地理科學（實際上較多的歷史地理學專業又設置在歷史學科分布的單位裏）、歷史科學，雖然學術淵源和研究取向各有其特點，兩者均為知識階層探究人類社會、自然環境面貌及其相互關係的有效方式，而且相同之處還在與時俱進，學者們對此理應開載布公而不是丟不開門戶之見。以個人之見，結合二者之長來探討人類社會、自然環境面貌及其相互關係，學者們將會在科研道路上取得更大的創獲。

　　劉闖博士自覺地將五代十國時期，從一般所採用的 907～959 年間，前溯後延為 878～979 年間，這是相當明智的做法，目的是可以為研究對象提供更寬長的考察時限。在「緒論」裏，他自我陳述「本文的研究意義在於，針對歷史學界較少涉及的五代十國普遍意義上的城市狀況有一粗淺的描述，宏觀上通過對不同政區增廢、城址遷移、城池修築等諸多治所城市空間分布的初步考察，並結合當時的社會發展狀況給予合理的闡釋，進而反映出該時段不同區域發展的差異性，為認知五代十國史提供一新的注解」。歷史地理學具有為歷史學做工作的一面，所言為五代十國史提供一新的注解是對的。對於這一時期的城市展開研究，劉闖把他的工作歸納為州縣增廢、城址遷治、城池修築三個方面，這是他的發明，此外還有州縣地理分布研究的內容，那是上述三個方面工作做出之後的一個附加部分。2014 年 12 月，周振鶴主編、李曉傑撰《中國行政區劃通史・五代十國卷》出版，是書體大思精，內容宏博，精製的系列政權轄境（或節度使轄區）示意圖，給予劉闖的研究提供了非常清晰而準確的參考圖件，對他來說問題是寫作中怎麼能夠參考得很有章法和收穫呢。

　　我曾在腦海裏思忖：常見歷史政區示意圖，上面必須標出各級政區的治所所在位置（包括圖例、地名），而歷史城市的地理分布圖做出來後，也是在

上面標上一個個城市的名稱和符號，而大多數城市本身就是政區的治所，那麼，研究者繪出來的歷史城市的地理分布圖，與歷史政區示意圖又有什麼區別呢？我把這個想法告訴過劉闖，請他思考，要設法予以解決這個難點，或至少有所推進吧。隨後，我得出的想法是：（1）圖件性質不同，在圖名上需要明確地寫清楚，以示區別；（2）添加符號，如劉闖對歷史城市的研究在於城址遷移、城池修築方面，那就應該在圖上顯示對應的內容（由不同圖例來代表）。其他就得由劉闖來思考了。

劉闖的博士學位論文外審和答辯過程都是很順利的，各位參加答辯的教授給他提的問題，應該在論文修改中有所修改，即比之答辯文本應該更完善一些，現在確定為《唐末五代州縣與其城池變動研究》這一書名的著作就要出版了，我在他的母校向他表示祝賀！我知道劉闖撰寫的博士學位論文裏，有許多自己的體會和心得，對有些專題可以起到拾遺補缺的作用，但還是希望他能夠逐漸提高寫作技藝和學術水準，能在這本書的基礎上走向更為廣大的空間，更為深邃的研究對象內部。

做歷史文字，需要經常體會大處著眼、小處著手的研究方法，才能將所遇到的各種問題有一種歸攏，依循著史實的原委，做出自己的判斷。我看北宋薛居正等撰《舊五代史》卷 133《世襲列傳第二》，到本卷所及人物寫完之後，有史臣說：「自唐末亂離，海內分割，荊、湖、江、浙，各據一方，翼子貽孫，多歷年所」，他接著發出詢問「夫如是者何也？」隨即自己做出一個判斷，即「蓋值諸夏多艱，王風不兢故也」。論到北宋，這位史臣繼續說：「洎皇宋之撫運也，因朗、陵之肇亂，命王師以有徵，一矢不亡，二方俱服。遂使瑤琨篠簜，咸遵作貢之文；江、漢、灘、漳，盡鼓朝宗之浪」，他接著發出詢問「夫如是者何也？」自己隨即又做出一個判斷，即「蓋屬大統有歸，人寰允洽故也」。這其中的唐代「蓋值諸夏多艱，王風不兢故也」，北宋「蓋屬大統有歸，人寰允洽故也」的話語，都是從大處著眼的實例，可以涵蓋前面所述的具體事實，再把自己的見識表達出來。

我希望有緣看到這本書的讀者，也許會有自己的興趣和分析角度，不妨試著對本書寫出自己的看法，哪怕是一星半點，按作者「後記」裏留下的郵箱，發往作者，與作者做起交流。

2022 年 3 月 10 日於古城西安

目

次

圖目次

第一章 緒 論

第一節 選題緣由

開展五代史研究，源於參加業師主持的一個科研項目，文本的寫作大體是按歷史時段來劃分的，有幸選擇五代十國，離不開業師的鼓勵，也多少包含著自己當時「初生牛犢不怕虎」的勇氣。

歷史學界或長期存在這樣一個誤解，即五代十國時間短、政權林立，有效地加以研究有較大的難度。其實不然，不足百年時間的五代十國，先賢為我們留下的史料是相對豐富的，關鍵在於深入探究的耐心與細心。

結合業師的科研項目，自己以五代的某座都城為研究對象完成了碩士學位論文。然而這種對本時段歷史微觀性的考察，似不能很好地對五代十國歷史加以全面的詮釋——對於自己的科研努力，儘管付出了一定的心血，仍然是不知足的。那麼，如何更宏觀、全面地認知五代十國史呢？

固然，在歷史的演進中，民眾的力量是巨大的。但不可否認，作為分裂而戰亂較多的時段，統治階層對社會的干預得到強化，政治、軍事因素成為左右五代十國歷史發展的主要因素，尤其是北方地區。面對現實，當時不同政權的統治階層是如何適應的？或者說，為響應社會的既有狀況，他們做出了哪些努力來表達自己的意志？就實踐區域而言，又表現出怎樣的時代特徵？

州、縣等行政區劃的存在是統治階層實現對統轄區域有效管理的基本途徑。關於州、縣的設置與省廢，在很大程度上也是統治階層增強或消減對某一地區權力干預的重要反映。當然，對地方權力的調整，主要基於相關區域在某一或某些方面的變革——所受軍事威脅的加重或減輕、經濟上的發展或衰退都是可能的。

在軍事上，受敵方威脅、戰爭等影響，牢固的城池（尤其是治所城市）成為統治階層掌控地方的重要依據。因為城池修築是一項耗費相當人力、物力和財力的大型工程〔註1〕，所以無論對城池的重修或者新建，都是體現本時段統治階層意志的重要方式。

如此以來，對五代十國增廢諸州縣、諸治所城市的城池更新詳加梳理、統計並加以空間分布層面的解析成為既有的研究路徑。不過，這些探討是否能夠對本時段的基本史實進行相對全面、客觀的解讀，對既有的歷史偏見是否有所糾正還有待研究的深入展開。顯然，自己已沉浸其中了。

第二節　學術史回顧

大體來看，學界對五代十國史的研究較唐、宋等王朝要薄弱得多。就已有學術成果涉及的領域而言，主要集中在政治制度、國別史、社會經濟與文化、軍事等。就學人而言，廈門大學的韓國磐與鄭學檬、暨南大學的張其凡、東北師範大學的任爽、陝西師範大學的杜文玉及嶺南師範學院的曾國富等是其中的佼佼者〔註2〕。不過，受研究對象影響，他們的諸多論著對五代十國政區沿革、城池修築等內容涉及的並不多。

〔註1〕王茂華、姚建根、呂文靜：《中國古代城池工程計量與計價初探》，《中國科技史雜誌》2012年第2期。按，文中所舉實例限於明清時期，五代時期不少治所城市城池的修築也耗費巨大，在部分記文中有所反映，如五代初吳國的盧州（今安徽合肥）城，「……縣是量材度費，撘力興工，設窯竇於四郊，燒磚礫於億萬，蒸沙似鐵，連甓如山，千畚雲翻，萬杵雷動，役五丁而神速，鵞百雉以天橫……其城周回二十六里一百七十步，壕面闊七十丈至六十丈，深八丈，城身用磚砌高三丈……」，參見〔五代〕殷文圭：《後唐張崇修盧州外羅城記》，《全唐文新編》第4部第4冊，吉林文史出版社，2000年，第10948頁。

〔註2〕按，以上學者的代表性著作有韓國磐著：《柴榮》，上海人民出版社，1956年；鄭學檬著：《五代十國史研究》，上海人民出版社，1991年；張其凡著：《五代禁軍初探》，暨南大學出版社，1993年；任爽著：《南唐史》，東北師範大學出版社，1995年；任爽主編：《十國典制考》，中華書局，2004年；任爽主編：《五代典制考》，中華書局，2007年；杜文玉著：《南唐史略》，陝西人民教育出版社，2001年；杜文玉著：《五代十國制度史》，人民出版社，2006年；杜文玉著：《五代十國經濟史》，學苑出版社，2011年；曾國富著：《五代史研究》，花木蘭文化出版社，2013年。另，80年代陶懋炳先生著有《五代史略》（人民出版社，1985年），當是研究五代十國歷史的第一部專著，學術價值頗值重視。

　　涉及五代十國政區沿革的論著是比較多的，最早或追溯到《新五代史·職方考》，清代有《十國春秋·十國地理表》、《南漢地理志》等，民國時期劉石農先生發表有《五代州縣表》〔註3〕，近年來復旦大學的多篇學位論文與之相關〔註4〕，而《中國行政區劃通史·五代十國卷》〔註5〕的問世無疑把這一方面的研究推向了高潮。

　　從歷史發展的角度來說，北宋初期是五代歷史的延續。周振鶴先生在參閱《宋史·地理志》時發現，「在北宋初年，兩廣地區因為人口稀少，曠地很多，一部分州縣因此而被省併。」〔註6〕對此，筆者統計了《太平寰宇記》中的「嶺南道」部分，發現裁併的縣竟有 101 個，被廢的州也有 16 個。北宋滅亡南漢得 60 州、214 縣，也就是說，嶺南地區在北宋初有將近一半的縣被裁併，結果是相當驚人的。「人口稀少、曠地很多」是對南漢既有狀況的繼承，這些被裁併的州縣主要分布在哪裏，反映了怎樣的南漢社會演進史？更進一步，本時段發生變動的政區應該不止這些，它們屬於哪些政權的管轄範圍，反映了怎樣的歷史發展情況？

　　當然，對這些問題的探討，學人已有所涉及，值得借鑒：曾昭璇先生注意到南漢對海南島裁併 9 縣（由唐代的 23 縣減為 14 縣）的舉動，注解為「南漢政權為著集中權力，減輕行政機構和繁重，曾對各縣大加改革，主是簡政是把較小的縣合併」，內地近山、邊遠地區與「雖設而實不能守者」的個別縣也在被裁併之列〔註7〕；張志達注意到宣歙、江西、福建地區諸場在唐宋之際升格為縣的現象，究其原因，「至五代十國時期，場的成熟與逐漸壯大配合移民聚集、戶口增加、經濟開發等因素的綜合作用，最終催生提升行政層級的現實需要。」〔註8〕

〔註3〕劉石農：《五代州縣表》，《師大月刊》第 11、15 期，1934 年 4、11 月。

〔註4〕韓鳳冉：《五代時期河北道、河南道政區地理研究》，復旦大學碩士學位論文，2007 年；孫鈺紅：《五代政區地理研究——燕晉地區部分》，復旦大學碩士學位論文，2007 年；周慶彰：《五代時期南方諸政權政區地理》，復旦大學博士學位論文，2009 年；陳昱明：《五代關隴河洛地區政區地理》，復旦大學碩士學位論文，2009 年等。

〔註5〕李曉傑著：《中國行政區劃通史·五代十國卷》，復旦大學出版社，2014 年。

〔註6〕周振鶴著：《中國地方行政制度史》，上海人民出版社，2005 年，第 306 頁。

〔註7〕曾昭璇：《南漢後海南省行政區劃史研究》，《中國邊疆史地研究》1993 年第 4 期。

〔註8〕張達志：《唐宋之際由場升縣問題試釋——以宣歙、江西、福建為中心》，《復旦學報（社會科學版）》2015 年第 3 期。

　　時逢亂世，城池成為開展有效防禦、維繫政權運作、保護城內民眾生命財產的主要設施，守衛一方對城池加以修築或新建成為現實所需。據日本學者愛宕元先生統計，唐末五代的華中、華南地區修築城池的治所城市共有29處，含22座州城和7座縣城〔註9〕。在該章後面的表格《唐代州縣城郭一覽》中，愛宕元先生也列舉了不少北方地區在唐末五代修築城池的州縣，共21處，含18座州城和3座縣城。因為愛宕元先生探討的重點是在江南地區，認識到本時段該區域城池經過修築後普遍增大的趨勢，結合史實給出了自己相對寬泛的解釋：第一，不同政權之間的戰爭；第二，地方刺史、節帥等割據勢力的自固；第三，經濟發展、人口增長的推動。

　　我們在肯定愛宕氏研究成果的同時，也應認識到其中的不足。他對華中、華南修築城池的諸多州縣中，位於唐代江南道的就有27處，江南東道就佔了21處，而嶺南道只列舉了桂州（今廣西桂林）。即便是江南東道，到唐末五代大致被吳、吳越與閩三個政權所瓜分，而不同政權在修築城池時，往往會根據實際需要對一定區域有所側重〔註10〕。

　　成一農在論述「中國古代地方城市築城簡史」時，對唐後期至五代十國修築城池的州縣有一些涉及〔註11〕。可貴的是，作者將唐後期修築城池的州縣城市以地圖的形式展現出來〔註12〕，對於解讀該時段這些城池的地理分布情況和較之前發生的變化提供了直觀的參考。部分州城在唐末五代修築有羊馬城，馬劍對相關內容進行了梳理與分析，點出了「從地域分布上看，唐五代時期主要分布於西北及割據勢力紛爭的北方」〔註13〕。

　　從某種意義上說，本文論述的內容與歷史城市地理有一定的關係，尤其是對本時段諸修築城池地理分布情況的探討。畢竟，本文對諸城池的統計，

〔註9〕（日）愛宕元著：《唐代地域社會史研究》第3章《唐末五代期における城郭の大規模化——華中・華南的的場合》，同朋舍，1997年，第415～488頁。按，還包括吳越地區的東安鎮城。

〔註10〕劉闖：《防禦與擴張：唐末五代吳越錢氏築城之時空解析》，《中國歷史地理論叢》2017年第2輯。

〔註11〕成一農著：《古代城市形態研究方法新探》，社會科學文獻出版社，2009年，第181～183頁。

〔註12〕成一農著：《古代城市形態研究方法新探》，附圖4《唐代後期築城分布圖》，第256頁。

〔註13〕馬劍：《羊馬城考——兼考成都羊馬城》，《中國歷史地理論叢》2011年第2輯。

絕大多數正是州、縣治所城市。當然，中國古代的城市並不專指治所城市，但對古代城市概念與包含對象的探討或只是停留在理論層面，在具體在研究中，更偏向於對治所城市的探討〔註14〕。

作為歷史人文地理重要分支的歷史城市地理在經過侯仁之、李長傅、馬正林、李孝聰等先生的積極探索〔註15〕之後，已形成了相對成熟的理論體系，並發展成為歷史地理學諸多分支中的翹楚〔註16〕。

就已有的研究成果來看，「過去近一個世紀的中國歷史城市地理學研究成果偏重於將某座城市作為『面』來研究其選址、城址轉移、街道布局等城市外貌形態特徵與城市內部的地域結構。」「跳出單個城市的研究模式，從一定地域範圍來考察區域城市群體的變遷及其相互關係，是近十年來歷史城市地理研究的新方向。」〔註17〕當然，區域也有大小之分，如果從更為宏觀的角度（比如全國）來考察某 ·時段城市地理的分布情況，為突山該歷史時期的特徵，以變動城市為探究對象當是相對便捷、可觀的。

李孝聰先生於90年代前期發表的兩篇論文以交通線為切入點，微觀地從沿線城市入手，宏觀地以歷史發展為背景考察了關聯城市的變動情況〔註18〕，視角可謂新穎。「華北」一文審視了唐末至北宋時期政治中心東移導致的傳統水陸交通線路調整，進而影響到沿線城市遷址、興衰的史實；「運河」一文關注對象是南北大運河沿線城市在唐宋時期的基本狀況，強調了運河變化對城市興衰的影響，舉例五代時的常州城堪稱點睛之筆。

〔註14〕成一農著：《空間與形態——三至七世紀中國歷史城市地理研究》，蘭州大學出版社，2012年，第20頁。

〔註15〕按，關於侯仁之、李長傅先生對歷史城市地理學的重要貢獻，可參考辛德勇的《侯仁之先生對於我國歷史城市地理研究的開拓性貢獻》（《中國歷史地理論叢》1990年第4輯）和吳宏岐的《李長傅先生對歷史地理學理論的探索》（《歷史地理學研究的新探索與新動向——慶賀朱士光教授七十華秩暨榮休論文集》，三秦出版社，2008年，第503～506頁）。馬正林、李孝聰先生在歷史城市地理領域的貢獻，分別以專著《中國城市地理》（山東教育出版社，1998年）、《歷史城市地理》（山東教育出版社，2007年）為要。

〔註16〕葛劍雄、華林甫：《二十世紀的中國歷史地理研究》，《歷史研究》2002年第3期。

〔註17〕李孝聰著：《歷史城市地理》，山東教育出版社，2007年，第12、16頁。

〔註18〕李孝聰：《公元十至十二世紀華北平原北部亞區交通與城市地理的研究》，《歷史地理》第9輯，上海人民出版社，1990年，第239～263頁；《唐宋運河城市城址選擇與城市形態研究》，《環境變遷研究》第4輯，北京古籍出版社，1993年，第153～179頁。

徐君峰在他的博士論文裏對唐代新建城市進行了統計與分析:「唐代新建城市為 331 座,主要分布在南方和沿邊各地……經濟發展而析置是唐代新置城的主體部分」〔註 19〕,有一定的參考價值。林立平先生通過統計唐代後期全國各道等第提升州縣的數量,結合南方經濟的發展、人口增長、城市繁榮來論證了唐宋之際我國城市分布重心的逐漸南移〔註 20〕。

王德權以河北地區(根據自然地理形勢為劃分為 6 個次級區域)為研究範圍,重點考察了三至八世紀該地區縣治的變動情況,「嘗試從縣治在空間上的伸縮過程闡明國家權力變動的走向」〔註 21〕。成一農把研究區域擴展到了全國,研究對象除遷建城市外,還增加了新設城市,選擇了東漢末、魏晉南北朝、隋、唐 4 個剖面繪製了新設、遷建城市的分布地圖。可貴的是,成氏還統計了研究時段(三至七世紀)內各個省區新設、遷建城市在唐代諸縣中的比重,「絕大多數省份中新設、遷建縣城高達 50%以上,已經可以說明公元 3～7 世紀地方行政治所城市的地理空間分布變化已經發生了根本性的變化。」〔註 22〕應該說,兩人的研究思路與方法頗值借鑒。

或因時段長、研究對象發生的變化在不同區域表現出較大的差異,予以直接、合理的解讀尚有不小的難度,故王德權、成一農在解析所得統計結果時是有所保留的〔註 23〕,在相當程度上襯托出「中國歷史城市地理學的研究應從地貌環境、政治、制度、社會經濟與文化等多方面、長時段、綜合性地考慮」〔註 24〕的先見之明。

〔註 19〕徐君峰:《唐代城市地理研究》,陝西師範大學博士學位論文,1996 年,第 60 頁。

〔註 20〕林立平:《試論唐宋之際城市分布重心的南移》,《暨南學報(哲學社會科學版)》1989 年第 2 期。按,林先生的研究思路頗值參考,《五代會要》卷 20《州縣望》也記載有五代時段等級提升的州縣,但數量相當有限,故推廣到五代十國的研究中尚有很大難度。

〔註 21〕王德權:《從「漢縣」到「唐縣」——三至八世紀河北縣治體系變動的考察》,北京大學出版社,1999 年,第 161～217 頁。按,筆者所謂的「地區差異」並非作者將自己對河北地區情況的探討與其他地區加以對比,而是他在探討河北地區之初就根據當地自然地理地形將其劃分為六個次級區域。

〔註 22〕成一農著:《空間與形態——三至七世紀中國歷史城市地理研究》,蘭州大學出版社,2012 年,第 35～41 頁。

〔註 23〕王德權:《從「漢縣」到「唐縣」——三至八世紀河北縣治體系變動的考察》,北京大學出版社,1999 年,第 200 頁;成一農著:《空間與形態——三至七世紀中國歷史城市地理研究》,蘭州大學出版社,2012 年第 45 頁。

〔註 24〕李孝聰著:《歷史城市地理》,山東教育出版社,2007 年,第 12 頁。

第三節　本文研究的框架

本文研究的時段，並非只侷限於五代十國傳統意義上的 907～959 這 53 年。歷史學家嚴耕望先生的治史經驗是，「斷代研究，不應把時間限制得太短促」，適當地前溯後延對研究多有裨益〔註 25〕。鑒於唐末黃巢起義對五代政局形成產生的重要影響（表 1-1），筆者以乾符五年（878）為始〔註 26〕——這一年，黃巢接任王仙芝繼續領導農民起義並揮師南下，在相當程度上加速了李唐王朝的衰落；終止時間則選在了北宋滅亡北漢，完全結束五代十國分裂局面的太平興國四年（979）。也就是說，本文的研究時長實際上是 878～979 這 102 年，較傳統的「五代」時長拓展了近 1 倍。

表 1-1　部分五代十國政權締造者與黃巢起義關係整理表

序號	政權	締造者	與黃巢起義的關係	備　註
1	後梁	朱溫	參與、反叛	883 年得宣武軍節度使（治汴州）之職
2	晉	李克用	鎮壓	883 年受命節鎮河東，長子李存勗建立後唐
3	岐	李茂貞	阻遏其在關中西進	軍職上升，開始嶄露頭角
4	吳越	錢鏐	防範其攻擾	餘杭副都將，後借杭州「八都」崛起
5	閩	王審知	鎮壓（依附秦宗權）	兄王潮奪取福建全境，王氏繼之開國
6	前蜀	王建	鎮壓（依附楊復光）	隨後入蜀
7	南漢	劉龑	——	父劉謙邀擊黃巢有功，獲封州刺史等職 兄劉隱繼之，後平定嶺南

資料來源：《舊五代史》、《十國春秋》「本紀」、「世家」部分。

就研究對象而言，「變動州縣」主要涉及兩類：一類是新增和省廢的諸州、縣政區。五代北、南方政權設置有一定數量的軍（約 34 個），因其地位相對特殊，史書記載也比較有限，除個別有涉及外，正文多有規避，製作表格（附表 1）列於文末以備後用；一類是因故治所發生遷移的州縣，也包括部分區域中心城市的轉移。當然，還涉及修築城池的諸多州縣，因各地情況有所差異，

〔註 25〕嚴耕望著：《治史三書》，遼寧教育出版社，1998 年，第 13～16 頁。

〔註 26〕按，關於研究五代十國應起始的時間，學界有不同看法，除 907 年這一傳統看法之外，尚有 878 年（黃巢起義爆發）、881 年（起義軍攻入長安）和 891 年（王建佔據成都，取得西川霸權）等。出於長時段考察歷史的需要，筆者以 878 年為始。

部分州縣雖只是修治了城壕或以竹木作柵充當城牆,甚至只是設立了城門,仍被列入了統計範圍。

至於研究區域,主要侷限於五代與十國政權所管轄的大致區域,大體以《中國行政區劃通史‧五代十國卷》附圖《I-2 920 年後梁等政權轄境政區示意圖》為準。北方政權涵蓋早期的河東(李克用)、岐(李茂貞)、燕(劉仁恭)等割據政權管轄區域。唐末對北、南方地區的劃分參考的是五代時期中原與南方政權的管轄範圍,較之略有修正,暫以《中國行政區劃通史‧五代十國卷》附圖《I-1 907 年後梁等政權轄境政區示意圖》中的岐王、梁政權南部邊界為準〔註 27〕。另外,進入五代後期,北、南方部分區域歸入契丹或走向獨立,考慮到史料問題,在作圖時有所取捨。

本文的研究方法,一方面傳承的是歷史地理學比較經典的歷史文獻法和實地考察法,另一方面則較多地借鑒了比較分析法。歷史文獻法不僅在於從史籍中查找相關資料,同時也將整理來的內容加以梳理、統計,以求掙脫簡單描述的桎梏,使結論更為客觀、科學。因為五代十國距離今天已有 1000 餘年,加上改革開放尤其是近 20 年來的城市化建設大潮,既有的遺跡保存得相當有限,筆者所謂的「實地考察」更多地體現在對相關新聞與考古報告的閱讀與認識上。

英國歷史地理學家達比(H. C. Darby)教授在研究中倡導先將事物的發展過程按時間「切」出不同的剖面,再進行比較分析,進而對其在過去的演變有一較好的解讀。這一研究方法是值得學習的,筆者在寫作本文時將 878～979 這一長時段分割為 878～906、907～959、960～979 三部分,分別代表唐末、五代和宋初,以 907、959 兩個年份為不同切面,重點考察研究內容在唐末與五代這兩個時段的相關情況,從而突出五代十國的歷史地位。至於 960～979 這一時段,筆者主要關注的是統一後北宋對原割據政權所轄州縣的調整及城池的廢毀,因涉及範圍主要侷限於南方的後蜀與南漢,故不具備與之前兩個時段對比的意義。

本文主要的研究意義在於,針對歷史學界較少涉及的五代十國普遍意義上的城市狀況有一粗淺的描述,宏觀上通過對不同政權增廢、城址遷移、城池修築等諸州縣(治所城市)空間分布的初步考察,並結合當時的社會發展狀況給予合理的闡釋,反映出該時段不同區域發展的差異性,為認知五代十

〔註27〕按,對應的是前蜀、武貞軍節度使、楚王與吳王管轄區域的北界。

國史提供一新的注解。另外，就該時段史實而言，證實了州縣的行政等級與其城池規模大體構成正對應關係，即等級越高，城池越大，或對部分成見有一定程度的修正。

第四節　必要的幾點說明

因五代十國有別於漢、唐等統一王朝，故在展開具體研究之前，有必要做一些說明，以便於釐清本文的研究思路。

1. 唐末五代發生變動的州縣可分為不少類型，如增廢、治所遷移、修築城池、等第升降、隸屬關係調整、轄境盈縮等，本文選取了史書記載較多、更能反映區域變化史實的前三類加以重點論述。雖無法做到面面俱到，也不至構成太大偏差。當然，在相關論述中對後幾類也有一定涉及。至於對這些變動州縣在空間上的劃分，唐末為北方地區與南方地區，五代時期考慮到中原政權疆域的盈縮與完整性，以北方、南方政權轄境為主。

2. 本文的研究方式是以《元和郡縣圖志》、《太平寰宇記》等地理總志所記唐後期與北宋初期州縣政區為經，《舊五代史》、《五代會要》、《資治通鑒》、《新五代史》、《南唐書》（馬、陸）〔註28〕、《九國志》、《十國春秋》〔註29〕等史書所記舊事為緯，從史書中扒梳既定的研究內容，再從出土的墓誌銘及後人編纂的地方志中對其加以查證與補充。因史料記載分散，加之筆者自身時間、精力有限，對相關史書的版本不作相關探討，使用古籍多為學界認可度較高的中華書局、上海古籍所出的點校本。當然，散佈於學術雜誌上的輯補性史料與補白性「正誤」劄記也是重要的參考對象。

3. 對於州縣的增廢沿革，本文主要參考的是學界最新的成果《中國行政區劃通史》中的《唐代卷》、《五代十國卷》與《宋西夏卷》，除發現其中的明顯錯誤外，不再作一一考證。

〔註28〕按，《南唐書》共有兩部，均為宋人所撰，作者分別為馬令、陸游。其中，馬令創作時間較早。本文對兩部《南唐書》均有參考，如不通過注釋說明，行文中所涉《南唐書》實指以上兩部。另外，關於這兩部《南唐書》的異同，可參考簡彥姈：《馬令、陸游兩家〈南唐書〉之比較》，《中國文化大學中文學報》第 25 期，2012 年 10 月，第 67～84 頁。

〔註29〕按，固然《十國春秋》所記之事於研究十國歷史頗有價值，但其成書時間很晚，本文對相關內容的參考儘量從《南唐書》、《吳越備史》、《北夢瑣言》等較早問世的史書中尋找原文並加以優先引用。

4. 就研究區域的先後而言，大致為先北後南，自東而西，從政權的角度來看，基本順序為北方政權—吳（南唐）—吳越—閩（清源軍）—楚（湖南）—荊南—前蜀（後蜀）—南漢。

5.《中國行政區劃通史·五代十國卷》繪製有不少政區圖，本文所作地圖的底圖多來源於此。當然，對《中國歷史地圖集》中的「五代十國」圖幅也有一定參考。

第二章 唐末五代增廢州縣與其分布

　　州縣等行政區劃的增置與省廢，既是地方社會發展好壞的重要指示，也是相關政權表露對地方控制力強弱的顯著形式。州縣等政區的存在以實際地域為主要依託，受管轄區域變動影響，單從州縣數量的變化〔註1〕來反映唐末五代諸政權對政區的調適是不切實際的，而著力於對增廢州縣與其在空間分布上的考察，或更為客觀一些。

　　唐末五代是我國歷史上的亂世，中央權力勢微，周邊民族政權如東北的契丹借機擴張，其結果是各自掌控區域較為明顯的盈縮變動，在一定程度上表現為對邊疆地帶政區的調整。

第一節　唐末增廢州縣與其分布

　　相對而言，史書對唐末（878～906）新置州縣記載得比較明確，省廢州縣則相對模糊。大致來看，唐末增廢州縣在空間分布上的鮮明特點是，北方地區遠多於南方地區，而邊疆地區是政區變動的重要區域。

一、新增州縣

　　安史之亂被平定後，唐王朝最先在邊疆地區設置節度使，進而將這一體制適用於內地。而黃巢起義轉戰大半個中國，在沉重地削弱了中央權力的同

〔註1〕按，僅以州的數量變化來看，唐末至北宋初的政區變動是有一定幅度的。據元和二年（807）李吉甫向唐廷進呈的《元和國計簿》，全國共有 297 個州（府以州計，下同）；反映唐末州縣情況的《新唐書・地理志》共有 338 州，《新五代史・職方考》統計為「合全國所有，268 州，而軍不在焉」。到了北宋初期，《太平寰宇記》計有 325 州（不含軍、監和未轄縣之州）。

時，地方節帥表現出日趨明顯的跋扈之志〔註2〕。

　　因中央權力勢微，實力強的節度使不僅長期掌控節鎮內的要職，觸犯唐廷意志而兼併他鎮、增置州縣成為他們變相壯大自身實力的重要表現形式。當然，個別州的設立更多地體現為節度使對家鄉的優待。筆者對唐末增置州縣略作統計，製作表3-1以示之。

表2-1　唐末增置州縣統計表

序號	時　間	州縣名	所屬節鎮及駐地	節度使	備　註	
1	光啟二年（886）	儒州	盧龍（幽州）	李匡威		
2		武州				
3		新州			後為節鎮	
4		永興縣			與州同置，隸屬新州	
5		礬山縣				
6		龍門縣				
7		懷安縣				
8		文德縣			與州同置，隸屬武州	
9	景福元年（891）	景州	義昌軍（滄州）	盧彥威	後周廢為定遠軍	
10	景福二年（892）	祁州	義武軍（定州）	王處存		
11	龍紀元年（889）	憲州	河東（太原府）	李克用		
12		樓煩縣			與州同置，隸屬憲州	
13		天池縣				
14	光化二年（899）	輝州	宣武軍（汴州）	朱全忠	於朱氏籍貫碭山縣置，次年徙治	
15	大順二年（891）	衍州	鳳翔（鳳翔府）	李茂貞	後周廢為定平縣	
16	乾寧二年（895）	乾州			901年廢，906年復置	
17	天祐三年（906）	耀州			墨制	
18		鼎州				後唐廢為美原縣
19		翟州				
20	廣明元年（880）	原州	涇原（涇州）	程宗楚	行原州，後唐為實體州	
21	中和四年（884）	武州	涇原（涇州）	張鈞	行武州，後周為實體州，尋廢	
22		渭州			行渭州，後晉為實體州	

〔註2〕何燦浩著：《唐末政治變化研究》，中國文聯出版社，2001年，第2～3頁。

23		蕭關縣			行縣，為行武州治，後周廢
24	景福元年（892）	警州	靈威（靈州）	韓遵	後晉廢為威肅軍
25	光啟三年（887）	昇州	鎮海軍（潤州）	周寶	一說 890 年置
26	文德元年（888）	義安縣	宣歙（宣州）	趙鍠	推測時間；892 年廢
27	天復中（約 902）	岐坪縣	龍劍（龍州）〔1〕	王宗滌	西川王建表置
28	乾寧二年（895）	古縣	靜江軍（桂州）	周元靜	一說為古縣場

參考文獻：《舊唐書·地理志》、《新唐書·地理志》、《太平寰宇記》、《輿地廣記》、《長安志》、《唐方鎮年表》、《兩唐書地理志匯釋》、《中國行政區劃通史·唐代卷》、《中國行政區劃通史·五代十國卷》等。

注解：〔1〕岐坪縣屬閬州，據《新唐書》卷 67《方鎮表》4，景福元年（892）閬州隸屬於龍劍節鎮，直到天祐三年（906）改屬利州節鎮。《唐方鎮年表》言 892 年楊守貞為龍劍節度使，但考慮到乾寧三年（896）王宗滌攻克龍州和光化二年（899）王建派兵「收穫閬州」的史實（《十國春秋》卷 35《前蜀 1·高祖本紀》上），王宗滌被唐廷任命（從王建表請）為龍劍節度使的可能性較大。

　　從表 2-1 可知，唐末新置州縣共有 28 個，含 18 州 10 縣。從新置州縣的空間分布看，北方地區共 17 州 7 縣，占比達 86%〔註3〕，南方地區僅有 1 州 3 縣（昇州和義安、岐坪、古縣）。

　　隸屬於盧龍節鎮的順州與賓義縣，於乾符中增置〔註4〕。隨著天祐元年（904）平陽縣的廢入，歸於郴州的桂陽監升格為實土的縣級政區〔註5〕。因上述事例較為特殊，不合本文的研究範圍，故此處不作分析。

　　就北方地區新增州縣來看，呈大體分散而又相對集中的特徵。除景、原、武三州外〔註6〕，其餘州縣的增置均為節度使上表請置，有強烈的主觀性。其中，河北數鎮佔據 5 州 5 縣，河東一鎮有 2 州 2 縣，關內數鎮則多達 8 州——

〔註3〕按，該處實際數據為 85.71%，因正文只據相應數據作一般性分析，故出於方便未保留小數點之後的數字，相關處理採用的是四捨五入法。後文的計算與數據處理與此相同，不再贅述。

〔註4〕郭聲波著：《中國行政區劃通史·唐代卷》（上冊），復旦大學出版社，2012 年，第 211 頁。按，因史書對唐末五代州縣增廢時間的記載並不明晰，甚至有相左之處，郭聲波、李曉傑等學者依據諸史料進行了較多推斷，本文多採自其既有成果，不再作類似判定。另，「乾符」為唐末年號，時段為 874～879 年。

〔註5〕郭聲波著：《中國行政區劃通史·唐代卷》（上冊），第 545 頁。

〔註6〕按，據《舊唐書》卷 16《穆宗本紀》記載，長慶元年（821）六月，「滄州先置景州於弓高縣」，而唐廷的意見是「宜停廢」。次年正月，唐廷「復以弓高縣為景州」，但卷 17《文宗本紀》下又云：大和五年（831）十二月，「滄州殷侑請廢景州為景平縣」，表明地方節度使對其轄境內州縣的置廢有一定的干預力。

一盧龍節帥李匡威、鳳翔節帥李茂貞及河東節帥李克用是比較典型的。

李匡威成為盧龍節度使是繼承其父李全忠的職務，而李全忠取得該職是基於光啟元年（885）其受命侵擾易州（屬義武軍節度使）失敗後對本鎮的成功襲擊〔註7〕。易州位於盧龍節鎮的西南，李全忠的失敗表明盧龍節鎮兼併他鎮的實力還不夠，886年繼承父業的李匡威很難再去冒險行事，在轄區的西北邊境新置州縣是明智的。

王處存節制義武軍始於乾符六年（879），任職長達16年〔註8〕，892年表置祁州有其條件。而且，北有盧龍、南有成德，都是實力強大的節鎮，兼併他地並不現實。

靠反叛黃巢起義發家的朱全忠於883年受命節制宣武軍，隨之以汴州為根據地在河南一帶不斷擴張，成為活躍於北方地區的主要軍閥之一。朱氏的籍貫為宋州碭山縣，899年已開始干預朝政的他以碭山縣表置輝州，頗有輝耀故里的寓意。不過，因「其地卑顯，難葺盧舍」，不久便遷州治於單父縣〔註9〕。

李克用因鎮壓黃巢起義有功而得到唐廷器重，於中和三年（883）受命節制河東〔註10〕，成為唐末五代初北方地區的重要勢力。早期他實力相對較弱，且周邊強藩林立，在本鎮的核心區域（太原府）周邊新立憲州合乎情理。而與輝州情況類似，李克用為紀念其誕生地或於907年自行增置了應州〔註11〕。不過，考慮到唐末契丹在北方的強大與南侵，特別是「阿保機率眾三十萬寇雲州，晉王與之連和，面會東城，約為兄弟」〔註12〕，應州的增置也有李氏強化北疆防禦實際需要的成分。

李茂貞在鳳翔的割據始於光啟三年（887）七月〔註13〕，因鳳翔位於京師長安的西部，而唐末中央權力衰弱，為其日後擴張勢力、干預朝政提供了便利。早期的李茂貞為擴張地盤積蓄著力量，表現出的強勢並不明顯，遂在轄

〔註7〕《資治通鑑》卷256《唐紀》72「光啟元年五月」，中華書局，1956年，第8322～8323頁。

〔註8〕吳廷燮著：《唐方鎮年表》卷4《義武》，中華書局，1980年，第516～518頁。按，王處存離世後，其子王郜又節制該鎮5年。

〔註9〕《舊唐書》卷20上《昭宗本紀》，中華書局，1975年，第766頁。

〔註10〕《舊五代史》卷25《武皇本紀》上，中華書局，1976年，第337頁。

〔註11〕郭聲波著：《中國行政區劃通史·唐代卷》（上冊），第185頁。

〔註12〕《資治通鑑》卷266《後梁紀》1「開平元年」，中華書局，1956年，第8679頁。

〔註13〕《舊唐書》卷19下《僖宗本紀》，中華書局，1975年，第728頁。

區內增置衍州時且要上表申求。隨著其實力漸強，尤其在乾寧元年（894）吞併山南西道前後，走上了脅君干政之路〔註14〕。然而，隨著朱全忠、李克用勢力的壯大，李茂貞感受到明顯的壓力，特別是天復二年（902）朱氏兵圍鳳翔、「興元入於蜀」〔註15〕，喪失了大片土地。朱氏隨之挾唐昭宗遷都洛陽，緩解了李茂貞在關中地區的危機，906 年墨制〔註16〕耀、鼎、翟 3 州或有強化東部防禦及彌補之前喪地之憾的軍事政治意圖，以耀州為義勝軍節度〔註17〕便是說明。

　　新置於關中西北部的原、渭二州又是另一種情況。唐代後期吐蕃在西北地區不斷擴張勢力，一度佔據了唐關內、隴右道的大批土地，之後隨著其勢力減弱，唐廷收復了部分區域。因時局多變，恢復相應州縣或有一定難度，但存留州縣名稱又能表明收復故土的心志，原州寄治於涇州的臨涇縣，渭州寄治於原州的平涼縣〔註18〕，便是實際案例。設行蕭關縣以為行武州治，也應歸於此類。渭州由涇原節帥上表請置，或有其擴大權力的成分，但藉此向皇帝表達收復疆土之心的政治寓意更為明顯。

　　在這些北方地區新設的諸多政區中，位於邊疆地區的多達 7 州 6 縣，約佔總數的一半，值得我們關注。李唐中央權力的衰微，引起了邊疆游牧民族政權的入侵，而游牧民族流動的特性又為邊地節帥強化防禦、收復失地創造

〔註14〕 王鳳翔：《晚唐五代秦岐割據政權研究》，陝西師範大學博士學位論文，2007年，第 16～35 頁。另據《舊唐書》卷 20《昭宗本紀》，李茂貞一度「甲兵雄盛，凌弱王室，頗有問鼎之志。」唐昭宗在鳳翔時，為求「安所」，甚至將平原公主嫁給了李茂貞之子。不過，這門親事只維持了不足一個月，實屬昭宗的權宜之計，也是唐末政治舞臺上的一出鬧劇，參見郭海文：《唐宣宗、唐懿宗、唐僖宗、唐昭宗公主考》，《碑林集刊》（22），三秦出版社，2006 年，第207 頁。

〔註15〕 《新五代史》卷 40《李茂貞傳》，中華書局，1974 年，第 432 頁。按，興元府為山南西道節度使駐地，此處「入於蜀」的並非只限於興元一府（州），而是指整個山南西道。

〔註16〕 按，「墨制者，即斜封墨敕之謂，蓋不由中書門下而出自禁中者也。」參見〔清〕袁枚撰：《隨園隨筆》卷上《金石類·墨制授官碑文不諱》，廣益書局，1936年，第 57 頁。另據《舊五代史》卷 60《盧汝弼傳》，唐末「是時藩侯倔強者，多偽行墨制。」由此推知，墨制本為來自皇帝給予的特權，但在唐代末期因中央勢弱，成為地方節帥借用皇權謀取私利的重要途徑。

〔註17〕 〔宋〕宋敏求纂修：《長安志》卷 19《華原縣》，《宋元方志叢刊》第 1 冊，中華書局，1990 年，第 192 頁。

〔註18〕 《新唐書》卷 37《地理志》1，中華書局，1975 年，第 968～969 頁。

了契機。西北地區的原、渭、警三州便是鮮明的例子。關於盧龍節度使李匡威新設的儒、武、新三州，固然史料未顯示其與在李唐北疆趨於強大的契丹有什麼關聯，至少表明此時該節鎮相應區域遭受的外族侵擾壓力並不顯著。可見，唐末特殊的邊疆形勢，為處於邊境的節帥在州縣的變動上創造了較多可作為的政治空間。

至於南方地區新置的 1 州 3 縣，其所處地域相當分散。昇州位於江南東道、義安縣屬江南西道（但與昇州較近）、岐坪縣屬山南西道、古縣則處在嶺南道的北部。

昇州即南朝時的建康，隋平江南後改為江寧縣，唐中葉一度在此設昇州，後「以謠言復為上元縣」〔註 19〕。不過，受益於優越的地理區位，上元縣的商業相當發達，成書於唐後期的《幽怪錄》記有其盛況：「舟楫之所交處，四方士大夫多憩焉。」〔註 20〕光啟三年（887）唐廷以上元縣復置昇州，當有經濟層面的考慮，但考慮到該年前後因高駢控馭無方而趨於惡化的淮南局勢〔註 21〕，昇州的設立更有防範江北動亂向東南擴散的政治意圖〔註 22〕。

岐坪縣屬閬州，天復中由西川節帥王建上表請置〔註 23〕。考慮到天復二年（902）王建用兵利、興等州的史實〔註 24〕，再結合閬州的地理區位及王氏奪取閬州的時間，新立岐坪縣在一定程度上或可詮釋為其對既得土地的鞏固。

那麼，就唐末新置州縣而言，為何會出現北多南少，且相差如此懸殊的狀況？出於防禦北方游牧民族侵擾的實際需要，唐廷在北方地區設立了較多的藩鎮。隨著歷史的發展，藩鎮間相對平衡的局面形成。靠鎮壓黃巢起義發

〔註 19〕〔宋〕樂史撰，王文楚等點校：《太平寰宇記》卷 90《昇州》，中華書局，2007年，第 1774 頁。按，唐廷於乾元元年（758）設立昇州，上元二年（761）廢，存在時間很短。另，州廢之際，江寧縣更名為上元縣。

〔註 20〕〔唐〕牛僧孺撰，姜雲、宋平校注：《玄怪錄》卷 2《尼妙寂》，中華書局，1985年，第 29 頁。

〔註 21〕《舊唐書》卷 182《畢師鐸傳》，中華書局，1975年，第 8713～8715 頁。

〔註 22〕按，關於唐末昇州設置的具體時間，史籍記載出現了分歧，《新唐書》、《太平寰宇記》、《輿地廣記》等持光啟三年之說，而《九國志》、《資治通鑑》則云大順元年（890），今人賴青壽的推斷值得借鑒，即「光啟三年有置州動議，至大順元年始由唐中央正式頒下制文，設昇州，委刺史」，參見賴青壽：《唐後期方鎮建置沿革研究》，復旦大學博士學位論文，1999年，第 146 頁。

〔註 23〕《新唐書》卷 40《地理志》4，中華書局，1975年，第 1038～1039 頁。

〔註 24〕《十國春秋》卷 35《前蜀》1，中華書局，2010年，第 496 頁。

家的李克用、朱全忠、李茂貞成為新的地方節帥，且因實力漸強走上了擴張之路。可以說，五代初北方政權林立的局面，在黃巢起義之後的數年已基本奠定。新、舊節帥在本鎮內的權力是長期而穩固存在的，加之他們較強的實力與唐廷的勢微，為其在轄區內增置州縣創造了條件——不少節度使在表置州縣時已節制本鎮 3 年以上。

與北方形成鮮明對比的是，五代南方政權的締造者們多數在本時段雖已成為一方節帥，但還處在兼併周邊土地的軍事戰爭中，如王建兼有山南西道已是天復二年（902），次年奪取夔、忠等州，才基本奠定了前蜀的版圖；吳國將勢力擴展到江西，則到了楊渥在位時的天祐三年（906）〔註25〕；吳越的錢鏐雖於乾寧三年（896）取得了鎮海、浙東兩個節鎮，但平定部分屬州已到五代初年〔註26〕。至於唐末南方的其他節鎮，如湖南、福建、嶺南東道，在馬殷、王審知、劉隱節制之前，多數節帥的任職時間並不長，7 年已屬極限〔註27〕。在如此不穩定的局勢或頻繁的節帥更替之下加以新置州縣，其條件或並不具備。

在唐末新置的 28 個州縣中，有原、武、渭、鼎、昇 5 州和蕭關、岐坪 2 縣是對之前州縣的復置，尤其是前 3 州與蕭關縣，它們位於唐王朝的西北邊疆，因吐蕃的侵擾，這些州縣一度淪喪——唐末對它們的復置，其實多數是在內地僑治，並非實質性的收復。

另一方面，這些新置州縣有多少延續了下來呢？結合《中國歷史地名大辭典》、《中國古今地名對照表》〔註28〕等工具書，筆者在認知相應州縣歷史沿革的基礎上，通過與今天的行政區劃比對〔註29〕，發現有 8 州 7 縣被廢，占全部 18 州 10 縣的 54%。其中，五代時就已被廢的有 6 州 1 縣〔註30〕，而

〔註25〕《十國春秋》卷 2《吳 2・烈祖世家》，中華書局，2010 年，第 33 頁。

〔註26〕（日）日野開三郎著：《五代史の基調》，《東洋史學論集》第 2 卷，三一書房，1980 年，第 56 頁。

〔註27〕吳廷燮撰：《唐方鎮年表》卷 6、7，中華書局，1980 年，第 873～877、926～929、1042～1047 頁。按，受本文研究時段所限，相關統計以 878 年為始。

〔註28〕史為樂主編：《中國歷史地名大辭典》，中國社會科學出版社，2005 年；薛國屏編著：《中國古今地名對照表》，上海辭書出版社，2010 年。

〔註29〕中華人民共和國民政部編：《中華人民共和國行政區劃簡冊 2016》，中國地圖出版社，2016 年。按，該書提供的我國行政區劃信息時間截止到 2015 年 12月 31 日。

〔註30〕按，含 942 年被降為威肅軍的警州。另，景州於 955 年廢，但金代初又得以

它們均位於北方地區，李茂貞所置的衍、鼎、翟 3 州尚在此列。另外，7 州在之後被降為縣（區），且延續至今。至今尚存且行政級別保持未變的只有 2 州 4 縣（占 21%），即渭、昇 2 州和懷安、文德、龍門、樓煩 4 縣〔註 31〕。

二、省廢州縣

比較而言，史書對唐末所廢州縣的記述相當模糊，就省廢時間而言，多以「唐末」代稱，加之今人的相關研究又相對籠統，可明確判斷為 878～906 年省廢的州縣實屬寥寥〔註 32〕。如此以來，相關分析也只能是初步的。

廣明元年（880），武、原、行渭州廢，唐廷隨之又在涇州的臨涇縣置行原州。到了中和四年（884），又設行武、行渭二州。不過，原屬於原州的平高、百泉二縣和隸屬於行渭州的平涼縣均未見重置〔註 33〕，應是淪為敵境後被唐廷有意放棄。

威州的例子與原州類似，只是時間較原州稍晚。光啟三年（887），位於唐廷西北邊境的威州內遷，「徙治涼州鎮為行州」〔註 34〕，下轄的溫池、鳴沙二縣則分別省入靈州的回樂縣與雄州的昌化縣〔註 35〕。

乾州在乾寧二年（885）為李茂貞增置後不久被廢，但天祐三年（906）又為李氏重置〔註 36〕。

天祐元年（904），隸屬於郴州的平陽縣廢入桂陽監〔註 37〕，結合該監「每

　　　　復置，1913 年改為景縣，遂既入五代廢州之列，又屬由州降縣一類。

〔註 31〕按，渭州於金代改為平涼府，發展為今天的甘肅省平涼市；昇州即今江蘇省
　　　　南京市；懷安、文德、龍門 3 縣屬今河北省張家口市，文德縣成為宣化（區）、
　　　　龍門縣改作赤城縣；樓煩改作婁煩，屬山西省太原市。另外，以上 2 州 3 縣
　　　　和 7 個降州為縣而保留至今的政區並非都在後代一直存在，個別州縣一度被
　　　　廢，之後又被復置，景、乾 2 州和龍門縣即是其例。

〔註 32〕按，即便是上文已涉隸屬於滁州而於 892 年被廢的義安縣，裁併時間也有較
　　　　大的推測成分，參見郭聲波著：《中國行政區劃通史·唐代卷》（上冊），第 557
　　　　頁。另外，關於新野縣的裁併時間，魯西奇認為是唐末，郭聲波認定是在乾
　　　　元元年（758），暫依後者（不將新野縣列入討論對象），參見魯西奇著：《城
　　　　牆內外：古代漢水流域城市的形態與空間結構》，中華書局，2011 年，第 241
　　　　～242 頁；郭聲波著：《中國行政區劃通史·唐代卷》（上冊），第 806、809 頁。

〔註 33〕郭聲波著：《中國行政區劃通史·唐代卷》（上冊），第 98～99 頁。

〔註 34〕《新唐書》卷 37《地理志》1，中華書局，1975 年，第 972 頁。

〔註 35〕郭聲波著：《中國行政區劃通史·唐代卷》（上冊），第 109 頁。

〔註 36〕郭聲波著：《中國行政區劃通史·唐代卷》（上冊），第 42 頁。

〔註 37〕〔宋〕王象之撰：《輿地紀勝》卷 61《桂陽軍》，中華書局影印，1992 年，第

年鑄錢五萬貫」〔註38〕的功用、之前數年馬殷節制湖南與佔據嶺南五州的史實〔註39〕，如此的調整無疑是對桂陽監專有功能的強化，也映襯出馬氏對金錢的依賴及戰爭的巨大消耗。

位於今海南省的富雲、博遼二縣，《太平寰宇記》言及「唐末廢」〔註40〕，郭聲波認為「蓋省於唐末劉氏割據之時」〔註41〕，不過，因《輿地廣記》、《文獻通考》、《南漢書》等皆記為南漢時省併二縣〔註42〕，今暫從《輿地廣記》等書。

「唐末」裁併的縣有很多，且主要位於邊境地區，筆者依據史料製作表2-2以示之。

表2-2　「唐末」裁併諸縣統計表

序號	縣名	屬州	資料來源
1	廣平	幽州	《北京歷代建置沿革》第2章《北京市建置沿革總述》118頁
2	五回	易州	（嘉慶）《大清一統志》卷48《易州直隸州2・古蹟》
3	隴城	秦州	《太平寰宇記》卷150《秦州》
4	天水		
5	靈武	靈州	《中國行政區劃通史・五代十國卷》第2編第2章《靈州沿革》第413頁
6	懷遠		
7	保靜		
8	大斌	綏州	《太平寰宇記》卷38《綏州》《元豐九域志》卷10《省廢州軍》
9	龍泉		

2148頁。

〔註38〕〔唐〕李吉甫撰，賀次君點校：《元和郡縣圖志》卷29《郴州》，中華書局，1983年，第頁。

〔註39〕《十國春秋》卷67《蜀1・武穆王世家》，中華書局，2010年，第933~934頁。

〔註40〕《太平寰宇記》卷169《萬安州》，中華書局，2007年，第3240頁。

〔註41〕郭聲波著：《中國行政區劃通史・唐代卷》（上冊），第614頁。按，類似的例子還有曾口、顏羅二縣，郭氏據二縣所屬忠州的省廢時間（871）推斷兩縣也廢於此時，但《輿地廣記》、《文獻通考》等記為五代時省，今姑且依「五代」之說。

〔註42〕〔宋〕歐陽忞著，李勇先、王小紅校注：《輿地廣記》卷37《萬安軍》，四川大學出版社，2003年，第1190頁；〔宋〕馬端臨著：《文獻通考》卷323《輿地考9・萬安軍》，中華書局，2011年，第8879頁；〔清〕梁廷楠著，林梓宗校點：《南漢書》卷4《中宗本紀》，廣東人民出版社，1981年，第20頁。

10	綏德		
11	延福		
12	城平		
13	延恩		
14	歸仁	宥州	《太平寰宇記》卷 39《宥州》
15	懷德		

說明： 關於靈、綏等州屬縣的沿革情況，郭聲波、李曉傑的研究存在相左之處，郭氏認為表中所列諸縣一直存在至 907 年，而李氏則推斷它們「當廢於唐末」。

秦、靈、綏、宥 4 州的 13 個屬縣廢於唐末，這些州縣集中分布在唐朝疆域的西北邊境，它們的喪失當於唐後期吐蕃、党項等游牧民族在隴右、關內兩道的擴張有關。結合上文提及的平高、百泉、平涼、溫池、鳴沙 5 縣，指示著唐末李唐邊將在西北邊境承受的巨大軍事壓力。

為何鮮見本時段的南方地區有州縣被省廢？要知道，南詔在西南地區的侵擾與破壞程度也不容小覷。在筆者看來，相關史實失於記載以及筆者本人對史籍的梳理較粗致使部分涉及內容被疏漏是主觀原因。客觀地看，南方邊疆地區開發相對緩慢、滯後而導致地廣人稀的社會面貌，注定了政府在這一廣大地域較弱的行政力量存在，加上交通不便、與國都長安又距離甚遠，州縣即便淪落而長期不為外界（包括唐廷）所知也是合乎常理的。相對而言，因京師偏於北方，北面游牧民族的侵擾更易被統治階層認知，邊疆作為防範入侵、維繫政權存在的敏感地帶，社會上層自然會給予特別的關注。

綜合唐末的州縣增廢情況可知，北方地區的變動較南方地區要大得多，且北方的邊境地區，尤其西北部是州縣變動的重要區域，反映出其社會形勢的惡劣和由此導致的州縣政權存在的脆弱性。

從另一角度來比較唐末增廢的州縣會發現，新增州的數量比縣數多 1 倍，而省廢的均為縣——固然縣級政區的穩定性較州級政區更強，但在統治階層看來，州的重要性要遠勝於縣，單就領土淪喪顯著的西北邊境地區而言，唐廷寧願在掌控區域較多地僑治舊有州郡而非舊縣。即便是新增的那些縣，大多也是隨州而置，更多地為了彌補新立州郡在實力上的相對弱勢。

還需要指明的是，據學者統計，唐末全國（十道）共有 342 個州與 1639

個縣〔註43〕。唐末南北方新增有 28 個州縣，省廢有 17 個縣（含南方的義安、平陽 2 縣），在州縣的總數中所佔比例很低（2.3%），廣大內地既有的政區配置延續著唐代後期的基本面貌。

第二節　五代增廢州縣與其分布

筆者為五代十國限定的時段是 907～959 年，為時 53 年〔註44〕。時間雖短，社會變化卻值得關注，其中，州縣的增廢是體現其變化的一個窗口。

結合史實，本節對眾多新立州縣的解析按南北方分開論述，北方指中原王朝及地方割據政權轄境，南方則為九國掌控區域。相對而言，本時段南方地區的經濟發展更為可觀，尤其是南唐轄境，新增州縣是比較多的。至於北方地區，後唐、後周兩代有較多州縣增廢，且多集中於邊疆區域。

一、北方政權

較唐末而言，五代時段更長一些，其增置、省廢的州縣也相對更多。就相關統計數據來看，後唐、後周新置的州縣構成了本時段北方新置州縣的主體。至於省廢州縣，則以後周時居多。從這些州縣的空間分布來看，邊疆地區仍是政區變動的重要區域，且較唐末更為集中。

（一）新增州縣

據筆者統計，五代時期的北方政權（不含歸義軍與遼）轄境共增置有 39 個州縣〔註45〕（含後周獲取淮南後設立的通州和 2 個屬縣），包括 15 州 24 縣

〔註43〕周振鶴著：《中國地方行政制度史》，上海人民出版社，2005 年，第 306 頁。
〔註44〕南方不少政權的滅亡時間是在 959 年之後，出於研究內容的完整性，筆者的相關探討延遲至相關政權的滅亡年份，與北方地區有一定差別。對於 959 年之後的相關變化，筆者會略作闡釋。
〔註45〕按，後周奪南唐的江北地區後，在揚州以東增置有通州和靜海、海門 2 縣，因屬後周政權所設，故將其統計在內；據《資治通鑑》卷 288 記載：「乾祐二年（949）正月，詔以靜州隸定難軍」，李曉傑認為，依據唐代銀州之下領有羈縻性質的靜邊州都督府的事實，此時靜州當升格成了正州，筆者認同其看法，也予以統計。另外，李曉傑還依據《宋史》卷 1 的記載（乾德二年（964）北漢已有衛州、耀州刺史之設）推測五代末或北宋初北漢已設有衛、耀 2 州，但因始置年份不詳，故未予統計，參見李曉傑著：《中國行政區劃通史·五代十國卷》，第 541～542、452 頁。不過，筆者認為，北漢設置的衛、耀等州或只是虛設，折射出劉氏對外擴張的意願，與義成、河陽、忠武等節度使之設

（表2-3），較唐末北方地區新增的17州7縣而言，其州數略低，個別州的變動也較大；縣數有大幅提高，增長了3倍多。

表2-3　五代時期北方政權增置州縣統計表

序號	朝代	增置時間	州縣名稱	備　註
1	後梁	天祐四年（907）〔1〕	應州	屬河東政權
2		天祐七年（910）	府谷縣	
3		天祐八年（911）	府州	
4		天祐四年（907）〔2〕	玉河縣	推測時間，幽州政權劉仁恭置
5		應天元年（911）	寧州	推測時間，燕帝劉守光置，約913年廢
6		——	淅川縣	屬鄧州，五代後梁時置〔3〕
7	後唐	同光元年（923）	義州	唐為神策軍
8			鄜城縣	廢禧州為縣，屬鄜州
9		同光二年（924）	廣陵縣	析興唐縣置，屬蔚州
10		天成元年（926）	寰州	以興唐軍置，隸新設的彰國軍節度
11		天成三年（928）	泰州	升奉化軍置
12		長興元年（930）	將利縣	屬階州
13			福津縣	人口增多
14		長興三年（932）	三河縣	屬薊州，築城後復置縣
15			隴城縣	屬秦州
16			天水縣	
17		清泰三年（936）	勝州	以岢嵐軍置
18			同川縣	屬慶州
19			平涼縣	管安國、耀武兩鎮人戶
20			栗亭縣	屬成州
21		——	遵化縣	五代後唐置
22		——	白水縣	確切時間不明
23	後晉	天福四年（939）	威州	以靈州方渠鎮置；952年改環州

類似（這些州、節鎮多數是存在的，但均在北漢轄境之外）。

24	後漢	乾祐元年（948）	解州	後梁時欲在解縣池場設制置使招商納推；升解縣為州
25		乾祐二年（949）	靜州	屬定難軍，由羈縻州升為正州
26		乾祐中（約949）	望陵縣	屬河南府
27	後周	廣順二年（952）	濟州	升巨野縣為州
28		顯德三年（956）	濱州	升贍國軍置
29		顯德四年（957）	通遠縣	後周降威州為通遠軍，兼置縣
30		顯德五年（958）	定平縣	廢衍州為縣，屬邠州，後歸寧州
31			通州	南唐置靜海制置院，後周升軍，尋置州
32			靜海縣	隨州而置
33			海門縣	
34		顯德六年（959）	雄州	收復三關後於瓦橋關置
35			歸義縣	屬雄州
36			霸州	收復三關後於益津關置
37			永清縣	屬霸州
38			永安縣	收復三關後置，屬滄州
39			華亭縣	屬義州

資料來源：《舊五代史》、《新五代史》、《五代會要》、《資治通鑑》、《太平寰宇記》、《輿地廣記》、《文獻通考》、《讀史方輿紀要》、（嘉慶）《大清一統志》、《中國行政區劃通史·五代十國卷》、《五代石刻校注》等。

說　明：據李曉傑研究，北漢政權曾在轄境增置有衛、耀、隆3州（《中國行政區劃通史·五代十國卷》第452頁），但因史書對其設立時間記載不明，存疑。當然，筆者推測隆州為北漢新置，而衛、耀2州（刺史）或只是北漢劉氏表達對外拓疆意願而有意虛設（參見本文第6章「北漢」一節）。

注　解：〔1〕關於應州的設置時間，郭聲波推斷為907年，李曉傑則認為是唐末，今暫從郭氏之見；〔2〕玉河縣設於何時，《讀史方輿紀要》卷11言及「五代時劉仁恭置」，（嘉慶）《大清一統志》卷6《順天府·表》也推斷為五代，結合《資治通鑑》、《舊五代史》與《遼史》相關內容，判斷此縣設於天祐四年（907）初；〔3〕淅川縣，《方輿考證》卷31以為「五代梁置」，李曉傑據明萬曆年間刻本《記纂淵海》卷12《郡縣部》推斷此縣設於後周顯德三年（956）。不過，據金菊園研究，萬曆刻本《記纂淵海·郡縣部》中的北宋故土部分或多為明代人添補，「利用時應當謹慎」（金菊園：《萬曆刻本〈記纂淵海·郡縣部〉初探》，《歷史地理》第30輯），今從《方輿考證》。

　　從表2-3可知，五代北方新置的39個州縣（15州24縣）在五個朝代（時段）的分配極不均勻，後唐（4州12縣）與後周（5州8縣）兩個時段占到了總數的74%（圖2-1）。如果排除五代初期部分割據政權的相關作為，後梁一代僅增置了1縣，其情況與後晉（1州）、後漢（2州1縣）大體相似。

圖 2-1　五代北方政權增置州縣各朝代占比圖

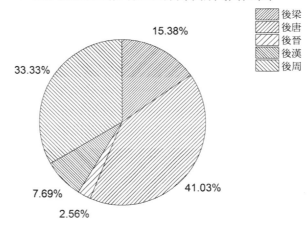

僅就後唐而言，明宗在位 8 年，新設 2 州 5 縣（未含遵化、白水兩縣），占該朝增置州縣總數的近一半。末帝晚期設有 1 州 3 縣（也未含遵化、白水兩縣），也是較多的；後周一代，世宗時增設了 4 州 8 縣，幾乎構成了該朝新增州縣的全部。當然，顯德五、六兩年新增的州縣最多，達 3 州 7 縣，達到了世宗時的 83%。結合史實發現，這些州縣均為世宗經南征北戰在獲取的「新」土地上所設立，有鮮明的鞏固戰爭成果的政治意味。

在五代北方新設的 14 個州中，有不少是由軍事性質的軍、鎮、關升格而來，如寧州（乾寧軍）〔註46〕、威州（方渠鎮）、通州（靜海軍）和雄州（瓦橋關）。略作統計，這樣的新置州有 9 個，占到了新增州數的 64%。

應州或在一定程度上因防禦契丹南侵而設，上文已有述及。府州（位於河東政權的西北邊疆）的例子則較應州更為明顯——910 年府谷縣從府谷鎮升格而來，次年又在此置府州，947 年後漢又於此地新設節鎮，如此短時間的行政等級飛遷，深層次的原因不言而喻〔註47〕。

濱、解二州的設置有較鮮明的經濟色彩。濱州在最初是政府設於海濱的權鹽務，後改為贍國軍，後周時成為州級政區〔註48〕。解縣境內有鹽池，後漢乾祐元年（948）河中節帥李守貞叛亂，「權鹽制置使鄭元昭奏請於解縣置

〔註46〕李曉傑著：《中國行政區劃通史・五代十國卷》，第 516 頁。
〔註47〕高建國：《府州折氏與遼的關係》，《內蒙古社會科學（漢文版）》2014 年第 5 期。
〔註48〕《舊五代史》卷 60《職方考》，中華書局，1974 年，第 741 頁。按，從名稱看，「贍國軍」有著深厚的經濟性質，因為「贍」有「富足」、「供養」的含義，參見王力等編，蔣紹愚等修訂：《古漢語常用字字典》（第 5 版），商務印書館，2016 年，第 362 頁。

解州，以捍凶渠」〔註49〕，顯然是在強化對鹽池之利的管控。

就新增州縣的空間分布來看，39 個州縣絕大多數分布在邊疆地區，尤以北部為多，處於內地的只有 7 個〔註50〕。顯然，五代時的北疆仍是政區變動的重要區域，政府調控的力度較唐末更為強烈，體現了中原王朝有意對邊疆地區善加經營的史實〔註51〕。

後唐及之前的晉與燕政權、後周在唐代的河北、河東道北部地區增置有較多州縣，如應、寰、泰、雄等州和府谷、三河等縣，統計一共有 8 州 8 縣（不含劉仁恭時的玉河縣），其在五代新置 15 州 24 縣中所佔比例是較高的，尤其是設立的州數，占到了總數的 53%。當然，不少州在後晉初被劃歸契丹，隸屬於中原王朝的府州，也表現出「北屬」的態勢〔註52〕。顯然，隨著契丹在北方的強大，中原政權（含毗鄰北疆的地方割據勢力）從防禦其侵擾的角度在政區的調適方面做出了較多積極的反應——後周世宗北取二關而增設的雄、霸等州是其中的典型。

可以說，後唐的疆域在五代北方諸政權中是最大的，其在西部疆域的作為也頗值稱道，除統一了岐、前蜀及嘗試過吞併党項人主導的定難軍〔註53〕外，在西北邊疆增置有 1 州 7 縣〔註54〕。不過，諸縣的設立並非王朝擴大領土的結果，較多地來自於當地刺史的訴求，包含著地方社會人口增加、經濟發展的現實成分。

據筆者統計，五代北方新增的 39 個州縣（15 州 24 縣）有 1 州 11 縣是對之前政區的復置，占總數的 31%。另一方面，這 39 個州縣多數在之後被廢，延續至今的有 14 個州縣，占全部的 36%。其中，濱、通 2 州與府谷、淅

〔註49〕《太平寰宇記》卷 46《解州》，中華書局，2007 年，第 963 頁。

〔註50〕按，7 個州縣包括 3 州 4 縣，分別為廓城、白水（屬同州）、淅川、望陵 4 縣和解、濟、濱 3 州。當然，將濱州劃為邊疆地區也有一定道理，因其處在中原政權的東北海疆。

〔註51〕林榮貴：《五代十國時期的邊疆經略》，《中國邊疆史地論集續編》（馬大正主編），黑龍江教育出版社，2003 年，第 90～91 頁。按，該文所涉主要針對的是西北邊疆，也應廣泛適用於整個北部邊疆。

〔註52〕《資治通鑑》卷 284《後晉紀》5「開運元年六月」，中華書局，1956 年，第 9273 頁。

〔註53〕《舊五代史》卷 132《世襲列傳 1・李彝超傳》，中華書局，1976 年，第 1747～1748 頁。

〔註54〕按，除後唐外，後晉在西北邊疆增置有威州，後周則設立了通遠、華亭 2 縣。從後周降威州為通遠軍的史實來看，對威州的設置並不理想。

川、廣陵、三河、平涼、遵化、白水、華亭 8 縣還保持著既有的行政規格，應、威、雄、霸 4 州則改作縣級政區〔註 55〕。相對而言，在後周增置的州縣中沿襲至今的稍多，有 4 州 2 縣，占該朝新置州縣總數（5 州 8 縣）的 46%。

（二）省廢州縣

五代時期北方地區被裁併的州縣也不少，比較突出的特點有三個：（1）較多地集中在邊疆區域；（2）對唐末五代新置州多有調整；（3）後周是省廢州縣的高峰時段。

表 2-4　五代時期北方政權裁併州縣統計表

序號	朝代	省廢時間	州縣名稱	備　註	
1	後梁	天祐十年（913）	寧州	推斷時間，晉王李存勗廢	約 911 年置
2			燕樂縣		原屬檀州
3	後唐	同光元年（923）	裕州	原為鼎州；906 年置	
4		天成四年（929）	新昌縣	入新城縣；原屬涿州	
5		清泰三年（936）	泰州	推斷時間；928 年置	
6		同光三年（925）	潾州	推測時間；約 908 年前蜀置	
7			安州	推測時間；912 年前蜀置	
8		天成四年（929）	徵州	推測時間；約 908 年前蜀置	
9	後晉	天福四年（939）	威州	廢為清邊軍；887 年置	五代後期又廢為鎮
10		天福七年（942）	警州	廢為威肅軍；892 年置	
11			雄州	廢為昌化軍	
12	後周	廣順二年（952）	泰州	一度割讓於契丹；後晉末遷移州治	

〔註 55〕按，濱州即今山東省濱州市、通州即今江蘇省南通市；府谷縣屬今陝西省榆林市、淅川縣屬今河南省南陽市、廣陵縣（金代改名廣靈）今屬山西省大同市、三河縣級市現隸河北省廊坊市、平涼縣今為甘肅省平涼市所轄崆峒區、遵化縣級市屬河北省唐山市、白水縣今屬陝西省渭南市、華亭縣今屬甘肅省平涼市；應縣今屬山西省朔州市、環縣（威州於 952 年改稱環州）現隸甘肅省慶陽市、雄縣今屬河北省保定市、霸州縣級市現隸河北省廊坊市。另，海門縣於 1672 年廢，1912 年則由海門廳置縣，治所發生較大變化，故未列入延續至今的縣；2017 年 4 月 1 日國務院以雄縣、容城與安新 3 縣及周邊區域設雄安新區（國家級）。

13	顯德二年（955）	景州	廢為定遠軍；891 年置	
14		弓高縣	入東光縣，一說 959 年廢〔1〕；原屬景州	
15	顯德三年（956）	長蘆縣	入清池縣；原屬滄州	
16		乾符縣		
17		武水縣	入聊城縣；原屬博州	
18		臨汝縣	入梁縣，其地為鎮；原屬汝州	
19		菊潭縣	入臨瀨縣；原屬鄧州	
20		向城縣		
21		慈丘縣	入比陽縣；原屬唐州	
22		禧州	原為翟州，906 年置，廢為鄘城縣	
23		咸寧縣	原屬丹州	
24		延慶縣	入安化縣	原屬慶州
25		合水縣	入樂蟠縣	
26		仵城縣	入吉鄉縣	原屬慈州
27		呂香縣	入鄉寧縣	
28	顯德四年（957）	環州	939 年置威州，後改名，此時廢為通遠軍	
29	顯德五年（958）	武州	884 年置，此時廢入潘原縣	
30		衍州	891 年置州，此時廢為定平縣	
31		陸渾縣	入伊陽縣	原屬河南府
32		告成縣	入登封縣	
33	顯德六年（959）	容城縣	或因遼攻取之故	
34		唐興縣	入鄚縣；原屬莫州	
35		長河縣	推斷時間，入將陵縣；原屬德州	
36		樂鄉縣	入宜城縣；原屬襄州	

參考文獻：《太平寰宇記》、《舊五代史》、《新五代史》、《五代會要》、《資治通鑒》、《文獻通考》、《中國行政區劃通史‧五代十國卷》等。

說明：（1）（嘉慶）《大清一統志》談及屬於薊、後唐復置的三河縣曾省廢於五代初，因難作查證，存疑；（2）位於北部邊疆的莫州，《文獻通考》卷316 記其「晉初陷契丹，周世宗復取之，後又廢」，而《宋史》卷273 有「（後周）恭帝即位，（李謙溥）為澶州巡檢使，詔城莫州，數旬而就」的表述，表明後周末尚有莫州；（3）後唐滅亡前蜀之後對該地區部分州縣有過裁併，因本節探討的主要是北方地區，故暫不做統計分析。

注解：〔1〕關於弓高縣的省廢時間，《五代會要》、《輿地廣記》記為顯德二年（955），《新五代史》記為顯德三年，《太平寰宇記》、《舊五代史》則是顯德六年，因《五代會要》成書最早，暫依該說。

　　根據表 2-4 統計內容，五代北方地區裁併政區為 36 個州縣，含 15 州 21 縣。就其分布的朝代來看，後周時段最多，含 6 州 19 縣，約占總數的 69%（圖 2-2）。不過，後周省廢更多的是縣，尤其在顯德三年，有 12 個縣被省併，占廢縣總數的 63%。

圖 2-2　五代北方政權裁併州縣各朝代占比圖

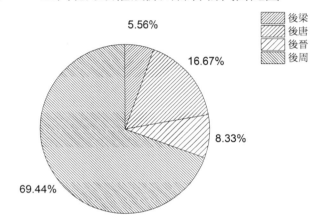

　　在五代廢棄的 12 個州中〔註 56〕，除裕、禧、衍 3 州外，其他均處在邊疆地區，占總數的 75%。而在這 9 個邊境州中，絕大多數為唐末、五代前期所置，除寧州外，存在時間最短的泰州僅有 8 年。即便是西北邊疆的雄州，或因游牧民族入侵也曾於中和元年（881）發生徙治，成為寄治於承天堡的行州〔註 57〕。顯然，儘管唐末五代中原王朝對邊境的州級政區多有增置，實際效果卻並不理想。北部邊境泰、景州的置廢，則反映出契丹與中原政權在部分區域的激烈爭奪。另一方面，後晉在西北地區廢 3 州為 3 軍〔註 58〕，也表明了其在本地區強化軍事防禦的態勢〔註 59〕。

　　後唐時對濂、安、微 3 州的裁併也值得關注。3 州均處於巴蜀之地，為前蜀在五代初增置的新政區。後唐建立後出兵巴蜀，濂、安 2 州或在滅亡前蜀的過程中被裁併。不過，前蜀滅亡後巴蜀地區陷入了紛爭，董璋據東川叛亂，

〔註 56〕按，未包含相對特殊的原屬前蜀政權的濂、安、微 3 州。

〔註 57〕《新唐書》卷 37《地理志》1，中華書局，1975 年，第 972 頁。

〔註 58〕按，同時期後晉在該地區以方渠鎮另建威州。不過，後周時又廢為通遠軍。

〔註 59〕據研究，939 年朔方、河西節度使張希崇去世，靈州等地守備鬆弛，「羌胡寇鈔，無復畏憚」。之後馮暉出鎮靈州，致力於重整邊務，強化軍防，因措施得當，取得了很好的效果。參見林榮貴：《五代十國時期的邊疆經略》，《中國邊疆史地論集續編》，黑龍江教育出版社，2003 年，第 91 頁。

「引兵陷徽州」〔註60〕，該政區或於此時因後唐對其失於掌控而被廢止。孟知祥創建新政權之後，對以上 3 州並未加以重置。

後周顯德三年（956）廢棄的縣較其他時段更為集中，達 12 個，占五代北方省廢總縣數的 57%。至於全部的 21 縣在北方地區的分布，則較省廢諸州而言要平衡一些，儘量也有不少縣分布在邊疆地區，如原屬涿州的新昌縣、原屬滄州的長蘆縣和乾符縣等。武水、長河 2 縣所在州處於黃河沿岸，其廢棄當於黃河決口有關，尤其前者〔註61〕。

河南府與以南的汝、鄧、唐、襄 4 州均有轄縣被省併，查其相對位置，均處於所在州的邊境地帶，如陸渾和告成 2 縣位於河南府的南部、臨汝縣處在汝州的西北端、菊潭和向城 2 縣位於鄧州的北部、慈丘縣處在唐州的東北部〔註62〕。與今天的河南省地形比對，這些縣基本屬於豫西山地〔註63〕的範圍，暗示了山區開發的難度。當然，特別是鄧、唐、襄州，位於中原政權的西南邊疆，偏離王朝的中心，加上與鄰國常態性的對峙，地區發展相對滯後尚在常理之中，從後晉天福七年（942）有關「鄧、唐、隨、郢諸州，多有曠土，宜令人戶取便開耕，與免五年差稅」詔令〔註64〕中，可對此認知一二。

綜上所述，五代時期北方政權新增州縣共有 39 個，省廢則為 36 個，前者略多於後者。從這些州縣增廢的時間來看，後周無疑是本時段對政區調整的關鍵時期，新增州縣有 13 個，省廢則多達 25 個，後者幾乎是前者的一倍。另一方面，儘管五代北方增廢的州縣較唐末要多一些，但在龐大的政區體系中，它們所佔的比例仍不值高估〔註65〕。也就是說，大多數州縣尚得以長期沿襲。

〔註60〕《讀史方輿紀要》卷 68《四川·順慶府》，中華書局，2005 年，第 3233 頁。
〔註61〕《太平寰宇記》卷 54《博州》，中華書局，2007 年，第 1119 頁。
〔註62〕李曉傑著：《中國行政區劃通史·五代十國卷》，第 372、422 頁。按，告成縣曾於 905 年更名陽邑縣，後唐時稱陽城縣；唐州於唐末遷治泌陽縣，改稱泌州，五代時在兩個名稱之間多有變更。
〔註63〕常劍嶠、朱友文、商幸豐編著，尚士英、劉祖望審訂：《河南省地理》，河南教育出版社，1985 年，第 22 頁；河南省測繪局、河南省地圖院編著：《河南省地圖冊》之《序圖·河南省形勢》，《中國分省系列地圖冊》，中國地圖出版社，2012 年第 3 版，第 3 頁。
〔註64〕《舊五代史》卷 80《晉高祖本紀》6，中華書局，1976 年，第 1058 頁。按，詔令涉及 4 州大體位於後晉政權的南部（偏西）邊疆地區，參見譚其驤主編：《中國歷史地圖集》第 5 冊《五代十國·晉》，中國地圖出版社，1982 年，第 86 頁。
〔註65〕按，筆者依據《中國行政區劃通史·五代十國卷》之《附錄》——《五代十國時期政區沿革表》統計了北方地區的州縣數量，轄縣之軍計為州級政區，

二、南方政權

五代是南方地區的重要發展時期，增置的州縣較省廢的要多得多。或基於更為廣闊的疆域，南唐新設的州縣最多。另一方面，南漢省廢的州縣尚有一些，多數處於轄境南部（今海南省），暗示了劉氏政權在區域發展上的侷限性，相關狀況從北宋平定南漢後在嶺南大規模裁併州縣這一史實中體現得更為顯著。

（一）新增州縣

五代時期，南方大體存在過 9 個割據政權。在新置州縣方面，諸政權均有所作為，其中，南唐的貢獻比較顯著。多數政權新設州縣較集中於國都周邊，楚與前蜀則屬例外。

1. 吳與南唐

吳禪位於南唐，其疆域很廣，相當於今江蘇與安徽兩省大部、湖北省東部和江西省。945 年南唐滅亡閩國後，今福建省的西部也歸入了其版圖。相對而言，新置州縣在吳時出現的並不多，絕大多數產生於南唐時段（表 2-5）。

表 2-5　吳與南唐增置州縣統計表

序號	政權	增置時間	州縣名稱	歸屬	備　註
1	吳	天祐七年（910）	德興縣	饒州	761 年置鄧公場，一說南唐時置縣〔1〕
2		天祐十四年(917)	江寧縣	昇州	析上元縣置
3		武義二年（920）	興化縣	揚州	約 919 年置招遠場
4		順義七年（927）	德安縣	江州	863 年復置蒲塘場
5	南唐	保大十四年(956)	漣州		推測時間，後改雄武軍
6		昇元元年（937）	泰州	泰州	升海陵縣為州
7			泰興縣		析海陵縣置
8		保大十年（952）	如皋縣		851 年置如皋場
9		昇元間（940？）	繁昌縣	金陵	推測時間，唐初置石綠場〔2〕
10		保大九年（951）	銅陵縣		舊為銅官鎮
11			蕪湖縣		推測時間；唐初置鎮
12		顯德五年（958）	雄州		南唐以天長縣置建武軍，後為州〔3〕

959 年的北方地區共計 108 州 586 縣（未含定難軍和歸義軍兩節鎮統轄州縣）。另外，為後周所得而原屬南唐的淮南地區州縣、後蜀的雄武軍節度使（駐泰州）所管州縣仍計入南方地區。如此計算，五代北方增廢州縣共 71 個，占整個北方地區州縣總數的 10.2%。

13	保大十一年（953）	嘉魚縣	鄂州	隋置鯰瀆鎮，南唐改為場
14	保大十二年（954）	永安縣		767 年置鎮，929 年改為場
15	顯德六年（959）	通山縣		原為羊山鎮
16	乾德五年（967）	大冶縣		905 年吳置場院，主鹽鐵
17	交泰元年（958）	新和州		推測時間，於當塗縣置，為僑州
18	保大九年（951）	湖口縣	江州	推測時間，622 年置鎮
19	保大十一年（953）	瑞昌縣		783 年置場
20		東流縣		約 841 年置東流場
21	昇元元年（937）	靖安縣	洪州	推測時間，唐末置鎮，928 年升場
22	昇元二年（938）	清江縣		舊為瀟灘鎮；升縣後不隸州
23	保大十年（952）	筠州	筠州	於高安縣置
24		上高縣		唐末置鎮，約 940 年改為場
25		萬載縣		921 年置場，隨州升縣
26	乾德六年（968）	宜黃縣	撫州	舊為場，或言 970、975 年置縣〔4〕
27	保大二年（944）	鉛山縣	信州	940 年置場
28	保大八年（950）	吉水縣	吉州	析廬陵縣置
29	顯德七年（960）	龍泉縣		943 年置場，採擇材木
30	保大十年（952）	上猶縣	虔州	一作上流縣，約 905 年置場
31		龍南縣		唐置百丈鎮，約 920 年改場
32	保大十一年（953）	瑞金縣		904 年置監，淘金之地
33		石城縣		舊為場
34	保大九年（951）	松源縣	建州	舊為鎮，屯兵之地
35	顯德五年（958）	歸化縣		唐末置鎮，945 年升為場
36	建隆二年（961）	建寧縣		759 年置黃連鎮，878 年為義寧軍，後廢，尋改永寧鎮，南唐升為場
37	保大六年（948）	劍州	劍州	於延平鎮置〔5〕
38		劍浦縣		析古田縣等地置

參考文獻：《太平寰宇記》、《周世宗實錄》、《九國志》、《南唐書》、《輿地廣記》、《輿地紀勝》、《中國行政區劃通史·五代十國卷》與相關縣志。

說明：對新置州縣創立時間的排序主要依據的是地域（先北後南，前東後西）而非具體時間。

注解：〔1〕關於德興縣的增置時間，不少文獻如《太平寰宇記》、（民國）《德興縣志》記為南唐時置，李曉傑據《全唐文》部分內容推斷該縣或設於 910 年，推論合理，暫從其說；〔2〕據（康熙）《繁昌縣志》卷 4，南唐於昇元間置繁昌縣，「昇元」年號使用了 7 年，暫以中間的昇元四年（940）為其設置時間。另，李曉傑推斷繁昌縣當於臨近的銅陵縣一同設置於 951 年（《中國行政區劃

通史・五代十國卷》第 672 頁）。今暫從《繁昌縣志》一說；〔3〕關於雄州
為哪個政權（後周或南唐）所置，以何縣（天長縣或六合縣）升置，史書有較
多分歧，暫依《周世宗實錄》；〔4〕《太平寰宇記》、《元豐九域志》、《輿
地廣記》記載宜黃縣的時間並不一致，暫據《太平寰宇記》一說；〔5〕王延
政於建州稱帝，建大殷國，在永平鎮置鐔州與龍津縣，南唐廢其為延平鎮，並
於此地建為劍州與劍浦縣。可以說，南唐所置劍州與劍浦縣是對之前鐔州與龍
津縣的繼承（《資治通鑑》卷 285「開運三年八月」胡三省注、周慶彰《五代
時期南方諸政權政區地理》，87 頁）。

　　從表 2-5 可知，在吳與南唐新增的 38 個州縣（6 州 32 縣）中，吳國只有
4 縣，而南唐則多達 6 州 28 縣，占全部的 94%。排除在閩地的 1 州 4 縣，其
比例也是相當高的（88%）。就增置州縣的時段分布而言，吳時相對均衡，南
唐則以 950～959 年最為集中，多達 4 州 19 縣，占南唐全部新增州縣的 68%。
959～975 年只新增了 4 縣，所佔比重很低。當然，南唐初期的十餘年（937～
948）增置有 2 州 5 縣，也相對較少。

　　從新置州縣的空間分布來看，吳時集中在國都揚州附近和今江西省北部。
南唐時，國都改作金陵〔註66〕，較揚州稍向西遷，新置州縣的分布區域有不少
屬於長江沿線的州郡——除國都金陵周邊〔註67〕外，沿長江向東西延伸的趨勢
比較明顯，如西端的鄂州，增設有 4 縣，在一定程度上指示了歷史時期湖北省
人口重心向東部的轉移〔註68〕；而延續吳時揚州東部地區經濟發展的趨勢，南
唐在此新置有泰州和泰興、如皋等縣，加上後周奪取淮南後在本地區新置的通
州與靜海、海門 2 縣〔註69〕，基本形成了今江蘇省相應區域的政區格局。

　　另一可喜的發展跡象是，南唐在今江西省境新設有 1 州 15 縣，占該政權
增置州縣的 47%，比例是相當高的。這 1 州 15 縣較吳時在本區域設立的 2 縣

〔註66〕按，金陵（今江蘇省南京市）在吳時名稱有所變動，之前稱昇州，920 年改金
　　　　陵府，937 年南唐建都後又改江寧府。揚州則於 919 年改稱江都府，南唐時
　　　　以揚州為東都，其陪都性質較為明顯。出於表述習慣，正文以「金陵」、「揚
　　　　州」代指兩地。
〔註67〕按，南唐時，在金陵的上游增設有蕪湖、繁昌、銅陵 3 縣，轄縣一度多達 11 個，
　　　　北宋滅亡南唐後對其屬縣有所調整，新置的 3 縣分別歸於池、宣 2 州，參見《文
　　　　獻通考》卷 318《輿地考 4・建康府》，中華書局，2011 年，第 8667～8668 頁。
〔註68〕宋傳銀：《古代湖北人口發展的空間過程》，《中國歷史地理論叢》1998 年第
　　　　2 輯。按，該文在涉及五代及宋初新置州縣時引用的《湖北建制沿革》（藩東
　　　　藻著，湖北人民出版社，1987 年）部分內容有誤，書中所舉的黃陂、漢川 2
　　　　縣並非五代所置，而將「通山縣」列入宋代，與五代所置通山縣前後衝突。
〔註69〕（嘉慶）《大清一統志》卷 106《通州直隸州》，第 5 冊，上海書店影印，1985
　　　　年，頁 1。

而言，無疑是大幅度的增長。並且，這 1 州 15 縣的分布區域打破了吳時集中
於該省北部的局面，明顯向本區域的中南部擴散，尤其是南部的吉、虔 2 州，
竟增加了 6 縣。當然，北部也增加了一些縣，其與中、南部一樣，深刻地反
映出整個地區強勁的發展態勢（圖 2-3）。

圖 2-3　唐末、五代及宋初淮南等地區增置、遷治與修築城池州縣分布圖

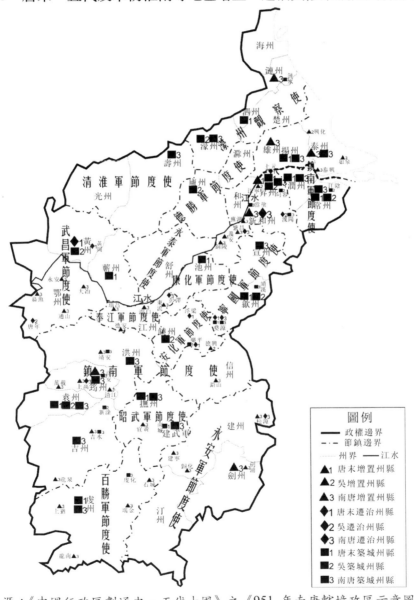

底圖來源：《中國行政區劃通史・五代十國》之《951 年南唐轄境政區示意圖》，275
　　頁。按，製圖時對底圖有改動，未包含武安軍節度使管轄區域

　　從人口的遷移與增殖來看，從唐天寶元年（742）到元和二年（807），今湖北東部、江西中南部的人口密度有一定程度的提高〔註70〕，或反映出相關區域社會發展的基本面貌。時至五代宋初，從兩個地區的州縣增置來看，應是對前代發展趨勢的延續與深化。將江西地區相關州郡在唐後期與宋初的戶口加以對比，發現中南部數州的增幅較北部要高得多（表2-6）。

表2-6　唐後期至宋初江西道部分州郡戶口統計表　　　　　（單位：戶）

州　　名	元和二年（807）	北宋初期	增　　幅
江州	17945	51212	185%
饒州	46116	45917	-0.004%
洪州	91129	149807	64%
信州	28711	40685	42%
撫州	24767	80124	224%
袁州	17226	79703	363%
吉州	41025	126453	208%
虔州	26260	85146	224%

資源來源：《元和郡縣圖志》卷40、《太平寰宇記》卷106～111。

說明：（1）對戶口增幅的計算截止到小數點後兩位，之後的數字按四捨五入處理；
　　　　（2）北宋初江州戶口數據包含有南康軍的相關數據、洪州的包括筠州數據、撫州的涵蓋有建昌軍數據。

　　閩時，新置州縣集中在福、泉2州，位於西北部的建州只增設了順昌縣（下節有述）。南唐滅閩後，在兼併地區（閩國西部）增置有1州4縣，反映出本時段南唐在促進邊疆地區社會發展上有所努力，歸化縣是其中的鮮明案例〔註71〕。這一情況，在一定程度上改變了之前閩國偏重於東部沿海發展的局面。

　　通常意義上，場、監是政府在特定區位設置的專門機構，多數是貴重資源集中之地（礦產、鹽等），具有鮮明的經濟性質，如瑞金縣之前為監，是淘

〔註70〕費省著：《唐代人口地理》之圖8《天寶人口密度》、圖10《元和人口密度》，西北大學出版社，1996年，第91、93頁。
〔註71〕《十國春秋》卷95《閩6‧鄒勇夫傳》，中華書局，2010年，第1382頁。按，具體史實為：「南唐蓄吞併之志，歸化鎮適當要衝，景宗命勇夫往鎮之。至則民戶凋殘，道路榛塞，勇夫招集流亡，完葺宅舍，民稍稍越境來歸。是時干戈日尋，而歸化獨晏然不被兵燹，勇夫實有力焉。」

金之所；龍泉縣曾為場，選採良木之地。至於鎮，主要是軍事要地，政府多駐兵於此，如松溪鎮〔註72〕。當然，有些鎮的設立基於優越的交通區位，「舟車輻湊」造就了該地發達的經濟也是現實使然，清江縣便是很好的例子〔註73〕。

在吳與南唐增置的 32 縣中，除 4 縣相關信息不明外，28 縣是由之前的場、鎮及監升格而來，有 7 縣則是從鎮變為場之後升為縣。至於由鎮直接升縣的事例，共有 6 個。略作統計，由場、監升縣的事例達 15 個、由鎮改場後升縣的有 7 個，這一比例占到了 28 縣的 79%，占 32 縣的 69%。顯然，這一類型構成了新縣產生的主體。有研究表明，五代十國時期，宣歙、江西等地場的成熟與逐漸壯大配合移民集聚、戶口增加、經濟開發等因素的綜合作用，最終催生提升行政層級的現實需求，促成了該地區由場升縣現象的大量湧現〔註74〕。

需要指明的是，在江西新置的 15 縣中，由場（含鎮轉場）、監升縣的事例竟有 13 個，所佔比例高達 87%，較其他地區更高。多數的場、監從服務型的中央專屬機構轉化為實際意義的行政區，無疑是中央政權舍利於民、激勵地方發展活力的可喜進步。

在吳與南唐新增的 38 個州縣中，有 1 州 5 縣是對舊有州縣的復置，占總數的 16%。至於延續至今的州縣，據筆者統計多達 33 個（1 州 32 縣）〔註75〕，占全部的 87%，比例是相當高的。而且，銅陵、蕪湖與永安 3 縣發展為今天的地市級政區〔註76〕。被廢的是漣、雄、筠、劍、新和這 5 個州，除雄州於南宋初被裁併外，其他 4 州均在民國初期的 1912～1914 年遭致省廢——從設立到省廢，它們在歷史上也存在了相當長的時間。

2. 吳越與閩（含殷、清源軍）

吳越與閩這兩個政權的轄境較吳與南唐要小得多，前者稍大於今浙江省，

〔註72〕《太平寰宇記》卷 101《建州·松溪縣》，中華書局，2007 年，第 2016 頁。

〔註73〕《輿地紀勝》卷 34《臨江軍·風俗形勝》，中華書局，1992 年，第 1472 頁。

〔註74〕張達志：《唐宋之際由場升縣問題試釋——以宣歙、江西、福建為中心》，《復旦學報（社會科學版）》2015 年第 3 期。

〔註75〕按，1 州 32 縣的相關政區名稱多數沿用至今，變化的只有 6 個：永安縣於1007 年改為咸寧縣、東流縣於 1959 年與至德縣合併為東至縣、清江縣在 1988年改作樟樹縣級市、龍泉縣在 1914 年改為遂川縣、歸化縣在 1086 年改作泰寧縣、劍浦縣於元代改稱南平縣，今為南平市建陽區。

〔註76〕按，銅陵、蕪湖今為安徽省的兩個地級市。永安縣於北宋時改為咸寧縣，今為湖北省轄的地級市。

後者略等於今福建省。總體來看，吳越與閩在五代時期新置的州縣並不算多（表 2-7）。閩國末期，王延政在建州稱帝，建大殷國，增置有鐔、鏞 2 州和龍津縣，南唐滅閩後將其省廢，或謂曇花一現。不過，南唐增置的劍州與劍浦縣，可理解為對鐔州與龍津縣的傳承（上文有涉）。

表 2-7　吳越與閩增置州縣統計表

序號	政　權	增置時間	州縣名稱	歸屬	備　　註	
1	吳越	開平二年（908）	新昌縣	越州	一說 940 年置〔1〕	
2		開平三年（909）	定海縣	明州	809 年置望海鎮，896 年改為軍	
3			吳江縣	蘇州		
4		龍德三年（923）	錢江縣	杭州	析錢塘等縣置，國都附郭縣	
5		天福三年（938）	秀州		升嘉興縣為州；設置時間存疑〔2〕	
6			崇德縣	秀州	析嘉興縣置	
7	閩	龍啟元年（933）	寧德縣	福州	約 838 年置成德場	
8			德化縣		舊為歸化場	
9			永貞縣		847 年置羅源場	
10			順昌縣	建州	893 年置將水鎮，尋改永順場	
11			桃源縣		822 年置桃林場；後改縣曰永春	
12		永隆元年（939）	同安縣	泉州	803 年置大同場	
13	殷	天德元年（943）	鏞州		廢於當年	
14			鐔州		以永平鎮置州	945 年南唐廢為延平鎮
15			龍津縣	鐔州	隨州置縣	
16	清源軍	保大十三年(955)	清溪縣	泉州	864 年置小溪場	
17			長泰縣		876 年置武德場	

參考文獻：《太平寰宇記》、《五代會要》、《吳越備史》、《資治通鑑》、（嘉泰）《會稽志》、（淳熙）《三山志》、《輿地紀勝》、《十國春秋》、《五代時期南方諸政權政區地理》、《中國行政區劃通史·五代十國卷》等。

說明：945 年南唐滅閩，泉、漳 2 州歸附，至 949 年留從效據 2 州割據，南唐以其地置清源軍節度，對其保持名義上的統轄，故表中時間依南唐年號。清源軍作為一方割據勢力，於 978 年納土歸宋。

注解：〔1〕關於新昌縣的增置時間，多數史籍記為唐末或五代初，《文獻通考》卷 318 斷定為後晉時，《十國春秋》卷 79 具體到了天福五年（940），今暫從（嘉泰）《會稽志》及（萬曆）《新昌縣志》；〔2〕秀州設立於何時，史籍所錄

較為模糊，多為938、939、940年，今暫依《五代會要》及馬令《南唐書》判斷為938年。另，《誠應武肅王集》卷3有《請都城隍驅蝗疏》（轉引自《全唐文補編》卷113），推知天成三年（928）已存在秀州。該文為五代時錢鏐（852～932）所撰，而《誠應武肅王集》為清人所輯，或有改動之嫌，存疑。

從表2-7可知，五代時的吳越國增置有1州5縣，閩國為6縣。若加上五代後期及宋初清源軍與南唐在閩國舊地增置的州縣（2縣+1州4縣），今福建省在本時段共增置了1州12縣，較吳越國多出1倍多。王延政於943～945年在建州稱帝，建立殷政權，「疆土狹隘，多置州縣」〔註77〕，新設2州1縣，從其短暫的存在時間看，這些州縣的增置具有鮮明的政治色彩，反映區域發展狀況的意義不大，故不作具體分析。

就吳越國新立州縣的分布來看，1州3縣分布在國境的西北部，地處江南平原這一傳統的經濟發達區域。至於面積廣大的浙東地區，只增置有新昌、定海2縣（圖2-4）。新昌縣的設立是出於便利杭、溫兩州之間的交通，定海縣則是地處海濱而具魚鹽之利〔註78〕。不過，結合唐末五代初的地區形勢，2縣的創立帶有濃厚的軍事性質：乾寧三年（896）錢鏐兼有浙東節鎮，但延續唐末的狀況，屬州有著較強的獨立性〔註79〕，錢氏取得溫、明2州分別是在907與909年，以設縣的形式通過強化對交通線的管控〔註80〕或分割州內土地〔註81〕來鞏固戰爭果實，不失為明智之舉。

〔註77〕《資治通鑑》卷283《後晉紀》4「天福八年五月」，中華書局，1956年，第9237頁。

〔註78〕《太平寰宇記》卷96《越州·新昌縣》、卷98《明州·定海縣》，中華書局，2007年，第1937、1961頁。

〔註79〕何燦浩著：《唐末政治變化研究》，中國文聯出版社，2001年，第45～48頁。

〔註80〕按，新昌縣固然析自剡縣，但從其治石牛鎮的史實來看，錢鏐注重的是此縣在維護杭、溫二州之間交通線的作用。參見（萬曆）《新昌縣志》卷1《建置志·沿革》，《天一閣藏明代方志選刊》。另外，魯西奇研究認為，錢氏建都杭州，而早期對婺、衢2州的控制並不牢固，要去溫、處2州需改經越州向南過天台、括蒼二山，新昌縣的增設，「顯然與此種交通格局的改變直接相關」，參見魯西奇：《新縣的置立及其意義——以唐五代至宋初新置的縣為中心》，《唐研究》（19），北京大學出版社，2013年，第228頁。

〔註81〕按，定海縣位於明州東部，原為望海鎮，809年置。819年，唐廷從浙東觀察使薛戎之請，增加戍守且不再隸屬於明州。896年錢鏐節制浙東後，以望海鎮為軍，成為約束明州刺史黃晟（892～909年割據此州）的重要據點。909年黃氏離世，錢鏐遂巡撫該地，用其子錢元球為制置使，且升望海軍為縣，實現了對明州的掌控。

圖 2-4　唐末五代吳越地區增置、遷治與修築城池州縣分布圖

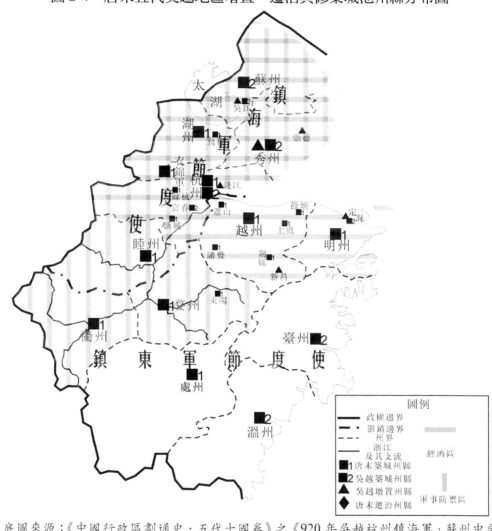

底圖來源：《中國行政區劃通史‧五代十國卷》之《920 年吳越杭州鎮海軍、蘇州中吳
　　　　軍、越州鎮東軍節度使轄區示意圖》，693 頁。按，製圖時對底圖有改動，
　　　　中吳軍節度使歸入鎮海軍節度使

　　錢江縣為錢鏐於龍德三年（923）析錢塘、鹽官 2 縣地而立〔註 82〕，考
慮到該年他正式建國的史實〔註 83〕，此縣的設置無疑是其傚仿唐京師長安

〔註82〕〔宋〕周淙纂修：（乾道）《臨安志》卷 2《歷代沿革》，《宋元方志叢刊》第 4
　　　　冊，中華書局，1990 年，第 3221 頁。按，《輿地廣記》記有「五代時晉改（錢
　　　　塘）為錢江，後別置錢塘縣」，較其他史籍大有不同，存疑，參見《輿地廣記》
　　　　卷 22《兩浙路上‧錢塘縣、仁和縣》，四川大學出版社，2003 年，第 631 頁。
〔註83〕《十國春秋》卷 78《吳越 2‧武肅王世家下》，中華書局，2010 年，第 1096
　　　　頁。按，此處紀年為「天寶十六年」，「天寶」為錢鏐於 908 年始用年號。

政治體制而刻意為之〔註84〕。

　　秀州的增置當是經濟發展所致。固然吳越與吳國在唐末五代初長期對峙，但貞明五年（919）無錫之戰後，雙方關係緩和，「自是休兵樂業二十餘年」〔註85〕，為地區開發提供了良好的條件。當然，錢氏在嘉興縣設置營田都務，對當地圍田的發展也是一大促進〔註86〕。

　　龍啟元年（933）王延鈞建國稱帝，於該年年底增置了5縣〔註87〕，占閩國新置全部州縣的83%。在這5縣中，有3縣隸屬於長樂府（福州），無疑是對其都城地位的強化。當然，這一做法，或在一定程度上為之後王延政在建州登基時「多置州縣」提供了借鑒。

　　從空間分布來看，閩國新增的6縣多數分布在東部沿海的福、泉2州，位於西部的只有順昌1縣，在相當程度上指示出本時段沿海區域更強的發展勢頭。需要特別強調的是位於長樂府東北部的寧德、永貞2縣，它們的新置與閩國積極發展對外貿易的歷史相契合：王審知時開闢甘棠港〔註88〕，據研究其位置在今天的白馬港〔註89〕，位於今福建省寧德市的東北部〔註90〕。港口的開闢必然帶來腹地的產生與展拓，寧德、永貞2縣所在區域與甘棠港最近，由場升縣當是受惠於對外貿易刺激下地區開發的不斷深入。

　　五代後期，閩地大致為南唐、吳越及清源軍分割，南唐據有西部，在此增置有1州4縣（上文有述），清源軍則新立有2縣。吳越在閩國滅亡時奪得福州一地，但在增設州縣上未見有所作為。顯然，從新置州縣的分布上看，閩國時福州或可稱作「一家獨大」，待政權滅亡之後，本地區較好的發展形勢

〔註84〕按，李唐國都長安以長安、萬年2縣為附郭縣，東都洛陽的附郭縣則由河南、洛陽2縣構成。五代南方不少政權在建都時將附郭縣由之前為州時的1縣分置為2縣，以突出其規制，吳越、南漢皆如此。

〔註85〕〔宋〕錢儼撰，李最欣校點：《吳越備史》卷1《武肅王》，《五代史書彙編》，杭州出版社，2004年，第6210頁。

〔註86〕〔明〕劉應珂修，沈堯中纂：（萬曆）《嘉興府志》卷4《寺院·嘉興縣·智覺寺》、卷8《水利》，上海古籍出版社，2013年，第42、116頁。

〔註87〕《十國春秋》卷91《閩2·惠宗本紀》，中華書局，2010年，第1327頁。

〔註88〕〔五代〕孫光憲撰，賈二強點校：《北夢瑣言》卷7《玄德感》，中華書局，2002年，第169～170頁。

〔註89〕廖大珂：《再論「甘棠港」的歷史問題》，《中國社會經濟史研究》1998年第3期。

〔註90〕交通部公路司、人民交通出版社編著：《中國高速公路及城鄉公路地圖全集》之《寧德市》，人民交通出版社，2008年，第169頁。

在南唐、清源軍的努力下，有效地向西部和東南部轉移了〔註91〕。尤其是同安、長泰縣，設置雖相對較晚，但從空間分布來看，流露出地區開發向南部不斷推進的趨勢。

吳越國新置的州縣，浙東 2 縣主要是在原來的鎮、軍基礎上設立的，更能反映經濟發展的新置州縣主要集中在王國的西北部，尤其是秀州，反映了平原地區在本時段的發展優勢。

至於閩地，連同後期南唐增置的州縣中，位於西部的州縣不少是從鎮或由鎮改場後升格而來，而處於東部沿海府州的縣，全部由場轉化而來。當然，從相關州縣的增置時間來看，東部較西部也普遍偏早。由此推知，西部地區社會的發展，經歷了由軍事性的鎮向經濟性的場過渡的歷史進程，反襯出地區開發條件較東部尚有一定差距。

在吳越與閩及清源軍於五代增置的 1 州 13 縣中，絕大多數為新立政區，只有同安縣算是對舊縣的復置。在這些州縣中，有 1 州 11 縣延續至今〔註92〕，占總數的 86%，「存活率」相當高。而且，寧德縣到今天已發展成為福建省地市級政區。至於省廢的錢江、崇德 2 縣其實也沿襲了相當長時間，成為歷史地名已是 20 世紀的事〔註93〕。

3. 荊南、楚與南漢

荊南、楚與南漢是本時段處在南方中部的 3 個政權。荊南最北也最小，相當於今湖北省的西南部；楚國疆域較大，約為今湖南省與周邊的貴州、廣西部分區域；南漢最南，國土的主體在嶺南地區。

〔註91〕據學者研究，五代末期，泉州港逐漸取代了福州港，成為閩地最大的貿易港口，參見吳修安：《三至十世紀福建開發之研究》，國立中正大學碩士學位論文，2004 年，第 103～104 頁。另據研究，受五代王氏兄弟爭權影響，長溪縣有相當多的民眾向北遷移到吳越國的溫州瑞安、平陽等縣境（祁剛：《八至十八世紀閩東北開發之研究》之《唐宋時代「長溪赤岸」移民情況統計簡表》，復旦大學博士學位論文，2010 年，33～35 頁），從一側面反映出閩國東北部在五代後期的發展形勢或因人口外流而受到消弱。

〔註92〕按，秀州現為浙江省嘉興市。11 縣中多數縣名一直沿用至今，變動的有 4 個：定海縣後改望海縣，今為浙江省寧波市所轄一區；永貞縣後改羅源縣，今屬福建省福州市；桃源縣改作永春縣，今屬福建省泉州市；清溪縣改稱安溪縣，隸屬關係與永春縣同。

〔註93〕按，錢江縣（後改稱仁和）與錢塘縣在 1912 年合併為杭縣，崇德縣則於 1958 年被廢。

以上三個政權在五代時增置的州縣並不算多，共有 15 個州縣（1 府 7 州 7 縣）。其中，荊南有 1 縣、楚國為 3 州 3 縣，南漢稍多，占 1 府 4 州 3 縣（表 2-8）。值得關注的是南漢，新設的府州比縣稍多一些。

表 2-8　荊南、楚與南漢增置州縣統計表

序號	政權	增置時間	州縣名稱	歸屬	備　註
1	荊南	乾化三年（913）	巴山縣	峽州	推測時間
2	楚	開平元年（907）	廣明縣	桂州	推測時間〔1〕析靈川縣置
3		天福八年（943）	義寧縣		
4		天福四年（939）	全州		於永州湘川縣置〔2〕
5		天福四年（939）	辰州		推測時間；由羈縻州升為正州
6		開運三年（946）	溥州		於桂州全義縣置，963 年廢
7		乾祐二年（949）	龍喜縣	潭州	
8	南漢	乾亨元年（917）	咸寧縣	廣州	分南海 1 縣為 2 縣
9			常康縣		
10			禎州		於循州歸善縣置〔3〕
11			齊昌府		升興寧縣為府，領興寧 1 縣
12		乾亨二年（918）	鹽場縣	常樂州	——〔4〕
13		乾亨四年（920）	英州		析廣州湞陽縣置，領湞陽 1 縣
14		乾和三年（945）	敬州		於潮州程鄉縣置，領程鄉 1 縣
15		乾和四年（946）	雄州		析韶州湞昌、始興 2 縣置〔5〕

參考文獻：《五代會要》、《新五代史》、《太平寰宇記》、《輿地廣記》、《十國春秋》、《南漢書》、《南漢地理志》、《中國行政區劃通史‧五代十國卷》等。

注解：〔1〕（雍正）《廣西通志》卷 44 記廣明縣設於唐末，不過，（嘉慶）《廣西通志》則將之劃入五代，李曉傑推斷該縣「至遲後梁時置」，時間定於 907 年，今從其說；〔2〕全州於湘川縣置，此為《五代會要》、《舊五代史》所言，《太平寰宇記》、《輿地廣記》記為「清湘縣」，《文獻通考》則為「湘源縣」，或為縣名變更造成的訛誤，今從《五代會要》；〔3〕關於「禎州」的寫法，史籍尚有「湞州」、「正州」等傳抄上的不同，今從《南漢書》與《中國歷史地圖集》第 5 冊《五代十國時期‧南漢》；〔4〕《太平寰宇記》、《元豐九域志》等史籍記有「乾亨元年八月，立常樂州於合浦縣地，兼置博電、零綠、鹽場三縣為屬」，指示 917 年南漢不僅新設有常樂州，且增置有 3 個屬縣。其實不然，據郭聲波研究，常樂州並非新置，而是從之前的行岩州改名而來。該州所轄的 3 縣只有鹽場縣為新置。而且，918 年南漢高祖劉龑方改名劉岩，出於避諱的考慮，行岩州更名常樂州當是該年之事，參見郭聲波：《試解岩州失

蹤之謎——唐五代嶺南道巖州、常樂州地理考》，《中國邊疆史地研究》2000
年第 3 期；〔5〕關於雄州的增置時間，《太平寰宇記》卷 159 記為 949 年，
卷 160 則為 946 年，《十國春秋》卷 58、《南漢書》卷 2 言及其與英州同年
（920）而置。綜合考慮，今暫從 946 年一說。

　　由上表可知，荊南在五代時只增置有 1 縣，或主要侷限於該政權相對狹
小的地域面積〔註 94〕。巴山縣位於峽州南部，或因高季昌出於安置歸附的周
邊民眾而有意復置〔註 95〕。另外，同光四年（926）高氏或增置有碧泉縣〔註
96〕，與江陵縣分理江陵府城，以仿唐國都長安體制，進而提高自己的政治地
位〔註 97〕。

　　楚國在五代時新增有 3 州 3 縣，從其空間分布來看，竟有 2 州 2 縣（占
全部的 67%）在疆域的西南部，尤其是今湖南、廣西兩省的交界地帶。另外，
唐末變為縣級政區，於天福四年（939）因平陽、臨武 2 縣的併入而升格為州
極政權〔註 98〕的桂陽監，也處於楚國的西南部——它們在很大程度上偏離了
楚地的傳統區域中心潭州。

　　這一狀況的出現，當然有其歷史依據。唐末五代初新增的古縣與廣明縣，
尚屬桂州所轄，表明桂州在該時段較好的發展形勢。五代前期，馬殷以其弟馬
賨為桂州節度使，任職長達 20 年。從後唐明宗時開始，楚王馬希範任命其弟

〔註 94〕按，高季昌為唐末五代初朱溫任命的荊南節度使，906 年到任時轄境為其
　　　　他節鎮所侵，唯余江陵城而已。912 年朱溫離世，高氏見後梁走向衰弱，遂
　　　　有割據之志。後唐討伐前蜀之際，高氏求得歸、峽 2 州，連同荊州一道構
　　　　成了荊南政權的全部疆域。另外，因地域狹小，周邊又是中原、吳與南唐、
　　　　前後蜀、楚等實力較強政權，高氏多向他們稱臣，將其定性為一方節鎮更
　　　　為恰當。
〔註 95〕楊光華：《五代峽州復置巴山縣考》，《中國歷史地理論叢》2010 年第 3 輯。
　　　　按，巴山縣始置於隋，曾於唐天寶八載（749）廢入長陽縣。
〔註 96〕（嘉慶）《大清一統志》卷 344《荊州府》1，第 21 冊，上海書店影印，1985
　　　　年，頁 20。按，《一統志》相關內容引用於《輿地紀勝》，但今中華書局影印
　　　　本《輿地紀勝》有較多殘缺，無從查證，而其他史籍對碧泉縣幾無涉及，或
　　　　為高氏自行增置，且存在的時間不長，故對碧泉縣存疑。
〔註 97〕按，高季興（後唐時高季昌避獻祖李國昌諱而改）在後梁朱溫離世後就有割
　　　　據之志，李存勖入主中原後他曾親至洛陽覲見，見莊宗樂於享受，遂「跋扈
　　　　之志堅矣」（《舊五代史》卷 133）。那麼，在他返回荊州之後的數年（926）新
　　　　置江陵府的附郭縣是合乎常理的。
〔註 98〕李曉傑著：《中國行政區劃通史·五代十國卷》，第 245 頁。按，郭聲波據
　　　　《輿地紀勝》認為平陽縣廢於 904 年，939 年只廢有臨武縣，參見郭聲波
　　　　著：《中國行政區劃通史·唐代卷》，復旦大學出版社，2012 年，第 545 頁
　　　　註④。

馬希杲節制桂州，也有十餘年的時間〔註99〕。尤其是後者，在該地「有善政」〔註100〕，當在促進地區開發上有所貢獻。另外，因楚國疆域的特殊性，靈渠成為溝通嶺南與湖湘兩大區域的重要水運航道，對於國內的物資交流而言，無疑是一大促進〔註101〕。需要點明的是，唐代後期，靈渠得到過兩次疏濬，一次在寶曆年間（825～826），一次在咸通末（868～869），尤其是後者，被整治後「雖百斛大舸，一夫可涉。繇是科徭頓息，來往無滯。」〔註102〕而溥州正處於靈渠向湘水的過渡地帶，全州則在湘水的上游，距靈渠也不遠〔註103〕。

另一方面，因楚國較早地佔據了嶺南地區不少州縣，五代時與南漢在土地上間有爭奪〔註104〕，馬氏強化對西南部的管控也是常理，馬殷、馬希範任用真系血親節制桂州便是一大反映。當然，全、溥 2 州的設置，也暗含著楚國對靈渠這一水上要道的格外重視，也流露出針對西南部大片疆域，楚國在面對南漢侵擾時推行著積極防禦的思路。

偏於國境西北部的辰州原屬於楚國的羈縻地區，天福四年（949）八月，「黔南巡內溪州刺史彭士愁引蔣、錦州蠻萬餘人寇辰、澧州，……辰、澧時

〔註99〕 朱玉龍編著：《五代十國方鎮年表》，中華書局，1997 年，第 634～637 頁。按，朱氏據（雍正）《廣西通志》卷 50 推斷馬希杲節制桂州始於長興四年（933），終於開運二年（945），前後長達 13 年之久。不過，在 936 年時，馬希範對這個弟弟有所猜疑，於當年將其徙至朗州，雖身兼桂州節帥之職，卻並不在當地任職。

〔註100〕 《資治通鑑》卷 280《後晉紀》1「天福元年三月」，中華書局，1956 年，第 9140 頁。

〔註101〕 按，從傳統意義上說，嶺南地區與湖南地區屬不同的自然地理單元，溝通兩大區域的路徑除五嶺間道（陸路）外，就是靈渠（水路）。因楚國在五代初將疆域擴大到嶺南的西部，靈渠的重要性凸顯出來。另外，馬殷之後，馬楚政權走向奢侈腐化（陶懋炳著：《五代史略》，人民出版社，1985 年，第 271～274 頁），而潭州又是其政治中心，嶺南的諸多物資常態化地經靈渠向湖南輸送尚可預見。

〔註102〕 〔唐〕魚孟威：《桂州重修靈渠記》，《全唐文》卷 804，中華書局，1983 年，第 8454 頁；吳廷燮撰：《唐方鎮年表》，中華書局，1980 年，第 1100、1108～1109 頁；陳欣：《南漢國史》，暨南大學博士學位論文，2009 年，第 278 頁。

〔註103〕 李曉傑著：《中國行政區劃通史·五代十國卷》之《943 年楚、南平轄境政區示意圖》，復旦大學出版社，2014 年，第 768～769 頁。按，溥州在 943 年尚未設置，但最初的全義縣且在圖中。

〔註104〕 按，928 年楚攻南漢之封州，失敗而終；948 年，南漢進攻楚之賀州。封、賀 2 州均在桂州的東南。951 年南漢趁南唐滅楚之際，完全佔據了嶺南地區。相關研究參見徐仕達：《馬楚政權之研究》，中國文化大學碩士學位論文，2011 年，第 105～106 頁。

屬楚。焚掠鎮戍。」〔註105〕據李曉傑推測，至遲在這一年，辰州已為楚國升格為正州〔註106〕；在辰州的西南，楚國還有相當大的羈縻區域，且保留有溪、敘、獎、錦等羈縻州，馬希範時升敘州管轄的潭陽縣為懿州〔註107〕，平定了本區域蠻人的侵擾，「自是群蠻服於楚。希范自謂伏波之後，以銅五千斤鑄柱……銘誓狀於上，立於溪州。」〔註108〕在銘文中且有「乃遷（溪）州城，下於平岸」〔註109〕。顯然，楚國在這一區域的諸多作為，在一定程度上表明馬氏對該地區的管控在五代時有所加強。

至於楚國傳統的發達地區，即潭州周邊，在五代時只新立了 1 縣。不過，本時段岳、衡 2 州有經濟性質的場的增置〔註110〕，在一定程度上反映出該地區在本時段尚有一些發展。

在南漢新置的州縣中，屬於 917 劉龑建國時增設的州縣有 4 個（1 府 1 州 2 縣），占到了總數的一半，在一定程度上反映了特殊政治事件對政區變動的影響力。在全部新置州縣中，州府較縣還多，其特點較其他政權更突出一些（與前蜀類似，下文有述）。

從這些新置州縣的空間分布來看，88%的州縣位於國都興王府（廣州）的周邊，尤其是北部與東部，只有常樂州的鹽場縣遠在南漢疆域的西南部（圖2-5）。為何會是這樣的狀況？從地域上看，南漢的區位較其他政權偏南，北部毗臨楚與吳（後為南唐）、東北近於閩，考慮到相互間的政治、軍事交往與民間自發的經濟、人口流動，其北面與東北面自然是南漢政府有待深入干預的區域。至於其疆土的西部與西北部，因與國都距離較遠及承擔著防禦鄰國侵擾的軍事任務，地區開發相對乏力，鮮有州縣新置尚可理解。南面的海南島也歸南漢管轄，本時段更是有多個縣被省併（下文有述）。

〔註105〕《資治通鑑》卷 282《後晉紀》3，中華書局，1956 年，第 9207 頁。按，引文中的小字為胡三省所注。

〔註106〕李曉傑著：《中國行政區劃通史·五代十國卷》，第 632 頁。

〔註107〕《續資治通鑑長編》卷 6《乾德三年》，中華書局，1977 年，第 1979 頁。

〔註108〕《資治通鑑》卷 282《後晉紀》3，中華書局，1956 年，第 9210 頁。

〔註109〕轉引自陶懋炳著：《五代史略》，人民出版社，1985 年，第 172 頁。

〔註110〕按，衡州的安仁場置於清泰二年（935），析衡山縣而得；岳州在 936 年設立了王朝場，分巴陵縣而來；兩個場分別於宋初的 965、994 年升格為縣。相關內容，參見〔宋〕王存撰，王文楚、魏嵩山點校：《元豐九域志》卷 6《荊湖南路·衡州、荊湖北路·岳州》，中華書局，1984 年，第 260、272 頁；李曉傑著：《中國行政區劃通史·五代十國卷》，第 244、246 頁。

圖 2-5　唐末至宋初嶺南地區增廢、遷治與築城州縣分布圖

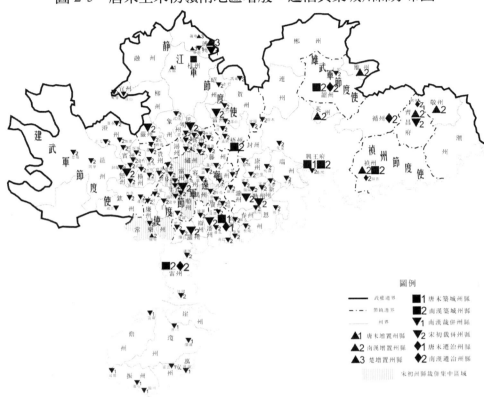

底圖來源：《中國行政區劃通史・五代十國卷》之《954 年南漢轄境政區示意圖》，774
　　　　～775 頁

　　將興王府的附郭縣——南海縣一分為二，劉龑的做法當於錢鏐、高季興
如出一轍（較後兩者稍早），即傚仿大唐國都長安政治體制，以 2 縣分理國都
〔註 111〕，進而提高自己的政治地位。至於西南部的鹽場縣，單從其名稱來看，
流露出南漢政府對當地或已成規模的製鹽業的肯定。

　　南漢新置有 5 個州級政區（1 府 4 州），較增設的縣數多一些。不過，齊
昌府與敬、英 2 州〔註 112〕只領有 1 縣，稱其為府州或有些名不符實，但從另
一個角度來審視，這應是統治者對相關縣的特殊區位及經濟職能的強調。南
漢幾代統治者可謂窮奢極欲，用大量貴金屬裝飾宮殿，尤其是白銀，如劉龑
時的昭陽殿，「以金為仰陽，銀為地面，簷楹榱桷亦皆飾之以銀」；劉鋹時修

〔註 111〕陳鴻鈞：《南漢興王府暨常康、咸寧二縣設置考》，《嶺南文史》2008 年第 1 期。
〔註 112〕另外，雄州原領湞昌、始興 2 縣，約 958 年始興縣還屬韶州，雄州也成為僅
　　　　　領 1 縣的州級政區，參見李曉傑著：《中國行政區劃通史・五代十國卷》，第
　　　　　315 頁。

築的萬政臀，「飾一柱，凡用銀三千兩，又以銀子為殿衣。」〔註113〕即便廣州是對外港口，對白銀如此巨量的消耗，恐怕單靠進口也無法滿足實際需要。需要特別說明的是，據《元豐九域志》記載，南漢時升為州府的這些縣，除湞昌外，境內都有銀場〔註114〕。《元豐九域志》成書於北宋中期，但上述信息與南漢統治者的特殊消費有較強有契合性，推測諸多銀場當有不少創建於南漢，甚或更早。另外，部分縣境還有鉛場、鐵場，為劉氏政權大規模地鑄造鉛錢、佛塔提供了保證〔註115〕。

當然，經濟因素或只是一個方面，交通區位優勢也是部分縣得以升為州府的重要條件。以雄州為例，湞昌縣並無銀場，但縣北 90 里為大庾嶺〔註116〕，實為溝通湖南與嶺南的咽喉之地，「舟車所會」〔註117〕。英州的條件或更為優越，「地接南海，舟楫所通，有魚鹽之利。」〔註118〕東北邊境的齊昌府（興寧縣）、敬州（程鄉縣），或受地形影響，至今仍是廣東東北部連接江西東南部、福建西南部之陸路交通線上的重要節點〔註119〕。不過，考慮到 945 年南唐滅閩的史實，從地緣關係來看，敬、雄 2 州的設置或也帶有強化邊境防禦的政治軍事意味。

以上 3 個政區新置的 15 個州縣只有巴山縣是舊有而於五代時復置的〔註120〕，不過，該縣於開寶八年（975）被廢〔註121〕，存在時間並不長。在這些

〔註113〕 佚名撰，張劍光校點：《五國故事》卷下，《五代史書彙編》，杭州出版社，2004 年，第 3192～3194 頁。

〔註114〕 《元豐九域志》卷 9《廣南路》，中華書局，1984 年，第 410、417～419 頁。按，興寧縣有夜明銀場、程鄉縣為樂口銀場、湞陽縣有鍾峒銀場、歸善縣則有阜民錢監和西平、流坑 2 銀場。

〔註115〕 周加勝：《南漢國研究》，陝西師範大學博士學位論文，2008 年，第 80～81、83～90 頁。

〔註116〕 《太平寰宇記》卷 160《南雄州》，中華書局，2007 年，第 3075 頁。

〔註117〕 《輿地紀勝》卷 93《廣南東路·南雄州·風俗形勝》，中華書局，1992 年，第 2964 頁。

〔註118〕 《輿地紀勝》卷 95《廣南東路·英德府·風俗形勝》，中華書局，1992 年，第 2993 頁。

〔註119〕 《中國高速公路及城鄉公路地圖全集》之《廣東省全圖》，人民交通出版社，2008 年，第 251 頁。按，梅州（南漢時稱敬州）北面的平遠、蕉嶺 2 縣設置較晚，南漢時並不存在。

〔註120〕 按，南北朝時南齊政權曾置有齊昌縣，後廢。南漢設齊昌府，名稱或是對舊名的沿用。不過，因政區等級不同，故未將其歸為對舊有州縣的復置。

〔註121〕 《元豐九域志》卷 6《荊湖北路·峽州》，中華書局，1984 年，第 272 頁。

新增的州縣中，共有 9 個州縣在之後被廢〔註 122〕，保留至今的只有全、禎、英、敬、雄 5 州，占總數的 33%，且多數集中在南漢疆域〔註 123〕。禎、敬 2 州發展為今天的廣東省惠州市和梅州市。至於其他 3 州，最終成為全州、英德、南雄 3 個縣級政區。

4. 前蜀與後蜀

前、後蜀偏安西南，疆域大致相當於今四川省與重慶市大部及周邊部分區域。相對而言，兩個政權場新增的州縣也不多，情況與南漢相似，州多縣少（表 2-9）。

表 2-9　前、後蜀增置州縣統計表

序號	政權	增置時間	州縣名稱	備　註
1	前蜀	武成元年（908）	潾州	推測時間；割渠州潾山縣置，領潾山 1 縣
2			灌州	推測時間，約 921 年廢；割彭州導江縣置
3			徵州	推測時間；析果州流溪縣置，領流溪 1 縣
4		永平二年（912）	安州	割夔州雲安縣置，領雲安 1 縣
5	後蜀	廣政五年（942）	灌州	推測時間；割彭州導江縣置，領導江 1 縣
6		廣政十六年（953）	永康縣	析青城縣置；屬蜀州

參考文獻：《太平寰宇記》、《十國春秋》、《讀史方輿紀要》、《中國行政區劃通史·五代十國卷》等。

從表 2-9 可知，前蜀增置有 4 州，而後蜀只新設了 1 州 1 縣，在數量上前者比後者多 1 倍。從新置時間來看，908 年前蜀或新增有 3 州，在整個政權增置州縣的比重達到了 75%，也占到了前、後蜀新設州縣的一半。這一狀況與南漢的情況相似，映像出特殊事件對政區變動存在一定的影響力——908 年王建在成都建國〔註 124〕。

從潾、灌、徵、安州的地理位置來看，它們在前蜀疆域內的分布相當分散，除灌州與成都府距離較近外，其他 3 州大致都在正東方（圖 2-6），與國

〔註 122〕按，這 9 個州縣絕大多數於北宋初被裁併，巴山縣在正文已述，其他州縣下文有述。

〔註 123〕按，屬於南漢政區的是後 4 州。南漢新增有 1 府 4 州 3 縣，被廢的有 1 府 3 縣，「存活率」為 50%，相對荊南、楚要高許多。

〔註 124〕《資治通鑑》卷 266《後梁紀》1「開平二年正月」，中華書局，1956 年，第 8687～8688 頁。

都相距頗遠〔註 125〕。而且，這 4 州都只領有 1 縣，王建新置它們當是對相關
縣域特殊功能、區位優勢的強調。

圖 2-6　五代及宋初巴蜀地區增廢與遷治州縣分布圖

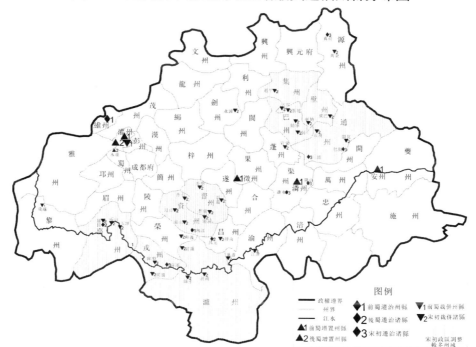

底圖來源：《中國行政區劃通史・五代十國卷》之附圖 4《959 年後周等政權轄境政區
　　　　　示意圖》中的後蜀政區圖

　　灌州在成都府的西北方向，治導江縣灌口鎮，唐初於此設鎮靜軍〔註 126〕。
因都江堰位於該縣，基於這一水利工程對成都平原的重要性，強化政府干預
是必然之舉；徵州之設，或出於徵繳疆域北部尤其是嘉陵江流域的賦稅。「徵」
為「徵」的繁體字，有「徵稅」之意〔註 127〕。而且，嘉陵江在溝通面積廣大
之東川南北區域的作用不言而喻〔註 128〕；潾山縣城「南、西、北三面有池圍

〔註 125〕 李曉傑著：《中國行政區劃通史・五代十國卷》之《916 年前蜀轄境政區示意
　　　　　圖》，復旦大學出版社，2014 年，第 209 頁。
〔註 126〕 《輿地紀勝》卷 151《成都府路・永康軍》，中華書局，1992 年，第 4060～
　　　　　4061 頁。按，據《太平寰宇記》卷 73 記載，鎮靜軍設於貞觀十年（636）。
〔註 127〕 王力等編，蔣紹愚等修訂：《古漢語常用字字典》（第 5 版），商務印書館，
　　　　　2016 年，第 527～528 頁。
〔註 128〕 按，據《916 年前蜀轄境政區示意圖》（《中國行政區劃通史・五代十國卷》
　　　　　209 頁），嘉陵江至少貫通了前蜀的 4 個節鎮，在徵州以北其流經有成、興、
　　　　　利、閬、果等多個州郡。

繞，東阻涅水，甚險固，俗號為金城」，以該地設潾州，統治者在意的或是該城突出的防禦性能〔註 129〕。另外，《元豐九域志》記該縣有一鹽井，名為臥牛〔註 130〕，不知五代初是否已開發成熟且為王建所留意；安州置於雲安縣，該縣原為監，鹽利頗豐，「王建既得之，兩川大獲其利。乃升雲安縣為安州，以刺史領監務。」〔註 131〕不過，前蜀新置的 4 州並未被後世所承襲，除灌州或廢於當朝外，其他 3 州當在後唐滅亡前蜀後遭致省併〔註 132〕。

後蜀復置灌州，其目的當於前蜀類似，即強化對都江堰的管控。蜀州西臨成都府，新增的永康縣在蜀州的西北部、北臨灌州（圖 2-6），或為該水利工程周邊地區開發走向深入所致。

在前、後蜀新增的 6 個州縣多數湮沒於歷史的長河中。前蜀增置的 4 州，灌州或廢於當朝。後唐滅亡該政權後，其他 3 州也遭致裁併。至於後蜀在新立政區上的成績（灌州與永康縣），只有復置前代的灌州最終延續了下來，成為今四川省都江堰市（縣級）。顯然，前、後蜀新置州縣的「存活率」並不高，只有 17%。

統而論之，本時段南方 9 個政權前後共新增有 22 州 54 縣，較之唐末，這一成績顯然是值得大書特書的。其中，南唐的表現最為突出，貢獻有 6 州 28 縣，幾乎占到了總數的一半（圖 2-7）。從地域來看，江西、福建地區的狀況最值肯定。據《新唐書·地理志》，唐末兩地區分別有 12 州 62 縣和 5 州 25 縣〔註 133〕，經五代時的發展，兩地政區變更為 15 州 86 縣和 6 州 37 縣〔註 134〕，單

〔註 129〕《太平寰宇記》卷 138《渠州·潾山縣》，中華書局，2007 年，第 2696 頁。按，部分史籍將「涅」寫作「涅」等字，參見該書該卷正文注釋〔二五〕。另，唐武德元年（618）置潾州，又析潾水縣置潾山縣，以潾山縣為州治，625 年州廢。參見郭聲波著：《中國行政區劃通史·唐代卷》，第 862 頁。

〔註 130〕《元豐九域志》卷 7《梓州路·灌州·鄰山縣》，中華書局，1984 年，第 331 頁。

〔註 131〕《冊府元龜》卷 338《宰輔部·貪瀆》，中華書局，1960 年，第 3998 頁。另，據前蜀宋光葆撰有《上蜀主表》（《成都文類》卷 18），對雲安的鹽利也有一些涉及。

〔註 132〕李曉傑著：《中國行政區劃通史·五代十國卷》，第 60、104 頁。

〔註 133〕《新唐書》卷 41《地理志》5，中華書局，1975 年，第 1064～1071 頁。按，出於五代相關政權疆域和前後比較的便利，筆者此處所涉及的江西地區包括宣、歙、池、洪、江、鄂、饒、虔、吉、袁、信、撫州，而福建地區則涵蓋有福、建、泉、汀、漳州。

〔註 134〕按，截止時間為南唐滅亡時的開寶八年（975）。南唐設置的雄遠軍和建武軍因轄有縣而計作州級政區，由宣州之地增置的繁昌、銅陵與蕪湖 3 縣雖隸屬

就所增縣數而言，江西地區為 24 個，較之前增長了 39%；福建地區為 12 個，較之前增加了 48%——江、泉 2 州是其中的典型，前者轄縣由 3 個增長至 7 個，後者則從 4 個變更為 9 個〔註135〕。

圖 2-7　五代及宋初南方諸政權增置州縣占比圖

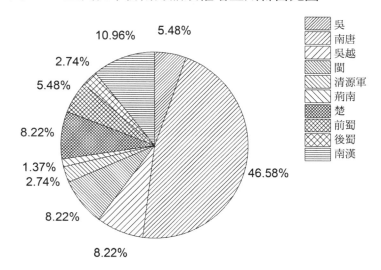

當然，五代時期南方諸多政權不僅僅只增置有州縣，還有軍、場、監、院等，個別軍因領縣而成為州級政區，如南唐的江陰軍〔註136〕。一些場、院，如前文提及楚國的王朝場，有不少在北宋初期升格為縣（附表2）。

（二）省廢州縣

與新置州縣相比，南方諸政權省廢的州縣就少之又少了。不過，相對而言，南漢在疆域內裁併的州縣更多一些（表2-10）。

表 2-10　五代南方諸政權裁併州縣統計表

序號	政權	省廢時間	州縣名稱	備　註
1	南唐	保大十五年（957）	漣州	推測時間；改為雄武軍；約956年置
2		交泰元年（958）	新和州	推測時間；改為雄遠軍；958年置

於昇州，仍計為江西地區之縣；王延政於 943 年在建州創立殷國，增設有鐔、鏞 2 州和龍津縣，因存在時間太短而未作統計。

〔註135〕李曉傑著：《中國行政區劃通史・五代十國卷》，第 686～687、717～718 頁。按，江州增加的 4 個屬縣均為新置，泉州增加的 5 個屬縣中新置的也佔了 4 個。

〔註136〕《太平寰宇記》卷 92《江陰軍》，中華書局，2007 年，第 1850 頁。

3	荊南	貞明五年（919）	荊門縣	推測時間；以縣置軍	
4	楚	天福四年（939）	臨武縣	入桂陽監〔1〕	
5	湖南	建隆元年（960）	龍喜縣	推測時間；入長沙縣；949 年置	
6	前蜀	永平四年（914）	飛越縣	推測時間；入漢源縣	
7		乾德三年（921）	灌州	推測時間；約 908 年置	
8	南漢	乾化元年（911）	潭栗縣	推測時間；入興業縣；原屬鬱林州	
9		乾亨元年（917）	南海縣	廣州附郭縣；分為咸寧、常康 2 縣	
10		乾和十年（952）	崖山縣	入龍水縣	原屬宜州；
11			東璽縣	入天河縣	原為楚有，後歸南漢
12		乾和十五年（957）	富羅縣	原屬儋州	
13			富雲縣	原屬萬安州	
14			博遼縣		
15			延德縣	推測時間；原屬振州	
16			臨川縣		
17			落屯縣		
18		大寶六年（963）	溥州	推測時間	946 年楚置
19			廣明縣		入義寧縣；約 907 年馬殷置
20		——	曾口縣	唐屬瓊州	
21			顏羅縣		
22			修德縣	原屬嚴州	

參考文獻：《太平寰宇記》、《元豐九域志》、《宋朝事實》、《十國春秋》、《南漢地理志》、《南漢書》、《中國行政區劃通史・五代十國卷》、《五代時期南方諸政權政區地理》等。

說明：（1）943～945 年於建州稱帝的王延政在該州增置有鏞、鐔 2 州與龍津 1 縣，因存在時間不長，且在前文已有所述及，故未列入此表；（2）南漢的富雲、博遼、曾口、顏羅 4 縣郭聲波推測為唐末已廢，因較多史籍記其廢於「五代」或「南漢」，姑且列入該表。

注解：〔1〕《太平寰宇記》卷 117 言及天福四年廢平陽、臨武 2 縣入桂陽監，李曉傑依從其說（《中國行政區劃通史・五代十國卷》629 頁）。不過，《輿地紀勝》卷 61 雲平陽縣廢於天祐元年（904），郭聲波認可其說，針對此書與《太平寰宇記》之間的相左記載，推測「疑是將該年廢臨武縣入桂陽監為州級政區事誤記為廢平陽縣入監」（《中國行政區劃通史・唐代卷》545 頁注④），今暫從郭氏判斷。

　　由上表可知，在五代南方諸政權省廢的 22 個州縣中，縣的數量遠比州多

（18：4）。排除南唐轉為軍的 2 州，真正被廢的州只有溥、灌 2 州。而且，2 州存在的時間都不長，均不足 20 年。

就這些州縣的分屬政權來看，多數政權只涉及到 1 或 2 個甚或沒有（如吳越、閩），南漢則多達 15 個，占總數的 68%（圖 2-8）〔註 137〕——本時段該政權新置州縣為 8 個，省廢州縣的數量幾乎超過增置的 1 倍。

五代末期，後周世宗數次南征，將政權的東南邊界不斷向南推移，最終止於長江沿線。作為被討伐的南唐，自然要在北部邊境的防禦上有所著力，漣州、新和州被南唐改變為軍，應是現實使然。而且，它們都是新置不久的州，所治漣水、當塗縣都是軍事防守的要地：唐末已在漣水縣設有制置使〔註 138〕，南唐改為漣水軍使〔註 139〕；當塗縣在長江南岸，有採石渡口，「隋平陳，置赭圻鎮。貞觀初於此置戍。」〔註 140〕

圖 2-8　五代南方諸政權裁併州縣占比圖

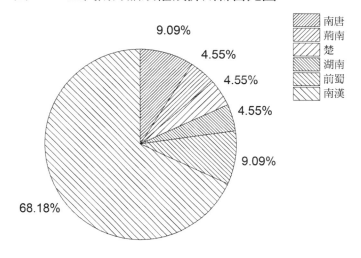

荊門縣位於荊州北部，其省廢與北部軍事防禦有關。高季昌是朱溫所封

〔註 137〕按，即便富雲等 4 縣廢於唐末，五代時南漢省廢的州縣也多達 11 個，占該時段南方諸政權省廢州縣總數（17 個）的 65%，比例也是相當高的。

〔註 138〕〔宋〕路振撰，吳在慶、吳嘉祺校點：《九國志》卷 1《臺濛傳》、《王綰傳》，杭州出版社，2004 年，第 3223、3235 頁。

〔註 139〕〔宋〕徐鉉撰，傳成校點：《稽神錄》之《補遺·秦進崇》，上海古籍出版社，2012 年，第 82 頁。

〔註 140〕《太平寰宇記》卷 105《太平州·當塗縣》，中華書局，2007 年，第 2080～2081 頁。另據《輿地紀勝》卷 18 引《姑孰志·序》，「當塗採石之險，實甲於東南」，中華書局，1992 年，第 819 頁。

的荊南節帥，乾化二年（913）朱溫離世，漸有割據之志的他「聲言助梁伐晉，進攻襄州」〔註141〕，結果被其節度使孔勍擊敗，遂與之交惡。貞明五年（919）五月，楚從南方來攻，高氏向吳求兵。這一年，荊南於荊門縣置軍，當是防範襄州節帥孔氏借機來攻，儘管917年雙方已「修好」〔註142〕。不過，該年孔勍並未來犯，荊門軍遂被省廢，而原來的荊門縣卻並未恢復。

楚國廢臨武縣入桂陽監的目的當與唐末馬殷廢平陽縣入監時一致，即強化該監的鑄錢功能。930年馬殷去世後，繼位的馬希聲、馬希範安於享樂，尤其是後者，為追求奢華生活而暴斂不息〔註143〕。作為鑄錢之所，自然更為馬氏所器重。基於特殊的政治環境，隨著臨武縣的併入，桂陽監由唐末的縣級政區升格為州級政區。唐時「每年鑄錢五萬貫」，隨著管轄範圍的擴大、參與民眾的增多，桂陽監在五代時的產能應有較大幅度的提高。

南唐滅楚後對當地並未進行有效的治理，在經歷了近4年的動盪之後，周行逢成為湖南地區的霸主。在廣順三年（953）正月時，楚國舊將劉言據有朗州，以「潭州兵戈之後，焚燒殆盡」為由向後周申求將武平軍節度使駐地從潭州遷往朗州，得到了許可。而且，郭威還下詔「升朗州為大都督府，在潭州之上」〔註144〕，標誌著湖南地區政治中心的轉移。周行逢建立湖南政權後，順利了這一形勢〔註145〕。949年或為強化潭州國都優勢而增置的龍喜縣，在後來地區中心轉移他地的形勢下被省廢，當是周氏為削弱潭州的既有優勢而有意為之。

前蜀只省廢有飛越1縣，據推測或省併於南詔「寇黎州」之時〔註146〕，黎州位於前蜀的西南邊境，表明唐後期以來南詔入寇西川的行動仍在繼續。因前蜀防禦得力，經多次交戰將南詔將士擊敗，「蠻地深阻，不欲勞師遠攻」〔註147〕，流露出王氏固守邊疆、以防禦為主的對敵政策。

〔註141〕《資治通鑒》卷268《後梁紀》3「乾化二年十二月」，中華書局，1956年，第8845頁。

〔註142〕《十國春秋》卷100《荊南1·武信王世家》，中華書局，2010年，第1430頁。

〔註143〕陶懋炳著：《五代史略》，人民出版社，1985年，第271～272頁。按，馬希範的在位時間為932～947年。

〔註144〕《舊五代史》卷112《周太祖本紀》3，中華書局，1976年，第1487頁。

〔註145〕羅慶康著：《馬楚史研究》，湖南人民出版社，2004年，第233頁。

〔註146〕《資治通鑒》卷269《後梁紀》4「乾化四年十一月」，中華書局，1956年，第8785頁；李曉傑著：《中國行政區劃通史·五代十國卷》第573頁。

〔註147〕《資治通鑒》卷269《後梁紀》4「乾化四年十二月」胡三省注，中華書局，1956年，第8785頁。

925 年後唐滅亡前蜀後對其政區有所調整，先前增置的徵、安、濂 3 州被廢，表明後唐對前蜀新置政區的做法並不認可。此外，此時被裁併的還有金仙縣〔註148〕。另一方面，因地區權力出現真空，邊疆危機凸顯出來——周邊的蠻人、吐蕃相繼從東南、西北來侵，致使 3 州 11 縣被廢〔註149〕——情況與唐末的西北邊境類似，後者在當時有 13 縣（分屬 4 州）被廢。不過，以上諸州縣因並非本節所探討的南方政區所作，故未列入表 3-10。

在南漢省廢的 15 個州縣中，州只有 1 個，州縣比例極不協調。這 15 個州縣主要分布在南漢疆域的西北部與南部（圖 2-5）：西北部較多地散佈在之前楚國所佔的靜江軍節鎮（1 州 4 縣），南部則集中於海南島（8 縣）。

西北部疆域因存在先屬馬楚，後入南漢的歷史過程，南漢對其政區加以調整在所難免。尤其是溥州，處於靈渠沿岸，楚時是溝通湖湘與嶺南西部的重要節點。隨著嶺南西部為南漢所據，該地成為南漢的西北邊境，其政府性的溝通地域交流的功能大為減弱，被廢也是現實使然。宜、嚴 2 州是靜江軍節鎮的西南邊疆，所廢 3 縣則處於 2 州的西南部〔註150〕，舊時屬楚，但偏離政治、經濟中心（潭州）甚遠，社會開發或相對滯後。還有稍南的潭栗縣，它的裁廢較多地受到了楚與南漢在毗鄰區域發生衝突的影響〔註151〕。

至於南部州縣的裁廢，集中在今海南島上。尤其是南部的振、萬安 2 州，省廢縣數達到了 5 個。按史書記載，唐末振州轄有寧遠、延德、吉陽、臨川與落屯 5 縣，而萬安、陵水、富雲、博遼 4 縣隸屬於萬安州〔註152〕。2 州原有 9 縣，南漢裁併 5 縣，占全部的 56%，比例是相當驚人的。這一狀況的出現，流露出該地區偏離政治、經濟中心（廣州）過遠，政府作為或相當有限致使經濟衰退的基本史實〔註153〕。西南部的安南地區則是另一種情況，之前尚

〔註148〕 李曉傑著：《中國行政區劃通史・五代十國卷》，第 579、582～583、591～593 頁。

〔註149〕 李曉傑著：《中國行政區劃通史・五代十國卷》，第 601、610 頁。按，處在東南邊疆的有溱、南 2 州，前者轄有榮懿、扶歡、夜郎、樂源、麗皋 5 縣，南川、三溪 2 縣為後者所管，它們或廢於後唐滅蜀之際；位於西北邊境的是扶州，轄有同昌、帖夷、萬全、鉗川 4 縣，至遲廢於 932 年。

〔註150〕 李曉傑著：《中國行政區劃通史・五代十國卷》，第 242 頁。

〔註151〕 周慶彰：《五代時期南方諸政權政區地理》，復旦大學博士學位論文，2010 年，第 165 頁。

〔註152〕 《新唐書》卷 43 上《地理志》7 上，中華書局，1975 年，第 1101 頁。

〔註153〕 有學者認為，南漢大量裁併海南島上諸縣，主要基於這些縣多屬小縣，處在內地近山區域或邊遠地區，不少是政府雖設而不能守者（島上蠻人侵擾），

構成羈縻性的管控，大有十年（937）交州兵變，次年南漢出兵討伐，但在白藤江戰役中大敗〔註154〕，安南地區遂走向獨立〔註155〕。

統而論之，五代時期南方諸政權省廢的州縣並不多，僅及新增州縣數量的 29%。假設州縣的增廢與社會發展形勢的好壞存在正相關的關係，那麼從眾多增廢州縣的空間分布來看，南唐的江西地區、閩國的東部、吳越的北部、楚國的西南部和南漢的東部與北部呈現出積極向上的發展態勢，而南漢的南部，尤其是今海南島，社會狀況並不樂觀。另外，本時段南方政權增廢州縣的總數為 98 個，在整個政區體系中所佔的比例仍舊不高〔註156〕，大多數的原有州縣得以沿襲。

第三節　北宋初期對原後蜀、南漢疆域州縣的調整

前文論述唐末（878～906）與五代（907～959）兩個時段南北方新增、省廢州縣的大體情況，因五代時期多數南方政權的滅亡時間與後周並不同步，故筆者把考察的時間略作延長，以便更完整地反映南方的具體情況。

不過，就此結束還不夠圓滿。畢竟，北宋滅亡諸割據政權之後，對相關疆域內的州縣又進行了一定程度的調整，固然這是北宋政府的行為，但調整的基礎或者依據是前代在發展地方經濟方面成效的優劣——南唐、吳越等疆域的經濟發展形勢比較好，不少場、監在宋初升格為縣（附表2）；後蜀、南漢則與之相反，出現了大量州縣被裁併的情況。據研究，宋初在巴蜀地區省併有 28 縣，而在嶺南更是省併了 16 州 96 縣〔註157〕，表明北宋對

加以裁併是南漢政權集中權力、精簡行政事務的舉措。參見曾昭璇：《南漢後海南省行政區劃史研究》，《中國邊疆史地研究》1993 年第 4 期。

〔註154〕《資治通鑑》卷 281《後晉紀》2「天福三年十月」，中華書局，1956 年，第 9192～9293 頁。

〔註155〕（越）陳重金著，戴可來譯：《越南通史》，商務印書館，1992 年，第 72 頁。

〔註156〕按，筆者依據《中國行政區劃通史五代十國卷》之《附錄》——《五代十國時期政區沿革》對南方地區的州縣進行了統計，轄縣之軍作州統計（含吳越國的衣錦軍），未考慮所設的場和南漢靜海軍節度使（駐交州）所轄州縣及楚國羈縻統治的敘、錦 2 州，959 年共計 183 州 790 縣，增廢的 97 個州縣占總數的 9.9%。

〔註157〕李昌憲著：《中國行政區劃通史·宋西夏卷》，復旦大學出版社，2007 年，第 134 頁。按，據筆者統計，北宋初期裁併原後蜀、南漢疆域內的州縣數與該書略有不同，分別為 30 縣和 16 州 101 縣。

原後蜀、南漢疆域內之州縣的調整是有相當力度的,尤其是後者。然而,或受研究對象、時段所限,學人對這一史實的考察相當有限,且停留在簡單的陳述階段〔註158〕,特別是嶺南地區,尚未在清人吳蘭修所撰的《南漢地理志》基礎上深入推進。

一、原後蜀疆域

乾德二年(964)十一月,北宋分兵兩路討伐後蜀,一路從鳳州順陳倉道南下,一路自歸州沿長江西進。次年正月,後主孟昶開城投降——宋軍用時僅 66 天,得巴蜀 46 州 240 縣〔註159〕。不過,因宋朝大將安撫巴蜀無方,又引發了該地區較大範圍的叛亂,後予以平定〔註160〕。

在北宋滅亡後蜀之後不久,時間集中在乾德三至五年(965~967),對原後蜀疆域的部分政區進行了調整。據筆者統計,裁併州縣達 31 個(表 2-11)。當然,個別縣改屬中央直隸,一些縣的治所發生了遷移,可能也和這次調整有關。

表 2-11　乾德年間北宋裁併原後蜀疆域內州縣統計表

序號	州縣名稱	裁併時間	備　註
1	宕渠	乾德三年(965)	原屬蓬州
2	灌州	乾德四年(966)	改永安軍,仍為州級政區
3	黃金		原屬洋州
4~5	廣納、東巴		原屬壁州
6~8	歸仁、始寧、盤道		原屬巴州〔1〕
9	富義		原屬瀘州;廢入富順監
10~12	綏山、羅目、玉津		原屬嘉州
13~14	大牟、通平	乾德五年(967)	原屬集州
15~16	閬英、宣漢		原屬通州
17	萬壽		原屬渝州;一說 965 年廢
18~20	普康、崇龕、普慈		原屬普州〔2〕

〔註158〕周振鶴著:《中國地方行政制度史》,上海人民出版社,2005 年,第 306 頁。
〔註159〕〔宋〕李燾撰:《續資治通鑒長編》卷 6《宋太祖》「乾德三年正月」,中華書局,1979 年,第 146 頁。按,《宋史》卷 2 記北宋得後蜀 45 州 198 縣,與前書有所不同。另,《十國春秋》卷 49 所記與《宋史》基本一致,在 45 州後別加 1 府。
〔註160〕《宋史》卷 255《王全斌傳》,中華書局,1977 年,第 8921~8923 頁。

21～24	月山、丹山、銀山、清溪	原屬資州〔3〕
25	和義	原屬榮州
26～27	開邊、歸順	原屬戎州
28	永歸	原屬劍州
29～30	綿水、涇南	原屬瀘州
31	靜南	——	平蜀之後；屬昌州

參考文獻：《太平寰宇記》、《元豐九域志》、《輿地廣記》、《輿地紀勝》、《宋會要輯稿》、《宋史》、《中國行政區劃通史·宋西夏卷》等。

說明：（1）《輿地廣記》卷32記有乾德五年岐坪縣廢入奉國縣，其他史籍並無相關記載，存疑；（2）上文提及《中國行政區劃通史·宋西夏卷》統計北宋在川蜀省廢縣數為28個，筆者比對了書中「乾德三年（965）平蜀所得的州縣」與「太平興國四年（978）的州縣」中「劍南東道」、「劍南西道」與「山南西道」所列州縣，表3-11所列的30縣均存在於該書的前節而未見於後節，作者統計為28縣或有疏漏。

注解：〔1〕盤道縣，一作盤道縣；〔2〕《太平寰宇記》卷87、《宋史》卷89記該年只裁併了崇龕、普慈2縣；〔3〕《輿地廣記》卷7記省廢3縣，未提清溪縣。

　　從表2-11可知，北宋在滅亡後蜀之後的三年裏，一共省併了30個縣，而灌州被改為永安軍，且轄導江、青城2縣〔註161〕。固然，30縣只占北宋平蜀所得240縣的1/8，比重不是很高，但「30」卻並非可以輕易去加以疏忽的小數字。從諸縣被裁併的時間配置來看，乾德三年為1個，四年有10個，五年多達19個，呈遞增之勢。最後一年裁併的縣數最多，占總數的63%。結合這些廢縣的空間位置（圖2-6），可得出以下結論：乾德三至五年，北宋廢縣的步驟大體是從北向南展開的，尤其是在裁併最為集中的後兩年——乾德四年有較多集中於東北部（6縣），最南部的嘉、瀘2州也有分布；乾德五年以中南部為多，北部的集、通、劍3州也有一些（5縣）。

　　所廢縣數較多的州主要有巴、嘉、普、資、瀘5州（共16縣），平均每州有3.3個縣被廢，占到了全部的53%。壁、集、通、戎4州所廢屬縣也較多，共有8個。從這些州的空間分布來看，形成了3個組團：東北部以巴、集、壁、通4州為中心，區域內共有9縣被廢；中南部因地域較大，廢縣分布較為分散，但也基本形成了普、資2州和西南邊境的嘉、戎、瀘3州兩個組團，前者有7個廢縣，後者為8個。顯然，3個組團共有24縣被廢，占到了總數的80%。當然，3：5的比例彰顯出中南部是廢縣分布的重心區域。

〔註161〕《太平寰宇記》卷73《永康軍》，中華書局，2007年，第1493頁；《輿地紀勝》卷151《成都府路·永康軍》，中華書局，1992年，第4060～4061頁。

　　若以邊境州為考察對象，廢縣的州有嘉、戎、瀘、渝、通、源（洋）6個，境內有12縣被廢，達到了總數的40%，比重也是較高的。

　　較多廢縣出現在原後蜀疆域的東北部，是因為這裡處於今米倉山、大巴山區的南麓和渠江流域，地形多為平行峽谷，是世界上最典型的褶皺山地〔註162〕。特殊的地貌造就了平地不足和區域開發難度大的現實。同時，本地區遠離後蜀的中心城市成都，政府的各項投入也相對有限，發展相對滯後。

　　後蜀的中南部地形以丘陵、山地為主〔註163〕，地區開發較平原困難。而且，因為有龍泉山脈、大涼山、長江等天然山河的存在，相當程度上阻隔了該區域與成都平原的交流。而且，南部鄰近南詔、蠻族活動區域，後唐滅亡前蜀時蠻人趁機入侵，南部的瀘、南2州7縣被廢〔註164〕──相對不安定的社會環境，必然影響到民眾在此生活的信心。

　　與裁併州縣同時進行的，還有部分縣的縣治發生了遷徙（表2-12），相關史實固然因史料記載有限而難以判斷是否出自政府的干預，但從它們的區位來看，多數處在有廢縣的州域內或與相應的州毗鄰（圖2-6），不得不令人懷疑它們的徙治與州內或周邊的廢縣有一定的關聯，連同對北部2縣在隸屬上的變更〔註165〕，共同構成了本時段北宋調整原後蜀疆域政區的主體內容。

表2-12　北宋初年原後蜀疆域內遷治縣統計表

序號	縣　名	遷治時間	屬　州	備　註
1	巴渠	乾德三年（965）	通州	遷治風樂壩
2	三岡			遷治索心市
3	隣山		渠州	遷治舊隣州城
4	真符	乾德四年（966）	洋（源）州	遷治廢黃金縣〔1〕

〔註162〕鄭霖、柴宗新、鄭遠昌、傅綬寧著：《四川省地理》，四川科學技術出版社，1994年，第65頁。

〔註163〕鄭霖、柴宗新、鄭遠昌、傅綬寧著：《四川省地理》，第53、55、64頁。另，以境內廢有3縣的普州為例，南宋時的《輿地紀勝》（卷158）尚記載其「介萬山間，無土地肥饒之產，無舟車貨利之聚。民生之艱，視中州不及遠甚」，開發的難度可想而知。

〔註164〕李曉傑著：《中國行政區劃通史・五代十國卷》，第610頁。

〔註165〕按，西縣、三泉縣隸屬於興元府，在其西部，北宋滅亡後蜀之後，認識到兩縣在交通上的區位優勢，遂指示其「申奏公事，直屬朝廷」，參見《太平寰宇記》卷133，中華書局，2007年，第2617、2619頁。

5	江津	乾德五年（967）	渝州	遷治馬驤鎮
6	隣水		渠州	遷治昆樓鎮；一說966年
7	南溪	乾德中	戎州	遷治奮戎城〔2〕

參考文獻：《輿地紀勝》、《宋會要輯稿》、《宋史》、（雍正）《四川通志》、（嘉慶）《大清一統志》等。

注解：〔1〕黃金縣廢於966年，真符縣當遷治於黃金縣舊治；〔2〕「乾德」年號共有5年，「乾德中」在乾德三至四年的可能性較大。而且，戎州所廢開邊、歸順2縣與南溪縣相近，頗懷疑其遷治與周邊2縣的裁併均屬於北宋調整該州行政區劃的範疇，故將之列入上表。

在上表所列發生遷治的7個縣中，從它們所屬州郡的空間分布來看，多數位於原後蜀疆域的東北部，如洋、通及渠州。南部發生遷治的2縣分別在渝、戎2州。考慮這些縣遷治的時間，再結合上文所涉北宋在本區域裁併諸縣的時間，更加說明了北宋對原後蜀疆域內縣級政區的調整大體經歷了從東北向西南漸次展開的過程。另外，因東北部有不少縣發生遷治，相應地平衡了中南部裁併縣數偏多的狀況，反映出北宋對原後蜀政區的調整集中於東北與中南2部分的基本史實。

二、原南漢疆域

開寶三年（970）八月，北宋要求南漢主動歸順遭到惡意回絕，遂決意南下討伐，於次年二月入廣州，南漢覆滅，得60州、214縣[註166]。不過，在開寶五年四月，「上按嶺南圖籍，州縣多而戶口少，命知廣州潘美及轉運使王明度其地裏並省以便民」[註167]，遂開始在本地區大規模裁併州縣。據筆者統計，北宋初在嶺南省併有16州101縣，其數量、比重相當驚人——所廢州數占到了最初所得州數的27%，而廢縣占比更高，為47%，幾乎占到了原來的一半。

那麼，這些被裁併的州縣都有哪些，主要分布在原南漢疆域的哪些部分，與南漢省廢州縣的分布區域是否一致，反映了怎樣的史實？鑒於已有論著對這一史實多停留在簡單的描述階段，故有必然對上述問題加以探討，以便更客觀地認知南漢政權對嶺南地區的社會發展有何側重及實際功過。不過，弄清哪些州縣在宋初被省廢是首要工作（表2-13）。

〔註166〕《續資治通鑒長編》卷13《宋太祖·開寶四年》，中華書局，1979年，第261頁。

〔註167〕《續資治通鑒長編》卷13《宋太祖·開寶五年》，中華書局，1979年，第282頁。

表 2-13　開寶年間北宋裁併原南漢疆域內州縣統計表

序　號	州縣名稱	裁併時間	備　註	
1	齊昌府	開寶四年（971）	入興寧縣；917 年置	
2～10	勤、潘、繡、黨、牢、順、巒、富、禺州			
11	羅州	開寶五年（972）	一說 980 年廢	
12	常樂州		918 年由行岩州改置	
13	思明州		原為思唐州	
14	崖州		遷治振州〔1〕	
15～21	義、康、春、潯、白、賓、澄州		973 年復置〔2〕	
22	瀧州	開寶六年（973）		
23	嚴州	開寶七年（974）		
1～4	蕩山、封陽、馮乘；孟陵	開寶四年（971）	原屬賀州；原屬梧州	
5～6	咸寧、常康		原屬興王府（廣州）	917 年分南海縣置
7～9	番禺、浛水、化蒙			化蒙縣一說廢於 973 年
10～12	四會、東莞、義寧			973 年復置
13～15	流南、羅水；平興		原屬春州；原屬端州	
16～19	晉康、悅城、都城；富林		原屬康州；原屬勤州	
20～23	良德、保寧；定川、宕川		原屬高州；原屬牢州	
24～27	南巴、潘水；廉江、幹水		原屬潘州；原屬羅州	
28～31	遂溪、徐聞；武羅、靈竹		原屬雷州；原屬巒州	
32～35	欣道、渭龍、陵城；陵羅	開寶五年（972）	原屬容州；原屬辯州	
36～38	寧風、感義、義昌		原屬藤州；一說廢於 970 年	
39～42	峨石、扶來、羅辯；永順		原屬禺州；原屬新州	
43～46	皇化、大賓；鬱林、興德		原屬潯州；原屬鬱林州〔3〕	
47～49	常林、阿林、羅繡		原屬繡州	
50～53	容山、懷義、撫康、善牢		原屬黨州	
54～57	龍化、龍豪、溫水、南河		原屬順州	
58～60	封山、蔡龍、大廉		原屬廉州；州治遷徙，置石康縣	
61～63	博電、零綠、鹽場		原屬常樂州；鹽場縣置於 918 年	
64～66	朗寧、封陵、思籠		原屬邕州	

67～69	懷澤、潮水、義山		原屬貴州	
70～72	樂山、嶺山、從化		原屬橫州	
73～75	馬江、思勤；永平		原屬富州；原屬昭州	
76～77	開建；戎城		原屬封州；原屬梧州	973年復置
78～80	琅琊、保城；思和		原屬賓州；原屬思明州〔4〕	
81～84	恩平、杜陵、連城、永業		原屬恩州；原屬義州	
85～88	開陽、建水、鎮南；仁化		原屬瀧州；原屬韶州	
89～91	懷德、潭峨、特亮		原屬竇州	
92～94	建寧、周羅、南昌	開寶六年（973）	原屬白州	
95～97	止戈、無虞、賀水		原屬澄州	
98～100	欽江、遵化、內亭		原屬欽州	
101～104	陽川、武林、隋建、大同		原屬龔州	
105～106	武化；歸化	開寶七年（974）	原屬象州；原屬嚴州	

參考文獻：《太平寰宇記》、《元豐九域志》、《輿地廣記》、《續資治通鑒長編》、《宋會要輯稿》、《文獻通考》、《宋史》、《中國行政區劃通史·宋西夏卷》、《中國行政區劃通史·五代十國卷》等。

說明：（1）因省廢州縣較多，筆者在列表時有意將它們以州前縣後的順序加以區別（中間隔有一空行）；（2）為節省空間，「州縣名稱」一欄的部分方格內安置有較多同類內容；（3）不同史書對一此州縣裁併時間的時間並不一致，筆者的參考順序是《續資治通鑒長編》、《太平寰宇記》及《元豐九域志》；（4）因不同史籍記載略有不同，部分縣的隸屬關係較為混亂，而《中國行政區劃通史·五代十國卷》考證細緻，上表對開寶年間被裁併諸縣之原隸關係的梳理多依據該書第2編「南漢」一章；（5）部分縣名在一些史籍中略有不同，如「洊水」一作「游水」、「東莞」一作「東筦」、「保寧」一作「保定」、「善牢」一作「善勞」、「零綠」一作「零淥」、「封陵」一作「豐陵」、「思籠」一作「思龍」、「隋建」一作「隨建」等。

注解：〔1〕開寶五年所廢崖州其實是振州，因為北宋將崖州遷治於振州而成為新崖州，舊崖州屬縣改隸瓊州，振州之名遂廢，《續資治通鑒長編》卷13記為「徙崖州於振州，遂廢振州」，甚為明瞭；〔2〕康州復置於972年，而義州廢於971年，筆者為節省表內空間而作了適當調整；〔3〕《太平寰宇記》卷165、《元豐九域志》卷9言及972年廢鬱林州之郁平縣，其實該縣屬貴州，此時被廢的鬱林州屬縣是鬱林縣，今從《輿地廣記》卷37與今人論著；〔4〕《太平寰宇記》卷158、《元豐九域志》卷10皆言973年原屬思明州的平原縣廢入武郎縣，但多數論著顯示該州在南漢時只轄有武郎、思和2縣，今據《輿地廣記》卷36改。

　　顯然，部分區域因人口少、發展狀況欠佳，招致北宋在滅亡南漢之後的幾年裏對嶺南政區展開了力度頗大的調整。從表 2-13 可知，在開寶四至七年裏，北宋共裁併了 23 個州府和 106 個縣。當然，部分州郡因「部民所請」〔註168〕而得以復置，一些縣也在被省廢後恢復，但數量都不多，最終被裁去的州有 16 個，縣則多達 101 個。

　　就北宋初期裁併嶺南州縣的時間來看，儘管前後持續了四年時間，但開寶五年（972）無疑是最重要的一年。在這一年裏，北宋裁併有 19 個州府，占到了裁併州數的 83%；省廢有 73 個縣，占到省廢縣數的 69%〔註169〕。開寶六年（973）有 27 個縣被裁併，數量也是比較可觀的。

　　被裁併的州府與縣有一定的契合度。據上表統計，在 101 個被廢的縣中，共有 50 個縣原隸屬於被廢的 20 個州府〔註170〕，接近被廢總縣數的一半（49%），平均每一個被廢的州府也有 2.5 個屬縣被裁併。5 個被復置的縣，也都不在被裁併的那些州府轄境。至於另外的 51 個廢縣，則分布於其他的 22 個州府，平均每個州府境內有 2.32 個縣被裁併，較廢州境內的廢縣數略低。前文已涉，北宋平南漢時得有 60 州（府），被廢的有 16 個，境內有廢縣的則為 22 個，如此看來，北宋對原南漢疆域州級政區的調整比例達到了 63%；若將廢而復置的州和被裁併後又恢復之縣的屬州也算進來，數量則達到了 47 個，比例為 78%。顯然，北宋干預原南漢疆域內州級政區的力度也是相當大的。

　　從被廢州府的空間分布來看，主要集中在廣州以西的廣大區域（圖 2-5），即今廣東省西部與廣西省東部。具體而言，它們位於南漢直隸地區的西南部（康、瀧、勤、春、潘、羅 6 州）、寧遠軍節鎮（駐容州）的大部（義、禺、繡、黨、牢、順、白、常樂 8 州）、建武軍節鎮（駐邕州）的東北部（潯、賓、巒、澄 4 州）及靜江軍節鎮（駐桂州）的南部（富、思唐、嚴 3 州）〔註171〕。

〔註168〕《太平寰宇記》卷 165《賓州、澄州》，中華書局，2007 年，第 3158、3159 頁。
〔註169〕按，在總數計算中暫未去除後來被復置的州縣。
〔註170〕按，被裁併的縣不在被省廢的齊昌府、崖州和勤州 3 個州府內。齊昌府為南漢所置，一直只轄有興寧縣；被省廢的崖州其實指的是振州，原崖州所轄縣改隸於瓊州，未見裁併；勤州在南漢時只領有銅陵、富林 2 縣，也未見它們被省廢。
〔註171〕譚其驤主編：《中國歷史地圖集》第 5 冊《隋·唐·五代十國時期》之《南漢》，中國地圖出版社，1982 年，第 92 頁；李曉傑著：《中國行政區劃通史·五代十國卷》之《930 年南漢轄境政區示意圖》，復旦大學出版社，2014 年，第 309 頁。

其中，寧遠軍節鎮轄有 13 州，所廢州數占到了 62%；建武軍節鎮轄有 8 州，裁併州數也達到了 1/2——相應比例都是比較高的。

尤其需要點明的是寧遠軍與建武軍 2 個節鎮，可謂北宋初嶺南州縣消亡的重災區域。據筆者統計，轄縣均被省廢的禺、繡、黨、順、常樂 5 州全部位於寧遠軍 1 鎮，剩餘的 8 州除傳統中心容州外，其他 6 州絕大多數只保留了管轄 1 個的建置〔註 172〕——經計算發現，該節鎮共有 38 縣被廢，而南漢時區內尚存在 48 縣的建置，裁併縣數占到了全部的 79%。建武軍的情況也不容樂觀，8 州原轄 33 縣，經北宋初的裁併之後，除邕、欽 2 州尚保留一定屬縣外，其他多州所轄屬縣也是僅有 1 個〔註 173〕，而區內省廢縣數達 21 個，占原有縣數的 64%。

至於其他有廢縣而未被裁併的州，除廣、韶、賀等州外，凡涉及到的高、恩等州（含廢而後置的數州），經開寶年間的調整之後，轄縣均為駐地所在那一個縣。結合上文可知，調整後的嶺南政區中有不少州出現了只轄有駐地所在的 1 縣的狀況〔註 174〕。顯然，就南漢時疆域內各州的社會發展形勢而言，不少區域當只是州治所在地區的狀況較好，向外的輻射力相當有限。當然，傳統的中心城市如廣、容、邕等州，情況則稍好一些，且有較多屬縣得以保留。

不過，北宋初在廣、韶 2 州裁併的縣並不多：前者廢有 3 縣，2 縣在其西北部；後者則只廢有 1 縣，在州境的北部。至於南漢時對疆域政區有所調整的東部、南部（今海南島），此次廢縣並未涉及。後期所得的靜江軍一鎮，南漢對其北部州縣多有調整，而北宋初對該地政區的調整且有向南部轉移的趨勢。

〔註 172〕按，寧遠軍節鎮內有義、禺、繡、黨、順、白、常樂、牢 8 州被廢，其中，義、白 2 州之後得以復置。除去上文提及的 5 州外，被廢的還有牢州。牢州原轄 3 縣而治南流縣，州廢時 2 縣被廢，南流縣則改屬鬱林州。也就是說，在北宋初大規模裁併嶺南州縣之後，寧遠軍所轄的 7 州中，除容、鬱林 2 州外，其他 5 州均只轄有 1 縣。

〔註 173〕按，建武軍節鎮內有巒、潯、賓、澄 4 州於 972 年被廢，但 973 年又復置了後 3 個州。巒州原轄 3 縣而治永定縣，州被裁併時 2 縣同時被廢，所治的永定縣歸橫州管轄。也就是說，在北宋初大規模裁併嶺南州縣之後，建武軍所轄的 7 州中，除邕、欽、橫 3 州外，其他 4 州均只轄有 1 縣。

〔註 174〕按，唯一的例外是鬱林州，該州原治鬱林縣，還轄有興德、興業 2 縣。不過，972 年州內所廢的縣是鬱林、興德 2 縣，興業縣得以保留。當然，2 縣併入興業縣之後，鬱林州駐地也隨之遷至興業縣，參見《太平寰宇記》卷 165《鬱林州》，中華書局，2007 年，第 3152 頁。

顯然，北宋在嶺南地區裁併諸縣的主要分布地與裁併諸州的空間分布在大體上是一致的，即廣州以西的廣大區域——未廢而境內有廢縣的州，絕大多數與被廢州毗鄰，它們共同構成了原南漢西部疆域的主體。換句話說，北宋初對嶺南政區的調整，在很大程度上繼承了之前南漢對疆域內政區調整的事實，只是把關注的區域轉向了他處。

至於南漢增置的政區，北宋對其州多有繼承，只裁併了齊昌府；對於新立的縣，均進行了省廢。新增諸州在南漢疆域的北部與東部，指示了北宋政府對南漢政權開發相關區域成效的肯定——從北宋初對嶺南政區的調整來看，中央在肯定南漢開發東、北部成績的同時，也彰顯出前代在推動西部、南部廣大地區社會發展上著力不足。

為何會是廣大的西部、南部？筆者認為原因是多方面的：其一，南漢的西、南部疆域廣大，地形以山地、丘陵為主，交通也相對不便，開發難度大；其二，距嶺南地區傳統的中心城市廣州太遠，根據地理學中的距離遞減性原理〔註175〕，南漢政府對這些區域的投入相對有限〔註176〕；其三，唐代後期嶺南地區大部分州縣戶口有大幅下降，最明顯的要屬邕管所轄區域，龔、象2州僅剩200餘戶，降幅達2000%以上〔註177〕。元和末年，黃家蠻屢次暴亂，嶺南西道的「邕、容兩管，經此凋弊，殺傷疾疫，十室九空。」〔註178〕咸通三年（862）唐廷在詔書中也提到邕管8州「尤甚凋殘」〔註179〕。從北宋在

〔註175〕梁進社：《地理學的十四大原理》，《地理科學》2009年第3期。按，梁氏對「距離遞減性原理」的表述為：「兩地間的相互作用隨其距離的增加而減小原理」，「距離的衰減作用既表現在自然地理過程中，也表現在人文地理學諸領域……在人文地理學中，距離往往通過交通成本、或中間干預起作用，削弱兩地的交流。」

〔註176〕按，據史書記載，南漢活動範圍較廣的高祖劉龑（917～942年在位）巡幸地區有韶州、梅口鎮（在程鄉縣）與康州，韶州在廣州北部，程鄉縣在廣州東部（945年升其為敬州），康州則在廣州的西南部，三地距國都均不是太遠。參見《南漢書》卷2《高祖本紀1》，廣東人民出版社，1981年，第7～9頁；譚其驤主編：《中國歷史地圖集》第5冊《隋·唐·五代十國時期》之《南漢》，中國地圖出版社，1982年，第92頁。另外，南漢統治者統治殘暴而已安於享樂，生活極其腐化，很難高估他們在發展地方經濟上有多少用心，參見陶懋炳著：《五代史略》，人民出版社，1985年，第278～280頁。

〔註177〕陳欣著：《南漢國史》，廣東人民出版社，2010年，第399頁。

〔註178〕《資治通鑒》卷241《唐紀》57「元和十五年十二月」，中華書局，1956年，第7787頁。

〔註179〕《舊唐書》卷19上《懿宗本紀》，中華書局，1977年，第652頁。

嶺南地區西部大規模裁併州縣的事實來看，言及南漢在促進該地區的發展上毫無貢獻或有失公允，但至少表明這一區域受之前戰亂破壞至深〔註180〕和自我修復能力明顯偏弱。

　　有一則史料或可作為反映今廣西東部（或廣東西部）在五代時期地廣人稀這一史實的佐證：乾祐三年（950）後漢從馬希範之請，封楚國境內的蒙州城隍神為靈感王。《舊五代史》對此事的記載較為詳細：「時海賊攻州城，州人禱於神，城得不陷。」〔註181〕蒙州治今蒙山縣，位於廣西壯族自治區的東北部〔註182〕。從地圖上看，蒙州深入內地，與海洋尚有較遠距離。顯然，攻打蒙州城的海賊在到達之前，必然在登岸後有過相當長距離的陸上跋涉〔註183〕。依照常理，海賊多為私人團夥，受造船、補給等能力的約束，人數不會很多。經過長途跋涉尚有能力攻打蒙州城，暗示了他們在之前遭遇沿途官軍、民眾的抵抗並不嚴重（甚至沒有），流露出相應地區地廣人稀的實際社會狀況。

　　當然，北宋初對嶺南政區的調整還包括增置州縣和對部分州縣治所的遷移。不過，這類情況相對要少得多〔註184〕。

　　南漢時分割興王府（廣州）所轄的南海縣為咸寧、常康2縣，共同作為其都城的附郭縣。北宋初平定嶺南後，又合2縣為南海縣，在裁併2縣的同

〔註180〕按，908年，馬殷在奪取了嶺南的桂管之地後繼續深入，一度佔領了容管（寧遠軍節鎮）及高州，911年劉隱才予以收回。次年在後梁的調解下，兩國實現了休兵。相關戰爭，對寧遠軍所轄區域當有一定程度的破壞，從而加深了地區恢復的難度。正文已涉，北宋初在本區域裁併州縣的力度在嶺南地區是最大的。關於兩國交戰的史實，可參考周加勝：《南漢國研究》，陝西師範大學博士學位論文，2008年，第129頁。

〔註181〕《舊五代史》卷103《漢隱帝本紀》下，中華書局，1976年，第1368頁。

〔註182〕薛國屏編著：《中國古今地名對照表》，上海辭書出版社，2010年，第380頁；譚其驤主編：《中國歷史地圖集》第5冊《隋‧唐‧五代十國時期》之《楚‧南平》，中國地圖出版社，1982年，第93頁。

〔註183〕按，因廣西以丘陵、山地為主，沿河而行頗為近便。筆者推測，這些海賊乘船入漳江北上，到達牢州後轉步行到達蠻江，順河東下，又沿潯水向北到達蒙州。參考地圖為譚其驤主編：《中國歷史地圖集》第5冊《唐‧嶺南道東部》，北京：中國地圖出版社，1982年，第69～70頁。

〔註184〕據考證，柳州在五代與宋初轄縣均為5個，未發生變化（《中國行政區劃通史‧五代十國卷》320頁、《中國行政區劃通史‧宋西夏卷》155頁）。其中，管轄的龍城縣在宋初或發生遷治（嘉慶《大清一統志》卷469），因記載模糊，無法判斷遷治時間是否是在北宋滅亡南漢之際，故列入附表3。

時又增加了 1 縣，當然，這屬於特殊情況。另外，州內的東莞縣在開寶六年（973）遷移了治所〔註 185〕，當是該縣廢而復置時的情況；義寧縣在北宋初的遷治〔註 186〕，或與之類似，因為此縣也屬於廢而又置的事例。

廢而後置且治所發生遷移的還有賓州與其所治的嶺方縣。據記載，開寶六年（973）時，「移州及嶺方縣皆治於舊城北 20 里，廢琅琊縣即今治。」〔註 187〕顯然，此次遷治是基於對廢琅琊縣城再利用背景下展開的。

上文已有提及，北宋裁併了鬱林州管轄的鬱林、興德 2 縣，保留的興業縣隨之成為該州州治所在。之前鬱林州治鬱林縣，此次移治顯然也是開寶年間政區調整下的結果；南流縣原為牢州所治之縣，972 年州廢後該縣改隸鬱林州，北宋初遷治於容州水口〔註 188〕，應該也是在改屬時發生的事情；欽州的情況與鬱林州類似，該州原治欽江縣，973 年此縣被廢，州治遂移於靈山縣〔註 189〕。

州治發生遷移的還有廉州。972 年該州所轄的 4 縣有 3 個被裁併，屬力度比較大的調整，州治也「自舊州理西南 40 里地名長沙置州」〔註 190〕，據其他史籍記載，長沙不僅是個地名，還是個場名〔註 191〕，區域發展狀況應相對可觀一些。另外，北宋政府在省廢常樂州與其 3 個屬縣之後新增的石康縣也改屬廉州〔註 192〕——調整後的廉州不僅遷移了治所，轄縣也發生了變化，從 1 個增加為 2 個。

除此之外，北宋還於 972 年在嶺南地區北部的桂州珠川洞地新立羅城

〔註 185〕（嘉慶）《大清一統志》卷 441《廣東・廣州府 1》，第 26 冊，上海書店，1985年，頁 3。

〔註 186〕《太平寰宇記》卷 157《廣州》，中華書局，2007 年，第 3021 頁。

〔註 187〕（嘉慶）《大清一統志》卷 465《廣西・思恩府》，第 27 冊，上海書店，1985年，頁 14。

〔註 188〕《太平寰宇記》卷 165《鬱林州》，中華書局，2007 年，第 3152、3154 頁。按，該書對南流縣的記載是，「皇朝徙於定州水口為理」，嶺南地區沒有定州，結合周邊州郡名稱，筆者推測當為容州，訛誤當來自於「定」與「容」字形相近。

〔註 189〕《太平寰宇記》卷 167《欽州》，中華書局，2007 年，第 3200～3201 頁；李昌憲：《中國行政區劃通史・宋西夏卷》，復旦大學出版社，2007 年，第 473頁。

〔註 190〕《太平寰宇記》卷 169《太平軍》，中華書局，2007 年，第 3226 頁。

〔註 191〕《輿地紀勝》卷 120《廉州》，中華書局，1992 年，第 3486 頁。按，《輿地紀勝》成書於南宋，長沙最初或只是普通地名，經過不斷開發成為場。

〔註 192〕《太平寰宇記》卷 169《太平軍》，中華書局，2007 年，第 3226 頁。

縣〔註193〕。中古時期中原政權多稱邊地的少數民族為「洞蠻」〔註194〕，或因其居住條件有限，多以山洞為聚集地，遂建州縣以撫慰（羈縻）他們。查唐代桂州、融州一帶地圖，發現與桂州周邊較近的羈縻州為環、琳等州〔註195〕，「珠川」或為訛誤，其實是「環州」或「琳州」。唐朝滅亡後，對少數民族的羈縻落入割據政權手中，而桂州一帶在五代屬馬楚與南漢的邊界區域，管轄當相對薄弱，「洞蠻」的勢力很強。北宋初平定嶺南後重新取得對此地的控制權，遂置縣而鞏固統治。

　　總之，北宋初在嶺南地區新置有 3 個縣，分別為南海、石康與羅城縣；遷治的州有 4 個，即鬱林、賓、欽、廉州；遷治的縣也有 4 個，分別為東莞、義寧、嶺方與南流縣。很明顯，以上增置或遷治的州縣也屬於北宋初對嶺南政區大加調整的組成部分。從它們的空間分布來看，除 3 縣在廣州境內外，其他州縣均在與廣州距離尚遠的廣人西部地區，與北宋裁併嶺南州縣的主體區域相一致。

第四節　小結

　　唐末新增有 18 個州和 10 個縣，北方占 17 州 7 縣，優勢頗為明顯。結合歷史發現，北方的這些新增州縣多為藩鎮節帥所立，反映出他們較強的地方干預力和自主能力，典型事例為割據關中的李茂貞，他在唐末增置有 5 個州，4 個是自行增設的。南方則是另一種情況，因為節度使掌控節鎮的時間普遍較短，增置州縣的可能性很低。而且，締造五代南方諸政權的人物此時多處於攻城略地階段，動盪的局勢也不利於新州縣的產生。

　　廢棄於「唐末」的州縣有 15 個，全部為縣且位於北方地區。當然，南方被廢州縣也有，僅義安、平陽 2 縣。就北方諸多廢縣而言，它們集中在邊疆地區，表明唐後期以來，隨著中原政權的衰弱，邊疆地區尤其是王朝的西北部承擔著相當強烈的周邊游牧民族侵擾的軍事壓力，戰略性收縮成為常態。

〔註193〕《元豐九域志》卷 9《融州》，中華書局，1984 年，第 424 頁。按，「珠」在其他文獻或作「珠」、「球」，「川」一作「州」。

〔註194〕按，唐宋史籍記載洞寇入侵的事例頗多，如廣順二年（952）十二月，「王逵將兵及洞蠻攻郴州」，參見《資治通鑑》卷 291《後周紀》2，中華書局，1956 年，第 9487 頁。

〔註195〕譚其驤主編：《中國歷史地圖集》第 5 冊《唐·桂州容州附近》，中國地圖出版社，1982 年，第 71 頁。

當然，基於游牧民族的流動性與中央權勢的退卻，也為具有擴張訴求的邊疆節帥提供了可作為的政治空間，州縣的增置是重要的表達方式。據統計，新增州縣中有近一半分布在這一區域——李匡威的舉動最具代表性。

時至五代，北方政權增置州縣達 39 個，含 15 州和 24 縣。其中，後唐與後周增置的最多，占全部的 74%。這些新增州縣絕大多數分布在中原政權的西北與北部邊疆——與唐末一致，這裡仍是政區變動的核心區域，帶有較濃的軍事性質，以 15 個新州為例，有 9 個是由之前的軍、鎮、關升格而來。

當然，本時段北方政權裁併的州縣也有不少，共計 15 州 21 縣。其中，後周省廢的最多，達 6 州 19 縣，約占全部的 69%。在省廢的 12 個州中（未包含潾、安、徵 3 州），有 9 個處於邊疆地區且多數為唐末、五代前期所置，表明相關區域州級政區存在的脆弱性與中原政區在邊疆防禦上的壓力。諸多廢縣中有一些也處於邊疆，但位於內地、今河南省西部的一些廢縣也頗值關注，它們大體屬於今豫西山地的範圍，從後晉時的一則詔令可看到相關區域地廣人稀的既有狀況。

南方諸政權新增的州縣較北方多，省併州縣卻很少。據統計，前者為 22 州 54 縣（含殷增置的 2 州 1 縣，南漢的齊昌府計作 1 州），其中，南唐新置州縣最多，達 34 個（6 州 28 縣），占總數的 45%；後者為 4 州 18 縣，其中，南漢裁併的最多，達 1 州 14 縣，占全部的 71%。

就南方諸政權新增州縣而言，不少分布在國都周邊、傳統的經濟發達地區，如吳、南唐、吳越、閩。南唐疆域廣大，長江沿線與今江西地區也有較多州縣得以創建，與唐末五代人口向南遷移的趨勢相適應。並且，南唐、閩國新置諸縣大多數是由場、鎮、監轉化而來，凸顯出地方社會經濟發展的活力[註 196]。楚國的情況相對特殊一些，其新增州縣主要集中在國境的西南部（靈渠周邊）——因其疆域跨有嶺南西部與湖湘地區，靈渠成為溝通兩地、南物北流的核心線路。至於南漢，新置州縣更多地分布在國都之外的東部與北部，當與該政權開發相應地區的資源、強化北方防禦有深刻關聯。

〔註 196〕 按，魯西奇研究認為，南唐、閩、吳越三國增置了 45 個新縣，占到了本時段南方增置新縣的大部分。大量新縣的增置固然與三國推行「保境安民」政策、社會經濟得到較好發展有關，「但更與其作為地方割據政權，三國對其所領疆域的統治更為直接、控制更為加強有著密切關聯。」參見魯西奇：《新縣的置立及其意義——以唐五代至宋初新置的縣為中心》，《唐研究》（19），北京大學出版社，2013 年，第 228 頁。

與新置州縣分布地區不同，南漢對境內州縣的裁併主要集中在西北部的桂州節鎮與南部的海南島上。桂州節鎮是南漢於五代後期從楚國所得，疆域的改變使得靈渠的地位下降，這一區域又遠離國都，政府投入相對有限。海南島偏離大陸，加上當地蠻族的侵擾，地區發展狀況並不樂觀。

通過對五代時期新增州縣「存活率」的考察，筆者發現，北方地區相對不高，沿襲至今的只占總數的 36%，而南方地區情況有較大差異，吳與南唐占 87%，吳越與閩為 86%，都是比較高。其他地區如荊南、楚與南漢僅占 33%，而前、後蜀更低，僅為 17%。顯然，今安徽南部、湖北東部、江西、浙江、福建等地區在五代時得到了更好的發展，後代對其成績的肯定也更多。

當然，北宋在滅亡後蜀、南漢後，對原疆域內的州縣進行了較大力度的調整，主要表現為對其州縣的大量裁併，也有少數州縣的治所發生了遷移。據筆者統計，北宋在後蜀疆域內共裁併了 30 縣，另有 7 縣遷徙了治所。從空間分布來看，主要位於該地區的東北部與中南部。至於對原南漢疆域內州縣的調整，力度較前者要強得多——16 州 101 縣被裁撤，它們主要位於嶺南的西部廣大地區，尤其是容州節鎮內，州與轄縣全部被裁併的 5 個州均在這一區域。而且，全區在南漢時尚有 48 縣，此次調整竟有 38 縣被廢，占比高達 79%。不過，本時段嶺南東部與北部所廢州縣並不多，包括南部的海南島，表明北宋延續了南漢時對嶺南州縣的調整，而對其開發東、北部的努力多有肯定。

還需要說明的是，儘管唐末、五代南、北方增廢的州縣尚有一定數量，但在龐大的政區體系中，這些增廢的州縣只是其中很小的一部分，占比從 2.2%提高到 9.9%，延續之前狀況而未作變動的州縣才是唐末五代政區系統的主體。

第三章　唐末五代治所城市的遷移

　　傳統社會中的治所城市，多是既定行政區劃內的政治、文化、經濟中心。基於城市在社會生活中的重要性，城址的遷移或在某種意義上說，對相應區域有著「牽一髮而動全身」的效果。據此，對五代十國遷移城市（及轉變過程）的考察，不失為認知本時段歷史與社會的一個途徑。

　　影響城市遷移的因素有很多，強權人物的干預、躲避戰亂的需要、河流的改道、交通線路的變動等等，流露出時人在周邊環境發生變化時為趨利避害而發揮的主觀能動性。

　　當然，時人所趨之利或只是相對的，隨著歷史的發展，「害」的一面或漸趨明顯，反映出不同時代民眾對既定地理環境不同的解析方式〔註1〕——以開封（汴州）為例，後晉高祖石敬瑭看中的是這裡「水陸交通，舟車必集」〔註2〕，宋人則以「四戰之地」〔註3〕對其安全形勢多有微詞。

〔註1〕成一農：《中國古代城市選址研究方法的反思》，《中國歷史地理論叢》2012 年第1輯。

〔註2〕《舊五代史》卷76《晉高祖本紀》2，中華書局，1976 年，第998 頁。按，《資治通鑒》卷281《後晉紀》2「天福二年三月」也涉及此事，「會帝謀徙都大梁，桑維翰曰『大梁北控燕趙，南通江淮，水陸都會，資用富饒』」，與前文略有不同。

〔註3〕《宋史》卷314《范仲淹傳》，中華書局，1977 年，第10269 頁。

第一節　唐末治所城市的遷移

　　據筆者統計，在 878～906 年這一時段，北方地區有 14 個（州縣）治所城市發生了遷移〔註4〕。南方地區比北方地區稍多，共 16 個〔註5〕。與唐末的局勢相對應，因戰亂而遷移的治所城市占較高比例。

　　不過，30 個遷移城市在全國的行政體系中（342 州 1639 縣）所佔比例極低（1.5%），表明本時段未發生遷移的治所城市尚屬歷史發展的主流。

一、北方地區

　　北方地區治所發生遷移的州縣城市共 14 個，含 8 州 6 縣（表3-1），因戰爭而發生遷移的城市多達 10 個〔註6〕，占總數的 71%。從這些城市的空間分布來看，西北地區的隴右道有 6 座（原、雄、渭、武、威 5 州與蕭關縣），關內道有 3 座（乾元、長安、萬年 3 縣），占總數的 64%；河南道有 3 座（輝州與河清、碭山 2 縣），河東道與山南東道均有 1 座（沁州與唐州）〔註7〕，相對比較分散。其中，西北地區州縣的遷治，多來自於外部吐蕃的侵擾；河南地區州縣的遷治，則基於內地流寇的破壞——對趨於衰微的唐廷而言，外侵內憂加劇了她走向崩潰，州縣的遷治在反映政府力圖維持對既有局勢加以掌控的同時，也較多地反映了統治者的被動適應與無奈。

〔註4〕按，據（乾隆）《大同府志》卷 6《古蹟・應州》與（嘉慶）《大清一統志》卷 146《大同府・古蹟・應州故城》，李國昌於唐乾符間（874～879）移金城縣至天王村（應州設置於 907 年，以金城縣為治，故乾符時遷治的只是金城縣）。因確切年份未知，或不在本文設定的時段（878～906）內，此例暫且存疑，未列入北方遷治諸州縣城市；另，（嘉慶）《大清一統志》卷 169《大同府・古蹟・渾源縣故城》記載渾源縣於「唐末以土地鹵濕，遷治東境」，因確切時間未知，與金城縣一樣，也未列入北方遷治州縣城市。

〔註5〕按，據《全唐文》卷 819《新移撫州子城記》，受唐末黃巢起義影響，位於子城的撫州官署毀於兵燹，「荊蒿蒙春，井野一色。」大順元年（890）刺史危全諷重修子城，「捨去舊地，推移一區。」不過，因子城尚在羅城之內，城址遷移的幅度不大，故未納入遷移治所城市。

〔註6〕按，唐州發生遷治的一大原因是「州郭凋殘」。光啟二年（886）繼黃巢之後，「蔡賊（秦宗權）益熾」，一度攻陷了唐州，當對城市有所破壞。基於唐末動盪的局勢推測，當地官員對唐州城修治的可能性不大。因此，唐州「州郭凋殘」應是之前秦宗權勢力攻擾的結果。

〔註7〕按，相關州縣與所屬道的關係主要參考譚其驤主編：《中國歷史地圖集》第 5 冊唐代分圖，下同。

表 3-1 唐末北方地區遷治州縣統計表

序號	城市名稱	遷移時間	變動原因	備　註
1	原州	廣明元年（880）	吐蕃侵擾〔1〕	僑治於涇州臨涇縣
2	雄州	中和元年（881）		徙治承天堡為行州〔2〕
3	渭州	中和四年（884）	吐蕃侵擾	僑治於涇州平涼縣
4	武州			僑治於涇州潘原縣
5	蕭關縣			析潘原縣置行蕭關縣
6	乾元縣	光啟二年（886）	蔡賊焚蕩	889 年還舊治
7	威州	光啟三年（887）	吐蕃侵擾	徙治涼州鎮為行州
8	河清縣	大順元年（890）	戰亂毀壞	宋初又徙
9	輝州	光化三年（900）	其地卑濕，難葺廬舍	原治碭山縣
10	碭山縣		隨州而遷治	朱溫故里，與縣境分離
11	沁州		躲避戰亂	推測時間，五代初還舊治
12～13	長安、萬年縣	天祐元年（904）	州城改建	遷於州城之外
14	唐州	天祐三年（906）	州郭凋殘，又不居要路〔3〕	改稱泌州，遷治泌陽縣

參考文獻：《舊唐書》、《新唐書》、《唐會要》、《舊五代史》、《太平寰宇記》、《資治通鑒》、《輿地廣記》、《長安志》、《中國行政區劃通史·唐代卷》等。

注解：〔1〕據《新唐書》卷 37《地理志》1，原州遷治原因為吐蕃侵擾，而《太平寰宇記》卷 33《原州》記為黃巢作亂，陷原州城池，政府遂遷治於臨涇縣。查證史書，黃巢入關中後止步於鳳翔以東，原州尚在鳳翔的西北，為起義軍入寇的可能性極小，今暫依前書；〔2〕《資治通鑒》卷 252《唐紀》68，乾符三年（876）六月，「雄州地震裂，水湧，壞州城及公私廬舍俱盡」，881 年的遷治應當也有捨棄蒙災城市的實際考慮；〔3〕據《中國行政區劃通史·唐代卷》引《舊唐書》卷 20 下《哀帝本紀》認為唐州的遷治出於政治原因，即天祐三年朱全忠「將移唐祚」，有意規避「唐」字，遂改唐州為泌州，以泌陽為州治。

結闔第二章相關內容可知，表 3-1 中有不少是新置州縣，特別是位於西北邊疆的原、雄、蕭關等州縣，因唐末吐蕃在該地區的侵擾，舊地喪失，唐廷遂在可掌控的邊疆州縣內加以僑治。當然，隨著五代時期行政區劃的調整，不少州由僑治州變為實體州，但相對尷尬的處境造就了它們存在的脆弱性，後來被廢尚在情理之中，雄、威、武 3 州是其中的顯例。

黃巢、秦宗權勢力在唐末的北方地區肆虐多時，攻城略地，強取豪奪，給當地社會造成了相當嚴重的破壞——東都洛陽「久罹兵革，坊肆悉成於瓦

礫，宮闈盡變為荊榛。」〔註8〕乾元縣城當在黃巢軍隊退出關中時慘遭焚毀，河清縣城、唐州城的「凋殘」則為秦宗權的「功勞」。

　　沁州城的遷移實為唐末李克用與朱溫兩大勢力在晉南地區交鋒影響下的結果。文德元年（888），李克用以李罕之為澤州刺史，後者不滿於澤州一地，在尋求節制一鎮被拒後，在光化元年（898）年底借昭義節帥病死之機出兵潞州，招致李克用的討伐。李罕之遂向朱全忠求助，不久病死，朱氏進取澤、潞2州，之後雙方在這一地區展開了激烈的爭奪〔註9〕。沁州東接潞州，又有沁水與澤州相通〔註10〕，自然成為河東防禦汴軍的前沿地帶。「先是州當賊境，不能保守，仍以州南五十里據險立柵為治所。」〔註11〕軍事上的干預對沁州舊城影響極大，待十餘年後州治遷回舊地時，那裡已是「草萊」、「荊棘」滿地，李氏予以重建且花費了不小工夫〔註12〕。

　　輝州的遷治與其他城市有所不同，自然環境的限制是城址轉移的主要原因。當然，碭山縣是朱全忠的籍貫所在地，為顯示其特殊地位，隨州遷治單父縣的可能性更大。不過，這樣以來，縣治與轄境發生了分離，直到後唐初才實現縣治回歸縣境的狀態〔註13〕。

　　當然，長安、萬年2縣的情況也比較特殊。兩縣為京師長安的附郭縣，治所均在長安城內。在唐末的戰亂中，長安城也數被其害〔註14〕，尤其是天祐元年（904）正月，朱全忠為迫使唐昭宗遷都洛陽，「以其將張廷范為御營

〔註8〕〔五代〕李瑤撰：《故金紫光祿大夫檢校司空左驍衛大將軍兼御史大夫上柱國太原郡王公墓誌銘並序》，《全唐文補編》卷95，中冊，中華書局，2005年，第1177頁。

〔註9〕陶懋炳著：《五代史略》，人民出版社，1985年，第43頁。

〔註10〕譚其驤主編：《中國歷史地圖集》第5冊《唐·河東道》，中國地圖出版社，1982年，第46～47頁。

〔註11〕《舊五代史》卷53《李存賢傳》，中華書局，1976年，第741頁。按，《新五代史》卷36《李存賢傳》記沁州在唐末向南遷移百餘里，與《舊五代史》相關內容有所出入。

〔註12〕《冊府元龜》卷410《將帥部·壁壘》，中華書局，1960年，第4877頁。

〔註13〕《五代會要》卷20《州縣分道改置》，上海古籍出版社，2006年，第327頁。按，關於輝州屬縣的置徙，「傳記不同」（《新五代史》卷60《職方考》），有學者認為，在輝州遷治之後，碭山縣併入單父縣。待同光二年輝州改名單州後，兩縣又被分開（《中國行政區劃通史·五代十國卷》345頁）。不過，筆者以為，碭山縣作為唐末權臣、後梁創建者朱溫的籍貫所在地，併入他縣的可能性不大。

〔註14〕吳宏岐著：《西安歷史地理研究》，西安地圖出版社，2006年，第246～248頁。

使，毀長安宮室百司及民間盧舍，取其材，浮渭沿河而下，長安自此遂丘墟矣。」〔註15〕當年三月，韓建被朱氏指認為佑國軍節度使，遂以皇城為基礎構建新城。或出於強化城市軍事防禦的考慮，長安、萬年這 2 個附郭縣被遷徙至城外另建 2 座小城加以安置〔註16〕。

二、南方地區

唐末的南方地區共有 16 個治所城市發生了位移，含 6 州 10 縣（表 3-2）。從變動原因來看，與動盪局勢有關的至少有 12 個，占總數的 75%，比北方地區還略高一點。與北方地區不同的是，南方治所城市的遷移有一部分是地方寇盜侵擾所致，地方鎮將、鄉紳在遷治過程中發揮了重要作用。而且，縣治遷就境內鎮城的史實也在一定程度上反映出戰亂時局下軍事防禦在地區政治層面的重要性以及部分縣有治無城的實際狀況。

表 3-2 唐末南方地區遷治州縣統計表

序號	城市名稱	遷移時間	變動原因	備註
1	浮梁縣	乾符五年（878）	黃巢起義軍侵擾	推測時間；尋還舊治
2	樂平縣	中和間（約882）		878 年毀城，隨後數年移治
3	處州	中和二年（882）	盧約竊據本州自立	據山為城；向西移七里
4	沙縣	中和四年（884）	土寇亂離，漢路阻隔	本縣鎮將移治
5	黃州	中和五年（885）	——	在舊邾城南，與武昌城對岸
6	黃岡縣			州治所在縣，隨州移就大江邊
7	昌州	光啟元年（885）	寇盜焚蕩或獠亂	推測原因〔1〕
8	上元縣	光啟三年（887）	政區調整	以上元縣為昇州，縣治外遷
9	恩州	大順二年（891）	兵寇	由恩平縣徙陽江縣〔2〕
10	新城縣	景福元年（892）	軍事防禦	推測時間；縣治遷東安鎮城〔3〕
11	高州	乾寧中（約895）	盜賊侵擾	黃巢之後嶺南混亂，郡縣離析
12	犍為縣	天復元年（901）	獠叛	南臨大江〔4〕
13	婺源縣	天復初（約901）	軍事防禦	本縣鎮將發揮重要作用
14	黔州	天復三年（903）	邊疆地廣人稀	推測原因；寄治於涪州

〔註15〕《資治通鑒》卷 264《唐紀》80，中華書局，1956 年，第 8626 頁。

〔註16〕〔元〕李好文編繪：《長安志圖》卷上，《宋元方志叢刊》第 1 冊，中華書局，1990 年，第 209 頁；吳宏岐著：《西安歷史地理研究》，西安地圖出版社，2006 年，第 254 頁。

| 15 | 溧陽縣 | 天復四年（904） | 戰亂 | 938年始築土城〔5〕 |
| 16 | 餘杭縣 | 唐末 | 軍事防禦 | 推測原因；晚於887年〔6〕 |

參考文獻：《太平寰宇記》、《新唐書》、《全唐文》、《新安志》、（咸淳）《臨安志》、（雍正）《處州府志》、（嘉慶）《大清一統志》、《中國行政區劃通史·唐代卷》等。

說明： （1）中和五年三月唐僖宗改年號為「光啟」，故中和五年也是光啟元年。關於黃州與黃岡縣遷治的時間，史書記載即為「中和五年」，為反映原文面貌，筆者未對其另作改動；（2）吳越國衣錦軍為錢鏐臨安縣舊里所在，原與臨安縣並非一地，不過，不少史志對兩者的記載有所重疊，如（萬曆）《杭州府志》卷33、《十國春秋》卷112，筆者認為臨安縣治或存在唐末遷入衣錦軍城的情況，但因無法確證，存疑。

注解： 〔1〕關於昌州遷治的原因，筆者認為前者的可能性很大，因為954年該州屬縣昌元縣即「為寇焚蕩」而發生了遷治。當然，昌州以西的犍為、羅目等縣在唐末五代也有遷治，皆為獠亂所致；〔2〕部分史籍對於恩州遷移治所的記載有所出入，郭聲波在《中國行政區劃通史·唐代卷》（601頁）有過探析，今暫從其說；〔3〕大順二年七月，杜稜受杭州刺史錢鏐委託修築東安鎮羅城，完成於次年四月。考慮到（咸淳）《臨安志》等史籍記載新城縣城為杜稜所築且與東安鎮城距離頗近，筆者推測為增強安全係數，新城縣治當在東安鎮城修築完成後遷入其中；〔4〕《太平寰宇記》卷74記犍為縣遷治的時間為天福元年（936）。不過，有學者考證認為「天福」實為「天復」之訛誤，轉引自任江：《唐宋時期犍為縣治所考略》，《中國歷史地理論叢》2016年第4輯；〔5〕史書並無溧陽縣遷治原因的記載，據（嘉慶）《溧陽縣志》卷9，遷治的主導者叫史實，溧陽本縣人，遷治後他被唐廷委以「兼知縣事」，任上「興除利病，安集流亡」，還兼有「溧陽洛橋鎮遏使」等軍事性職務，筆者據此推測當時溧陽縣治的遷移當基於戰亂對舊治的破壞；〔6〕據（嘉慶）《餘杭縣志》卷2記該縣南所存碑刻，「或考」錢鏐曾改築縣城於溪南，結合唐末楊行密與錢氏在浙西的爭戰，出於強化該縣縣城軍事防禦功能而遷治的可能性很大。另，錢鏐於887年始任杭州刺史一職，餘杭為杭州屬縣，由錢氏主導的縣治遷移當發生在887年之後。

　　從表3-2可知，在南方遷治的16個治所城市中包括6州10縣，州縣比例為3：5。而根據表3-1，北方遷治州縣的比例為4：3。顯然，北方州的遷治稍多，而南方則以縣的遷治略顯普遍。

　　在表3-2所列的遷治州縣中，位於淮南道的有2處（黃州與黃山縣）、江南東道有6處（處州與上元、沙縣、餘杭、新城、婺源縣），江南西道有3處（浮梁、樂平與溧陽縣），占到了總數69%。在這11座遷治城市中，除偏南的處州與沙縣外，9座尚在長江沿線與距其南面不遠的黃、昇、宣、歙、饒、杭6州境內，占總數的56%。如此看來，唐末南方遷治城市的重心尚在這片偏於東北的區域。而其他遷治城市——位於劍南東道的1座（昌州）、劍南西道1座（犍為縣）、黔中道1座（黔州）、嶺南道2座（恩、高州）——分布

相對分散，數量也不多。

從遷治原因來看，唐末黃巢起義的影響是較為深遠的，部分城市的變動源於起義軍的直接破壞，如浮梁、樂平縣；也有不少城市的遷徙基於黃巢起義之後地方亂離而次生的地方寇盜侵擾，婺源縣、高州便是顯例。

在西南邊疆，蠻獠地方部族借唐中央權力衰微與南詔入侵造成的防務空虛而在部分州縣有所活動，遂招致漢地部分城市發生遷移，犍為縣的狀況便是如此。當然，政府出於收縮戰線、節省軍事開支的需要，內遷邊地治所尚在情理之中，黔州寄治於北部的涪州，無疑是一大注解。

杭州境內的新城、餘杭 2 縣，城市遷移的時間較晚。錢鏐於光啟三年（887）開始掌刺杭州，遂在不斷征戰中確立了在兩浙地區的霸權。不過，隨著北面楊行密勢力的崛起，緊張對峙構成了唐末五代兩個區域政權相互關係的主流〔註17〕。在爭鬥的過程中，錢氏多處於守勢，築城以強化防禦成為維繫生存的重要手段〔註18〕。杭州偏於兩浙的西北方，是吳國入侵的重點區域，2 縣遷治流露出錢鏐的相對弱勢。

其實，上至上游的犍為縣與黔州，下至中游的黃州與黃岡縣，遷治於長江岸邊的這些州縣的舉動在一定程度上反映出社會民眾對長江這一南方重要河流的積極利用，即在交通、水源及軍事防禦等方面為城市的存在與發展提供了便利。

還需要點明的一點是，不像北方地區那樣——政府在治所城市的遷移上發揮著主導作用——南方地區或受特殊地理條件、戰亂背景下政府較弱權力存在的影響，部分城市的變動其實是地方鎮將、士紳努力下的結果：婺源縣的遷治可追溯到中和二年（882）「弦高鎮將汪武為山營，以此判鎮事。天復初，就立婺源都鎮，建鼓、角樓，並挾城樓，自是不復還舊縣」〔註19〕；沙縣的情況與之類似，「洎乾符後，土寇亂離，漢路阻隔，自興鄉寨，本縣崇安鎮將鄧光布移元□縣基於縣西北鄉外八里內楊篢板置，即今理也。」〔註20〕溧陽縣在天復三

〔註17〕 何勇強著：《錢氏吳越國史論稿》，浙江大學出版社，2002 年，第 228～243 頁。
〔註18〕 劉闖：《防禦與擴張：唐末五代吳越錢氏築城之時空解析》，《中國歷史地理論叢》2017 年第 2 輯。
〔註19〕 〔宋〕趙不悔修，羅願纂：《新安志》卷 5《城社》，《宋元方志叢刊》第 8 冊，中華書局，1990 年，第 7660 頁。
〔註20〕 《太平寰宇記》卷 100《南劍州》，中華書局，2007 年，第 1999 頁。按，（嘉靖）《沙縣志》卷 2《疆里·縣治》與之記載略有不同：「至於中和四年，崇安鎮鄧光布、汀州錄事攝沙篆曹朋以其地局山阻溪，乃徙鳳崗山麓，即今治也。」

年（903）的遷治則源於本縣「以人材族望薦辟起家」的士紳史實的推動，唐廷且對他在維持本地秩序、恢復社會生產方面的功績頒有敕文加以表彰〔註21〕。

當然，處州的情況更為特殊。中和元年（881）十一月，遂昌盜賊盧約竊據處州〔註22〕，從他「據山為城，因溪為池，城高三丈有五」〔註23〕的行動來看，遷治有著鮮明的消弱舊地影響、強化新州城軍事防禦的自我割據目的。或基於州城顯要的形勢和該州相對偏僻的位置，盧約在處州的割據竟維持了27年〔註24〕。

第二節　五代十國治所城市的遷移

歷史進入五代十國，南、北方也有不少城市發生了遷移。從它們的數量來看，較唐末均有所增加：據筆者統計，北方政權轄境內發生遷治的州縣城市有24個〔註25〕，較唐末（14個）多71.4%；南方政權轄境內也有24個〔註26〕，

〔註21〕〔清〕李景峰、陳鴻壽修，〔清〕史炳、史津纂：（嘉慶）《溧陽縣志》卷9《職官志·名宦·史實》，江蘇古籍出版社、上海書店、巴蜀書社，1991年，第217頁。

〔註22〕《新唐書》卷9《僖宗本紀》，中華書局，1975年，第273頁。另，遂昌為處州屬縣，在州境的西北部。

〔註23〕〔宋〕黃裳撰：《宋郡守黃烈重修郡城碑記》，（雍正）《處州府志》卷17《藝文·記》，成文出版社，1983年，第2225～2226頁。另，據筆者對唐末五代眾多城池城牆高度的認知，「三丈有五」已屬高值。據《新唐書·地理志》，唐國都長安城皇城與宮城的城牆高度尚為「三丈有半」，外城只有「（一）丈有八尺」。

〔註24〕按，據研究，盧約在處州的割據時間為883～907年，參見郁賢皓著：《唐刺史考全編》，安徽大學出版社，2000年，第2140～2141頁。前文已涉，盧約據有處州其實要更早一些。

〔註25〕按，含興、壽、揚3州：興州原屬前蜀，後唐滅亡前蜀後興州刺史曾遷州治於他處；五代末期，後周攻取了南唐位於江北的大片土地，對壽、揚2州治所位置有所調整。另，《輿地廣記》卷11《中山府》記載祁州於「周徙治蒲陰」，但從其他史書找不到相應描述（1004年祁州從無極縣遷治蒲陰縣是基本史實），存疑；據《汴京遺跡志》卷3，濬儀縣（汴州附郭縣）縣治曾在五代時發生過2次遷移，因變動位置偏小，未將其計入遷治城市之列。

〔註26〕按，部分史籍記載銅陵縣、劍州在五代時有過遷治，但筆者參考已有研究發現並非如此，故未計入五代南方遷治州縣：據（嘉靖）《銅陵縣志》卷1《歷代沿革》，「保大九年（951）改義安縣為銅陵縣，移於今之江滸。」據今人研究，義安縣於892年廢，而銅陵縣置於951年，治所也發生了變化，兩者並不構成直接的更替關係，言銅陵縣為五代時新置更為恰當；《輿地廣記》卷34《福建路·南劍州》云：「南唐置建（劍）州，初治延平，後徙劍浦。」據周

比唐末（16 個）增加了 50%。即便如此，這些遷治城市在整個治所城市體系中所佔的比例仍很低（2.9%），未發生遷移城市才是本時段眾多治所城市的主體。另外，還有一些州縣或在五代（及唐末與宋初）發生過遷治，但查明清方志又缺失相應記載，製作附表 3 以備後用〔註27〕。

一、北方政權

北方政權轄境共有 24 個治所城市在五代時期發生了位移（表3-3）。在這 24 個治所城市中，含 12 個州和 12 個縣，州縣數之比為 1：1。從遷治的時間分配來看，後唐與後晉兩代最多，共有 17 個治所城市發生了遷移，占到了總數的 70.8%。僅後唐就多達 10 個，達 41.6%。

表 3-3　五代時期北方政權遷治州縣統計表

序號	朝代	城市名稱	遷移時間	變動原因	備　註
1	後梁	棣州	開平元年（907）	黃河決溢	推測時間〔1〕；932 年又壞州城
2		景州	天祐五年（908）	——	
3		沁州	天祐六年（909）	軍事防禦後梁侵擾	屬河東政權
4		府州	天祐八年（911）	契丹與小番侵擾	
5	後唐	碭山縣	同光二年（924）	政區調整	朱溫籍貫所在縣
6		神山縣	同光中（約924）	——	屬晉州
7		延長縣	天成三年（928）	大水沖襲	移舊縣北 100 步，緣坡置
8		清水縣	長興元年（930）	——	屬秦州
9		澮川縣		軍事防禦	屯兵之地〔2〕
10		興州	長興中（約931）		以乾渠渡為治所

慶彰（《五代時期南方諸政權政區地理》第87頁）考證，劍州由殷時所置鐔州轉變而來。鐔州治龍津縣，945 年此縣廢為延平鎮。當年，劍州新置，而延平鎮升為劍浦縣，成為劍州所治。因此，延平鎮治與劍浦縣治實為一地，只是名稱發生變化而已。另外，據（乾隆）《福建通志》卷 6《城池·建陽縣城》：「閩王審知築城於此，西北倚山，東南瞰溪。」固然史志無縣治遷徙的記載，但依據常理，江南山區有相當比例的縣其實並無城池，《通志》記載王審知時修築縣城，且對其周邊形勢加以描述，或在某種程度上表明五代時建陽縣治存在從別處向新築城池遷移的過程，存疑。

〔註27〕按，含第二章提到的龍城縣（位於嶺南地區，北宋滅亡南漢後或發生遷治）。

11		良鄉縣	長興三年（932）		於閻溝築城，遂後遷治
12		階州	清泰初（約934）	蜀人屢寇	一說移於 932 年
13		昌平縣	——		先徙曹村，又遷白浮圖城
14		渾源縣	——	水患	築城，其形如龜
15	後晉	澶州	天福三年（938）	軍事防禦	移於德勝渡，之後再移〔3〕
16		頓丘縣		政區調整	隨州遷移，附郭縣
17		濮陽縣	天福四年（939）		移於澶州之南郭〔4〕
18		德州	天福五年（940）	黃河決溢	遷治偏北的長河縣〔5〕
19		泰州	開運二年（945）	用威戎虜	移就滿城縣；952 年州廢
20		沙河縣	開運間（約945）		徙治後築城〔6〕
21		雞澤縣			徙於古城東 20 里
22	後周	深州	廣順元年（951）		推測時間；原治下博縣
23		壽州	顯德四年（957）		徙治於潁州下蔡縣
24		揚州	顯德五年（958）	戰後調整	於故城東南別築新城

參考文獻：《舊五代史》、《五代會要》、《太平寰宇記》、《資治通鑒》、（乾隆）《渾源州志》、（嘉慶）《大清一統志》、（民國）《沙河縣志》、《中國行政區劃通史·五代十國卷》等。

說明：（1）「——」指史料記載有限，表格內相關內容未知；（2）如果治所城市在五代時發生遷移的次數大於 1，仍以 1 次計算，相關時間取最早的那次，下表同理；（3）據《讀史方輿紀要》卷 41，隸屬於解州的聞喜縣或於五代發生遷治，由桐鄉故城遷於左邑故城，吳朋飛（《歷史水文地理學的理論與實踐：基於涑水河流域的個案研究》，科學出版社，2016 年，163 頁）、徐少華（《秦漢左邑、聞喜縣地望考論——兼論聞喜縣的沿革和治所變遷》，《中國歷史地理論叢》2017 年第 3 輯）均持相同觀點，但《紀要》成書較晚，而筆者並未在明清諸相關方志中查到相應內容，顧氏抄錄時誤解前書字義尚有可能，存疑。

注解：〔1〕棣州城的遷治是由刺史華溫琪上表後進行的，查華氏仕途履歷（《舊五代史》卷 90《華溫琪傳》與《唐刺史考全編》），推測華氏掌刺棣州的時間當在 907 年前後，暫定為當年；〔2〕按，澮川縣後改名翼城縣，不同方志對該縣在五代時的遷治時間記載有所不同，分別為長興元年（乾隆《翼城縣志》）、三年（嘉慶《大清一統志》）和四年（康熙《平陽府志》），今暫從前者；〔3〕據《太平寰宇記》卷 57，澶州在後漢、後周時治所也發生過遷移；〔4〕澶州遷就的德勝渡，在後梁時河東李存審夾黃河築有德勝城，分南、北二城，濮陽縣所移的「澶州之南郭」當為黃河南岸的城池；〔5〕據《五代會要》卷 20，天福五年十一月德州的遷治是由「大水」所致，而此書卷 11 提及天福四年八月「河決博平，甘陵大水」，查《中國歷史地圖集》第 5 冊《唐·河北道南部》，博平縣在德州上游，德州原治安德縣，與黃河較近。因此，筆者推測天福四年黃河在博平縣的決溢泛流導致了下游德州城的北遷；〔6〕（嘉慶）《大清一統志》卷 30 記載沙河縣遷治的時間為「梁開運元年」，「開運」屬後晉年號，

後梁時的年號是「開平」，推測遷治時間為後梁開平元年。不過，據（民國）《沙河縣志》卷 3 引述「舊志」，「舊土城，五代晉開運間徙治時築」，記載時間更為明確，筆者暫從其說。

從表 3-3 可知，除無法判定的 8 例之外，軍事（8 例）與水患（4 例）構成了五代北方地區城市變動的主導因素。其中，因軍事因素遷治的城市數量占全部的 1/3，不及唐末所佔比重的 1/2，或流露出戰爭對本時段治所城市遷移的影響有較大幅度的減弱〔註28〕；黃河下游沿岸棣、德 2 座州城的位移，在一定程度上反映了黃河在本時段頻繁決溢的現實〔註29〕。不僅如此，同在黃河沿岸的武水縣城（在博州西南部，德州上游），更於廣順二年（952）被黃河沖沒，4 年後該縣被廢入他縣〔註30〕。

從北方 24 座遷治城市的空間分布來看，位於邊疆地區的多達 13 例，占到了總數的一半多，反映了政權交界地帶的特殊性。其中，位於北部邊疆的最多，共有 8 例（府、泰、深、景、沁 5 州和良鄉、昌平、渾源 3 縣），而西北為 1 例（清水縣），西南 2 例（興州、階州），東南 2 例（壽州、揚州）。

北部邊疆城市除渾源縣與深州外，其他的遷移均與契丹的侵擾有關。後唐時趙德鈞任幽州節帥，強化了北疆的軍事防務，在閻溝築城並移良鄉縣治於此，以備鈔寇〔註31〕。類似舉動，還有其對三河城的修築，「頗為形勝之要，部民由是稍得樵牧。」〔註32〕府州一地在本時段能夠由府谷鎮迅速升格為節鎮，主要基於內地政權對當地折氏在防禦契丹上的特殊作用而有意籠絡〔註33〕。當

〔註28〕按，因部分治所城市遷徙的原因無法判定，故因戰爭而遷治城市在總體遷治城市中的比例有所下降。而且，壽、揚 2 州的遷治，軍事因素所起的作用其實也相當大。

〔註29〕杜君政：《唐末五代黃河水患及其影響》，《青海師範學院學報（哲學社會科學版）》1979 年第 1 期。

〔註30〕《太平寰宇記》卷 54《博州·廢武水縣》，中華書局，2007 年，第 1119 頁；《五代會要》卷 20《州縣分道置·博州武水縣》，上海古籍出版社，2006 年，第 330 頁。按，前書記載武水縣廢於顯德二年，而《五代會要》及《舊五代史》記為顯德三年，因後者成書更早，今暫從後說。

〔註31〕《冊府元龜》卷 410《將帥部·壁壘》，中華書局，1960 年，第 4877 頁。按，《冊府元龜》記載趙氏築城的時間是在同光（莊宗年號）末，而《舊五代史》卷 98 則記為明宗時，綜合《資治通鑑》、（嘉慶）《大清一統志》等表述，當為築城在先，之後遷縣治於新城內。另，《遼史》卷 40《地理志》4 記載「劉守光徙（良鄉縣）治此」，無從查證，存疑。

〔註32〕《舊五代史》卷 98《趙德鈞傳》，中華書局，1976 年，第 1309 頁。

〔註33〕高建國：《府州折氏與遼的關係》，《內蒙古社會科學（漢文版）》2014 年第 5 期。

然，迫於契丹在北方的雄厚實力，府州也有在後晉末期向其妥協而「北屬」的階段〔註34〕。偏於內地的澶州遷治於德勝津，其實也是石敬瑭「慮契丹為後世之患」而做出的未雨綢繆性安排〔註35〕。

西北邊疆是五代北方地區增廢州縣的重要區域（上一章已有較多論述），不過，這一地區在本時段發生遷治的城市只有清水縣1例，反映出本地區州縣的存廢比其治所的遷移更能體現統治者相應政策的表達。換句話說，唐末較多州縣的遷治或基於吐蕃的侵擾與唐廷應對不力而被迫收縮了戰線，時至五代，基於中原政權對邊疆防禦的重視、地方節帥的有效執政，對該地的掌控進入了鞏固階段。

興、階2州原屬前蜀政權，在其疆域的北部〔註36〕。後唐莊宗因王衍出言不遜而發兵劍南，遂佔據巴蜀。不過，受命節制西川的孟知祥與莊宗關係密切，隨著李嗣源的奪位與權臣安重誨防範政策的推進，孟氏走向了割據〔註37〕。孟知祥要擴張地盤，必然會在土地上與後唐展開爭奪，邊界地帶的州縣成為雙方激戰的重點區域——興、階2州便是顯例：長興中，興州刺史馮暉以乾渠渡為州治，當因不堪蜀兵侵掠，遂後更是「自乾渠引戍兵歸鳳翔」〔註38〕，主動放棄了這一地區；階州刺史郭瓊也是在本時段不堪「蜀人屢寇」而「徙城保險」〔註39〕。

壽、揚2州又是另一種情況。壽州是吳與南唐北部邊境上的節鎮州，承擔著防禦北方軍隊南下的軍事使命，高審思任節帥時「增修城隍，守備甚嚴」，為之後劉仁贍在抵抗後周世宗南征時的逾年堅守奠定了堅實基礎〔註40〕。經

〔註34〕《資治通鑒》卷284《後晉紀》5「開運元年六月」，中華書局，1956年，第9273頁。

〔註35〕《資治通鑒》卷281《後晉紀》2「天福三年十一月」，中華書局，1956年，第9194頁。

〔註36〕譚其驤主編：《中國歷史地圖集》第5冊《五代十國·前蜀》，中國地圖出版社，1982年，第91頁。

〔註37〕楊偉立著：《前蜀後蜀史》，四川省社會科學院出版社，1986年，第115、118～119頁。

〔註38〕《資治通鑒》卷279《後唐紀》8「清泰元年十月」，中華書局，1956年，第9126頁。

〔註39〕《宋史》卷261《郭瓊傳》，中華書局，1977年，第9032頁。

〔註40〕〔宋〕馬令撰，李建國校點：《南唐書》卷9《高審思傳》、〔宋〕陸游撰，李建國校點：《南唐書》卷7《高審思傳》，杭州出版社，2004年，第5327、5516頁。按，壽州在江淮地區有著頗高的戰略意義，《舊五代史》卷116云，「時

過 1 年 3 個月的苦戰〔註41〕，壽州歸於中原，隨之世宗下詔移壽州於下蔡縣，以實現對本地區更好地掌控；揚州州治（子城）在蜀岡之上，羅城較大，在子城的南面〔註42〕。然而，經過唐末、五代戰亂，揚州城市遭到嚴重破壞，顯德五年（958）二月，後周在取得揚州後，「築故（羅）城之東南隅為小城以治之。」〔註43〕顯然，後周在改築揚州城之餘，也將其治所由蜀岡之上移至蜀岡之下的平原地帶〔註44〕。

二、南方政權

據筆者統計，南方諸政權疆域內在五代時期共有 24 個治所城市發生了位移（表3-4）。在這 24 個遷治城市中，包括了 6 州 18 縣，州縣比例為 1：3，縣的遷治較州更為普遍。從它們所屬的政權來看，南唐、閩與南漢是最多的，共有 15 個州縣遷移了治所，占全部的 62.5%。從它們遷治的時間來看，10 世紀上半葉的 10、30 與 50 年代分布較多且均勻。

表3-4　五代時期南方諸政權遷治州縣統計表

序號	所屬政權	城市名稱	遷治時間	變動原因	備　註
1	吳	唐年縣	——	——	927 年改崇陽縣
2	南唐	彭澤縣	昇元初（約 937）	——	移於舊城西 40 里江次
3		婺源縣	昇元二年（938）	舊城毀壞；保護財物	唐末曾遷治
4		繁昌縣	昇元間（940？）	便利交通	出石綠與鐵，唐為石綠場〔1〕
5		上高縣	保大十年（952）	——	由場升縣，遂遷治
6		新和州	中興元年（958）	招徠江北流民	江北和州為後周奪取
7		松源縣	開寶末（約 975）	——	改松溪縣

王師攻壽春，經年未下，江、淮盜賊充斥，舒、蘄、和、泰等州復為吳人所據，故棄揚州並力於壽春焉。」另，顯德二年十二月，後周將士「破淮賊二千人於壽州城下」，至四年三月壽州劉仁贍才出降——中原軍隊佔有壽州前後用時 1 年 3 個月。

〔註41〕《舊五代史》卷 115～117《周世宗紀》2～4，中華書局，1976 年，第 1535～1557 頁。

〔註42〕紀仲慶：《揚州古城址變遷初探》，《文物》1979 年第 9 期。

〔註43〕《資治通鑒》卷 294《後周紀》5，中華書局，1956 年，第 9579 頁。

〔註44〕馬正林著：《中國城市歷史地理》，山東教育出版社，1998 年，第 146 頁。

8	閩	閩清縣	乾化元年（911）	經濟	推測原因；遷梅溪場〔2〕	
9		汀州	同光二年（924）	軍事防禦	推測原因〔3〕	
10		寧德縣	龍啟元年（933）	土疏水輕	933年置縣，後遷治	
11		福清縣	天福初（約937）	——	徙於臺嶺	
12	楚	攸縣	後梁時	政區調整	推測原因	或在922年〔4〕
13		衡山縣	清泰二年（935）			改屬潭州
14	湖南	湘陰縣	廣順三年（953）		遷於胡鼻山北〔5〕	
15		清湘縣	顯德三年（956）	軍事防禦	推測原因；徙於城內	
16	前蜀	維州	永平二年（912）	吐蕃侵擾	推測原因；內徙〔6〕	
17		內江縣	——		後蜀又徙	
18	後蜀	羅目縣	明德二年（936）	獠亂	屬嘉州	
19		昌元縣	顯德元年（954）	寇盜焚蕩	移羅市鎮	
20	南漢	雷州	開平三年（909）	——	918年又徙	
21		韶州	乾化初（約911）	地勢卑濕	移治於中洲	
22		循州	乾亨元年（917）	政區調整	922年又徙古趙佗城	
23		興寧縣	乾亨初（約917）		移於舊縣西60里	
24		歸善縣	——		推測原因；屬禎州	

參考文獻：《五代會要》、《太平寰宇記》、《輿地紀勝》、《十國春秋》、《讀史方輿紀要》、《南漢書》、（康熙）《繁昌縣志》、（嘉靖）《汀州府志》、（嘉靖）《福清縣志》、（嘉靖）《廣西通志》、（乾隆）《福建通志》、（嘉慶）《大清一統志》、（光緒）《湘陰縣圖志》、《五代時期南方諸政權政區地理》、《中國行政區劃通史·五代十國卷》等。

說明：（1）筆者查詢五代南方州縣遷治的時間依相關政權的滅亡時間而定，並非如北方那樣以960年為限，因發現960年之後至諸政權滅亡這一較短時段遷治的州縣只有松源（溪）縣一例，且發生在開寶八年（975），而據（康熙）《松溪縣志》卷1記載，縣治的遷移與縣名的更改相伴隨，實屬北宋滅亡南唐之後對政區調整的結果，故在上表中未予羅列；（2）951年南唐滅亡馬楚，湖南地區陷入混亂，直至956年周行逢時才穩定下來，963年為北宋攻滅。出於表述上的便利，筆者籠統地將951年之後在該區域出現的割據政權稱作「湖南」政權；（3）南漢政權成立於917年，在南方諸政權中屬立國較晚者。不過，南漢的真正締造者應歸於劉隱（劉龑之兄），他於901年自稱清海軍（駐廣州）留後，遂開始在稱霸嶺南的道路上付諸努力，故對於901～917年嶺南的清海軍節度，筆者仍稱其為「南漢」。

注解：〔1〕《太平寰宇記》卷105詳細記載了設置繁昌縣的理由與過程：「本宣州南陵縣地，在南陵之西南大江，西對廬州江口，以地出石綠兼鐵，由是置冶。自唐開元已來，立為石綠場。其地理枕江，舟旅憧憧，實津要之地。以南陵地遠，民乞輸稅於場，偽唐析南陵五鄉，立為繁昌縣」；〔2〕911年，梅溪縣遷治梅溪場，改閩清縣。因「場」具有鮮明的經濟屬性，故筆者推測該縣治所的遷

—84—

徙主要受經濟層面的影響（便於政府就近收取賦稅）；〔3〕據《南漢書》卷2，乾亨八年（924）四月南漢「帝自引兵侵閩，屯汀、漳境」，筆者推測此時汀州的遷治當為防範南漢侵擾而有意為之；〔4〕據學者推測，或在922年原隸衡州的攸縣改屬潭州。既然（嘉慶）《大清一統志》卷355《長沙府2》引用《攸縣志》言及「五代梁時遷建縣治」，而922年尚在後梁一代，於政區變動之際遷徙縣治的可能性更大一些；〔5〕關於湘陰縣在五代時遷治的位置，（光緒）《湘陰縣圖志》卷1對（嘉靖）《長沙府志》卷4有所糾正，據《圖志》說法，五代時湘陰縣遷往位於胡鼻山北的白茅城遺址。只是不知此城為何時修築，結合953年的地區亂局，若城池舊有或遷治後不久新築，出於軍事防禦而遷徙縣治的可能性較大；〔6〕維州位於前蜀的西部邊疆，鄰近吐蕃，州治內徙或是前蜀基於吐蕃侵擾而作出的被動調整（維州以北的扶州與所轄4縣或於932年被廢，當因吐蕃之故，參見《中國行政區劃通史·五代十國卷》601頁）。當然，據（嘉慶）《一統志》卷421《雜谷直隸廳》，後蜀時維州也發生過徙治。

因史料記載有限，表3-4所列的24個遷治州縣中有8例遷治原因尚無法判定，占到了總數的1/3。在可判定的遷治州縣中，基於戰爭因素而遷移的共有6例，占比僅為25%，較唐末75%的高比例有大幅下降，暗示了本時段南方相對和平的社會環境。當然，這一狀況或與本時段的北方地區類似——戰爭對治所城市變動的影響存在明顯減弱的趨勢。另一方面，以閩清縣為例，治所向經濟發達地點遷移的情況流露出本時段南方地區眾多場、監、鎮向前發展的趨勢〔註45〕和政府對其重視程度的強化。

從微觀角度來看，在縣治地點的選擇上，本時段南方民眾基於趨利避害的考慮尚在積極努力著，寧德縣與韶州無疑是可資評說的較好例證：據（嘉慶）《大清一統志》對《寧德縣志》的引述，「閩時置縣，初議置城於今縣西北十里陳塘洋，後以土疏水輕，改置於白鶴洋，即今治也。」〔註46〕顯然，陳塘洋所在區域因「土疏水輕」，就近取土築城無疑會增加施工的難度。而且，城牆建在較為疏鬆的地基上，在南方多雨水的環境中更容易坍塌；韶州舊城在武水以西，或因河流彎曲，加之東面湞水與之匯流後產生的頂托作用，容易造成河水在相關區域的泛流與淤積。而位於武水與湞水之間的「中洲」在地貌上屬於階地〔註47〕，地勢相對偏高，且經過兩條河流長期的沖刷，基址

〔註45〕按，相關內容在本文的第二章已有較多涉及，即南方地區在五代時有不少場、監、鎮升格為縣，尤以南唐、閩政權為多。

〔註46〕（嘉慶）《大清一統志》卷436《福寧府》，第25冊，上海書店，1985年，頁15。

〔註47〕韶關市地方志編纂委員會編：《韶關市志》（1988～2000），方志出版社，2011年，第52頁。

穩固，適於民眾在此安居。據史書記載，韶州在遷治「中洲」之後的十餘年，州城得以創築〔註48〕，城址在之後的歷史長河中也一直未變——查今天的韶關城市地圖，市政府仍處於武、湞二江之間的「中洲」上〔註49〕。

在這24個南方遷治城市中，有7個分布在吳—南唐的疆域內。查閱地圖會發現，這7個城市其實多數位於長江以南的較近區域內（上高縣在洪州西南，距長江較遠）。追溯唐末南方地區遷治城市的空間分布格局，長江沿線與南面不遠的數州是較為集中的區域。顯然，這一區域治所城市的遷移，在唐末與五代都有較多發生。

那麼，如此的耦合是否存在必然性？

肇始於安史之亂，南方民眾大量南遷，而唐末北方的戰亂在一定程度上延續著這一過程〔註50〕。渡江後就近落腳甚至定居，成為北人的既定選擇，從而為長江以南較近地區的社會發展提供著活力。本文的第二章已有論述，即在吳與南唐時，長江沿線州郡有不少縣得以增置，德興、德安、銅陵、繁昌、蕪湖、嘉魚、通山、永安、湖口、東流、大冶、瑞昌諸縣均屬其例。可以說，這片區域是唐末五代接受北方民眾較多的區域，社會發展勢頭良好，政府在該地區的權力配置尚處在調整期，治所發生位移也是其積極適應社會形勢變化的一種表現形式。

當然，和州又是另一種情況。後周世宗時大舉南征，南唐元宗李璟迫於軍事失利而盡割江北州縣〔註51〕。隨之，南唐於當塗縣僑治和州，期冀招撫安置從淮南渡江而來的舊有民眾。不過，因大敵當前，基於當塗縣獨特的地理形勢〔註52〕，和州很快被改作軍事建置的雄遠軍〔註53〕，成為防禦後周

〔註48〕〔清〕顧祖禹撰，賀次君、施和金點校：《讀史方輿紀要》卷102《韶州府》，中華書局，2005年，第4675頁。按，韶州城始築於南漢白龍二年（926）。

〔註49〕《廣東省地圖冊》之《韶關城區》，星球地圖出版社，2006年，第36頁。

〔註50〕吳松弟著：《中國移民史》第3卷《隋唐五代時期》，福建人民出版社，1997年，第265～310頁。按，據該書表8-2《（唐後期、五代）移民的區域與時代》，唐末五代時有較多北方民眾遷入江南、江西等地，尤其是江南，占比僅次於巴蜀地區。查閱之後的「實例」表（279～283、297～299頁），唐末五代是移民遷入宣、歙、池、饒諸州的主要時期。

〔註51〕〔宋〕陸游撰：《南唐書》卷2《元宗本紀》「中興元年（958）三月」，杭州出版社，2004年，第5482頁。

〔註52〕《輿地紀勝》卷18引《姑孰志·序》：「當塗採石之險，實甲於東南」，中華書局，1992年，第819頁。

〔註53〕李曉傑著：《中國行政區劃通史·五代十國卷》，第673～674頁。

南下的重要基地——和州所謂的治所變動，更多地透露出劣勢中的南唐政府在主觀上的無奈。

閩與楚（及湖南）疆域內發生遷治的州縣城市主要位於國都周邊：閩清、寧德、福清3縣，屬長樂府（福州）管轄〔註54〕；衡山、攸縣原屬衡州，均在其東北部，五代時改隸潭州。湘陰縣在岳州南部，與潭州距離也不遠〔註55〕。閩都所轄3縣的遷治，或來自於較多經濟、社會性因素的推動；楚國原衡州所轄2縣的遷治，或屬於政區調整下的產物。當然，考慮到湘陰縣的位置與廣順三年（953）湖南政局的變化，因軍事防禦需要而發生遷治的可能性是存在的〔註56〕。

汀州、清湘縣分別位於閩、楚疆域的西南邊疆，這兩座城市的遷移有鮮明的政權間軍事對峙色彩：汀州的情況，表3-4後的「注解〔2〕」已有提及；清湘縣屬全州，介於武安軍（駐潭州）與靜江軍（駐桂州）兩大節鎮之間。乾和九年（951），南漢借楚國內鬥出兵北上，奪取了桂、宜等十餘州，「盡有嶺南之地」〔註57〕。然而，後周似並不承認南漢的這一舉動，從其在廣順三年（953）以湖南劉言為武平軍節帥，「制置武安、靜江等軍事」〔註58〕的制令中可窺知一二，這一「傳統」且延續到顯德三年（956）的周行逢時〔註59〕。因本時段湖南政局不穩，在南方用兵較少，倒是南漢期冀擴大在北方的戰果，對全、道、永3州有所侵擾〔註60〕。周行逢時，湖南政權得以統一，考慮到在西南地區與南漢的舊有衝突與南漢實際佔有靜江軍的事實，強化邊疆防禦變得迫切起來，清湘縣城的遷移，當是這一背景下的產物——從顯德四年十二月「南漢主……遣使入貢於周，為湖南所閉」〔註61〕的情況來看，兩個政

〔註54〕周慶彰：《五代時期南方諸政權政區地理》，復旦大學博士學位論文，2010年，第105～108頁。按，福清縣由933年改福唐縣而來。

〔註55〕李曉傑著：《中國行政區劃通史‧五代十國卷》，第242～243頁。

〔註56〕按，據《朗州政權大事年表（951～963）》，廣順三年發生的大事有：後周封劉言為武平軍節度使（治朗州，岳州為其管轄）、王逵為武安軍節度使（治潭州）；升朗州為大都督府（在潭州之上），（地區中心）移治武陵；王逵殺劉言，王逵立。參見羅慶康著：《馬楚史研究》，湖南人民出版社，2004年，第252頁。

〔註57〕《十國春秋》卷59《南漢殤帝本紀》，中華書局，2010年，第856頁。

〔註58〕《舊五代史》卷133《劉言傳》中華書局，1976年，第1765頁。

〔註59〕《資治通鑒》卷293《後周紀》4，中華書局，1956年，第9555頁。

〔註60〕《十國春秋》卷59《南漢殤帝本紀》，中華書局，2010年，第857頁。

〔註61〕《資治通鑒》卷293《後周紀》4，中華書局，1956年，第9576頁。

權之間確實存在矛盾。

前、後蜀發生遷治的城市主要位於政權的邊疆地區：維州在其西部，毗鄰吐蕃，內徙當為被其侵擾的結果；內江、羅目、昌元 3 縣分別隸屬於資、嘉、昌 3 州，均在疆域的南部，3 縣的遷治表明因蠻人侵擾或自然環境較差造成前、後蜀政權在本地區的行政權力並不穩固。從北宋滅亡後蜀後在其中南部裁併較多縣的史實來看，前、後蜀對這一地區的投入與開發應相當有限。

南漢 5 個遷治城市均在原清海軍節鎮（駐廣州）內，韶、雷 2 州分列節鎮轄境的陸上南北兩端，而循州和興寧、歸善 2 縣則在南漢國都（興王府）以東。尤其是後 3 者，南漢在這一地區增置有禎州、齊昌府，它們的遷治當為政區變動所致——新增政區與遷治州縣的耦合性流露出政府著力開發這一地區的趨勢和對其管控能力的加強。

宏觀審視五代時期南方治所城市的遷移，發現多數政權疆域內遷治州縣的分布地區與其在本時段社會發展形勢良好的區域有著很強的耦合性，如南唐的長江以南較近區域、閩國的長樂府、南漢疆域的東部等。與唐末本地區遷治州縣的分布加以比較，長江以南較近區域均有一些遷治州縣，但前期基於戰亂，後期更多地可歸為社會的發展。

與本時段北方的情況相似，不少遷治城市位於邊疆地區，如閩國的汀州、湖南的清湘縣等。當然，巴蜀地區是其中的典型。前、後蜀疆域內的遷治州縣多數散佈在邊疆地帶，與唐末的狀況相近，有其歷史傳承性，究其原因，外部吐蕃與蠻人的侵擾是重要方面。當然，邊疆地區或因複雜的地理環境、距國都距離較遠致使統治階層對其投入與開發的熱情不高，地廣人稀的既有現實注定了政府行政權力在相應地區微弱的存在與不穩定性。

另一方面，無論唐末還是五代，遷治城市固然有一定數量，但在為數眾多的州縣城市中所佔比例極低，分別為 1.5% 和 2.8%〔註62〕。而且，就全國的重要城市而言，尤其是諸節鎮所在州城，發生位移的極少，在很大程度上反映了其城址在本時段的穩定性，即便是在動盪的地區局勢下。那麼，是什麼支撐著它們「固執」於一地呢？固然，城市的存在有其延續性和合理性，但在戰亂之中，諸政權出於維繫地方統治、保障城市及周邊民眾生命與財產安

〔註62〕按，關於唐末與五代南北方州縣總數的統計，筆者在第二章已有涉及，唐末為 342 州 1639 縣（北方 131 州 675 縣，南方 211 州 964 縣），五代（959 年）為 291 州 1376 縣（北方 108 州 586 縣，南方 183 州 790 縣），下文不再贅述。

全的需要而要有效地堅持下來，築城就顯得再迫切與現實不過了。關於唐末五代南、北方築城的情況，下一章會予以集中論述。

第三節　區域中心城市的遷移

對比治所城市（州縣）的變動，區域中心城市的遷移更值矚目。畢竟，中心城市是一個區域的內核所在，其對整個區域乃至毗鄰的外部空間有著深刻的影響——以該城為核心，直接影響著區域內政治、經濟、文化等資源的配置，進而更好的服務於統治階層既有意志的表達。

可以說，中心城市的變動對於其所在區域而言，有著牽一髮而動全身的意義。若失於對這類歷史事件的考察，想要更全面、合理地瞭解相關區域、時段歷史發展的特殊性，顯然是不行的，甚至有些避重就輕了。

需要特別說明的是，本節要探討的「區域」主要指一個政權的整體疆域，並非縮小範圍了的州縣政區或其他類別如經濟、文化層面的區域。

在筆者看來，滿足唐末五代中心城市遷移的區域，只有北方的中原政權和東南的吳越政權：前者由唐時處於關中的長安轉向了中原的開封，後者則由浙東的越州遷至浙西的杭州。

當然，作為南方大國，南唐的國都在金陵，較吳時的國都揚州有所遷移，但考慮到該政權遼闊的疆域、金陵在前代的重要地位（尤其是三國至南北朝時段）、揚州在後代的政治地位未見全局性的喪失〔註63〕，最終認定這一區域實行的是兩都制〔註64〕，南唐對金陵的器重更多地應理解為其另樹威望的政治需要〔註65〕、彌合揚州在廣大疆域內偏於東北的空間劣勢和分裂形勢下具

〔註63〕按，揚州作為區域中心城市其實主要針對的是淮南地區。進入宋代，揚州仍是淮南東路的中心城市，但統轄區域較前代節鎮有一定的縮小。

〔註64〕關於南唐政權堅持兩都制的政策與其在行政、禮法等層面對金陵與揚州兩地的配置，可參考胡耀飛撰寫的《南唐兩都制研究》（陝西師範大學 2011 年碩士學位論文）一文。

〔註65〕按，楊吳時徐溫便命徐知誥（後來的南唐烈祖李昪）對昇州城特加營建，有較為明顯的割據甚至另立中央的目的，也暗含著對揚州楊氏宗室的有意迴避。南唐建立之前，揚州作為吳國的都城，管轄有 7 縣及海陵制置院，而昇州則統治有 5 縣，差距並不明顯。就在南唐成立的當年，原屬揚州的海陵制置院被升格為泰州、興化縣改隸他州，揚州轄縣剩餘 5 個，2 縣被改名，當因其縣名中有「陽」、「揚」（與吳國楊氏同音）；江寧府（昇州）則在當年從宣州劃來廣德、當塗 2 縣，隨後數年又有 3 縣來屬，轄縣一度達到 11 個，兩

有虎踞龍盤地理形勝之金陵必然性的時勢擔當〔註66〕。

一、從長安到開封

固然，洛陽長期以來以東都的身份存在於李唐王朝的政治體制內，但唐後期的諸多跡象尤其是東都留守地位的下降〔註67〕彰顯出她的衰落和京師長安的一家獨大。唐代後期動盪的局勢加劇了對長安城破壞的頻率〔註68〕，進而動搖著其既有的國都地位〔註69〕。天祐元年（904）正月，權傾朝野的朱全忠為強迫昭宗東遷，「以其將張廷范為御營使，毀長安宮室及民間廬舍，浮渭沿河而下，長安自此遂丘墟矣。」〔註70〕從歷史發展的角度看，這次變故徹底終結了長安城作為封建王朝都城的命運〔註71〕。

遷都洛陽是很短暫的，汴州才是唐末五代北方政權國都的最終歸宿，儘管後梁初期的官僚們尚有較濃的洛陽情結，如開平元年（907）十月，朱溫忙於對外用兵，「未暇西幸，文武百官等久居東京，漸及疑訝。」〔註72〕畢竟，開封更符合時勢尤其在當權者在軍事、經濟上的需要：「居天下之衝，北拒并、汾，東至淮海，國家藩鎮，多在厥東，命將出師，利於便近」；「水

都差距明顯增大。參見李曉傑著：《中國行政區劃通史·五代十國卷》，第262、265、277、281～282頁及〔宋〕陸游撰：《入蜀記》卷3，中華書局，1985年，第24～25頁。

〔註66〕按，南京大學胡阿祥教授對古都南京的歷史有較為深入的研究，他認為古代南京城市地位的提高，在分裂時期表現得最為明顯，如魏晉南北朝、五代十國、南宋初、元末明初、中華民國等歷史時段。筆者有幸聆聽過胡教授的講座，他對相應看法有過表述，故記憶深刻。

〔註67〕程存潔著：《唐代城市史研究初篇》，中華書局，2002年，第25～45頁。

〔註68〕吳宏岐著：《西安歷史地理研究》，西安地圖出版社，2006年，第246～248頁。按研究，唐末長安城在883～904年間經歷較為嚴重的破壞共有5次，平均不足5年就迎來1次大的劫難。

〔註69〕按，一般來說，古代都城的地位主要憑藉以皇權為中心的眾多中央機關的常駐與運作而得以凸顯，進而，皇帝駐蹕時間的長短成為衡量其穩固程度的重要參考。自黃巢起義軍入主關中以後，唐僖宗、昭宗流落成都、鳳翔及興元府、華州尚有較長時日（據筆者粗略統計，僖宗駐蹕成都、興元府、鳳翔的時間分別為3年半、1年、11個月，昭宗駐蹕華州、鳳翔的時間分別為2年和1年2個月），流露出動盪局勢下國都長安的尷尬處境。

〔註70〕《資治通鑑》卷264《唐紀》80，中華書局，1956年，第8626頁。

〔註71〕（美）崔瑞德主編：《劍橋中國史（589～906）》，中國社會科學出版社，1990年，第774頁。轉引自侯甬堅：《西安城市生命力的初步解析》注釋⑥，《江漢論壇》2012年第1期。

〔註72〕《舊五代史》卷3《梁太祖紀》3，中華書局，1976年，第54頁。

陸都會，資用富饒。」〔註73〕有學者提出過國都選址應遵循區域中心、內制外拓、故地人和等基本原則〔註74〕，而從開封在北方的區位來看，五代時期統治階層的這一選擇較多與以上原則可謂不謀而合，凸顯出他們高屋建瓴的戰略眼光。

（一）遷移過程

告別了長安時代，五代時期中原政權的都城主要在洛陽、開封兩地之間變動。

關於變動的過程，張其凡先生從朝廷百司駐地的變化為主要參考依據，認為後梁先都開封、遷洛陽、再遷開封，後唐以洛陽為都，後晉遷都開封，後漢仍以開封為都，後周時開封進入大發展時期〔註75〕。王明德沿襲了張氏的見解，且在論述中國古都變遷時對這一變化過程做了時間上的梳理：五代共計54年，初期都城徘徊於洛陽、開封之間約30年，洛陽曾先後為後梁、後唐、後晉三代所都共19年，開封為後梁、後晉、後漢、後周四代所都共34年〔註76〕。李曉霞以開封為考察視角，揭示了其都城地位從後梁時奠都到後晉、後漢時初步確立，再到後周時穩定這樣一個發展歷程〔註77〕。

日本學者久保和田男重點梳理了作為國都象徵性功能之郊祀活動在五代時期的情況，通過對諸皇帝舉行郊祀祭天之禮地點的變化，認為前期洛陽的地位要優於開封，而完成向開封的轉移已到了後周時段〔註78〕。

以上幾位學人對這一命題進行的探討頗值筆者借鑒。需要說明的一點是，

〔註73〕《舊五代史》卷8《梁末帝紀》上「乾化三年（913）二月」，中華書局，1976年，第115頁；《資治通鑒》卷281《後晉紀》2「天福二年（937）三月」，中華書局，1956年，第9172頁。

〔註74〕侯甬堅：《中國古都選址的基本原則》，《中國古都研究》（4），浙江人民出版社，1989年，第37～53頁。

〔註75〕張其凡：《五代都城的變遷》，《暨南學報（哲學社會科學版）》1985年第4期。

〔註76〕王明德著：《從黃河時代到運河時代：中國古都變遷研究》，巴蜀書社，2008年，第315～316頁。

〔註77〕李曉霞：《五代奠都開封述論》，東北師範大學碩士學位論文，2004年。

〔註78〕（日）久保和田男著，趙望秦、黃新華譯：《五代宋初的洛陽和國都問題》，《中國歷史地理論叢》2001年第3輯。按，久保和田男，一作久保田和男，中國學界對後一名字的使用頻率更高一些，其代表論著為《宋代開封研究》，已由上海古籍出版社於2010年出版（郭萬平譯、董科校譯）。另外，就本文作者的研究視角而言，張其凡先生在1985年的論文末尾已有涉及，只是側重點不同罷了。

先賢們的研究大多是在既定考察視角引導下借助對史實粗線條的梳理而做出的客觀分析——結論是應該肯定的，如何在求得「同歸」之餘而不落入已有探索的窠臼，即對所謂的「殊途」加以合理性注解，著實考驗著筆者尚為愚鈍的腦力。

筆者之前探討過關於五代時期開封城市環境的問題，對其城市建設和該時段北方諸皇帝的活動（主要指駐蹕地點變化）有較多涉及〔註79〕，遂形成了一個不太成熟的看法——即便後唐以洛陽為都，但從城市發展的視角來審視，洛陽有一向開封「學習」的過程，這一過程主要發生在後唐前期的莊宗、明宗之時，而「學習」的主要是開封城的繁華。這一過程的主導者，恰是上述的 2 位皇帝。自己曾一度想將這一看法作為「餘論」納入之前的學位論文中，但考慮到此內容與正文主旨的表達或存在一定偏差而割愛捨去。現不妨重加陳述，以便說明本時段北方地區中心城市轉移進程的複雜性。

1. 短暫的逆向趕超

受唐後期漕運改革〔註80〕與運河沿線藩鎮割據〔註81〕的深刻影響，洛陽在大運河體系中的地位嚴重受挫，繁榮程度已大不如前。開封（汴州）作為運河上的重要城市，「當天下之要，總舟車之繁」〔註82〕，堪稱唐後期的時代寵兒。兩城的差距更因唐末洛陽發生的數次重大變故而呈擴大趨勢。

就洛陽與開封的城市規模而言，洛陽較開封要大得多。固然，唐末「洛汭傷殘，久罹兵革，坊肆悉成於瓦礫，宮闈盡變為荊榛」〔註83〕，好在張全義「招葺完集，五七年間，漸復都城之壯觀。」〔註84〕北宋的洛陽城周回 52

〔註79〕 劉闊：《五代時期汴州城市環境初探》，陝西師範大學碩士學位論文，2014 年，第 28～29 頁。

〔註80〕 胡方：《漢唐時期長安、洛陽之間地域空間研究》，陝西師範大學博士學位論文，2012 年，第 144～158 頁。

〔註81〕 全漢昇著：《唐宋帝國與運河》，商務印書館，1946 年上海初版，第 54～62 頁。

〔註82〕 〔唐〕劉寬夫：《汴州糾曹廳壁記》，《全唐文》卷 740，中華書局，1983 年，第 7649 頁。按，此文作於太和三年（829）。

〔註83〕 〔後唐〕李瑤：《故金紫光祿大夫檢校司空左驍衛大將軍兼御史大夫上柱國太原郡王王公墓誌銘並序》，《全唐文補編》卷 95，中冊，中華書局，2005 年，第 1177 頁。按，王公指王璠。

〔註84〕 〔宋〕張齊賢撰，俞鋼校點：《洛陽搢紳舊聞記》卷 2《齊王張令公外傳》，《五代史書彙編》，杭州出版社，2004 年，第 2398 頁。按，另據上引墓誌銘，王氏「密副鈞情，廣開心匠，連功力役，完葺如初」，當為修築洛陽城池的實際負責人。

里 96 步〔註 85〕，當是對唐末五代規模的沿襲〔註 86〕。至於開封，長期沿用的是建中二年（781）李勉所廣的城池，周回只有 20 里 155 步的規模，大面積展拓已是後周時段〔註 87〕。

也就是說，唐末五代的洛陽城較開封城面積更大，而開封較洛陽更為繁榮，由此凸顯出洛陽的空曠和開封的擁擠。史書難見對五代前期繁榮之開封城的描述，但從數則史料中可得到旁證：後唐莊宗李存勖在同光元年（923）十月攻破開封城後，免除了城內民眾之前所欠的賦稅、課利與公私債負，反映出後梁時段城市商業的發達；明宗在天成二年（927）十月平定汴州節帥朱守殷叛亂之後，做出了類似的決定：「應汴州城內百姓，既經驚劫，宜放二年屋稅。」〔註 88〕後晉、後漢時，政府在開封也進行過 2 次減免房屋租稅的詔令，流露出該城長期以來發達的房屋租賃產業〔註 89〕，而推動其發達的原因，無外乎城內龐大的流動人口基數和相對有限的可居住空間〔註 90〕。自然，莊宗在制令中提到的這些稅、課、債，屋稅應是其中不可或缺的一部分。

在統治者看來，國都就應該是宏偉、繁華的，哪怕擁擠一些，後唐明宗在長興二年（931）六月的勅令中有過直白的說明：「都邑之間，殷繁是貴……只要增修舍屋，添益閭閻，貴使華夏，共觀壯麗。朝廷以邦本興隆之計，務使駢闐。」〔註 91〕然而，新政權的國都並未遷就於開封：其一，河東李氏與朱梁兩大勢力從中和四年（884）的上源驛事件〔註 92〕起就一直處於對峙狀態，可謂勢不兩立；其二，唐亡之後，河東李氏沿用「天祐」年號，聯合岐王李茂

〔註 85〕《宋史》卷 85《地理志》1，中華書局，1977 年，第 2104 頁。

〔註 86〕劉連香：《張全義與五代洛陽城》，《洛陽工學院學報（社會科學版）》2002 年第 2 期。

〔註 87〕《舊五代史》卷 116《周世宗紀》3，中華書局，1976 年，第 1539 頁。

〔註 88〕《舊五代史》卷 38《唐明宗紀》4，中華書局，1976 年，第 529 頁。

〔註 89〕劉闊：《五代時期汴州城市環境初探》，陝西師範大學碩士學位論文，2014 年，第 31 頁。按，筆者在該文中也提到了城內統治者在特殊時期利用市人登城防守的事例，固然能說明開封城內的市人有一定數量，但考慮到事件發生在危難之時，更多地應將其理解為統治者在大難來臨之際的無奈之舉。

〔註 90〕按，為應對相對有限的生活空間，部分受寵之人侵佔他人宅第的事情在當時已有發生，參見《舊五代史》卷 30《唐莊宗紀》4，中華書局，1976 年，第 417 頁。

〔註 91〕《冊府元龜》卷 14《帝王部·都邑 2》，中華書局，1960 年，第 164 頁。

〔註 92〕《舊五代史》卷 25《唐武皇紀》上，中華書局，1976 年，第 338 頁。

貞等割據政權反抗後梁〔註93〕，而朱氏作為李唐的掘墓人已為時人所不齒，覆滅朱梁無疑是河東在全國樹立威信的巔峰時刻，此時在國都的選擇上向其妥協無疑是在自毀已塑造良久的衛唐志士形象。如此以來，定都洛陽或長安就成了必然之選。

長安城在經歷了唐末戰亂與韓建的重建之後，城市規模已大為減縮，面積僅及盛唐時的 1/16〔註94〕。相對而言，經張全義修治後的洛陽城更大，而且與西面的長安、北面的太原距離較近，於此建都更為明智，而後唐的都城體系的布設正體現了莊宗李存勗的這一初衷〔註95〕。那麼，要使相對空曠的洛陽城匹配既定的「殷繁是貴」的國都意象，離不開人為的大力建設。

值得玩味的是，後唐莊宗、明宗在下詔推進洛陽城市建設之前的數月時間裏，都有過在開封駐蹕的經歷。從某種意義上說，這一重複性的舉動反映了兩位皇帝在見聞、羨慕開封繁盛之餘力促洛陽迎頭趕超的政治心理——相關史實，筆者略作整理以示之：

> 同光元年十月己卯，莊宗入開封城，後梁滅亡。十一月甲子，車駕發離汴州。
>
> 二年八月己巳，莊宗下詔：「洛京應有隙地，任人請射修造，有主者限半年，令本主自修蓋，如過限不見屋宇，許他人占射。」該月辛巳，又下詔：「諸道節度、觀察、防禦、團練使、刺史，並於洛陽修宅一區。」〔註96〕
>
> 天成二年十月己丑，明宗至汴州。
>
> 四年二月甲子，車駕發離汴州。六月壬戌，明宗下詔：「京城空地，課人蓋造。如無力者，許人請射營構。」八月丙寅，「京城內有南州、北州，乃張全義光啟中所築。至是，詔許人依街巷請射城濠，任使平填，蓋造室宇。」〔註97〕

〔註93〕陶懋炳著：《五代史略》，人民出版社，1985年，第51～52頁。

〔註94〕吳宏岐：《論唐末五代長安城的形制和布局特點》，《中國歷史地理論叢》1999年第2輯。

〔註95〕按，李存勗對於政權都城的名稱進行過調整，到同光三年（925）三月時最終認定洛陽為東都、長安為西都、太原為北都。參見《舊五代史》卷32《唐莊宗紀》6，中華書局，1976年，第447頁。

〔註96〕《舊五代史》卷32《唐莊宗紀》6，中華書局，1976年，第439頁。

〔註97〕《舊五代史》卷40《唐明宗紀》6，中華書局，1976年，第551、554頁。

　　莊宗在開封停留了 45 天〔註 98〕，對開封城的狀況應該有所瞭解。考慮到新王朝對北方秩序的重建（包括對開封政治地位、行政區劃的調整〔註 99〕）尚需時日，故著手洛陽城市建設距其離開汴州已有較長時間。或因後梁末帝長期駐蹕開封，在相當程度上「冷落」了洛陽，致使其城市建設趨於緩慢。對比後唐莊宗與明宗開發洛陽的詔令會發現，前者在許人對城內空地的占射問題上給予了更多的時間，流露出此時洛陽城內相對空闊、空地尚多的實際狀況。當然，要求地方長官在洛陽「修宅一區」的詔令，則帶有較明顯的強制色彩，在一定程度上流露出莊宗力促國都建設的急切心情〔註 100〕。

　　明宗李嗣源與開封城有很深的淵源：在滅亡後梁的過程中，他率領先鋒部隊最早攻入開封〔註 101〕；同光二年（924）六月至三年二月，被莊宗任命為宣武軍節帥〔註 102〕；四年二月，河北軍人在鄴都嘩變，擁立他「帝河北」，遂一路南下且先於莊宗抵達汴州，成為其革命走向成功的關鍵性事件〔註 103〕。天成元年（926）九月，深知汴州重要性的明宗表達了巡幸其地的計劃，十月平該鎮節帥叛亂後入城，駐蹕時間長達 1 年 5 個月〔註 104〕。政治中心的轉移，加上汴州既有的「當天下之要，總舟車之繁」的區位優勢，無疑推動著汴州城的繁榮。

　　天成四年（929）六月，在重返洛陽四個月後，明宗鑒於國都洛陽較汴州城的差距，像莊宗一樣，也下詔人為地促進洛陽的城市建設，重心仍是對城內空地的利用，即蓋造屋宇。八月，明宗又把開發的區域轉向了唐末張全義

〔註 98〕按，查對工具書發現，莊宗入汴州城的時間為公元 923 年 11 月 19 日，而離開的時間為 924 年 1 月 3 日，駐蹕開封共 45 天。參見王雙懷主編：《中華日曆通典》，吉林文史出版社，2006 年，第 2755 頁。

〔註 99〕按，在滅亡朱梁之後的同光元年十二月，開封府被降為宣武軍（地方節鎮）；次年二月，朱梁時改屬開封府的周邊 9 縣有 4 縣仍屬汴州，5 縣還隸原有州郡。

〔註 100〕按，據《新五代史》卷 60《職方考》，莊宗在滅梁時有 109 州，這 100 多位地方長官都得在洛陽城內建構宅院，所佔面積當有不少。另外，莊宗這項詔令在促進國都建設的同時，或也是為尋求積極籠絡地方長官進而加強新王朝中央集權在地方上的貫徹力度所作的努力。

〔註 101〕《舊五代史》卷 35《唐明宗紀》1，中華書局，1976 年，第 486～487 頁。

〔註 102〕朱玉龍編著：《五代十國方鎮年表》，中華書局，1997 年，第 2 頁。

〔註 103〕《新五代史》卷 25《西方鄴傳》，中華書局，1974 年，第 275 頁。

〔註 104〕按，查閱工具書，天成二年十月己丑為公元 927 年 11 月 8 日，天成四年二月甲子則為 929 年 4 月 6 日，參見王雙懷主編：《中華日曆通典》，吉林文史出版社，2006 年，第 2759、2761 頁。

臨時所築的南、北州城的城濠，當有改善洛陽城內交通之用意〔註105〕。

應該說，兩位皇帝的相關詔令在促進洛陽城市建設上成效卓著。在長興二年（931）六月的時候，城內已出現「諸廂界內，多有人戶侵佔官街及坊曲內田地，蓋造舍屋」〔註106〕、「侵地太多，乃至不能車駕」〔註107〕的情形，表明部分區域的土地供需矛盾已相當緊張了。顯然，在經過數年向開封的「學習」之後，此時的洛陽人口已相當密集、城市空前繁華。見識過開封狀況的明宗對此似仍不滿意，他有意淡化洛陽城內已出現的相關問題，而「只要增修舍屋，添益閭閻，貴使華夏，共觀壯麗。朝廷以邦本興隆之計，務使駢闐」〔註108〕，以便其勝任自己眼中的國都意象。應該說，到明宗後期，國都洛陽在諸多方面已實現了對汴州城的趕超。末帝時，也涉及到洛陽城內居民的「房課」問題〔註109〕，流露出該地日益發達的房屋租賃業。

2. 漸趨明朗的東移——以城外皇家莊園為中心的考察

通常而言，皇家園林是以皇帝為核心的皇室成員在國都及周邊賞玩遊憩、調養性情的重要場所，在某種程度上甚至可以被視為政權另外的政治中心。進而，王朝對皇家莊園的營建、維護行為也可作為國都地位穩固與否的考量途徑，尤其是園林恰在國都城內或城郊時。考慮到城內的情況較為特殊，如修治較為常見、皇帝臨幸更為便捷〔註110〕，筆者更樂意把關注的對象放在城外的莊園。

後梁一代，皇帝尤其是朱溫對開封城外多有臨幸，如前往城南的繁臺觀稼、講武，到城西的高僧臺閱兵，在城北狩獵等〔註111〕，但未涉及莊園，或

〔註105〕按，人為毀壞張全義所築南、北二城的舉動，在同光二年八月（莊宗時）已由張全義本人提出，三年八月楊途又奏，當於稍後得以實施。包括李罕之於唐末所築城壘，它們在被毀之後，區內多數空地也被允許「便任蓋造屋宇」。參見〔後唐〕楊途：《議毀京內南北城奏》，《冊府元龜》卷14《帝王部·都邑2》，第164頁。

〔註106〕《五代會要》卷26《街巷》，上海古籍出版社，2006年，第411頁。

〔註107〕《冊府元龜》卷14《帝王部·都邑2》，第164頁。

〔註108〕《冊府元龜》卷14《帝王部·都邑2》，第164頁。

〔註109〕《舊五代史》卷46《唐末帝紀》上，中華書局，1976年，第632頁。

〔註110〕按，以洛陽城內張全義的宅第為例，後梁時朱溫至少有過2次臨幸。到後唐時，這一宅第被改造為皇家的會節園，莊宗至少來過1次，而明宗臨幸的次數就更多了，至少有5次。

〔註111〕《舊五代史》卷3、4《梁太祖紀》3、4，中華書局，1976年，第55、61、65～66頁。

流露出當時尚未建構的事實。當然，朱溫在洛陽城外的活動與在開封時相仿，如在榆林講武、觀稼，到伊水、穀水觀稼與狩獵等〔註112〕。較開封情況稍好的是，開平三年（909）閏八月朱溫曾到洛陽西苑閱稼〔註113〕，而從後唐莊宗2次在這裡狩獵的舉動〔註114〕來看，西苑在城外的可能性更大。不過，因後梁末帝長期在開封主政，此時的西苑或有一定程度的荒廢，致使之後的莊宗來此遊獵。另外，洛陽城南的甘水亭作為皇帝宴請臣僚的重要場所，也常出現在後梁、後唐的政治生活中〔註115〕。

　　後唐以洛陽為都，皇帝在該地的活動範圍有所擴大。莊宗偏愛狩獵，臨幸區域以城外為主——與後梁朱溫相比，其突破之處更多地體現在對洛陽城南較遠之龍門、伊闕的巡幸上〔註116〕。當然，明宗對此也有較多繼承〔註117〕。皇帝偏好於此，招致政府對這一地區多有投入，如長興三年（932）三月明宗臨幸的永定莊就在龍門一帶〔註118〕。另外，明宗在長興元年時對城南的稻田莊也有過2次巡幸〔註119〕，但因此莊「所費多而所收少」而在二年之後被罷〔註120〕。

　　位於洛陽城外的皇帝莊園不止以上幾處，如天成四年（929）從汴州返回洛陽的明宗就於三、九月兩度巡幸延慶莊，四月則到過西莊〔註121〕。固然，史書對這兩處莊園的具體位置沒有提及，但從史書的上下文判斷，前者當在城外。至於西莊，筆者推測或由之前的西苑改造而來。

　　本時段的汴州雖並非王朝都城，仍不失為一方重鎮，後唐明宗在位初期

〔註112〕　《舊五代史》卷5、6《梁太祖紀》5、6，中華書局，1976年，第80、82、92、96～97頁；《新五代史》卷2《梁太祖本紀》下，中華書局，1974年，第18～19頁。

〔註113〕　《新五代史》卷2《梁太祖本紀》下，中華書局，1974年，第18頁。

〔註114〕　《舊五代史》卷32《唐莊宗紀》6，中華書局，1976年，第439、444頁。

〔註115〕　《舊五代史》相關本紀，中華書局，1976年，第84、95、447、458、521、653頁；《冊府元龜》卷114《帝王部·巡幸3》，中華書局，1960年，第1360～1364頁。

〔註116〕　《舊五代史》卷32《唐莊宗紀》6，中華書局，1976年，第443～444、448頁。

〔註117〕　《舊五代史》卷40～43《唐明宗紀》6～9，中華書局，1976年，第555、570、577、588、596頁。

〔註118〕　《冊府元龜》卷114《帝王部·巡幸3》，第1363頁。

〔註119〕　《冊府元龜》卷114《帝王部·巡幸3》，第1363頁。

〔註120〕　《舊五代史》卷43《唐明宗紀》9，中華書局，1976年，第588頁。

〔註121〕　《冊府元龜》卷114《帝王部·巡幸3》，第1363頁。

在這裡有過較長時間的駐蹕。在天成三年的五至九月，他對此地的西莊、南莊各進行了 2 次臨幸。而且，他在次年二月發離汴州之前再次光顧了西莊〔註122〕。儘管關於汴州這兩處莊園的位置難以查證，但從後代諸帝對同名莊園的臨幸來看，應該是在城外。另一方面，因未見史書對後梁太祖、末帝光顧以上兩處莊園的記載，它們營建於何時還有待查證。不過，末帝時段凝曾擔任過「莊宅使」一職，或對構築這兩處莊園有過貢獻〔註123〕。

相對而言，開封城外的莊園較洛陽出現稍晚、數量也少一些，以這一視角來審視兩城在五代初期（後梁、後唐兩代）國家政治生活中的地位，洛陽顯然較開封要高一些。而從諸「莊」出現的時間來看，開封的西莊、南莊又較洛陽的延慶莊、西莊與永定莊要早近一年時間，似印證了筆者在上文中的推測，即在後唐初期，洛陽經歷了一個向開封「學習」的過程，且不僅僅只是城市建設一個方面。

後晉高祖雖在天福二年（937）四月已至汴州，並開始在此長期主政，但授予其「東京」的名份已是一年半之後，即便之前已有「京城」的稱謂〔註124〕。高祖石敬瑭到城外臨幸的興致似並不高，有據可查的活動只有天福五年八月的兩次「觀稼」〔註125〕。末帝卻與高祖不同，他對開封城外的莊園有較多光顧：自天福八年二月從鄴都返回開封後，數年裏對城外的大年莊、南莊分別有過 2、5 次光顧〔註126〕——南莊得到了末帝更多的青睞。除這兩座莊園外，史書還提及末帝於開運三年（946）二月在城外進行過較多活動後又「至東莊，次入鄴都留守杜威園」〔註127〕，從語言中似透露出他在

〔註122〕《冊府元龜》卷 114《帝王部·巡幸 3》，第 1362～1363 頁。

〔註123〕《舊五代史》卷 10《梁末帝》下，中華書局，1976 年，第 143 頁。另，「莊宅使」初置於唐玄宗時，主管國都所在地區朝廷所有莊田及其他，參見沈起煒、徐光烈編著：《中國歷史職官詞典》，上海辭書出版社，1992 年，第 151 頁。

〔註124〕《舊五代史》卷 77《晉高祖紀》3，中華書局，1976 年，第 1013、1020 頁。

〔註125〕《冊府元龜》卷 114《帝王部·巡幸 3》，第 1365 頁。按，石敬瑭或更樂於就近居於高處欣賞城市的夜景，唐代有正月十五上元節燃燈的習俗，他分別於天福三年正月和七年正月在汴州與鄴都登皇（宮）城門（樓）觀閱，特別是後一次，「夜半還宮」。

〔註126〕劉閣：《五代時期汴州城市環境初探》之表 3-5，陝西師範大學碩士學位論文，2014 年，第 39 頁。按，筆者在當時統計為 6 次，但有疏漏，據《新五代史》卷 9，末（出）帝在開運二年五月對南莊也有過 1 次臨幸。另外，開運三年五月末帝「遊船」於大年莊一事，《冊府元龜》卷 114 記作四月，存疑。

〔註127〕《冊府元龜》卷 114《帝王部·巡幸 3》，第 1365 頁。

東莊停留的時間並不長，後代皇帝也再未臨幸過其地，或因規模較小而遭致荒廢。

另外，後唐明宗光顧過的西莊卻未見於後晉末帝的行程範圍，但在後周太祖的臨幸莊園中多有出現，而「大年莊」卻只存在於後晉末帝時〔註128〕，筆者推測西莊與大年莊或為一地，只是在不同朝代改換了名稱而已。

契丹南下滅亡了後晉，對開封及周邊當有所破壞。同時，後漢政權在中原地區的統治僅維繫了4年，加上天災、內亂相當嚴重〔註129〕，或疏於對國都開封城外莊園的修治，僅見隱帝於乾祐三年三月對南御園有過1次臨幸〔註130〕。結合史書對後周太祖臨幸開封城外莊園的不同記載，可斷定南御園即為南莊〔註131〕。

應該說，後周太祖對開封城外莊園的臨幸次數較五代後期的其他皇帝要多得多，筆者推測或為逃避城內趨於惡化的居住環境而有意為之〔註132〕。據統計，太祖臨幸的莊園主要有2處，南莊（14次）與西莊（7次）——與後晉末帝相同，後周太祖對南莊表現出更多的偏愛。世宗也一樣，顯德元年對城外莊園有過2次光顧，均為南莊。隨後數年，柴榮忙於南征北戰，駐蹕開封的時間較短，未見其再對南莊、西莊有過臨幸。不過，在世宗執政的末期，玉津園（1）、迎春苑（2次）為其所光顧而開始出現於史籍中〔註133〕。查《汴京遺跡志》，前者位於南薰門外，後者則在麗景門外東北〔註134〕。尤其是前

〔註128〕劉闖：《五代時期汴州城市環境初探》之表3-5說明③，陝西師範大學碩士學位論文，2014年，第39頁。

〔註129〕按，天災主要指乾祐元、二年北方地區發生的大面積旱蝗災害，章義和在《中國蝗災史》一書中認定其嚴重程度為最高的三、四級（安徽人民出版社，2008年，59頁）。內亂則指關西河中（李茂貞）、鳳翔（王景崇）與永興（趙思綰）三鎮聯叛，中央對平定他們尚花費了較多時間與精力。

〔註130〕《新五代史》卷10《漢隱帝本紀》，中華書局，1974年，第106頁。

〔註131〕按，《舊五代史》卷111，廣順元年三月，後周太祖對南莊有過2次光顧（1470、1471頁），而《冊府元龜》卷114則記為城南御園（1366頁）。

〔註132〕劉闖：《五代時期汴州城市環境初探》，陝西師範大學碩士學位論文，2014年，第39～40頁。按，筆者彼時據《舊五代史》、《新五代史》統計後周太祖在其在位的3個共臨幸開封城外莊園達17次，今查對《冊府元龜》卷114發現至少還有4次未被統計在內（1366頁）。

〔註133〕《舊五代史》卷118～119《周世宗紀》5～6，中華書局，1976年，第1575、1580頁。

〔註134〕〔明〕李濂撰，周寶珠、程民生點校：《汴京遺跡志》卷8《臺池園苑洞峽渚沚》，中華書局，1999年，第125、126頁。

者，尚為北宋東京的四大（官辦）園林之一〔註 135〕。南薰門即開封新城南城牆的正門，故即便周世宗修築了開封新城，玉津園仍在其城外。迎春苑的情況就不一樣了，麗景門是開封舊城東城牆的南門，迎春苑所處位置在新城修築之前尚在城外，隨著新城的修築而被圈入城中，太平興國七年（982）北宋政府予以遷置，原地改作富國倉〔註 136〕。

當然，從所處位置與前後傳承關係來看，玉津園、迎春苑或由之前的南莊、東莊改建而來，尤其是南莊，後晉末帝、后周太祖與世宗對其有過較多臨幸，之後卻消失於史籍。玉津園的出現似有代之而起的意味，且成為北宋太祖趙匡胤頻繁光顧的對象〔註 137〕。西莊的情況與南莊類似，周世宗時已不見記載，筆者甚至懷疑北宋太平興國中在城西開鑿的金明池〔註 138〕就是在西莊基礎上經周世宗展拓後再作建設而成——上文已陳述了筆者關於大年莊與西莊同地異名的推測，而開運三年後晉末帝在大旱的情況下於大年莊乘船遊覽，表明其地平時尚有較大的水域面積〔註 139〕。另據史書記載，金明池的開鑿可追溯至顯德四年（957）周世宗「欲伐南唐」之時〔註 140〕，柴榮就近改造西莊有其可能性。

至於五代後期（後晉至後周）洛陽城外諸莊園的情況，因諸皇帝駐蹕洛陽的時間嚴重縮短而不再為史書所記錄，或因政府疏於打理而趨於荒廢。即便後唐時為諸帝臨幸、處於城內的會節園，也只為宋太祖光顧過 1 次〔註 141〕。不過，五代後期洛陽的陪都性質逐漸明顯，不少官僚或礙於開封趨於惡化的城市環境而前往洛陽建構府第〔註 142〕，與富商巨賈一道構成了此地興修園林的主體——後周末期的向拱被任命為河南尹，就職長達十多年，「專治園林第

〔註 135〕〔宋〕王應麟纂：《玉海》卷 171《苑囿　園》，江蘇古籍出版社、上海書店，1987 年，第 3138 頁。

〔註 136〕〔宋〕王應麟纂：《玉海》卷 171《苑囿　園》，第 3137 頁。

〔註 137〕按，據筆者統計，趙匡胤在位共 16 年，臨幸玉津園達 30 次（《宋史》卷 1～3）。

〔註 138〕〔宋〕王應麟纂：《玉海》卷 171《苑囿　園》，第 3137 頁。

〔註 139〕劉闖：《五代時期汴州城市環境初探》，陝西師範大學碩士學位論文，2014 年，第 21 頁。

〔註 140〕《汴京遺跡志》卷 8《臺池園苑洞峽渚汫》，中華書局，1999 年，第 123 頁。

〔註 141〕《續資治通鑑長編》卷 17《太祖　開寶九年》，中華書局，1979 年，第 370 頁。

〔註 142〕劉闖：《五代時期汴州城市環境初探》，陝西師範大學碩士學位論文，2014 年，第 41 頁。

舍，好聲妓，縱酒為樂，府政廢弛」〔註143〕，是其中的典型。

統而論之，僅以皇帝臨幸城外莊園的舉動來判斷五代北方政權的國都問題，前期洛陽更具優勢。不過，從「莊」在洛陽與開封出現的時間來看，後者略早於前者，似契合了筆者既有的判斷，即後唐莊宗、明宗時，洛陽雖貴為國都，卻經歷了一個向開封「學習」的過程。進入五代後期，開封的都城地位趨於穩固，其起始時間或並非後晉高祖最早駐蹕其地的天福二年四月，而是到了末帝從鄴都歸來的天福八年二月。至於洛陽，逐漸成為王朝的陪都，官宦商賈成為在此修治園林的主流，而之前既有的皇帝莊園或因政治中心轉移而疏於維護遭致荒廢。

（二）其他相關調整

不同否認，皇帝於某地長期駐蹕與臨幸其城外莊園、郊祀都是考量相關政權在國都選擇上的重要方面。不過，因皇帝的行為有一定程度的偶然性，尤其是受外部環境制約而長期征戰在外之際，如後梁太祖、後周世宗，故過多偏重於這一方面的考察，或將動搖既有的認知。

通常來說，政府舉措特別是來自中央機構的決策是表達政權既定意志的主要途徑。因此，要釐清開封趨於明朗之五代北方政治中心地位這一歷史過程，對諸中央政府相關決策也應加以梳理。

1. 政區的調整

朱溫在開平元年（907）四月於汴州稱帝，將大唐徹底送入了墳墓。他在即位時發布的制令中明確了這處發家之地在新政權中的政治地位：「宜升汴州為開封府，建名東都」〔註144〕不過，從行政區劃來看，此時的開封府沿襲著汴州在前代時的格局，僅管有 6 縣；對比西都河南府統轄 20 縣的既有規模，「未廣邦畿」的開封府著實「頗虧國體」。時至開平三年（909）二月，中央頒布了有關政區調整的勅令，將原屬他州的周邊 9 縣劃歸開封府統轄〔註145〕，其屬縣由 6 個變為 15 個，與河南府相比，之前的失衡局面有了相當程度的改觀，從而強化了其國都地位。從舊有 6 縣與新隸 9 縣的空間分布來看，開封城的轄區整體向外拓展了一圈，以西南方向的外擴幅度最大〔註146〕。

〔註143〕《宋史》卷 255《向拱傳》，中華書局，1977 年，第 8910 頁。
〔註144〕《舊五代史》卷 3《梁太祖紀》3，中華書局，1976 年，第 48 頁。
〔註145〕《舊五代史》卷 4《梁太祖紀》4，中華書局，1976 年，第 67 頁。
〔註146〕李曉傑著：《中國行政區劃通史・五代十國卷》，第 336 頁。

另一方面，後梁對汝州政區的調整，或在某種程度上消弱著洛陽的實力。據研究，位於河南府東南部的汝州尚屬西都留守管轄範圍，而位於汝州東南的襄城、葉縣於開平三年改屬許州〔註147〕。也就是說，在後梁初期，西都留守所轄區域的東南邊界向西北有所收縮。

後唐莊宗在滅亡朱梁進而駐蹕洛陽後不久便下詔降開封府為汴州，仍為宣武軍節鎮駐地〔註148〕——新政府在意識形態上大大削弱了其政治地位，儘管認可了它傳統軍事重鎮的性質。不過，後唐對汴州政區的調整略顯滯後，後梁時改屬開封府的 9 個縣有 5 個重歸原州，此時已是同光二年（924）二月。明宗即位後的天成元年九月，扶溝縣也被重新劃入許州〔註149〕。查相關地圖，這 6 個發生變動的縣，主要分布在汴州的西部與南部。換句話說，汴州的政區範圍有一向東、北方向內縮的過程。

在消弱汴州的同時，後唐也在以政區調整的方式為增加洛陽的實力而作著努力：後梁時被劃入許州的襄城、葉縣在同光二年十二月重新歸於汝州，原因是「二縣最鄰京畿，戶口全少。」〔註150〕顯然，對襄城、葉縣所屬政區的調整，在一定程度上起到了充實京畿地區人口的作用，東都留守轄區的東南邊界向外略有擴張。

大體來看，後梁對開封府與汝州政區的調整，帶有強化東都而消弱西都的政治意味。經過調整，開封府的轄區向四周都有所拓展，而西都留守的管理範圍在東南部有所收縮。後唐時的調整帶有鮮明的糾正後梁的目的，但在執行的力度上有所保留：後梁時強化開封府地位的努力，在一定程度上得到了後唐的默許，此時汴州所轄縣數較唐末增加了 3 個。

天福三年（938）十月，後晉高祖石敬瑭在駐蹕汴州一年半後明確了其「東京」地位，隨之對其政區重作調整，恢復了 15 縣的規模〔註151〕。不過，從

〔註147〕 李曉傑著：《中國行政區劃通史・五代十國卷》，第 373、376～377 頁。按，據李曉傑推測，後梁對汝州與開封府政區的調整當在同一時期。

〔註148〕 《舊五代史》卷 30《唐莊宗紀》4，中華書局，1976 年，第 421 頁。按，後唐莊宗李存勖於同光元年四月在魏州即位，十月攻入開封，後梁滅亡。十二月初一莊宗進駐洛陽，初九頒令「改汴州開封府為宣武軍」。

〔註149〕 《舊五代史》卷 31《唐莊宗紀》5、卷 37《唐明宗紀》3，中華書局，1976 年，第 429、510 頁。

〔註150〕 《五代會要》卷 20《州縣分道改置》，上海古籍出版社，2006 年，第 327～328 頁。

〔註151〕 《舊五代史》卷 77《晉高祖紀》3，中華書局，1976 年，第 1020 頁。

另一則史料來看，東京開封府直到末帝開運二年（945）六月才基本實現與西京河南府的對等地位——「吏部奏：『其四輔州：鄭、汝州仍舊為輔州；同、華州準敕既廢雍京，不合為輔州，欲定為望州；滑州、曹州比類近京，欲升為輔州。』從之。」〔註152〕當然，相關政策應至少沿用到後漢、後周兩代。

統而論之，固然開封的國都地位在五代經歷了逐漸明朗的過程，但因考量的視角不同而在時間界定上有所差異。但無論怎樣，政策性的調整較諸皇帝的實際行動存在滯後性，但因其更能反映統治階層的既定意識形態而具有更強的可信度。那麼，認定後晉末帝時開封的都城地位固定下來，北方地區政治中心實現了由洛陽向開封的轉移這樣一段史實是基本可以得到確證的。

2. 交通線的調整

後梁定都汴州，北方地區的政權中心開始東移，區域性的交通線路也在隨之發生變化。當然，南方地區因走向割據而受其影響較小，變動較大的主要是幽州至國都的南北交通幹線。

據李孝聰先生研究，當國家政治中心在長安（或洛陽）時，沿太行山東麓傳統大道一路南下，到衛州後折向西南，由孟津渡過黃河再向西行，這是連接幽州與長安（或洛陽）兩地最為便捷的路徑。五代時期國家政治中心東移，舊的路徑已相對迂遠，經過實踐，人們找到了從幽州抵達汴州的更便捷線路，即從幽州出發，歷雄、瀛、冀、貝數州後順永濟渠到魏州，再向南經德勝津渡過黃河，進而西南向直指汴州。這條南北路線縱貫河北平原的腹心地帶，首先在9世紀末以來的南北戰爭中受到重視，北宋立國後更是被闢為與遼國之間使節往來的驛道，11世紀後期才逐漸衰落〔註153〕。

筆者認同李先生的觀點，但需要強調的是關於德勝津的問題。德勝寨作為一城市的出現，其實是五代初期梁晉爭霸的產物：天祐十六年（919）正月，晉將李存審「城德勝，夾（黃）河為柵。」〔註154〕顯然，德勝寨其實是一座橫跨黃河的軍事堡壘，而要維持南、北城之間的聯繫，借助擺渡或建構浮橋

〔註152〕《五代會要》卷20《州縣望》，上海古籍出版社，2006年，第326頁。按，北宋以開封府為東京，到徽宗時的崇寧四年（1105）七月，以其為中心設置了四輔郡，潁昌府為南輔、襄邑縣為東輔、鄭州為西輔、澶州為北輔（《宋史》卷20《徽宗本紀》2）。

〔註153〕李孝聰：《公元十——十二世紀華北平原亞區交通與城市地理的研究》，《歷史地理》（9），上海人民出版社，1990年，第239頁。

〔註154〕《舊五代史》卷29《唐莊宗紀》3，中華書局，1976年，第359頁。

成為必然：「每以舟兵來往，賴以為勞，而河北無竹石，（李）存進乃以葦笮維大艦為浮梁。」〔註155〕不過，因後唐以洛陽為都，幽州經德勝津至汴州的交通線路受到衝擊，既有的「浮梁」或因疏於維護而被黃河沖毀。

後晉以汴州為都，加上石敬瑭割幽州等地入於契丹，新的交通線路日益重要，德勝津在加強國都北部防禦上的重要性凸顯出來。從史書記載來看，後晉政府的相應認知是相當及時到位的：天福三年十月，以汴州為東京。十一月初，高祖慮契丹為後世之患，升澶州為防禦州，移理所於德勝渡，夾河造舟為梁。六年二月，置浮橋於德勝渡〔註156〕。從「造舟為梁」到「置浮橋」，通過對德勝津基礎設施的改造升級，流露出後晉對這一交通要口的重視程度在不斷強化。

當然，後晉在強化開封府北部防禦方面，沿新交通線做出的調整遠不止德勝渡這一點。上文提及，幽州至汴州最便捷的道路需經河北平原腹地的瀛、冀、貝、魏等州。瀛州偏北，屬石氏割於契丹的十六州之一〔註157〕。那麼，冀、貝、魏等州一方面瀕臨北部邊疆，另一方面又是南去國都的必經區域，承擔著重大的軍事防範責任，而後晉對冀、貝、魏3州的調整就頗值玩味了：也是在天福三年十一月，升魏州（後晉初稱廣晉府）為鄴都、貝州為永清軍節度使〔註158〕。需要特別強調的是貝州，該州原為天雄軍節度使（廣晉府）的屬州，此時被分離出來並升格為新的節鎮，無疑是對其區位的重視。永清軍作為新的節鎮，領有博、冀2州：博州原屬天雄軍，因北臨貝州而劃入永清軍的節制範圍是無可厚非的；冀州雖南臨貝州，實屬成德軍（駐鎮州）的屬州〔註159〕，此時被調入貝州一鎮範圍，在強化永清軍實力的同時，也是後晉中央在新形勢下對新交通線路北部沿線區域的特別關照。至於鄴都，更是自天福六年八月起得到了高祖的長期駐蹕。

位於傳統交通線上的相州，命運也和貝州一樣，此時也被升格為節鎮，把持著德勝渡要津的澶州成為其屬州。固然，後晉的這一做法有其強化河北平原軍事防禦的政治意識，但對澶州歸屬的調整多少反映出中央此時在河北平原南部的軍事布控上重節點而輕區域的矛盾心理——因德勝津而被重視，

〔註155〕《新五代史》卷36《李存進傳》，中華書局，1974年，第394頁。
〔註156〕按，據《舊五代史》、《五代會要》、《資治通鑒》、《太平寰宇記》等史籍相關內容整理。
〔註157〕《新五代史》卷8《晉高祖本紀》，中華書局，1974年，第79頁。
〔註158〕《舊五代史》卷77《晉高祖紀》3，中華書局，1976年，第1021～1022頁。
〔註159〕李曉傑著：《中國行政區劃通史·五代十國卷》，第138頁。

軍事上卻受傳統太行山東麓交通沿線上的相州節度使節制。當然，新交通沿線上已有貝州、鄴都兩大節鎮，因契丹此時尚未南侵，偏南的澶州還未承擔過多防衛東京安全的重任。

天福七年六月，石敬瑭崩於鄴都，少帝即位，於次年二月返回東京〔註160〕。如此算來，後晉兩位皇帝駐留鄴都的時間有一年半，足見其地在後晉政治生活中的地位。少帝時權臣景延廣改變了與契丹的政治關係，向其「去臣稱孫」〔註161〕，招致契丹大舉南侵。開運元年（944）正月貝州淪陷，少帝遂「車駕至澶州」主持防務，駐蹕其地2個多月〔註162〕。鑒於契丹的侵擾與北部防禦的需要，少帝於該年四月「升冀州為防禦使額」、八月「升澶州為節鎮」〔註163〕，進一步提升了新交通線所經州郡的軍事級別與防禦能力──在幽州通往東京的新交通線上，自深州向南一共有7州（含鄴都），到後晉末年竟存在著4個節鎮（含滑州義成軍）1個防禦州的建置──新交通線在維持政權存亡上的重要意義得以最大限度的彰顯〔註164〕。而且，這一狀況一直持續到後周顯德元年（954）九月貝州節鎮被廢、冀州重歸成德軍（鎮州），但澶州作為節鎮的建置沿襲了下來〔註165〕。

與新線路的「熱」相比，傳統太行山東麓交通沿線州郡就顯得「冷」多了，檢索史書，僅見位於其北端的泰州於開運二年「以滿城縣路當衝要，宜立郡庭，用威戎虜」而遷治一例〔註166〕。

統而論之，隨著五代政治中心的東移，從幽州向南沿太行山東麓的南北大道被縱貫河北平原腹地的經冀─貝─魏─澶等州指向汴州的新交通線所替換，而這一道路固然便利了河北與河南兩地區的聯繫，但因路程短、險阻少而成為維繫國都乃至政權存亡的生命線，強化沿線州郡的軍事等級與兵力布

〔註160〕 《舊五代史》卷81《晉少帝紀》1，中華書局，1976年，第1075頁。

〔註161〕 《舊五代史》卷88《景延廣傳》，中華書局，1976年，第1144頁。

〔註162〕 《舊五代史》卷82《晉少帝紀》2，中華書局，1976年，第1085頁。

〔註163〕 《舊五代史》卷82～83《晉少帝紀》2～3，中華書局，1976年，第1085、1095頁。

〔註164〕 按，除此之外，特別是澶州周邊的德清軍（原澶州舊城）和南樂縣的城池也在本時段得到了修築，前者且修築了2次，參見《資治通鑑》卷283～284《後晉紀》4～5「天福八年十二月」、「開運二年三月」，中華書局，1956年，第9256～9257、9286頁。

〔註165〕 李曉傑著：《中國行政區劃通史·五代十國卷》，第166～167、196頁。

〔註166〕 《太平寰宇記》卷68《保州》，中華書局，2007年，第1375頁。按，另據《五代會要》卷20記載，泰州於廣順二年（952）二月被廢。

控成為現實所需：面對契丹的南侵，後晉在新交通線上的 7 州設置了 4 個節鎮和 1 個防禦州，無疑是對這一狀況的最好注解。

二、從越州到杭州

固然古人在越州的開發較杭州要早得多〔註 167〕，但談及唐末五代浙江地區中心城市的轉移，或存在不充分的條件，因為在之前相當長的時間裏，兩地分屬於不同政區，如東漢永建四年（129）之後，錢塘縣長期隸屬吳郡，山陰縣則歸於會稽郡〔註 168〕；乾元元年（758）江南東道分為浙江西道與浙江東道〔註 169〕，杭州屬前者，後者則以越州為駐地。兩大區域後來演變為浙西（鎮海）、浙東（鎮東）兩大節鎮〔註 170〕，所轄區域基本沿襲了之前的範圍〔註 171〕。

真正統一兩浙地區的應屬唐末的錢鏐〔註 172〕，在攻滅董昌之後，他佔

〔註 167〕 按，越州之前稱會稽郡，秦始皇二十五年（前 222）已置，但治所在吳縣（今江蘇蘇州市）。東漢永建四年（129）徙治山陰縣（今浙江紹興市）；杭州成為郡級政區可追溯到南朝梁時的臨江郡，置於太清三年（549）。參見《辭海（修訂版）》之《地理分冊·歷史地理》，上海辭書出版社，1978 年，第 91頁；史為樂主編：《中國歷史地名大辭典》，中國社會科學出版社，2005 年，第 1036、1856 頁。

〔註 168〕 任振泰主編：《杭州市志》第 1 卷，中華書局，1995 年，第 127 頁；任桂會總纂：《紹興市志》第 1 冊，浙江人民出版社，1996 年，第 112～113 頁。

〔註 169〕 按，唐廷對這一調整有過數次反覆：大曆十四年（779）並浙江東、西道為江南東道；建中元年（780）再分為兩道，二年又並為一道，貞元三年（787）又分為兩道。參見《紹興市志》第 1 冊，浙江人民出版社，1996 年，第 113～114 頁。

〔註 170〕 按，元和二年（807）唐廷升浙江西道都團練觀察使為鎮海軍節度使，809 年節鎮被廢，835 年置而又廢，858 年復置，次年廢，862 年再置，867 年廢，870 年又置；中和三年（883）唐廷升浙江東道觀察使為義勝軍節度使，887年改威勝軍節度使，896 年又改鎮東節度使。參見《新唐書》卷 68《方鎮表》5，中華書局，1975 年，第 1913～1925 頁。

〔註 171〕 按，浙江西道在乾元元年初置時轄有蘇、杭、湖、歙、宣、升、潤、常 8 州，之後有所調整，宣、歙 2 州劃出；浙江東道在乾元元年初置時轄有越、明、臺、溫、括、衢、睦、婺 8 州，睦州於貞元三年（787）改隸浙江西道。參見郭聲波著：《中國行政區劃通史·唐代卷》，復旦大學出版社，2012 年，第459～463、480、483、488 頁。

〔註 172〕 按，錢鏐創建了吳越國，以杭州為國都，疆域含有今浙西省、上海市全部與江蘇省南部的蘇州市。其實南齊時的唐寓之曾以錢塘縣為都建立過政權，但為時甚短且掌控地域比較有限，極少被提及。參見《南史》卷 77《茹法亮傳》，中華書局，1975 年，第 1928 頁；《杭州市志》第 1 卷，中華書局，1995年，第 15 頁。

據了鎮海、鎮東 2 大節鎮。不過，此時鎮海節鎮北部的潤、常 2 州已屬淮南楊行密的勢力範圍。錢鏐起家於杭州，建立吳越政權後以其地為西府，稱越州為東府〔註173〕。錢氏在唐末五代對杭州的發展著力頗多，「由是錢塘富庶，盛於東南」〔註174〕，在諸多方面超過了越州，實現了區域中心城市的轉移。

（一）對周祝偉關於「杭越易位發生於晚唐」觀點的反駁

「杭越易位」是浙江地區歷史發展進程中的重大事件，浙江學者周祝偉對這一命題進行過細緻深入的探討，通過比較杭州與越州在戶口數量、文化素質、經濟發展水平等方面的歷史變化（主要集中在唐代），得出了杭越易位發生於晚唐的結論〔註175〕。不過，因周氏在論證過程中存在使用史料不全面、不客觀的問題，所得結論有揚杭抑越的傾向，筆者曾撰文加以糾正〔註176〕，現擇要再敘梗概，以為自己下文的論述作相應鋪墊。

周氏關於「杭越易位」發生於晚唐這一論斷的依據，首先來自於他對杭、越兩州戶數之比在唐代出現較大變動的考察：在天寶十二載（753）與之前的幾個年份中，兩州的戶數較為接近，尤其是開元、天寶年間的 3 對戶數，比例幾乎達到了 1：1（越州稍多）。時至元和二年（807），杭州戶數高出越州很多，相應比例變更為 2.48：1。到了北宋初年，兩州人口之間的差距進一步擴大，戶數之比高達 3.02：1。顯然，唐中期以來，杭州的戶數較越州不斷增多，而人口數在古代社會是衡量一個地區社會發展水平的重要指標，杭州在這方面趨於顯著的優勢流露出其趕超越州的基本史實〔註177〕。

然而作者或為迎合其既定的預設結論，有意修改了北宋初杭州的戶數，

〔註173〕《吳越備史》卷1《武肅王》「乾寧四年六月」，杭州出版社，2004 年，第 6188 頁。
〔註174〕《資治通鑒》卷 267《後梁紀》2，中華書局，1956 年，第 8726 頁。
〔註175〕周祝偉著：《7～10 世紀杭州的崛起與錢塘江地區結構變遷》，社會科學文獻出版社，2006 年，第 3～200、322 頁。周氏對杭越易位發生時間的定位較為模糊，27 頁寫作「晚唐」，321 頁為「中晚唐」，綜合作者對兩州人口、進士與詩人數量等對比時間的選擇，筆者推測其所謂「晚唐」的起始時間當在807 年之前。
〔註176〕劉闖：《「杭越易位發生於晚唐」質疑——與周祝偉先生商榷》，《杭州學刊》2017 年第 1 期，社會科學文獻出版社，2017 年，第 227～235 頁。
〔註177〕周祝偉著：《7～10 世紀杭州的崛起與錢塘江地區結構變遷》，社會科學文獻出版社，2006 年，第 56～65 頁。

頗值警惕。查《太平寰宇記》,杭州戶數為 70465 戶,而越州為 56491 戶〔註178〕,兩者之比為 1.25：1,並非作者所謂的 3.02：1。

　　受唐後期杜牧及北宋歐陽修、柳永描述杭州繁華之詩文的影響,作者在未有效注明的情況下,為北宋初杭州的戶數人為地添加了 10 萬〔註179〕,或有些武斷。據包偉民先生研究,在宋代文人筆下,京城「百萬家」、區域中心城市「十萬家」常有出現,儼然已成為其按行政等級來描述不同城市繁榮程度的一般、「標準」人口意象,並非城市人口的紀實信息〔註180〕。當然,這樣的情況也較多地出現在唐代文人的筆下,如韓愈、元稹、賈島都曾作詩稱國都長安「百萬家」〔註181〕。筆者檢索《全唐詩》,尚有言及蘇州、成都、涼州、魏郡(州)「十萬家」或「十萬戶」〔註182〕的詩句,這些描述城市人口的數字多屬作者感性而發,是否合乎史實頗值得懷疑。

　　另外,我們也可以從另一個側面考察北宋初杭州城的人口數量。太平興國三年(978)五月,吳越錢氏納土歸宋,其提供的全區 13 州人數為 550608 戶,軍隊 115036 人〔註183〕。將軍隊人數按 5：1 折入民戶中,則北宋初吳越地區人口共有 573615 戶,若按周氏所謂的杭州有 170457 戶,那麼僅杭州一地人數就占到了全區的 29.7%〔註184〕,比例或有些偏高了。而且,即便杭州當時是吳越國的都城,皇室、商賈、軍隊等非在籍人口也有相當數量,加上

〔註178〕《太平寰宇記》卷 93《杭州》、卷 96《越州》,中華書局,2007 年,第 1862、1922 頁。

〔註179〕周祝偉著:《7～10 世紀杭州的崛起與錢塘江地區結構變遷》,社會科學文獻出版社,2006 年,第 59、64～65 頁。

〔註180〕包偉民著:《宋代城市研究》,中華書局,2014 年,第 307～317 頁。按,因北宋記載杭州城戶數的記、詩較多,多數稱「十萬戶」,故作者認為這一數字「符合杭州城市人口的實際情況」(313～314 頁)。

〔註181〕按,轉引自《宋代城市研究》,第 309 頁。

〔註182〕按,據愛如生「中國基本古籍庫」在《全唐詩》中檢索「十萬家」與「十萬戶」所得結果,時間為 2017 年 6 月 1 日上午 11 時 12 分。

〔註183〕《續資治通鑒長編》卷 19《太宗》,中華書局,1979 年,第 427 頁。按,《十國春秋》卷 82 記載吳越納宋時提供的戶數與前書略有不同,為 550680 戶,軍隊數量則一致,今從前者。

〔註184〕按,相關數字存在問題,因為吳越國歸宋時的人口數字與《太平寰宇記》所記吳越地區 13 個相應州郡的人口數字有一定差距。據筆者統計,《太平寰宇記》所記的吳越 13 州人口總數為 504530 戶,比錢氏歸宋時的人口數(不含軍隊人數)少近 5 萬戶。如果按《太平寰宇記》所錄數字,杭州一地的人口約占吳越 13 州的 14%。假設為杭州戶口增加 10 萬所謂的城內人口,在全區所佔的比重約為 33.8%。

十萬戶也有過多之嫌〔註185〕。另外，假設 70465 戶都是杭州城外人口，城內
10 萬戶的數量未免過於龐大，如此算來，在未涉及所轄諸縣縣城人口的情況
下，杭州一城的城市化水平竟高達 58.7%，在生產力高度發達的今天尚且難
以實現〔註186〕，更不要說 1000 多年之前了。

顯然，周氏所謂的杭、越兩州人口差距在晚唐到宋初呈擴大趨勢的論斷
並不成立。認真審視元和二年（807）兩州的戶口數，其實較天寶十二載時均
有一定程度的下降，尤其是越州，相應數字僅及之前的 22.9%，這顯然是很不
正常的。然而作者只關注到它們在「相同處境」下的「戶口比率」，也就是差
距呈現擴大的既有狀況，卻並未深入挖掘造成人口下降和差距擴大的歷史原
因〔註187〕。

筆者查對史實發現，上元年間（760～761）發生在江南東道的災異是導
致該地人口下降的重要原因：「辛丑歲大旱，三吳饑甚，人相食。明年大疫，
死者十七八，城郭邑居為之空虛」〔註188〕杭、越二州均在這一區域，尚屬蒙
災之地，人口有一定幅度的下降是合乎常理的。

那麼，兩州人口下降的幅度為何會不一樣呢？

據寧可先生研究，此時正值安史之亂，唐廷正忙於平叛而籌集軍費，江
南這一財賦重地自然是其獲取的重點區域，反倒是災異給當地社會造成的巨

〔註185〕按，即便把 978 年吳越戶口較《太平寰宇記》所記 13 州戶口中的多出部分
（含十餘萬軍隊）全納入杭州人口，也只為其貢獻了近 7 萬戶而已。

〔註186〕按，據浙江本地新聞，2015 年末，杭州市常住人口為 901.8 萬人，市區人口
突破 700 萬，城鎮化率為 75.3%。參見張雲山（記者）：《杭州常駐人口突破
900 萬》，《錢江晚報》2016 年 4 月 26 日 A17 版。按，此處的 75.3%指杭州
全市的城鎮化率，相關人口不僅包括杭州一城人口，還包括全市範圍內諸縣
（市）城、鄉鎮等城區、街道的人口，如記者在文中提到杭州市常住人口首
次突破 700 萬（達 721.3 萬），（在一定程度上）得益於富陽撤市設區，而該
區就有 73.35 萬人。

〔註187〕周祝偉著：《7～10 世紀杭州的崛起與錢塘江地區結構變遷》，社會科學文獻
出版社，2006 年，第 64 頁。

〔註188〕〔唐〕獨孤及：《毗陵集》卷 19《弔道殣文》，上海古籍出版社，1993 年，
第 143 頁。按，「辛丑歲」為上元二年（761）。關於這次大災，《舊唐書》卷
11《代宗本紀》、《新唐書》卷 36《五行志》3 均有「江東大疫，死者過半」
的記載。當然，《弔道殣文》所載疫情較兩唐書更為嚴重，因相關描述較後
者更為詳盡，可補史籍記載簡略之弊。參見趙望秦：《〈毗陵集〉史料價值
述略》，《唐史論叢》第 7 輯，陝西師範大學出版社，1998 年，第 215～223
頁。

大創作並未得到政府及時有效的撫慰，遂釀成了「積眾二十萬，盡有浙江之地」的袁晁起義〔註189〕。這場起義的活動範圍主要集中在浙東地區，臺、越、衢、溫、明等州州城相繼淪陷〔註190〕。與之相對應，通過考察浙江東、西兩道諸州戶數在天寶十二載至元和二年之間的變化，筆者發現浙東地區人口下降的幅度普遍比浙西地區要大得多（表3-5）。

表 3-5　唐中後期兩浙地區諸州戶數統計表　　　　　（單位：戶，%）

區 域	州 名	天寶十二載（753）	元和二年（807）	下降幅度
浙江西道	潤州	102033	55400 -	45.7
	常州	102631	54767 -	46.6
	蘇州	76421	100808 +	～31.9
	湖州	73306	43467 -	40.7
	杭州	86258	51276 -	40.6
	睦州	54961	9054 -	83.5
浙江東道	越州	90279	20685 -	77.1
	明州	42027	4083 -	90.3
	台州	83868	——	——
	溫州	42814	8484 -	80.2
	衢州	68742	17426 -	74.7
	婺州	144086	48036 -	66.7
	處州	42936	19726 -	54.1

資源來源：凍國棟著：《中國人口史》第 2 卷《隋唐五代時期》之「唐江南道諸州各階段戶數表」，復旦大學出版社，2002 年，第 256 頁。

說明：本表中的「+」、「-」為筆者根據各州的 2 次人口統計數字以前一次為參考所做的基本判斷，指示相應的增減變化。

從表 3-5 可知，除睦州外〔註191〕，浙江西道諸州的人口下降幅度普遍在

〔註189〕《舊唐書》卷 152《王栖曜傳》，中華書局，1975 年，第 4069 頁。

〔註190〕寧可：《唐代宗初年的江南農民起義》，《歷史研究》1961 年第 3 期。按，據其研究，起義軍活動範圍西至江南西道的信州，北及江陰，可能到過湖州、蘇州一帶。杭、婺、睦等州尚在其活動範圍，也應受到戰爭的較大影響。

〔註191〕按，睦州的人口下降幅度高達 83.5%，筆者以為除該州因臨近浙東而受袁晁起義軍的「毒害」之外，之前民變造成的影響或更大，「睦州草寇，為盡猶深」，參見《毗陵集》卷 5《為杭州李使君論李藏用守杭州功表》，上海古籍出版社，1993 年，第 34 頁。

50%以下。蘇州的情況相對喜人，反而增長了 31.9%。再審視浙江東道諸州，人口下降幅度均在 50%以上〔註192〕，尤其是起義軍攻陷的越、明等州，更是達到了 70%以上。台州作為起義的發源地，遭受的衝擊最深，807 年的戶數失於記載，或是本地人煙稀少而難以統計所致。

顯然，袁晁起義對浙江東、西兩道的影響並不一樣，浙東較浙西要嚴重得多。時至數十年後，兩道的人口總數仍存在較為明顯的差距，流露出戰爭對當地社會的深刻影響。進而，杭州基於超出越州近 1.5 倍的戶口優勢而在唐後期的進士、詩人產出數量上較越州微弱的趕超就顯得微不足道了〔註193〕——一味地強調杭州所謂的「成績」，或有失對史實公正的判斷。

周祝偉「唱衰」越州的方面不止這些。以農業上的水利開發為例，固然鑒湖在越州起著標杆性的作用，但以它在貞元末、元和初的「水竭」來否定整個越州在唐代後期的農業進步〔註194〕，實在過於武斷。而且，在十多年後掌刺越州的元稹作詩且稱「鏡水稽山滿眼來」〔註195〕，表明其時的鑒湖尚有相當大的水域面積，之前的「水竭」只是偶發事件。另據李伯重先生統計，唐後期杭州修建的水利工程有 8 項，而越州較之更為樂觀，達 11 項〔註196〕。只是，這一史實或不利於周氏對預判結論的論證，筆者僅見他將李先生的相關論著列於書後的「主要參考文獻」，在正文中卻有意無意地忽略了。

還有，周祝偉依據唐代文獻過多地強調了杭州商業發達的狀況，如李華

〔註192〕有觀點認為浙東山區戶口下降比例較高，主要原因是頻繁的民變導致了政府控制力的消弱，參見劉麗、張劍光：《唐代後期江南戶數新論》，《上海師範大學學報（哲學社會科學版）》2011 年第 2 期。

〔註193〕按，據周祝偉統計，在長慶元年之後（821～907），杭州籍的進士數為 9 個，比越州的 8 個多出 1 個（69 頁）；晚唐至五代（821～960）的詩人數，杭州為 27 人，越州則為 7 人（73～74 頁），兩者差距更加明顯。筆者對後者作過分析，因吳越國的締造者錢鏐是餘杭人（屬杭州），其屬下、子嗣有不少借助政治因素而為史書所記載，這無形中為杭州貢獻了不少詩人（據統計，晚唐五代這群詩人至少有 14 個）。

〔註194〕周祝偉著：《7～10 世紀杭州的崛起與錢塘江地區結構變遷》，社會科學文獻出版社，2006 年，第 82～83 頁。另，作者參考的文獻主要依賴明清、民國方志，或存在問題：鑒湖發生在相關時段的「水竭」僅為《新唐書》卷 36 記載過 1 次。

〔註195〕〔唐〕元稹：《以州宅誇於樂天》，《全唐詩》卷 417，第 12 冊，中華書局，1960 年，第 4599 頁。

〔註196〕李伯重著：《唐代江南農業的發展》，農業出版社，1990 年，第 78～82 頁。

在《杭州刺史廳壁記》中提及其「騈檣二十里，開肆三萬室」〔註197〕、沈亞之在《杭州場壁記》中所云的「南派巨流，走閩禺甌越之寶貨，而鹽魚大估所來交會，每歲官入三十六萬千計」〔註198〕。然而，他在該書的相應章節對越州的商業提及甚少，極易給讀者造成該地商業落後的誤導。在氏著的下篇中作者引用了涉及越州的商業的一則文獻：「視其館轂之衝，廣輪之度，則彌地竟海，重山阻江，銅鹽材竹之貨殖，舟車包篚之委輸，固已被四方而盈二都矣。」〔註199〕從古人的言語中推知，越州的狀況似不比杭州差。因唐代文人所作關於某地的「廳壁」、「場壁」等文章多數有虛誇成分，故對兩地商業的實際狀況應客觀審視。當然，唐代記載杭州商業的文獻較多，該地狀況較越州樂觀是可以判知的。

當然，越州也有相對杭州更具優勢的方面，如紡織、瓷器等手工業，周氏通過對兩州在唐代與北宋初土貢物品的考察得出了相對客觀的認識〔註200〕。

綜合多方面認知來看，周祝偉關於「杭越易位發生於晚唐」的論斷比較武斷，唐後期杭州較越州確有可資圈點的相對優勢，但一味強調其所謂的趕超「成績」而忽視對其深層原因的考察，難免會在理解史實上失於客觀。當然，越州作為浙東地區傳統的中心城市，不少優越之處尚值得發現，唐末本地軍閥董昌棄杭就越便是鮮明的案例。

（二）從越州到杭州——政治、軍事博弈下的遷移

周祝偉強調了經濟因素在推動杭越易位發生過程中所起到的重要作用，值得讚賞，但結合本時段的全國與江浙地區局勢，筆者以為杭越易位發生於唐末至五代初，而政治、軍事因素所發揮的作用更直接、明顯一些。

在探討唐末錢鏐關於吳越國定都何地的問題上，已故歷史地理學家譚其驤先生給出了自己的看法：「為什麼錢氏要定都於新起的杭州，而不定都於較為繁雄的歷史故都蘇州或越州呢？杭州是錢武肅王起家發祥之地，此為原因

〔註197〕《全唐文》卷316，中華書局，1983年，第3206頁。按，該文作於永泰元年（765）。

〔註198〕〔唐〕沈亞之撰：《沈下賢集》卷6，上海古籍出版社，1994年，第33頁。按，沈亞之生卒年為781～832。

〔註199〕〔唐〕崔元翰：《判曹食堂壁記》，《全唐文》卷523，中華書局，1983年，第5321頁；周祝偉書，第267頁。按，崔元翰的生卒年為729～795。

〔註200〕周祝偉著：《7～10世紀杭州的崛起與錢塘江地區結構變遷》，社會科學文獻出版社，2006年，第78頁。

之一，但不是主要的，主因在政區的變動。……把兩浙並為一個政區實始於吳越錢氏的建國；自兩浙而言，則蘇、越皆有偏處一隅之病，杭州正為地理中心所在，吳越國的首都，便非此莫屬了。」〔註201〕

應該說，譚先生的認知頗有創見，只是表述略顯宏觀，或無意間疏忽了對唐末五代兩浙地區局勢、杭州雖新但商業發達等背景的考量，故對這一問題的詮釋還不夠徹底。翻閱五代吳越國地圖〔註202〕，杭州固然較蘇、越二州的地理區位優勢更為直觀，但從整體來看，仍偏於國境的西北部。或者說，若以與地理中心契合度的高低來作為定都於何處的主要因子，越州的優勢反倒更明顯一些。

關於錢鏐定都杭州的問題，或者做出這樣的注解更為合理一些，即杭州處於兩大維繫吳越政權存亡區域的匯合地，且本州西部多山的地形條件又拓展了其在軍事防禦上的安全空間——相對而言，平原地區因開發難度較小，生存條件優越，環境承載力也較山區更高。縱觀吳越全境，一方面，北部蘇、湖、杭、越、明5州（以及之後增置的秀州）的核心區域均位於平原，人口密集、經濟發達，自然也是吳越國發展經濟的重中之重〔註203〕；另一方面，因唐末錢鏐與楊行密兩大勢力長期緊張對峙，後者借助疆域上的優勢對錢氏展開了從東北到西南的半包圍攻勢，吳越地區西部的蘇、湖、杭、睦、衢及婺州成為其防禦侵擾的核心區域。兩大區域相疊加，重合區域為國境最北的蘇、湖、杭3州，這恰恰也是錢氏在唐末五代初防範楊氏的重心所在〔註204〕。值

〔註201〕譚其驤：《杭州都市發展之經過》，《長水集》（上冊），人民出版社，1987年，第422頁。按，該文最早刊載於《東南日報》1948年3月6日《雲濤》（副刊）第26期。

〔註202〕譚其驤主編：《中國歷史地圖集》第5冊《五代十國 吳·吳越·閩》，中國地圖出版社，1982年，第89頁。

〔註203〕按，以農業水利興修為例，查吳越國所建的水利工程，可以說全部都在這一區域。向前追溯到唐代，吳越國境南部的臺、溫、衢、處等山區州郡在水利上的成績也遠不如北部州郡，參見倪連德：《一代明主 功及後世——水利建設和農業》，《吳越首府杭州》，浙江人民出版社，1988年，第60頁；李伯重：《唐代江南農業的發展》，農業出版社，1990年，第77～82頁。另外，查《元和郡縣圖志》卷25～26與《太平寰宇記》卷91、93～99，北部5州（後書含秀州）的人口數量在總體中的比例（未含福州）更具優勢，元和二年時占總數的68.2%，北宋初則為61.4%。

〔註204〕劉闖：《防禦與擴張：唐末五代吳越錢氏築城之時空解析》，《中國歷史地理論叢》2017年第2輯。

得注意的是，因為蘇、湖 2 州處於太湖平原，又毗鄰楊吳疆域，遭受的威脅相對直接，在兩政權間也表現出了較明顯的徘徊性。如此以來，杭州的優勢就凸顯出來，北可以蘇、湖 2 州為戰略緩衝，西面雖也鄰近敵境，但因有唐山、於潛、臨安、新城及武康等多山之縣的阻隔〔註205〕，大大提高了東面州治乃至國都的安全系數。

當然，錢鏐定都杭州的過程並非一蹴而就，尚且經歷了東趨越州的徘徊、唐廷的牽制與在杭州周邊較多築城而不斷確立自信的無奈與抗爭，充斥著本時段全國與地區動盪時局下的政治、軍事博弈色彩。

1. 杭州的相對劣勢

得益於大運河的開通，杭州在唐代中後期表現出相當的活力，尤其是她的商業。不過，就浙江西道所轄各州而言，因多數地處平原，發展勢頭良好，反映社會發展水平的一些指標如人口數量、水利、絲織業、文人分布相對平衡〔註206〕，無形中弱化了杭州的既有優勢。而且，隨著鎮海軍節度使的設置，以潤州為駐地的現實導致南部杭、睦 2 州或被日益邊緣化。

與杭州不同的是，越州長期以來都是浙江東道的中心，在諸多方面較本區域的其他州具有鮮明的優勢〔註207〕。浙東節鎮以越州為駐地既是歷史使然，也在一定程度上強化了該州的核心地位。

在筆者看來，唐末的杭州較越州而言，至少有三個方面不及後者：（1）政治軍事地位。上文已有述及，杭州只是浙西節鎮的一個支州，越州則是浙

〔註205〕按，固然杭州西部的山區屬縣較多，但楊吳在東侵的過程中，途徑較多的是新城、臨安 2 縣，唐末羅隱作《東安鎮新築羅城記》就有「楊氏行密以稱盜，豕突猘沖，擾我疆境，而東安尤為其所忌」的表述（《全唐文》卷895）。東安鎮，恰在新城縣境。臨安縣有千秋關（嶺），成為錢氏防禦楊吳侵擾衣錦軍（錢鏐故里）的重要關隘，後人作詩云：「吳越江南絕壁間，可憐爭國似蝸蠻」（《龜溪集》卷3《千秋嶺》）。另外，武康縣本屬湖州，為其境內唯一的多山縣，之前湖州刺史在歸屬上對錢氏表現出一定的叛離性，待武康縣被割屬杭州後，錢氏強化了對湖州的掌控，之後該地再未叛離過吳越政權，湖州也更好的擔負起護衛杭州大西北的軍事任務。參見胡耀飛：《試論湖州在吳越國國防中的地位》，《湖州師範學院學報》2009 年第 5 期。

〔註206〕程娟：《唐代浙東鎮與浙西鎮比較研究》，上海師範大學碩士學位論文，2012 年，第 29、34、41、49、51～55 頁。按，文人包括詩人、散文家、名儒、進士 4 類群體。

〔註207〕程娟：《唐代浙東鎮與浙西鎮比較研究》，上海師範大學碩士學位論文，2012 年，第 31、33、41、44、50、52、53 頁。

東節鎮的中心。待錢鏐經過自己的努力遷鎮海軍於杭州，已到了光化元年（898）〔註208〕。（2）城池。一座堅固、高峻的城池在很大程度上是古代中國等級較高治所城市的基本配置，其存在的意義不言而喻，特別是在戰亂之際〔註209〕。於823～829年掌刺越州的元稹〔註210〕曾以「州城回繞拂雲堆」〔註211〕表達了他對所在城池的自信。乾寧三年（896）錢鏐攻討董昌時，董氏尚且固守越州牙城作最後的抵抗〔註212〕。戰後錢氏對越州城池又進行了重修〔註213〕，彰顯出他對這一浙東重鎮城防設施的重視；杭州城的狀況則相對欠佳，「江挾海潮為杭人患，其來已久」〔註214〕，直到錢鏐於907年修築捍海塘，情況才有了極大的改善〔註215〕。景福二年（893）錢鏐修築杭州羅城，羅隱在撰寫的記文中提到，「郡之子城歲月滋久，基址老爛，狹而且卑」，這在唐末「天下兵革，而江左尤所繁並」的特殊環境中是相當被動的〔註216〕。（3）

〔註208〕 《資治通鑒》卷261《唐紀》77，中華書局，1956年，第8514頁。按，景福二年（893）唐廷以錢鏐為鎮海軍節度使，因潤州並非其勢力範圍，故錢氏遂有徙治之請，但得到中央認可是在898年，參見《資治通鑒》卷259，第8448頁。

〔註209〕 按，在動盪的局勢下，城池對於保護城內及周邊官民的人身與財產安全至關重要，這也是其存在的核心價值。不過，魯西奇先生對城池作用的看法有所不同，他認為，相對而言，戰爭的時間較和平時段要短，而城牆的存在是持續性的，因此，「在帝制時代的政治意象中，城牆更主要的乃是國家、官府威權的象徵，是一種權力符號」，「而作為防禦設施發揮作用，卻是異態」，參見魯西奇著：《城牆內外：古代漢水流域城市的形態與空間結構》，中華書局，2011年，第443～445頁。

〔註210〕 郁賢皓著：《唐刺史考全編》，安徽大學出版社，2000年，第2010頁。

〔註211〕 〔唐〕元稹：《以州宅誇於樂天》，《全唐詩》卷417，第12冊，中華書局，1960年，第4599頁。按，「樂天」是白居易的字，他曾於822～824年任杭州刺史，因與元稹關係要好，杭、越兩州又彼此相鄰，兩人在這一年左右的重合時間裏書信不斷，對所在州多有誇耀，史稱「元白爭勝」。

〔註212〕 《吳越備史》卷1《武肅王》，第6186頁。

〔註213〕 （寶慶）《會稽續志》卷1《城郭》，「宋元方志叢刊」第7冊，中華書局，1990年，第7093頁。

〔註214〕 （咸淳）《臨安志》卷31《捍海塘》，「宋元方志叢刊」第4冊，中華書局，1990年，第3645頁。

〔註215〕 劉闖：《與潮水的抗爭——從錢鏐「射潮」看五代時期杭州地區居民的生存環境》，《原生態民族文化學刊》2014年第4期。

〔註216〕 〔唐〕羅隱：《杭州羅城記》，《全唐文》卷895，中華書局，1983年，第9346頁。按，子城通常在羅城之內，政府機構多集中於此，是戰爭情況下地方政權得以存在的基礎。唐末杭州子城尚且如此，樂觀地認為其有一座如越州那樣高峻、堅固的外城或是奢望。

潛在的威脅。杭州屬浙江西道，區內以平原為主，大運河又溝通南北，受外部環境的影響較為深刻。錢鏐在掌刺杭州後一度向北擴張，然而受到來自江北而南下的孫儒、楊行密兩派勢力的有力約束，很快便喪失了既得的潤、常 2 州〔註 217〕。越州位於浙東，北有錢塘江（杭州灣）的阻隔，受外部侵擾的機率相對較小。而且，浙東地區面積廣大，南部以山地為主，為戰敗者提供了較大的迴旋餘地，劉漢宏失利後逃往台州〔註 218〕便是印證。

越州這些顯見的優勢在趨於動盪的地區局勢下較杭州更為可貴。如此看來，董昌在滅亡劉漢宏後將杭州讓渡給錢鏐〔註 219〕，自己前往越州就職的做法是相當明智的。有學者認為董氏赴浙東任職是貪圖高位和當地的財富〔註 220〕，有一定的合理性，但過分強調這些因素或失於偏頗〔註 221〕，且有以果論因之嫌。

2. 艱難的擴張

光啟三年（887），錢鏐開始掌刺杭州，作為一地方軍閥終於有了自己的實際領地。從之後的諸多舉動來看，他顯然並不滿足於杭州一地。浙東地域廣大，是董昌的勢力範圍，錢氏暫未將目標指向那裡。鎮海軍節帥周寶馭下無方致使所在的潤州發生兵變，為錢鏐在浙西地區的擴張提供了契機〔註 222〕。該年九

〔註 217〕何勇強著：《錢氏吳越國史論稿》，浙江大學出版社，2002 年，第 92～96 頁。

〔註 218〕《吳越備史》卷 1《武肅王》「光啟二年十月」，杭州出版社，2004 年，第 6175 頁。

〔註 219〕按，在討伐浙東劉漢宏的過程中，董昌為激勵錢鏐，開出了相當「豐厚」的條件：「汝能取越州，吾以杭州授汝。」（《資治通鑒》卷 256「光啟二年九月」）戰爭結束後錢鏐得以掌刺杭州，其實是董昌在履行之前的約定，唐廷因趨於勢微只得認可了這一來自地方軍閥主導的權力分配。

〔註 220〕何勇強著：《錢氏吳越國史論稿》，浙江大學出版社，2002 年，第 109 頁；楊渭生：《略論東南雄藩錢鏐》，《浙江萬里學院學報》2003 年第 3 期等。

〔註 221〕按，筆者認為，董昌放棄杭州而前往浙東就職的做法，除了認識到越州較杭州的一些優勢、貪圖浙東更高官位與財富之外，軍隊也是影響其決定的重要因素。董昌固然是杭州「八都」的統帥，但錢鏐作戰英勇，逐漸成為實際意義上的指揮者。或者說，董昌的成功，在很大程度上得益於錢氏的忠誠與能幹。沒有錢氏，很難高估董昌對杭州「八都」有多強的干預權力。另一方面，杭州「八都」其實在組織上相當鬆散，有較強的獨立性，中和四年（884）餘杭鎮將陳晟逐睦州刺史自立、海昌都將沈夏的我行我素（《錢氏吳越國史論稿》，69～70 頁）都強化著董昌對這支隊伍的戒心。越州則不一樣，劉漢宏敗亡後，浙東軍政大權出現真空，董昌作為新節度使前往履職，完全有權力組建忠於本人的親軍，「感恩都」便是說明（《新唐書》卷 225 下《董昌傳》，6467 頁）。

〔註 222〕何勇強著：《錢氏吳越國史論稿》，浙江大學出版社，2002 年，第 91～92 頁。

月，錢鏐指派部隊佔據常州；次年正月，攻克潤州；龍紀元年（889）三月，又奪取蘇州〔註223〕——浙西節鎮管有6州，此時的錢鏐將區內4州納入自己的勢力範圍〔註224〕，相對於他杭州刺史的職位無疑是重大突破。

然而好景不長，隨著江北孫儒、楊行密兩大勢力的南下，錢鏐既得的潤、常2州在龍紀元年便落入他手。大順元年（890）七月，蘇州也被楊行密部將李宥攻陷——錢氏再次成為名符其實的杭州刺史——錢在與孫、楊爭奪浙西的過程中，顯露出空前的弱勢。在之後的歲月裏，錢鏐只重新奪回了蘇州，潤、常2州則完全歸於楊行密（表3-6）。

表3-6　唐末潤、常、蘇三州歸屬變更統計表

	光啟三年		文德元年		龍紀元年		大順元年		大順二年		景福元年
潤州	周	薛	錢			孫	楊		孫			楊
常州	周		錢			楊	孫	楊		孫	陳	楊
蘇州	張		徐			錢		楊	孫		錢	

參考文獻：《吳越備史》、《舊唐書》、《新唐書》、《資治通鑑》、《十國春秋》、《吳越史事編年》、《錢氏吳越國史論稿》等。

說明：（1）表中年份由左至右為連續時間（887～892）；（2）「周」代指周寶、「薛」代指薛朗、「錢」代指錢鏐、「孫」代指孫儒、「楊」代指楊行密、「陳」代指陳可立、「張」代指張雄、「徐」代指徐約；（3）每格長短對應相關勢力佔據該州時間的長短。因將一年一格劃分為12等份較為困難，故對相應勢力佔領時間的配置略顯粗糙；（4）不同史籍對部分事件發生時間的記載或為出入，製表時以《吳越備史》為準；（5）孫儒於景福元年（892）六月為楊行密殺害，從此退出了歷史舞臺。

略作統計，錢鏐通過北伐奪取潤、常、蘇3州只用了不到2年時間。而失去3州的時間更短，尚不足一年半。平均算來，錢氏實際掌控每州的時間在2年左右〔註225〕。那麼，是什麼導致了錢鏐在浙西的速得速失呢？

〔註223〕《吳越備史》卷1《武肅王》，第6176～9179頁。

〔註224〕按，據《新唐書》卷188《楊行密傳》，湖州刺史李師悅在此期間與錢鏐交戰「不解」，或是擔心被錢氏吞併而展開的防禦性戰鬥，參見何勇強：《錢氏吳越國史論稿》，浙江大學出版社，2002年，第92頁。

〔註225〕按，錢鏐北伐開始於光啟三年五月。錢氏奪取潤州是在文德元年正月，該州為孫儒所奪則在龍紀元年十二月，實際佔領時間接近2年；常州為錢鏐所取是在光啟三年九月，龍紀元年十一月為楊行密佔據，錢氏實際控制了2年2個月；錢氏於龍紀元年三月奪得蘇州，大順元年七月丟失，實際統治時間為

　　筆者以為，經歷如此變故，錢鏐主要受制於兩個條件：（1）外部環境。錢鏐在北伐之初，浙西雖亂，但多數州郡基本上是各自獨立的，兵力有限，而錢鏐統領的「八都」將士剛剛在與劉漢宏的爭鬥中得到歷練〔註226〕，形成了較強的戰鬥力。不過，隨著孫儒、楊行密兩大江北勢力的南下，浙西的戰爭形勢趨於慘烈，錢鏐的生存空間被嚴重壓縮；（2）軍隊構成。受地區環境影響，江南的部隊多以水軍為主。錢鏐得以重挫劉漢宏，恰是來自水軍的優勢〔註227〕。大運河作為溝通浙西多州的主要線路，也為錢氏的北伐提供了便利。不過，孫、楊作為來自江北的軍閥，在軍隊構成上以步兵、騎兵為主，機動性高、戰鬥力強，錢氏與之相比顯然不佔優勢。當然，他也深知此理，遂在孫儒敗亡之後，收編了不少其中的流散將士，對他們多有器重〔註228〕。

　　陷入被動的錢鏐為防止被吞併，在本時段修築了一些城池以加強地區防禦：龍紀元年（889）四月，「命築安眾營於臨安」〔註229〕；大順元年（890）閏九月，築杭州羅城，用力頗多：「環包家山泊秦望山而回，周五十餘里，皆穿林架險而板築焉。王嘗親勞役徒，因自運一簣，由是驂從者爭運之，役徒莫不畢力」〔註230〕；大順二年七月，針對楊行密「擾我疆境，而東安尤為其所忌」，命杜稜築東安鎮羅城〔註231〕。

　　在景福元年（892）四月，唐廷於杭州置武勝軍，以錢鏐為防禦使〔註232〕。從某種意義上說，劣勢中的錢鏐此時得到中央的提拔是件好事，但結合當時

---

　　　　　1 年 4 個月。

〔註226〕按，杭州「八都」固然有鬆散的一面，但錢鏐也在努力對其加以改造，重新分割、組建為「十三都」，從而強化了對部隊的控制。這一改造，最遲完成於景福二年（893），參見何勇強著：《錢氏吳越國史論稿》，浙江大學出版社，2002 年，第 74 頁。

〔註227〕何勇強著：《錢氏吳越國史論稿》，浙江大學出版社，2002 年，第 88～89 頁。

〔註228〕杜文玉著：《五代十國制度研究》，北京：人民出版社，2006 年，第 489～490頁。

〔註229〕《吳越備史》卷 1《武肅王》，第 6179 頁。按，安眾營即錢鏐在臨安縣的故里，也就是後來的衣錦軍城。

〔註230〕《吳越備史》卷 1《武肅王》，第 6180 頁。按，唐末錢鏐對杭州城的修築不止一次，規模較大的還有 893、910 年的 2 次。

〔註231〕〔唐〕羅隱：《東安鎮新築羅城記》，《全唐文》卷 895，中華書局，1983 年，第 9346 頁。按，東安鎮在杭州管轄的新城縣，據（咸淳）《臨安志》卷 18關於新城縣城池的記載，恰為大順二年杜稜所築，筆者推測東安鎮城與新城縣治原來或並非一處，杜稜新築東安鎮羅城後，縣治遷至東安鎮城內。

〔註232〕《資治通鑒》卷 259《唐紀》75，中華書局，1956 年，第 8429 頁。

的政治生態，卻在相當程度上流露出其二流地方軍閥的地位：「當是時，天下貢輸不入（中央），獨（董）昌賦外獻常參倍，旬一遣，以五百人為率，人給一刀，後期即誅，朝廷賴其入。」〔註233〕顯然，唐末的中央對董昌的進獻相當依賴，然而隨著孫儒、楊行密兩大勢力在浙西的爭戰，唐廷擔心會波及浙東進而威脅到這一難得的收入來源，處於中間地帶的錢鏐淪為唐廷阻遏浙西亂局、保障浙東貢賦的工具。

　　錢鏐可能並未認識到唐廷的深層用意，倒是以行動回報了自己被賦予的重任──「出師會宣州兵，敗孫儒於宣城」〔註234〕。次年閏五月唐廷給予加官晉爵，錢氏在七月份杭州城展開了又一次修築，規模較890年更大：「發民夫二十萬及十三都軍士築杭州羅城，周七十里。」〔註235〕或許在錢氏看來，這樣的杭州城才更符合自己日趨顯要的地位。當然，築城提高杭州防禦的目的更為現實、明確。九月，唐廷以錢鏐為鎮海軍節度使，職權得到進一步提升。不過，錢鏐既得的節帥身份與自己的實力並不相稱，鎮海軍管有 6 州，為錢氏所掌控的只有杭、蘇 2 州──顯然，夾在北部楊行密和東部董昌兩大勢力之間的錢鏐只是蜷縮於 2 州之地的二流軍閥。

　　應該說，錢鏐對這種低能高就的狀況是比較知足的，在經歷了與孫儒、楊行密的鬥爭後，他深知自己的不足，遂築城以自保；浙東的董昌是之前的上司，查閱史書，887～894 年間未見錢鏐與其發生衝突的記載，表明這一時段兩人的關係還算和諧。或者說，錢鏐對董昌應是禮敬有加的，因為在多數情況下，董昌的官職爵位較錢鏐要高一些，何況他曾對錢氏有過知遇之恩。

　　乾寧二年（895），浙東節帥董昌不滿於既有的節度使之位，走上了僭越稱帝的道路。這一舉動，成為唐末兩浙地區政治形勢發生劇變的導火線：

　　　　二月辛卯，（董）昌被兗冕登子城門樓，即皇帝位。……昌移書錢鏐，告以權即羅平國位，以鏐為兩浙都指揮使。鏐遺昌書曰：「與其閉門作天子，與九族、百姓俱陷塗炭，豈若開門作節度使，終身富貴耶！及今悔悔，尚可及也。」昌不聽，鏐乃將兵三萬詣越州城下，至迎恩門見昌，再拜言曰：「大王位兼將相，奈何捨安就危！鏐

〔註233〕《新唐書》卷 225 下《董昌傳》，中華書局，1975 年，第 6466～6467 頁。
〔註234〕《吳越備史》卷 1《武肅王》「景福元年六月」，杭州出版社，2004 年，第 6181頁。
〔註235〕《資治通鑑》卷 259《唐紀》75，中華書局，1956 年，第 8445 頁。

將兵此來，以俟大王改過耳。縱大王不自惜，鄉里士民何罪，隨大
王族滅乎！」昌懼，致犒軍錢二百萬，執首謀者吳瑤及巫覡數人送
於鏐，且請待罪天子。鏐引兵還，以狀聞。〔註236〕

顯然，在董昌稱帝之初，錢鏐對這位老上司進行過兩次勸諫，態度是否
誠懇暫且不說，但從其言論中深刻反映出他期冀地區和平的心願。為什麼他
沒有像後來那樣決意討伐董昌？筆者認為，本時段的錢鏐對既得的浙西節帥
之職和兩浙地區的現狀是較為滿足的，數年的浙西爭戰讓他明白，守住杭、
蘇 2 州已相當不易。而這種既有的地區平衡一旦因董昌稱帝而招致唐廷強勢
介入，錢氏很可能再次陷入被動，甚至被吞併。

從此時董昌的角度分析，錢鏐帶兵前來越州城下勸諫，在相當程度上促
使自己認識到了所犯的錯誤，遂「請待罪天子」——董昌需要錢鏐作為他與
唐廷溝通的傳話人。如此以來，他也使自己陷入了被動，進而為錢氏掌握干
預整個事件的話語權提供了契機——歷史的天平在向錢鏐傾斜。

為避免戰爭，錢氏必須為董昌求情，一方面突出他之前的進獻之功，另一
方面刻意迴避其讓唐廷無法容忍的稱帝行為，並把董氏的非分舉動歸於非正常
因素，如巫人蠱惑，進而誘導中央大事化小，對董昌從輕懲治。諸史籍「二月
不書董昌反」〔註237〕，顯然是錢鏐在與唐廷的溝通中做了利於自己的陳述。

該年四月，唐廷對此事給出了處理意見：「以董昌有貢輸之勤，今日所為，
類得心疾，詔釋其罪，縱歸田里。」〔註238〕很明顯，這一結果在相當程度上契
合了錢鏐的初衷。只是，「縱歸田里」的處置方式或為中央為董昌預設的一條生
路，當出於無心，卻成為錢鏐決意討伐董昌、打破地區和平局面的關鍵所在。

3. 兼併浙東

查閱史書發現，董昌與錢鏐皆為杭州臨安縣人〔註239〕。杭州「八都」之
一的臨安都，最初即以董昌為都將，錢鏐副之〔註240〕。「縱歸田里」的董昌

〔註236〕《資治通鑒》卷 260《唐紀》76，中華書局，1956 年，第 8464～8465 頁。
〔註237〕〔清〕趙紹祖撰：《新舊唐書互證》卷 4《昭宗本紀》，中華書局，1985 年，
第 68 頁。
〔註238〕《資治通鑒》卷 260《唐紀》76，第 8467 頁。
〔註239〕《新唐書》卷 225 下《董昌傳》，中華書局，1975 年，第 6466 頁；《舊五代
史》卷 133《錢鏐傳》，中華書局，1976 年，第 1766 頁。
〔註240〕《吳越備史》卷 1《武肅王》「廣明元年十二月」，杭州出版社，2004 年，第
6173 頁。

回臨安終老餘生的可能性很大，那是他的故里所在，也見證了他曾經的崛起。

　　然而這麼一來，必然招致錢鏐的極力反對。董昌是自己的老上級，該如何在臨安境內安置他是個大難題：給予既有的禮遇怕董氏藉此東山再起，自己經營多年且艱難守住的地盤、得來的高位可能會被其取代；冷漠處之，於情於理更不合適，之前有恩於己，此時這麼做極有可能被時人指為忘恩負義、落井下石。顯然，唐廷的這一意見觸及到錢氏的根本得益或政治紅線。

　　掌握著協調主動權與話語權的錢氏改變了策略，開始向唐廷揭發董昌稱帝的事實，認為其罪不可赦，且主動承擔起討伐的任務〔註241〕。佔據著潤、常2州的楊行密並不願意看到錢鏐走向強大，遂居中調停，以期存董昌而制錢鏐。唐廷自然無法容忍董昌的僭越行徑，遂認可了錢氏的用兵請求〔註242〕。顯然，錢鏐仍掌握著事件的主動權，而且有中央作後盾，攻滅董昌之行顯得更有底氣了。

　　面對錢鏐的討伐，董昌除在浙東積極應戰之外，又求助於楊行密，楊氏「遣將臺蒙等困圍姑蘇以應昌」。隨著戰爭的深入，湖州刺史李師悅也被董昌拉攏，「率兵四千餘人侵我封境，又遣徐淑困我嘉禾。」〔註243〕如此以來，錢鏐陷入了兩線作戰：杭、蘇2州距李師悅、楊行密更近，受到的威脅更為直接；相反，因討伐董昌心切，錢鏐卻親率主力在浙東出擊──形勢比較嚴峻〔註244〕。

　　乾寧三年（896）五月，隨著錢鏐在浙東的節節勝利，西線遭受的壓力卻在與日俱增，「癸未，越城將拔，而臺蒙等陷我姑蘇，刺史成及被執，王乃召（顧）全武，議將分兵西陵以備北寇。」危急時刻，顧氏更具戰略眼光：「賊之根本繫於甌越，豈以失一姑蘇而遂迨天討？」錢氏聽從建議，遂一鼓作氣奪取了越州〔註245〕。當然，錢氏在浙西也付出了較大代價，待收復蘇

〔註241〕《資治通鑒》卷260《唐紀》76，第8466頁。按，元代胡三省對錢鏐討伐董昌作了注解：「錢鏐本有並董昌之心，因其僭號，仗大順而請討之。」（該書本頁）不過，筆者的看法與之不同（正文有述），胡氏的推測尚有待史料補證。

〔註242〕《資治通鑒》卷260《唐紀》76，第8468～8469頁。

〔註243〕《吳越備史》卷1《武肅王》「乾寧二年六月～十月」，杭州出版社，2004年，第6184頁。

〔註244〕按，「錢鏐……畏楊行密之強，求援於朱全忠」，參見《資治通鑒》卷260「乾寧三年四月」，第8485頁。

〔註245〕《吳越備史》卷1《武肅王》「乾寧三年五月」，杭州出版社，2004年，第6185～6186頁。

州，且用於近兩年半時間；「解放」杭州北面的嘉興縣城，也是在一年之後了〔註246〕。

董昌敗亡後，唐廷以王搏為新的浙東節帥，而錢鏐「令兩浙吏民上表，請以鏐兼領浙東。唐廷不得已，以鏐為鎮海、威勝兩軍節度使。」〔註247〕顯然，借助討伐董昌，錢氏將自己的勢力推進到了越州，而作為地方實力派，也具備了抵制唐廷的條件。不過，殘酷的現實是，錢鏐固然身兼浙西、浙東兩鎮節帥，但此時掌控的範圍卻只限於杭、越2州〔註248〕。

事態似又回到了十年前。越州較杭州仍具有相對顯著的優勢，因為這裡是浙東的中心，而高峻的城牆雖在討伐董昌時有所損壞，但戰後錢氏予以重建，流露出他對越州的重視。與之相反，杭州的形勢並不樂觀，城牆雖在之前得到過修築，但面對楊行密、李師悅的進攻，尤其是北面蘇州、嘉興2城和西北諸鎮的失守，杭州面臨的威脅更大了。而且，錢鏐固然任職浙西節帥，但駐地潤州尚屬楊氏地盤，遷治杭州還未得到唐廷的認可。從政治地位上看，杭州還是一地方州郡，越州則保持著大都督府、浙東節度使駐地的地位，這也恰是錢鏐在攻滅董昌後刻意坐實浙東節帥一職的戰略考量。從某種意義上說，此時的杭州成為錢鏐保障越州安定的西部屏障。

乾寧四年（897）四月，嘉興城圍被解，杭州遭受到的壓力相對減輕了一些。六月，錢鏐正式東赴越州領浙東節鉞。據史書記載，「先是，敕命到時，王謂眾曰：『淮寇未殄，吾不敢奉命。』至是方行。」〔註249〕顯然，在錢氏看來，西面的威脅若長期存在，赴越州受職就一定不能安心地進行。筆者統計

〔註246〕按，據《新唐書》卷41《地理志》5，嘉興縣屬蘇州管轄。不過，從文德元年（888）正月錢鏐命阮結築嘉興縣城的史實來看，才擔任杭州刺史1年的他已走上了對外擴張之路，把杭州的防禦前線推進到州境之外。查歷史地圖發現，嘉興縣城與杭州城同在江南運河沿線，前者在後者北面，堪稱後者水路防線上的北大門，錢鏐趁唐末地方戰亂而將其納入自己的掌控範圍，反映出他較高的戰略眼光。

〔註247〕《資治通鑑》卷260《唐紀》76「乾寧三年八月、十月」，中華書局，1956年，第8492、8495頁。

〔註248〕按，此時蘇州已被楊行密佔據。另外，雖然浙西、浙東2大節鎮有不少支州，但唐末刺史的獨立性很強，節鎮很難染指，錢鏐完全據有兩浙地區各州已是五代初期。

〔註249〕《吳越備史》卷1《武肅王》，第6188頁。按，「殄」，讀tian，3聲，有「消滅、絕盡」的意思，參見《古漢語常用字字典》第5版，商務印書館，2016年，第410頁。

發現，錢氏此次駐留越州約 40 天〔註 250〕，這是一個較長的時間段。如果他過分看重杭州和浙西面臨的軍事壓力，理應在越州草草受職、迅速返回——沒有這麼做的原因，固然有鞏固戰後成果的意味，但更為重要的或是權衡時局之後以越州為重的必然抉擇。

七月，錢氏返回杭州，部分史書對這一事件的記載頗值玩味：「還治錢塘，號越州為『東府』。」〔註 251〕在「還治」之前必有「遷治」，即他從杭州入越州受節、駐留的舉動不僅僅只是個形式，錢氏或開始了對越州這一新治所的營建。隨後的「還治錢塘」、在浙西指揮作戰，不是在放棄越州這一政治中心的地位，而是通過反制楊氏為之後長期在此駐留創造相對安定的區域環境。也就是說，在錢鏐本時段的意識形態裏，越州的地位較杭州要高得多，更適合作為自己統轄區域的中心，儘管杭州是他的發家之地。

其實到天復二年（902）八月徐綰在杭州城發動叛亂，形勢變得極其嚴峻時，錢鏐似仍在堅持這一認知，「命顧全武率兵衛屯東府」〔註 252〕。換句話說，杭州即便喪失了，更重要的越州還在，之後尚有重新奪取的機會。需要點明的一點是，顧全武可謂錢氏在地區爭霸中的心腹，是攻滅董昌、收復嘉興與蘇州的核心力量〔註 253〕。錢鏐命他在危及時刻守衛越州，其戰略考量是不言而喻的。

4. 附庸中原與浙西之困

錢鏐以軍人起家，也比較注重軍隊建設，如改杭州「八都」為「十三都」，收編孫儒的部隊建為「武勇都」，且「愛其驍勇悍」，「為腹心」〔註 254〕，經過長時段征戰開拓了有利於自己的局面。不過，面對北面的楊行密勢力及處於游離

〔註 250〕王雙懷主編：《中華日曆通典》，吉林文史出版社，2006 年，第 2729 頁。按，據《吳越備史》卷 1，錢鏐於六月己酉入越州，七月庚寅返回杭州，查對公元紀年，前者為 7 月 8 日，後者為 8 月 18 日，前後相差 41 天，而杭、越 2 州相距很近，今杭州市與紹興市的公路（國道）距離只有 59 公里（《中國高速公路及城鄉公路地圖全集》131 頁），按唐宋時官方日行兩驛，每驛之間 30 里來算，2 天行完或有困難，因為唐代的 1 里較今天偏小，但 3 天行完 59 公里是沒有問題的。

〔註 251〕《新五代史》卷 67《錢鏐傳》，中華書局，1974 年，第 838 頁；《十國春秋》卷 77《吳越 1 武肅王·世家上》，中華書局，2010 年，第 1061 頁等。按，《吳越備史》卷 1 記為：「王至自東府。」

〔註 252〕《吳越備史》卷 1《武肅王》，第 6194 頁。

〔註 253〕《九國志》卷 5《吳越·顧全武傳》，杭州出版社，2004 年，第 3277～3278 頁。

〔註 254〕《資治通鑑》卷 263《唐紀》79，中華書局，1956 年，第 8578 頁；《九國志》卷 5《吳越·杜建徽傳》，杭州出版社，2004 年，第 3275 頁。

狀態的轄內諸州，錢氏生存的壓力仍不容樂觀。以討伐董昌時的情況來看，因錢氏窮於東、西兩線作戰，楊行密在西線給予的侵擾其實並不嚴重，卻給他帶來了不小的防禦消耗與心理負擔〔註255〕。因而，錢鏐在向中原朱全忠求助以減輕壓力的同時，對越州和浙東節帥一職表現出更為明顯的重視就再自然不過了。

與之對應的是，隨著朱全忠立足於中原地區而不斷向外擴張，加劇了和忙於在淮南地區兼併的楊行密之間的矛盾。乾寧元年（894）十一月，因朱氏所遣使節傲慢無禮，泗州刺史張諫歸降於楊氏。次年正月，楊氏更是向唐廷表陳朱氏罪狀，「請會易定、兗、鄆、河東兵討之。」〔註256〕當然，朱氏本時段擴張的重心在河南、河北兩道〔註257〕，對於楊行密在淮南的壯大，他也需要錢鏐等南方軍閥有所作為以對其有所牽制。

而隨著歷史的發展，朱全忠在北方表現出日益明顯的強勢，對中央政務的干預也漸趨強化。據研究，朱氏開始干政的時間至少開始於乾寧三年（896）九月〔註258〕。不過，從唐廷對十餘年前上源驛事件的處理來看〔註259〕，朱全忠的權勢與威望在當時已比較突出。朱氏權力日盛，自然有朝中官員攀附於他，進而成為其在朝廷中的代理人。由此，唐廷的部分詔令、制書當或多或少地帶有利於朱全忠的成分。

那麼，面對楊行密在淮南的擴張，朱全忠如何會為減輕自己的壓力而利用錢鏐去牽制楊行密？錢氏在討伐董昌之際曾向朱氏求助過，朱氏應知曉錢氏與楊氏的差距以及錢氏在經歷了多年的擴張後「輕杭重越」的務實想法。顯然，把錢鏐拉回浙西、重塑其對杭州的自信是可行的——提高杭州的政治

〔註255〕 何勇強著：《錢氏吳越國史論稿》，浙江大學出版社，2002年，第112、114頁。

〔註256〕 《資治通鑑》卷259～260《唐紀》75～76，中華書局，1956年，第8458、8463頁。按，泗州屬河南道，楊行密佔據泗州，無疑成為朱全忠向南擴張的重要障礙。

〔註257〕 《舊五代史》卷1～2《梁太祖紀》1～2，中華書局，1975年，第15～34頁。按，統計時間為乾寧元年正月至天復三年（903）十二月。

〔註258〕 何燦浩著：《唐末政治變化研究》，中國文史出版社，2001年，第199頁。按，據何先生意見，因當時朱全忠忙於在河南擴張及關中藩鎮對唐廷政務的干預，朱氏實際意義上的干政始於光化三年（900）六月。

〔註259〕 按，中和四年（884）五月，河東節帥李克用因討伐黃巢餘黨路過汴州，朱全忠在城內的上源驛招待他，夜間予以行刺，李克用帶隨從逾城而走，過程頗顯狼狽，回太原後遂向唐廷「上章申理」，而僖宗與朝臣或畏懼朱氏權勢「遣中使賜優詔和解之。」

地位、給予錢鏐故里較高的榮譽成為朱氏的高明之舉〔註260〕。

光化元年（898）二月，「錢鏐請徙鎮海軍於杭州，從之。」〔註261〕如此以來，杭州成為節鎮州，錢鏐肩負的鎮海軍節帥一職在一定程度上得到了落實。也就是說，擔任杭州刺史的錢鏐具備了節制鎮海軍的正當性，為他之後在轄區支州的擴張開闢了道路。

次年二月，唐廷對錢鏐在臨安縣的舊里授予名號，附加了較高的榮譽：「敕遣高品、周道安改王本縣石鏡鄉為廣義鄉，臨水裏為勳貴里，所居安眾營為衣錦營。」到了四月，「敕升杭州為大都督府。」〔註262〕此時的杭州具備了與越州同等的政治地位——大都督府、節鎮駐地。而且，因為臨安舊里在杭州以西，唐廷既然給予了較高榮譽的封授，必然招致錢鏐的格外重視（輕易放棄要承受辜負皇帝美意、輕疏故里的惡名），從而牽制著錢鏐對杭州和臨安故里的偏重，即便要時刻防範楊行密的侵擾。由此，錢鏐在區域中心的抉擇上，開始向之前或並不看好的杭州一方傾斜。在之後的數年裏，唐廷、後梁對錢氏臨安舊里多有封授，助推了錢鏐本人對該地的數次巡幸及修治〔註263〕——衣錦營（城、軍）得到重視，自然也成為楊行密侵擾的一大對象〔註264〕。

〔註260〕按，開平元年（907）四月朱全忠建立後梁政權，八月授錢鏐「淮南節度、揚州大都督、淮南四面招討制置使」，開平五年（911）四月又授於他「淮南、宣、歙等道四面行營都統」，將其借吳越牽制吳國的戰略意圖體現得淋漓盡致。參見《吳越備史》卷1《武肅王》，第6200、6206頁。

〔註261〕《資治通鑒》卷261《唐紀》77，中華書局，1956年，第8514頁。按，唐廷於景福二年（893）九月以錢鏐為鎮海軍節度使、潤州刺史（浙西節鎮以潤州為駐地，節帥同時兼任駐地所在州的刺史是唐後期的基本制度），然而潤州已為楊行密所佔，故錢鏐雖升為浙西節帥，但相對名不符實。從那時起，錢氏也在做著徙鎮海軍於杭州的努力，但6年後才得到唐廷的認可。

〔註262〕《吳越備史》卷1《武肅王》，第6191頁。

〔註263〕《吳越備史》卷1《武肅王》，第6193～6206頁；徐治中、倪德富編：《五代吳越大事記（874～988）》，《吳越首府杭州》，浙江人民出版社，1988年，第186～191頁。按，天復元年五月，唐廷又升衣錦營為衣錦城，封石鏡山為衣錦山，大官山為功臣山；天祐四年（907）三月，唐廷再次升衣錦城為安國衣錦軍；開平二年（908）正月，後梁又改廣義鄉為衣錦鄉；乾化元年（911）四月，「遣刑部侍郎李光嗣建王生祠於衣錦軍」。另一方面，唐末五代初錢鏐對臨安故里有過4次巡幸，時間分別為天復元年（901）二月、天復二年七月、開平四年（910）十月和貞明元年（915）正月，最早的一次尚在唐廷首次對其故里進行封授之後。

〔註264〕按，楊行密軍隊對錢鏐臨安故里的侵擾至少有2次，分別在天復元年（901）十月、乾化三年（913）四月。另，後一次楊氏不甘心失敗，於五月屯兵宣

當然，錢鏐返回杭州主政，相繼收復了湖、蘇 2 州，招致楊行密加大了在杭州多個方嚮用兵的力度，如西南方的睦、衢、婺 3 州、西北的衣錦城、北面的蘇州等，尤其是前者，諸刺史在楊氏的支持下叛附不定，錢鏐予以平定已是五代前夕的天祐三年〔註 265〕。

進入五代，吳越與吳—南唐的關係以對峙為主〔註 266〕，「尊崇中原，連橫諸藩，對抗淮南」成為錢氏的三條基本國策〔註 267〕。在聯合中原政權出兵吳與南唐的過程中，既有吳越主動請求共討之時，也有配合中原政權在東南作戰的事例〔註 268〕，彰顯出錢氏對中原政權較多的依賴性——錢鏐在彌留之際勸誡其子錢傳（元）瓘「子孫善事中國，勿以易姓廢大事之禮」〔註 269〕，反映的就是這一狀況。

顯然，受制於吳與南唐的軍事壓力，錢鏐不得不把防禦的重心放在浙西地區及浙東地區西部的衢、婺等州。因自我實力相對有限，錢氏又不得不對中央政權表現出較為明顯的依賴，在共同應對淮南政權的擴張中較多地淪為被利用的工具，進而受其政策誘導給予了杭州和臨安故里更多的關注，進而招致其在政治生活中對越州的冷落。

5. 構建對杭州的信心

吳越國以杭州為都，除外部因素對錢鏐施加有較大影響外，其自身通過對杭州境內城池的修築、調整政區以擴大杭州的防禦範圍和城市建設，也在不斷建構對杭州的信心。

就城池修築而言，前文已論述過唐末杭州城的 2 次大規模營建，「腰鼓」形

州廣德縣準備再次出擊，被吳越發兵征討。參見《吳越備史》卷 1《武肅王》，第 6193、6207 頁。

〔註 265〕（日）日野開三郎著：《東洋史學論集》第 2 卷《五代史の基調》，三一書房，1980 年，第 56 頁。

〔註 266〕按，貞明五年（919）三月吳越與吳在無錫一帶的狼山江發生大規模戰爭，互有勝負，吳國遣使請和通好，得到錢鏐的響應，「自是（雙方）休兵樂業二十餘年。」937 年南唐代吳，943 年李璟即位，他積極對外擴張，與吳越的關係重新緊張起來。另，在五代初，為表達對楊行密的忌諱，錢鏐有意變更了境內諸多帶有「陽」字的縣名，如富陽縣改名為富春縣、浦陽縣變更為浦江縣等。

〔註 267〕何勇強著：《錢氏吳越國史論稿》，浙江大學出版社，2002 年，第 228 頁。

〔註 268〕李志庭：《也談錢鏐「保境安民」國策》，《中國史研究》1997 年第 3 期。

〔註 269〕《資治通鑑》卷 277《後唐紀》6「長興三年四月」，中華書局，1956 年，第 9066 頁。

的城池在很大程度地提高了城市的防禦系數〔註270〕。當然，杭州以北的嘉興縣城、西北面的東安鎮城、臨安故里及餘杭縣城，也在本時段得以修築——顯然，錢氏在杭州城外的較遠距離有效地構建了一道更具戰略意義的防禦線〔註271〕。

　　錢鏐對杭州周邊部分政區的調整，也值得關注。上文多次涉及到的嘉興縣，本屬於蘇州，錢鏐在掌刺杭州的第 2 年便命人對其縣城進行了修築，儼然以武力將其納入了自己的勢力範圍；睦州在杭州西南，刺史「陳晟據睦州十八年死，弟詢代立，畏鏐忌己，因徐綰亂，與田頵通。鏐割桐廬縣隸杭州」〔註272〕，以防不測；湖州的武康縣是該州唯一的多山縣，開平四年（910）五月也被錢鏐劃歸杭州，進而成為其有效控制湖州的關鍵性因素〔註273〕；海鹽縣的情況與嘉興縣類似，只是從蘇州改隸杭州的時間尚有爭議，（嘉慶）《大清一統志》以為在後唐初〔註274〕，而譚其驤先生判斷應與嘉興縣的改屬時間相同，因為該縣處於嘉興與杭州之間〔註275〕。略作統計發現，原本轄有 8 縣的杭州，經調整增加了 5 縣和 1 軍〔註276〕，尤其是原屬他州的 4 縣，分別位於杭州的東北、西北與西南，恰與吳—南唐對吳越的侵擾方向相契合，深刻

〔註270〕《吳越備史》卷 1《武肅王》「乾寧四年四月」，杭州出版社，2004 年，第 6188頁。

〔註271〕劉闖：《防禦與擴張：唐末五代吳越錢氏築城之時空解析》，《中國歷史地理論叢》2017 年第 2 輯。

〔註272〕《新唐書》卷 186《周寶傳》，中華書局，1975 年，第 5418 頁。按，據《唐刺史考全編》，陳晟割據睦州的時間為 881～900 年。另，據《十國春秋》卷 77，同屬睦州的分水縣在天祐三年（906）被錢氏割出 5 鄉歸於杭州所屬的臨安縣。因該書成書較晚，相關史料又無從查證其出處，此處存疑。而且，據《中國歷史地圖集》第 5 冊《唐·江南東道》，分水、臨安 2 縣分別在睦、杭 2 州的北部，兩縣之間隔有紫溪、新城及於潛 3 縣，割分水縣地入臨安縣的可能性不大，除非是遙領。

〔註273〕胡耀飛：《試論湖州在吳越國國防中的地位》，《湖州師範學院學報》2009 年第 5 期。

〔註274〕（嘉慶）《大清一統志》卷 287《嘉興府》1，第 17 冊，上海書店，1985 年，頁 2。

〔註275〕譚其驤：《海鹽縣的建置沿革、縣治遷移和轄境變遷》，《長水集續編》，人民出版社，1994 年，第 277 頁。按，李曉傑在認同譚先生觀點的基礎上又作考證，推測後唐長興三年（932）嘉興、海鹽 2 縣由開元府改屬杭州，938 年又歸於新置的秀州轄區，參見李曉傑著：《中國行政區劃通史·五代十國卷》，第 696～700 頁。

〔註276〕按，除從他州改隸而來的嘉興、海鹽、武康、桐廬 4 縣外，錢鏐還在龍德三年（923）增置有錢江縣；另外，錢氏位於臨安縣的故里也從最初的安眾營不斷升格為衣錦軍。

反映了軍事對峙對吳越政權的影響和錢氏拓展杭州防禦區的用心。

另外，錢鏐在杭州城市建設上也頗有建樹：（1）修築捍海塘。前文提及錢塘江潮水對杭州城的沖襲，構成了杭州較越州處於劣勢的一大因素。開平四年（910）八月錢鏐主持修築了捍海塘，耗費頗大，之前「自秦望山東南十八堡數千萬畝田地，悉成江面，民不堪命」，築成之後則是「昔之汪洋浩蕩，今成沃壤平原」、「乃為城邑聚落，凡今之平陸，皆昔之江也」，在相當程度上改善了杭州地區居民的生存環境〔註277〕；（2）疏濬西湖。西湖原為瀉湖，被陸地圈圍後水流閉路，呈現出沼澤化的趨勢。唐代後期白居易任杭州刺史時對西湖有過疏濬，但到五代時已是「歲久不修，湖葑蔓蔽」〔註278〕的境況。錢鏐為此專置「撩湖兵千人，日夜開濬」〔註279〕，對改善杭州民生、恢復之前勝景大有裨益，「城市與西湖唇齒相依的關係，較前代更為明顯了。」〔註280〕（3）大修臺樹。據史書記載，錢鏐「在杭州垂四十年，窮奢極貴。⋯⋯悉起臺樹，廣郡郭周三十里，邑屋之繁會，江山之雕麗，實江南之勝概也。」〔註281〕司馬光對錢氏大力建設杭州的舉動也給予了很高的評價：「錢塘富庶，由是盛於東南。」〔註282〕

梳理錢鏐的行蹤，除乾寧四年（897）六月入越州受節外，還曾在天復元年（901）四月與開平三年（909）五月對該城進行過巡幸，受重視程度與其長期主政之地杭州已不能同日而語。時至五代末期，東府越州更是成為錢弘俶安置廢王錢弘倧的地方，「築宮室，治園圃，花卉、山石、池塘、庭苑奉廢王日娛悅之」〔註283〕，儼然淪為吳越國的陪都。對比宋初杭、越2州戶數，其實相差並不大（1.25：1），但錢氏在唐末五代之際對杭州城的大力建設無疑在

〔註277〕劉闖：《與潮水的抗爭——從錢鏐「射潮」看五代時期杭州地區居民的生存環境》，《原生態民族文化學刊》2014年第4期。按，正文中所引文獻為錢鏐所作的《武肅王築塘疏》（《錢氏家乘》卷8）與《捍海塘》（咸淳《臨安志》卷31）。

〔註278〕〔清〕沈德潛輯：《西湖志纂》卷2《歷代開濬始末》，文海出版社，1971年初版，第143頁。

〔註279〕（咸淳）《臨安志》卷32《山川11·西湖》，中華書局，1990年，第3648頁。

〔註280〕陳橋驛：《歷史時期西湖的發展與變遷——關於西湖是人工湖及其何以眾廢獨存的討論》，《中原地理研究》1985年第2期。

〔註281〕《舊五代史》卷133《錢鏐傳》，中華書局，1975年，第1771頁。

〔註282〕《資治通鑑》卷267《後梁紀》2「開平四年八月」，中華書局，1956年，第8726頁。

〔註283〕《吳越備史》卷4《大元帥吳越國王》「廣順元年四月」，杭州出版社，2004年，第6249頁。

相當程度上推動了兩浙地區中心城市由浙東越州向浙西杭州的轉移，其歷史影響延續至今。

第四節　小結

本章用較大篇幅探討了唐末五代發生遷治的城市與其空間分布、地區中心城市的轉移情況。相對而言，對後者的論述更詳實一些。

唐末（878～906）北方地區有據可查的發生遷移的州縣城市共 14 個，其中，戰爭導致的有 10 個，占總數的 71%。從這些城市的空間分布來看，西北邊疆有 5 州 1 縣，主要受到吐蕃的侵擾；關中與河南部分城市的遷移，主要歸因於唐末黃巢、秦宗權亂軍的破壞；沁州的遷治，深刻地打著汴晉對峙的烙印，而五代之初遷回原址的舉動，則反映出該州刺史不畏戰爭、勇於自保的堅強素質；輝州因「其地卑濕，難葺房舍」由碭山縣遷往單父縣，體現了朱全忠基於自然環境的不佳而做出的趨利避害努力。

該時段南方地區共 16 個州縣城市發生了遷移，因戰爭導致的至少有 12 個，占總數的 75%——與北方地區類似，反映了唐末戰亂對治所城市的變動有著較為深刻的影響。在這 16 個城市中，有 9 個分布在江南道，尤其是長江南岸的數州，反映了黃巢起義與之后土寇橫行對城市的較大影響，嶺南地區 3 個城市的變動也屬於這一類型。當然，部分城市的遷移較多地由地方鎮將、鄉紳所主導，流露出地方勢力在特殊時期發揮出維持社會秩序的積極作用；西南地區也有少量城市發生遷移，主要是中央權力趨弱招致蠻獠借機侵擾或地方寇盜作亂。

五代時期北、南方遷移城市均為 24 個，都比唐末稍多，但因戰爭因素而遷移的城市均較唐末少了許多。就北方地區來看，遷治城市主要分布在邊疆地區占到了總數的一半，河北道最多，西南、東南也有一些，反映了政權交界地帶基於實力消長政府所作的相應調試。因水患而遷治的城市也有一些，黃河下游德、棣 2 州的遷移是其中的顯例。

南方地區發生遷移的州縣，吳—南唐、閩、楚—湖南、前—後蜀與南漢政權轄境均有 5 個左右，分布較為平均，除動盪的地區局勢所致外，政區調整致使城市發生變動的情況也有一些，在楚、南漢境內表現得比較突出。因自然環境欠佳而發生遷移的城市也有，如寧德縣（閩）、韶州（南漢），反映出社

　　會民眾在適應自然過程中做出的努力。延續唐末既有的狀況，長江南岸數州、西南邊疆地區在五代時期也有一些州縣發生遷移，前者或折射出因外來人口遷入、經濟發展形勢良好導致政府在本地區權力配置還不太穩定，尚處於調整階段，後者則更多地歸因於周邊少數民族的侵擾。

　　在唐末五代北方遷治的城市中，州城共有 20 個，縣城為 18 個。至於南方地區，州城為 12 個，縣城則多達 27 個。略作對比可知，北方地區州城發生變動的概率稍高一些，而南方地區縣城的遷移更為常見。

　　唐末、五代發生遷治的城市雖有一定數量，但相對於全國範圍內眾多州縣城市而言，它們所佔比例很低（分別為 1.5%和 2.8%），屬極少數。也就是說，在唐末五代這一歷史時段，治所保持原地的城市才是既有州縣的主體部分。

　　唐末五代北方地區的中心城市實現了從關中到中原的轉移，且主要徘徊於洛陽與開封之間：後梁與後唐兩代，洛陽在國家政治生活中更具優勢；後晉、後漢與後周三代，開封的國都地位趨於穩固，洛陽淪為陪都。

　　筆者以皇帝對洛陽與開封城外莊園的臨幸為考察對象，在認可上述歷史發展趨勢的基礎上判斷開封京師地位的穩定始於後晉末期，即末帝從鄴都返還之後。當然，從兩城皇「莊」出現的早晚來看，開封略顯優越，反映出後唐前期洛陽雖貴為國都，但存在一個向開封「學習」的過程。

　　另一方面，中原王朝對開封地位的干預在政區及輔州的調整上存在一定的滯後性：後梁以其為國都，增加屬縣已是近 2 年之後的事；後唐消滅其屬縣的數量，也較其被降為節鎮晚了 2 個月；後晉以滑、曹 2 州作為開封的輔州，更是到了開運二年（945）六月，距高祖駐蹕於此已有 8 年多。

　　中心城市轉移到東面的開封，也引起了河北道南北陸路交通幹線的變動，從幽州向南經冀、貝、魏、澶、滑等州到開封的這條縱貫河北平原腹地的線路取代了傳統的沿太行山東麓南下線路，使得沿線冀、貝、澶等州的戰略地位凸顯出來。後晉一代因與契丹關係趨於緊張，不斷提升這些州郡的軍事地位，貝、澶 2 州升為節鎮，冀州成為防禦州，且被劃入貝州節鎮——如此變動較傳統的太行山東麓沿線只有相州升為節鎮的情況無疑是相當明顯的，反映了北方區域中心城市遷移對部分區域交通幹線、政府權力配置等方面帶來的深刻影響。

　　兩浙地區的中心城市在唐末五代初從浙東的越州遷至浙西的杭州。最初

越州在政治地位、州城狀況等方面較杭州有明顯優勢，董昌棄杭就越便是說明。當然，因浙西承受的軍事壓力更大，而錢鏐自身實力又相對有限，也存在以越州為重的傾向。不過，因楊行密的擴張對朱全忠、錢鏐均構成著威脅，處於優勢一方的朱全忠借助唐廷不斷提高杭州的政治地位、賦予錢鏐臨安故里較多的政治榮譽，推動著錢氏在考量杭、越 2 州的過程中不斷向前者傾斜。

當然，政治上錢鏐固然處於被動地位，但通過諸多努力也在不斷強化對杭州信心的構建，如城池修築、政區調整和城市建設等，使得杭州在與越州的競爭中表現出日趨明顯的優勢，造就了「錢塘富庶，由是盛於東南」的局面。

第四章 唐末五代修築城池州縣與其分布

　　「鯀築城以衛君，造郭以居人，此城郭之始也。」〔註1〕傳說鯀是遠古時期的部落首領，禹的父親〔註2〕。據此來看，城郭作為軍事防禦和保障城內居民人身、財產安全的重要設施很早就已在我國出現了。經過數千年發展，時至傳統社會末期，多數行政治所駐地已修築有城牆。今有學者認為城牆是古代中國城市的主要標誌〔註3〕，在相當程度上流露出兩者之間存在相當強的關聯性〔註4〕。當然，動盪時局之下修築城牆變為形勢所迫之事，唐代後期即為其中的顯例〔註5〕，如此又進一步深化著民眾對這種關係的認知。

　　另一方面，起到軍事防禦作用的城池系統並非僅僅指凸出於地面的城牆，其外圍深入地面的城隍也是不可或缺的〔註6〕，如唐末割據朗州的雷滿「引沅

〔註1〕〔漢〕趙曄原著，張覺譯注：《吳越春秋全譯》（修訂版）之「附錄1《吳越春秋》佚文」，貴州人民出版社，2008年，第342頁。按，唐代典籍《初學記》（徐堅等撰）卷24轉錄有此句，但中間一句記作「造郭以守民」，或有改動。

〔註2〕《辭海》「鯀」詞條，上海辭書出版社，2009年第6版（彩圖本），第793頁。

〔註3〕馬正林編著：《中國城市歷史地理》，山東教育出版社，1998年，第51頁。

〔註4〕按，有學者基於今天的斷代研究和明清部分縣志中有關縣治所在地「無城」的記載對馬正林先生的看法提出了質疑，參見成一農：《中國古代城市城牆史研究綜述》，《中國史研究動態》2007年第1期；成一農：《中國古代地方城市形態研究現狀評述》，《中國史研究》2010年第1期。

〔註5〕成一農著：《古代城市形態研究方法新探》，社會科學文獻出版社，2009年，第181～183頁。

〔註6〕按，古人對城牆與城隍的稱謂並非統一，城牆尚有「城垣」、「城壘」、「城壁」、「垣墉」、「雉堞」等同義名詞，而城隍與「城塹」、「城壕」等詞彙均指城牆外的護城河。

水塹其城,上為長橋,為不可攻之計」,楚地的馬殷發兵攻討,其後人仍「恃塹為阻,逾年不能破」〔註7〕。即便是修築的城牆,因條件限制,在部分州縣頗為簡略,如衡州「舊無城,周顯德間編竹為柵」〔註8〕、樂平縣更是「中和間,縣治自樂安舊城遷今治,無城,立四門」〔註9〕,故筆者在本文中對城池修築的界定有所放寬,時人在城或(且)隍上所作的努力均在統計範圍之內。當然,一方為圍困另一方而在其城外築壘掘塹,如後梁在潞州修築的夾城則不在此列。

　　應該說,州縣城池的修築在相當程度上反映了當地統治者應對社會變化的意志,尤其是動盪時期。因此,從某種意義上說,唐末五代相對頻繁的戰爭造就了本時段相對可觀的城池修築史——這一個切入點,即對城池修築情況的梳理與分析,或較前面關於本時段州縣置廢、治所遷移的討論更有利於對五代十國史的解讀。那麼,稱本章內容是整個文本的核心部分,並不過分。

第一節　唐末修築城池州縣與其分布

　　受戰亂等因素影響,唐末(878～906)形成了一次城池修築的浪潮。據筆者統計,北方地區大約有 20 個州縣的城池得到修築〔註10〕,南方地區更

〔註 7〕《新五代史》卷 41《雷滿傳》,中華書局,1974 年,第 445 頁。按,《舊五代史》卷 17《雷滿傳》相關內容與引文大體一致。另,據《唐刺史考全編》,雷滿割據朗州的時間為 881～901 年,離世後相繼由其子雷彥威、雷彥恭(彥威弟)據有其地。又據《資治通鑑》卷 266,馬殷於開平元年(907)十月向雷氏發兵,奪取朗州是在次年五月,期間雷彥恭一度沿用父親的做法,「引沅江環朗州以自守」。

〔註 8〕(嘉靖)《衡州府志》卷 3《城池》,「天一閣藏明代方志選刊」,上海古籍書店,1963 年,頁 1。

〔註 9〕(嘉靖)《江西通志》卷 8《饒州府‧城池‧樂平縣城》,「愛如生數據庫」——「中國方志庫」。

〔註 10〕按,據(成化)《山西通志》卷 3 和(正德)《大同府志》卷 2,應州城為「晉王李克用徙築遷城於天王村,即今城也」,而(乾隆)《大同府志》卷 6 則稱「乾符間,李國昌為節度使,移築天王府」,莫衷一是。而且,《中國行政區劃通史‧唐代卷》推測應州復置於 907 年(185 頁),李克用於次年去世,故置州後築城的可能性不大,當為之前先築城,之後基於新修城池而置州,故筆者不予統計。另外,魯西奇推測房州或於唐末五代修築了羅城,確切時間無法認定,存疑,暫不予統計,參見魯西奇著:《城牆內外:古代漢水流域城市的形態與空間結構》,中華書局,2011 年,第 211 頁。

多，約 45 個州縣修築了城池〔註 11〕，有些還不止發生了一次。

　　另一方面，史書對本時段某支軍隊「壁」、「營」某州或縣的記載也有一些，以北方地區居多，因多數情況無法從之後的方志中得到補證，製作附表 4 以備參考。而且，從廣德、長蘆 2 縣的相關狀況看，若將所謂的「營」某地理解為對相應治所城市城池加以修築，或偏於武斷：「大順二年，（孫）儒營廣德……會溪潦暴湧，廣德、黃池諸壁皆沒」〔註 12〕；「天祐三年，梁軍壁長蘆，深溝高壘，（劉）仁恭不能近」，「閏十二月，（朱）全忠燒長蘆營旋軍。」〔註 13〕

一、北方地區

　　據筆者統計，唐末的北方地區有 20 個州縣修築了城池（表 4-1），含 16 州 4 縣，州城占絕大多數（80%）。而且，如太原、鳳翔、陳州，在本時段修築的次數還不止一次。從修築者（或主導者）來看，多數是當地節帥或刺史。當然，也有幕僚所為的，鎮、定、幽 3 州便是如此。

　　需要特別點明的是，在這 16 個州城中竟有 11 個是節度使駐地（含京兆、河南 2 府），占比達 68.8%——顯然，因其政治軍事地位顯要、實力雄厚，築城相對迫切且容易成行，特別是河北地區，河朔三鎮所駐州城均在其列〔註 14〕。

　　從表中可知，時人修築城池的形式並非一致，加固與改築舊城（含增垣濬隍）比較普遍，在舊城外增築羅城、羊馬城也不乏其例。尤其是後者，在強化該城軍事防禦功能的同時，也在相當程度上促進了城市規制的多樣化。魏、登、襄、密 4 州羅城的修築對於其城市面積的擴大、城市人口的增長大有裨益，而韓建、張全義分別對長安、洛陽兩城的內縮性改築則深刻反映出唐末戰亂對兩座都城的沉重打擊與其風光已去的尷尬狀況。尤其是長安城，改建

〔註 11〕　按，據《金石匯目分編》卷 16，簡州曾於乾符間修築城池，受本文研究時段所限，因無法確知具體時間，存疑；《冊府元龜》卷 410 記為「荊南舊無城壘，（高）季興始城之」，而據《唐方鎮年表》卷 5 引《資治通鑑》，高氏節制荊南在天祐三年十月之後，筆者暫定其築城時間在五代之初。

〔註 12〕　《新唐書》卷 188《孫儒傳》，中華書局，1975 年，第 5467 頁。

〔註 13〕　《新唐書》卷 212《劉仁恭傳》，中華書局，1975 年，第 5987 頁；《舊唐書》卷 20 下《哀帝本紀》，中華書局，1975 年，第 809 頁。

〔註 14〕　按，河朔三鎮又稱河北三鎮，分別指范陽（後稱盧龍）、成德、魏博 3 大節度使，分別以幽、鎮、魏州為駐地。河朔三鎮因地域廣大、軍力雄厚，其節帥在唐後期表現出極大的跋扈性，中央的干預相當有限。

後的新城僅及盛唐時的 1/16〔註 15〕。

從新築城池的規模來看，州級城池周長多維持在 10 里以上，如鳳翔、魏州、襄州等。登、密 2 州則相對較小，前者「城北是大海，去城一里半」〔註16〕，向北拓展受到約束；王檀增築密州羅城，「六旬而畢」〔註 17〕，暗示其已耗費了相當大的工夫。新築的解縣縣城接近 10 里，頗值矚目——查閱史料可知，該工程用時達 8 個月，「計工五十萬」，而從其「城高三丈」〔註 18〕的狀況來看，規格也是相當高的，因為京師長安的宮城尚且高「三丈有半」（外郭城僅為「丈有八尺」）〔註 19〕。

表 4-1　唐末北方修築城池州縣統計表

序號	時　間	州縣名稱	城池規模	文獻出處	備　註
1	乾符五年（878） 乾寧三年（896） 天復元年（901）	太原府	——	通鑒（253） 名畫補遺（1） 通鑒（262）	第一次的修築者是竇澣，後兩次為李克用〔1〕
2	廣明元年（880） 唐末〔2〕	鳳翔府	>12 里〔3〕	新唐書（185） 陝西通志（14）	鄭畋治城隍 李茂貞新築土城
3	中和二年（882）	解縣	9 里 160 步	全唐文（809）	新築
4	光啟元年（885） —— 天復元年（901）	河南府	三小城 52 里	通鑒（256） 搢紳舊聞（2） 冊府（14）	李罕之築壘市西 張全義築 張全義改築〔4〕
5	文德元年（888）	魏州	80 里〔5〕	舊唐書（181）	樂彥禎新築羅城
6	景福二年（893）	鎮州	——	舊唐書（180）	修築城池
7	乾寧二年（895）	兗州	——	九國志（2）	節帥塹城自固
8	乾寧二年（895）	奉天縣		李彥璋墓誌	軍將築城；後置乾州
9	乾寧四年（897）	鄆州		新唐書（188）	節帥增堞深溝
10	光化三年（900）	河陽府	——	冊府（400）	軍將修城

〔註 15〕吳宏岐：《論唐末五代長安城的形制和布局特點》，《中國歷史地理論叢》1999年第 2 輯。

〔註 16〕（日）圓仁撰，顧承甫、何泉達點校：《入唐求法巡禮行記》卷 2「開成五年（840）三月」，上海古籍出版社，1986 年，第 86 頁。

〔註 17〕《舊五代史》卷 22《王檀傳》，中華書局，1976 年，第 303 頁。

〔註 18〕〔唐〕司空圖：《解縣新城碑》，《全唐文》卷 809，中華書局，1983 年，第 8507頁。

〔註 19〕《新唐書》卷 37《地理志》1，中華書局，1975 年，第 961 頁。

11		京兆府	17里210步	唐六典（7）	韓建依皇城改築〔6〕
12	天祐元年（904）	長安縣	——	長安志圖（上）	新城之外
13		萬年縣	——		東、西兩小城
14	天祐三年（906）	登州	<9里〔7〕	舊（19）	刺史新築羅城
15		襄州	10餘里	舊（22）	節帥新築羅城
16		陳州	——	舊（14）	兩次修築〔8〕
17		定州	——	全唐文新編(827)	增高城牆數仞
18	唐末	幽州	——	張居翰墓誌	增築羊馬城〔9〕
19		密州	9里〔10〕	舊（22）	刺史新築羅城
20		沂州	——	新（22）	刺史修城〔11〕

說明：（1）排列次序依諸州縣城池修築時間先後而定。確切時間無法認定的，以「唐末」指代且列於末尾；（2）「文獻出處」所列文獻僅指筆者參考的首要史籍，並非全部；（3）為節省空間，「文獻出處」一欄對史籍名稱有所簡略，「通鑒」指《資治通鑒》、「名畫補遺」指《五代名畫補遺》、「搢紳舊聞」指《洛陽搢紳舊聞記》、「冊府」指《冊府元龜》、「舊」指《舊五代史》、「新」指《新五代史》，「陝西通志」為雍正版，「（*）」表示相應內容對應於該書的具體卷數；（4）對於城市周長的換算，暫以唐代規制1里=300步，1步=5尺，10尺=1丈來計；（5）「——」指相關情況未知；（6）相關處理方法適用於本章其他表格，不再贅述。

注解：〔1〕據《資治通鑒》卷262，光化三年（900）李克用曾「大發軍民治晉陽城塹」，押牙劉延業勸諫阻止並得到李氏獎賞，筆者暫且認為這次行動並未成行。另，據《舊唐書》卷20上，乾寧二年十二月李克用被進封為晉王，當月從外地返回太原，故結合《五代名畫補遺》卷1判斷此次修城當開展於次年；〔2〕據相關方志，鳳翔城為「唐李茂貞築」，李氏節帥鳳翔始於887年，一直延續到924年，因唐末關中局勢相對緊張，故暫定鳳翔城築於唐末；〔3〕（雍正）《陝西通志》卷14言及鳳翔府城為土城，「周十二里三分」，清代的長度或與唐代有所不同，此處存疑。另，按唐代長度單位換算，1里=300步，京兆府城的周長涉及到相關計算，不再贅述；〔4〕據研究，唐末五代洛陽城規模僅及盛唐時的3/4。關於唐末洛陽城修築的時間，史書記載多而雜，《冊府元龜》卷14收錄的關於後唐初拆毀洛陽城內南、北二州奏議中提及「天復修都之際」，結合天復元年朱溫在河東、關中的擴張和十月其「表請車駕幸東都」的史實（《資治通鑒》卷262），筆者推斷洛陽城修築於該年；〔5〕據《諸山聖蹟志》，魏州城周圍120里，或有擴張之嫌。李孝聰先生甚至認為「八十里」似為十八里之誤，參見其論文《唐代城市的形態與地域結構——以坊市制的演變為線索》注釋116，《唐代的地域結構與運作空間》，上海辭書出版社，2003年，第287、305頁；〔6〕據《舊五代史》卷90，華溫琪在擊退延州胡璋叛亂後「尋奉詔營長安，以功遷絳州刺史」，而胡氏叛亂發生在天祐三年（906）十月，表明唐末或五代初長安城還得到過1次修築；〔7〕據（光緒）《增修登州府志》卷7，宋元時的登州沿襲舊城，明代「拓而大之」，周9里；〔8〕趙犨掌

刺陳州時（880～889）為防範黃巢侵擾而「增垣墉，濬溝洫」，趙珝時（895～901）對城牆加以磚砌；〔9〕據《張居翰墓誌》，張氏營建幽州羊馬城是在劉仁恭與李克用光化三年（900）第 2 次結盟之前，參見馬志祥：《西安西郊出土的後唐〈張居翰墓誌〉》，《碑林集刊》（3），陝西人民美術出版社，1995 年，第 103 頁；〔10〕密州長期以諸城縣為治，廢於明初。據（嘉靖）《山東通志》卷 12，諸城縣城「周圍 9 里」，因其城池規模較大，暫以為其沿用的是密州舊城；〔11〕沂州在唐末或有 2 次刺史修築城池的記錄：除《新五代史》卷 22 記載的徐懷玉「繕兵治壁，為戰守具」外，鄭璩到任後也曾「撫以凋傷，郭邑再新，生靈盡泰」，參見《鄭璩墓誌》，《五代墓誌匯考》第 5 頁。

這 20 個築城州縣的空間分布以河南道（含都畿道）最多，分別為河南、河陽 2 府與兗、鄆、登、陳、密、沂 6 州，占到了總數的 40%。關內道（含京畿道）為 5 個、河北道有 4 個、河東道為 2 個，偏於西南的襄州屬山南東道〔註20〕。

黃巢起義軍在河南、關中一帶作戰，對洛陽、長安這 2 座都城均有破壞，鄭畋、趙犨對鳳翔、陳州城的修築，主要出於防禦其侵擾的需要〔註21〕。之後秦宗權、孫儒荼毒河南，到鄭州後更是「盡焚其廬舍，屠其郡人而去。」待這支亂軍失勢之後，開始在河南擴張的朱全忠「乃慎選將佐，俾完葺壁壘，為戰守之備，於是遠近流亡復歸者眾矣。」〔註22〕張全義在洛陽修築三小城「保聚居民，以防寇盜」〔註23〕便屬此例。

當然，表 4-1 所列的 19 個修築城池的州縣中還有不少與朱全忠有關，涉及河南、關內與河東 3 道，深刻地打著朱氏積極向周邊地區擴張的時代烙印：兗、鄆、太原 3 城的修築主要基於朱氏軍隊圍困時當地節帥的自保性舉措〔註24〕；登、密、沂 3 州的情況則是朱氏以軍隊將領為邊境州之刺史，通過營建或修繕

〔註20〕按，相應區域劃分依據的是《中國歷史地圖集》第 5 冊「唐」部分圖幅。

〔註21〕《舊唐書》卷 178《鄭畋傳》，中華書局，1975 年，第 4634 頁；《舊五代史》卷 14《趙犨傳》，中華書局，1976 年，第 193～194 頁。

〔註22〕《舊五代史》卷 1《梁太祖紀》1，中華書局，1976 年，第 5、8 頁。按，據記載，蔡人先奪取了陝、洛、孟、懷、許、汝等州，失勢後放棄了這些城市。不過，朱全忠派遣將佐「接收」的具體有哪些州城，修築城池進行到了什麼程度均難以判斷，故相應史料未列入表 5-1。

〔註23〕〔宋〕張齊賢撰，俞鋼校點：《洛陽搢紳舊聞記》卷 2《齊王張令公外傳》，《五代史書彙編》，杭州出版社，2004 年，第 2398 頁。

〔註24〕按，太原城在唐末有過 3 次修築（表 3-1），與朱氏進攻有關的是最後一次。另外，包括光化三年二月未能成行的築城，其實也源於李克用「懼朱全忠之攻逼也」，參見《資治通鑑》卷 262《唐紀》78 胡三省注，中華書局，1956 年，第 8529 頁。

城池的方式保障其在被外部勢力侵擾時有較多時間等待大軍前來支持〔註25〕；偏於西南的襄州節鎮，之前由趙德諲、趙匡凝父子節制長達20餘年〔註26〕，朱氏在基本確立了在北方地區的霸權後把目標指向襄州，大將楊師厚一戰而勝〔註27〕，築城當屬對既得利益的鞏固。

至於長安、洛陽二城，當與朱全忠挾迫昭宗東遷有關。韓建對長安城的改築，可理解為對朱氏之前毀滅式破壞的善後；洛陽大城的修治，則是朱氏為迎接昭宗駐蹕及防禦河東南侵而有意命張全義為之。

位於河北道的幽、鎮、定、魏4州均為節鎮駐地，前3座州城的修築其實是幕僚所為，即以修築城池的方式向上級表露衷心，這麼做也進一步強化著諸節帥在當地的權威。魏州的築城完全由節帥本人主導，從「發六州民」、「周80里」、「月餘而畢」和「人苦其役」的記載〔註28〕來看，這是一項工期短而強度高的重大工程，樂彥禎能夠有效地加以組織、推進，在相當程度上反襯出他的強勢。

太原及河陽2府的築城指示了沙陀游牧部落的南侵與壯大。黃巢起義之前，沙陀貴族李國昌、李克用在代北多有叛亂，河東節度使竇澣「發民塹晉陽」，就是出於防禦沙陀的需要〔註29〕。黃巢攻陷京師，唐僖宗在出逃途中下詔各地軍隊予以剿殺，李克用在平叛過程中功勳卓著，唐廷遂以他為河東節度使，沙陀貴族取得了入主河東的合法地位。乾寧二年（895）末，李克用被昭宗進封為晉王，遂「城太原」〔註30〕，無疑是其鞏固自身地位與權力的實質性舉措。之後晉、汴兩大勢力在北方緊張對峙，汴軍處於攻勢，李氏為防範被朱全忠吞併而修築太原城，鞏固既有權益的目的頗為明顯。光化三年（900）十月河東軍「急攻河陽」，汴軍守將閻寶邊戰邊「備樓

〔註25〕 王賡武著，胡耀飛、尹承譯：《五代時期北方中國的權力結構》，中西書局，2014年，第62～63、78～79頁。

〔註26〕 吳廷燮撰：《唐方鎮年表》卷4《山南東道》，中華書局，1980年，第646～649頁。按，趙德諲節制山南東道始於中和四年（884），景福元年（893）離世後其子趙匡凝代之，直至其天祐二年（905）出奔楊吳。

〔註27〕 《舊五代史》卷22《楊師厚傳》，中華書局，1976年，第296頁。

〔註28〕 《資治通鑒》卷257《唐紀》73「文德元年二月」，中華書局，1956年，第8374頁。

〔註29〕 《資治通鑒》卷253《唐紀》69「乾符五年五月」，中華書局，1956年，第8206～8207頁。

〔註30〕 〔宋〕劉道醇撰，劉石校點：《五代名畫補遺》卷1《人物門1·韓求》，杭州出版社，2004年，第2567頁。

櫓，設陴格」〔註31〕，反映出李氏積極向南擴張的努力。

解縣的情況比較特殊，其城池得以修築固然與唐末北方動盪的大環境有關，保護當地鹽業和商人是更為現實的目的。解縣、安邑2縣境內有鹽池，所產稱「池鹽」或「解鹽」，利潤頗豐。解鹽的採銷原屬鹽鐵職官，利歸中央。「中和以來，河中節度使王重榮專之」〔註32〕，顯然，地方藩鎮借助其地利優勢強佔了這塊「嘴邊的肥肉」。王重榮原為河中節鎮牙將，於廣明元年（880）十一月作亂，不久被唐廷任命為本鎮留後，坐實了在當地的統治〔註33〕。解縣城池新築於中和二年（882），距王氏節制河中不久，當屬其奪取鹽池的重要舉措——這一工程投入巨大，反映了王重榮志在必得的決心。後漢時升解縣為解州，也是在動盪形勢下為保障當地鹽利而有意為之〔註34〕。

二、南方地區

據筆者統計，唐末的南方地區約有45個州縣修築了城池，包括32座州城和13座縣城，州縣比例接近2.5：1。不過，因筆者論述的重點時段是五代十國，在搜集南方地區的相關資料時有意按諸政權疆域、政區進行整理、歸類，發現吳—南唐、吳越政權修築城池的積極性遠較其他政權高〔註35〕，考慮到相應政權在唐末、五代及宋初發展的連貫性，筆者將以它們為典型放於本章的下節專門論述，本節重點是對其他地區的城池修築情況加以論述。

在行政體系中，州城比縣城少。然而，就唐末南方築城的情況來看，州城卻得到了當權者更多的關照，與北方一樣，不少州城尚且得到了不止一次修築——州城是本時段修築的主體。在這32個州城中，節鎮州有11個，占比為34.4%，較北方地區偏低，或與南方地區節度使設置偏少有關。其實較大區域的中心城市也都是節鎮所駐州城，如揚、越、福、潭、廣州和成都府，其城池在本時段均得到了修築。

〔註31〕《舊五代史》卷2《梁高祖紀》2，中華書局，1976年，第26頁；《冊府元龜》卷400《將帥部·固守2》，中華書局，1960年，第4764頁。
〔註32〕《資治通鑒》卷256《唐紀》72「光啟元年閏三月」，中華書局，1956年，第8322頁。
〔註33〕吳廷燮撰：《唐方鎮年表》，中華書局，1980年，第465頁。
〔註34〕《太平寰宇記》卷46《解州》，中華書局，2007年，第963頁。
〔註35〕按，在唐末南方地區修築的45座城池中有15座分布在吳國疆域內，18座分布在吳越地區，兩大區域占到了總數的73.3%，顯然是本時段南方築城的核心區域。

從這些經修築的諸城池的規模來看，多數州城的周長維持在 10 里以上，福、杭、潤 3 州州城更是超過了 20 里。當然，偏小的州城也有幾個，以泉州為最，周長僅為 3 里，從其築城史來看，當為首次築城，隨著五代後期羅城的修築，唐末所築城池成為子城〔註 36〕。相比之下，個別縣城的規模相對偏大，如南城縣，新築羅城周長達 13 里〔註 37〕。

在吳與吳越兩國疆域之外的南方地區，唐末（乃至五代）修築的城池並不多，只有 12 座且均為州城（表 4-2），占到了總數的 26.7%。在這 12 座州城中，福、桂、廣、潭 4 州和成都府為節鎮州，也是較大區域的中心城市，相對於區內為數眾多的一般州縣而言，它們的表現是相當突出的，尤其是福州。

修築或主導城池修築者多數是當地的節帥、刺史或屬下軍將。當然，考慮到本時段動盪的局勢，築城以強化防禦與鞏固既得地盤的目的比較突出——雷滿、唐行旻分別襲殺朗、永 2 州刺史而奪權，無疑是其中的典型。高州的情況相對特殊，刺史劉昌魯「堡於涼山，因深為塹，憑高為壘」，則出於「遏黃巢之亂，收合生齒」〔註 38〕的初衷，有著明顯的正義色彩。需要特別強調的是福、桂 2 州修築的夾城，在強化城市防禦的方法上做出了創新，打破了普遍性的修城濬隍這種相對單一的形式。另外，福州夾城在羅城之外，而桂州夾城在羅城之內〔註 39〕，反映出不同節帥在築城時的不同側重〔註 40〕。

廣州城的拓展應在很大程度上反映了當地社會發展的需要。儘管黃巢起義對廣州城造成了嚴重破壞〔註 41〕，但作為嶺南地區傳統的中心城市，較強

〔註 36〕　（嘉慶）《大清一統志》卷 428《泉州府》，上海書店，1985 年，頁 19。

〔註 37〕　〔唐〕刁尚能：《唐南康太守汝南公新創撫州南城縣羅城記》，《全唐文》卷 819，中華書局，1983 年，第 8623～8624 頁。

〔註 38〕　〔宋〕路振撰，吳在慶、吳嘉祺校點：《九國志》卷 11《劉昌魯》，杭州出版社，2004 年，第 3356 頁。

〔註 39〕　張恒宇：《福州城市歷史地理初步研究》，福建師範大學碩士學位論文，2008 年，第 26、31 頁；（嘉慶）《臨桂縣志》卷 17《古蹟》1，光緒六年補刊，成文出版社，1967 年，第 269 頁。

〔註 40〕　按，福州夾城修築之後，將原在城外的屏、烏、於山圈入城內，形成了城中的三個制高點，防止外敵藉此窺控城內情況；據《桂林風土記》記載，桂州夾城築起後，「南北行旅皆集於此」，或更偏重於對城市周邊津渡及貿易的保護——據前引《臨桂縣志》卷 16，桂州城外尚有伏波山渡，而唐末的夾城尚且「上抵伏波山，緣江南下抵子城逍遙樓。」

〔註 41〕　（日）藤本勝次譯注，黃倬漢譯：《中國印度見聞錄》卷 2，中華書局，1983 年，第 96 頁。

的集聚功能自然而然地促進著社會經濟較快的恢復。劉隱「以廣州隘，鑿禺山益之」〔註42〕，在舊城的南面誕生了新城。廣州為港口城市，其港埠臨近珠江，故南城是廣州的主要商業區，而番、禺二山的存在將之與舊城隔離，向無城池保護〔註43〕。劉氏的努力顯然是響應現實需要，而不僅僅是在強化城市的防禦功能。而且，這次拓城將城牆推進到珠江岸邊，也是為了貿易需要，更充分地體現出其海港城市的特徵〔註44〕。

表4-2　唐末南方部分地區修築城池州縣統計表

序號	時　間	州縣名稱	城池規制	文獻出處	備　註
1	中和二年（882）	朗州	——	新（41）	雷滿引水環城自固〔1〕
2	中和中（約882） 文德元年（888） 乾寧四年（897） 天復元年（901） 天復二年（902）	福州	修廣東南隅 —— —— 40餘里	三山志（4） 王審知墓誌 十國（90）	觀察使鄭鎰修廣 陳岩復修 節帥王潮築城〔2〕 王審知新築羅城 又築南北夾城〔3〕
3	光啟中（約886）	桂州	6〜7里	桂林風土記	刺史築夾城
4	文德元年（888）	成都府		通鑒（257）	節帥修城以自固〔4〕
5	大順元年（890）	邛州		通鑒（258）	王建軍將張琳修城
6	乾寧元年（894）	永州		新唐（186）	刺史完壘自固〔5〕
7	乾寧中（約895）	高州		九國志（11）	刺史因深為塹，憑高作壘
8	天祐二年（905）	泉州	3里	泉州府志（4）	王延彬築城〔6〕
9	天祐三年（906）	廣州		南漢書（1）	節帥劉隱築新南城
10	天祐中（約905）	建州		福建通志（6）	刺史增築南羅城
11	唐末	潭州		青箱雜記（7）	節帥命馬殷濬城壕〔7〕
12		眉州	8里有奇	蜀中記（12）	刺史新築羅城〔8〕

說明：（1）史籍對城池修築時間記載相對模糊的，如乾寧中，按該年號的中間年份推算，下同；（2）「三山志」指（淳熙）《三山志》、「十國」指《十國春秋》、「蜀中記」指《蜀中名勝記》，「泉州府志」、「福建通志」分別為萬曆、乾隆版；（3）《桂林風土記》不分卷數。

〔註42〕《南漢書》卷1《烈宗紀》，廣東人民出版社，1981年，第3頁。
〔註43〕曾昭璇著：《廣州歷史地理》，廣東人民出版社，1991年，第258頁。
〔註44〕吳宏岐、王榮、高寧：《南漢國都與王府城形態特徵初探》，《中國古都研究》2013年第1輯，陝西師範大學出版總社，2013年，第55頁。

注解：〔1〕《新五代史》卷41並未提及雷氏「引沅水塹其城」的時間，他於中和元年十二月襲據朗州，唐廷遂以其為澧朗節鎮留後（《資治通鑑》卷254），開展工事或發生於次年；〔2〕據（淳熙）《三山志》卷4記載，「乾寧四年，王潮築永平城。乾化二年，（王）審知築內城，恐即此城」；〔3〕關於王審知修築福州南、北夾城（又稱月城）的時間，記載多有不同，《十國春秋》卷90收錄有唐末黃滔所撰的一通碑文，言夾城築於天祐二年（905），但陝西省文史館館員郭文鎬先生結合其他碑文考證為天復二年，暫從其說，參見郭文鎬：《福州南北夾城築於唐天復二年（902）考》，待刊論文；〔4〕據《資治通鑑》卷252，乾符三年（876）九月，西川節帥高駢為防禦南詔侵擾而增築了成都羅城，周25里，極大地提高了該城的守備能力，較888年的修城意義更為顯著；〔5〕據《唐刺史考全編》卷171，唐世旻「始任永州刺史當在乾寧元年」；〔6〕（萬曆）《重修泉州府志》卷4又載「先是，王延彬於唐天祐間權知軍州事，其妹為西禪寺尼，拓城西地以包寺」，似說明王延彬在天祐年間修築城池之後，又向西有所展拓。另外，不能說王氏所築城池為子城，因為羅城修築在後，而子城又是相對於羅城而言的；〔7〕據史書記載，馬殷疏濬潭州城壕是受劉建鋒指派，而劉氏於乾寧元年（894）五月攻陷潭州，自稱湖南節帥，直止三年四月被殺，修治城牆應發生在這兩年；〔8〕據《資治通鑑》卷257，文德元年（888）十二月，增築眉州羅城的山行章已擔任該州刺史一職，築城或發生在這之前。

這12座州城的分布相對分散而均衡，福、建、泉3州在江南東道南部，朗、潭、永3州在江南西道西部，成都府與邛、眉2州位於劍南西道，廣、高2州則在嶺南道。

對福州城的數次修築，均為唐末節帥（之前為觀察使）所為〔註45〕，帶有明顯的自固性質。建、泉2州城池的修築，可理解為王審知確立地區王權的重要步驟，即以築城的方式強化其權力在轄區支州的存在——孟威為王氏的「都押牙」，任建州刺史〔註46〕；王延彬是王氏之侄，築城尚為王氏所命〔註47〕。

朗、潭、永3州城池的修築實為三地新奪取者自固的舉措，因奪取方式並不正當〔註48〕，強化城池防禦以鞏固既得利益成為現實需要：雷滿引沅江水環

〔註45〕按，乾寧三年（896）九月，「福建」由觀察使轄區升為節度使轄區，軍額「威武」，參見《資治通鑑》卷260《唐紀》76「乾寧三年九月」，中華書局，1956年，第8493頁。

〔註46〕《十國春秋》卷95《孟威傳》，中華書局，2010年，第1377頁。

〔註47〕《十國春秋》卷110《閩世系》，中華書局，2010年，第1566頁；（乾隆）《福建通志》卷6《城池‧泉州府》，「愛如生數據庫」——「中國方志庫」。

〔註48〕按，據《唐刺史考全編》卷171《永州（零陵郡）》轉引今天學者朱玉麒的看法，《搜神記》卷4《零陵王》：「王姓唐，諱世旻……唐昭宗時，盜起，世旻結鄉兵保里閭。劉建鋒舉為永州刺史」，似說明唐氏通過正當途徑掌刺永州，

顧其城、劉建鋒令馬殷疏濬城壕，相比增繕城垣或更節省時力，但也間接流露出相應舉動的倉促性；唐行旻在永州的「完壘自守」，是在他「乘巢亂，脅眾自防，盜永州，殺刺史鄭蔚」〔註49〕之後刻意為之，遂延續了在該地4年的割據。

　　成都府與邛、眉2州位於成都平原與周邊地區，其城池修築主要反映了新舊軍閥（王建與陳敬瑄）在本地區的權力鬥爭，尤其體現在後2州上。唐僖宗時權宦田令孜把持朝政，以其弟陳敬瑄為西川節度使。昭宗新立，以韋昭度節制西川，陳氏不從〔註50〕，遂與田氏「治兵完城以拒之」〔註51〕，且以閬州刺史王建為援。「建聞其召，以西蜀可圖，欣然赴之」〔註52〕，但招致陳敬瑄的反對。在王氏用兵西川的過程中，邛、眉2州刺史與陳氏關係密切〔註53〕。顯然，2州城池的修築，雖不一定是陳氏在鞏固自己於本鎮內的既有權力，至少說明其在努力阻遏王建在本地區的擴張。

　　嶺南道修築城池的是廣、高2州，情形各有不同。前者為向南展築新城，主要是擴大城區面積、保護南部商業區的需要；後者則為刺史在動盪之際據險「作壘」以防範盜賊侵擾。需要說明的是，高州在廣州的西南方，兩地距離較遠，劉隱在嶺南地區早期的擴張中曾染指高州，但以失敗而終，高州城或成為當地刺史防止被本鎮節帥吞併的重要屏障〔註54〕。

　　統而論之，唐末的北方地區共修築有19座城池，含16座州城和3座縣城；南方修築的城池多達45座，含32座州城和13座縣城。從總數來看，64座州縣城池在唐末整個政區體系中占比極低，只有3.2%〔註55〕；就州城而言，

因與正史（《新唐書》）存在偏差，存疑。而且，《搜神記》為東晉干寶編撰的志怪故事集，存有唐末內容明顯為後人所加，改動的可能性很大。

〔註49〕　《新唐書》卷186《鄧處訥傳》，中華書局，1975年，第5422頁。按，唐行旻，《新唐書》卷10作「唐旻」，《資治通鑒》卷261稱「唐世旻」，略有不同。

〔註50〕　《舊唐書》卷184《田令孜傳》，中華書局，1975年，第4771～4772頁。

〔註51〕　《資治通鑒》卷257《唐紀》73「文德元年十月」，中華書局，1956年，第8382頁。

〔註52〕　《舊唐書》卷184《田令孜傳》，中華書局，1975年，第4772頁。

〔註53〕　《資治通鑒》卷257～258《唐紀》73～74，中華書局，1956年，第8382、8393頁。

〔註54〕　按，據《九國志》卷11《劉昌魯傳》，劉昌魯作為高州刺史或一直保持著衷於唐室的心志，無奈唐廷衰微和劉隱的長期侵擾，而自身實力又十分有限，遂於五代初歸降於馬楚政權。待劉隱之弟劉巖奪取高州，已到了乾化元年（911）十二月，參見《南漢書》卷2《高祖本紀》1，廣東人民出版社，1981年，第6頁。

〔註55〕　按，考慮到部分附郭縣並無縣城的情況（治所在所屬的州城內），相應計算應存在一定誤差。下文中同類計算與之相同，不再贅述。

占比相對較高,為 14.9%;就節鎮所在州城來看,占比則達到了 43.1%〔註 56〕。也就是說,城池的行政級別越高,被修築的可能性就越大——與其社會發展狀況基本一致,即行政級別越高的城市,往往集聚著更多的人口和財富,基於更重要的社會地位而成為被重點關注的對象。

第二節　五代修築城池州縣與其分布

相對而言,五代時期修築的城池較唐末多一些。據筆者統計,本時段北方地區有 44 座州縣城池得以修築〔註 57〕,比唐末的 19 座增長了 131%;南方政權修築的州縣城池為 60 座,較唐末的 45 座增長了 33.3%,增幅較北方地區要低得多——在多數區域築城數量保持增長的同時,吳越、湖南地區反而出現了下降趨勢,尤其是前者,唐末修築城池為 18 座,五代時僅為 9 座,降幅達 50%。

五代時期的北方地區仍不太平,尤其是契丹的南侵給中原王朝的軍事防禦帶來了很大的壓力,在北部邊疆修築城池以強化防守成為保障民眾正常生產生活的重要手段。後唐時趙德鈞鎮守幽州,對三河、潞縣等城的修築便是顯例〔註 58〕。當然,後周一代在防禦契丹方面於北部邊疆修築的城池就更多了。

南方地區面積廣大且相對分裂,修築的城池也相對較多,僅從其空間分布狀況來看,吳—南唐取代吳越成為首要分布區。據統計,前者在本時段修築城池達 31 座,較唐末的 15 座增長了一倍多,占比也從之前的 33.3%提高到 51.7%。

一、北方政權

據筆者統計,五代時期北方政權至少修築了 49 座州縣城池〔註 59〕,參見

〔註 56〕按,這是對整體情況的計算。相對而言,因南方地區所築城池的總數較北方地區多,對應比例較北方地區的狀況更具優勢。另外,據筆者統計(參考《中國行政區劃通史·五代十國卷》之《附錄》——《五代十國方鎮建置沿革表》所錄 907 年節鎮),唐末北方地區有 29 個節鎮(未包括歸義軍與定難),南方則為 22 個。

〔註 57〕按,後唐在巴蜀修築的遂州城和遂寧縣城、後周在淮南地區修築的揚州、通州、泰州 3 城因地域關係在正文分析時納入南方地區。

〔註 58〕《舊五代史》卷 98《趙德鈞傳》,中華書局,1976 年,第 1309 頁;《資治通鑒》卷 278《後唐紀》7「長興三年八月」,中華書局,1956 年,第 9076 頁。

〔註 59〕按,魯西奇據《輿地紀勝》卷 86《房州》「後唐刺史修廨斷碑」推測唐末五代房州或重修過城池,天成三年(928)修築的可能性很大(《城牆內外:古代漢水流域城市的形態與空間結構》,第 177、259 頁)。考慮到當時刺史或只是修葺了廨署,判定其修築城池或相對武斷,存疑。另外,《秦君墓誌》(《五代

表 4-3。除去偏於南方的遂、揚、泰、通 4 州和遂寧縣，北方地區所築城池共
44 座，而武強縣、開封府（汴州）的城池在本時段不止修築過 1 次。

從朝代分配來看，後梁時修築城池為 10 座（含沁州），後唐時為 14 座，
後晉、後漢時較少，分別為 3、4 座，後周則有 19 座，以後周、後唐兩代最
多，共 32 座，占到了總數的近 2/3（圖 4-1）。

圖 4-1　五代北方五朝修築城池占比圖

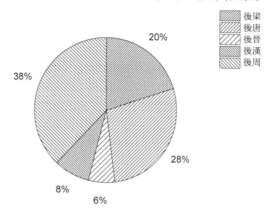

在北方政權所築的這 44 座城池中，州城 30 座，縣城 14 座，州縣比例越
過了 2：1，顯然，州城是城池修築的主體。不過，與唐末時兩者形成的巨大
反差相比，五代時對縣城（部分地區）的關注有較大程度的加強。在 30 座州
城中，節鎮所在州共有 16 個，占到了總數的 53.3%，比例較唐末有所下降。

部分節帥對州城的修築以自固為目的，流露出對中央政權的離心，以後
晉、後漢時的 4 個州府最為明顯。

從這些新築（及重修）城池的規模來看，縣城周長均在 7 里以下，州城
則呈現出相當大的差距，如最小的通州僅 6 里 70 步，最大的開封府新城則為
48 里 233 步，相差近 8 倍。當然，棣、通 2 座州城周長也不足 10 里，相對偏
小一些。泰州的情況比較特殊，南唐時築有 25 里的羅城，後周奪取之後改築
為 10 里，明顯較之前縮小了不少〔註60〕。

石刻校注》第 76 頁）記載後梁秦氏任宜州刺史後「州牆美洽，軍府欽承」、
《雷景從墓誌》（《五代石刻校注》第 81 頁）記載雷氏在汝州主持防禦事務後
「葺綏凋療，就更求安」、《蘇逢吉墓誌》（《五代石刻校注》第 620 頁）記載
蘇氏任河東戎判時「李牧堅城而不暇」，三者均因內容較為模糊，也予以存疑。
以上 4 城，均不在正文中作統計分析。

〔註60〕（乾隆）《江南通志》卷 20《城池 1．泰州》，「愛如生數據庫」──「中國方
志庫」。

表4-3　五代北方政權修築城池州縣統計表

序號	政權	時　間	州縣名稱	城池規模	文獻出處	備　註
1	後梁	開平二年（908）	棣州	9里	舊（90）	遷址新築〔1〕
2		開平三年（909）	延州	——	夢校（24）	築三面關城〔2〕
3			鄜州	——	舊（21）	修繕城池
4		乾化元年（911）	夏州	——	劉敬瑭墓誌	重修城壘，增築東城〔3〕
5		貞明元年（915）	莘縣	——	舊（23）	增城壘，濬池隍
6		貞明三年（917）	同州	——	新修南溪池亭及九龍廟等記	節帥修城〔4〕
7		貞明四年（918）	蔡州	——	康贊羡墓誌	刺史修城〔5〕
8		貞明六年（920）	華州	——	宋史（262）	築月城以自固
9		龍德二年（922）	寧州	3里40步	牛知業板築新子州牆記；甘肅（7）	刺史築城；子城
10	後唐〔6〕	天祐六年（909）	沁州	——	冊府（410）	遷歸、修復舊城
11		天成元年（926）	涿州	——	郭洪鐸墓誌	刺史修城〔7〕
12		天成二年（927）	良鄉縣	——	冊府（410）	先築城，932年遷入
13			汴州	——	五會（5）	修葺衙城〔8〕
14		天成三年（928）	定州	——	冊府（123）	節帥自固
15			新樂縣	——	通鑑（276）	刺史修城
16			三河縣	6里	順天（2）	築城後置縣
17		天成四年（929）	寰州	——	冊府（410）	節帥修築
18		長興元年（930）	遂州	——	通鑑（276）	修治城池 〔9〕
19			遂寧縣	10里	四川（11）	築石城
20		長興中(約931)	神山縣	4里120步	平陽（7）	先徙治，後築城〔10〕
21		——	幽州	——	冊府（688）	增濬城洫〔11〕
22		——	潞縣	——	通鑑（278）	築城以戍守
23		——	廣陵縣	3里有奇	一統志（146）	924年置縣
24		——	渾源縣	4里220步	渾源（2）	避水患而遷築
25	後晉	天福七年（942）	青州	——	五會（29）	節帥繕治城隍〔12〕
26		天福八年（943）	南樂縣	6里130步	通鑑（283）	重築城池
27		開運元年（944）	沙河縣	<5里23步	沙河（3）	徙治時築〔13〕

28		天福十二年（947）	鳳翔府	——	宋史（254）	偽節帥濬池隍自固
29	後漢	乾祐元年（948）	河中府	——	舊（109）	節帥修城自固
30			京兆府	——	舊（109）	節帥修城自固
31		乾祐中（約949）	乾州	10里有奇	陝西（14）	重修
32		廣順元年（951）	深州	——	冊府（410）	鄰州刺史奉詔修城
33		廣順元年（951）顯德二年（955）	武強縣	——	冊府（410）武強（2）	刺史奉詔修城
34		廣順二年（952）	晉州	——	舊（130）	增修城池
35		廣順二年（952）顯德三年（956）	開封府	48里233步	舊（112）舊（116）	修築羅城增築新城
36		廣順三年（953）	懷州	——	冊府（124）	修城
37		顯德元年（954）	河南府	——	冊府（14）	修城
38	後周		束鹿縣	——		
39		顯德二年（955）	安平縣	——	宋史（272）	鄰州刺史奉詔修城〔14〕
40			博野縣	——		
41		顯德三年（956）	河陽府	——	宋史（252）	節帥修城
42		顯德三年（956）	下蔡縣	——	舊（116）	築城；次年壽州遷於此
43		顯德四年（957）	壽州	——	冊府（410）	修廣新城
44		顯德四年（957）	隰州	——	宋史（273）	濬城隍
45			揚州	——	舊（118）	改築舊城
46		顯德五年（958）	通州	6里70步	一統志（106）	該年設州〔15〕
47			泰州	10里	江南（20）	改築舊城〔16〕
48			澶州	——	宋史（274）	修治城池〔17〕
49		顯德六年（959）	莫州	——	宋史（273）	築城，數旬而就
50			霸州	——	五會（20）	置州後修城

說明：（1）後唐時的汴州與後周時的開封府為同一城，在相關數字上不做重複統計；（2）若城址未發生變動，只是對舊城的修葺、拓展和增築外城，記為1城（州縣），下同；（3）為便於具體分析，若某城在不同王朝得到多次修築，則分開羅列；（4）遂州與遂寧縣原屬前蜀政權，後唐併吞巴蜀後對2座城池進行了修築，故列入表中；（5）據《資治通鑒》卷284，楊光遠據青州叛亂之際，後晉出帝命相鄰的兗州「修守備」以強化防禦，但節帥安審信「以治樓堞為名，率民財以實私藏」，筆者以為這次修城的意義極小，未予統計；（6）揚、泰等州原屬南唐疆域，後周末奪取，遂對其城池進行了修築，列入表中；（7）「夢校」指《夢溪筆談校證》、「甘肅」指（乾隆）《甘肅通志》、「五會」

—148—

指《五代會要》、「順天」指（萬曆）《順天府志》、「四川」指（萬曆）《四川通志》、「平陽」指（雍正）《平陽府志》、「一統志」指（嘉慶）《大清一統志》、「渾源」指（乾隆）《渾源州志》、「沙河」指（民國）《沙河縣志》、「陝西」指（雍正）《陝西通志》、「武強」指（道光）《武強縣新志》、「江南」指（乾隆）《江南通志》、《劉敬瑭墓誌》轉引自《五代墓誌匯考》（周阿根著，黃山書社，2012 年）第 137 例，蓋文為「彭城郡劉公墓誌之銘」。

注解：〔1〕棣州新的州城為刺史華溫琪所築，而據《舊五代史》卷 90，華溫琪在唐末後梁初相繼任絳、棣、齊州刺史和定昌軍節帥，在他掌刺絳州之前擊退了延州胡璋的叛亂（天祐三年十月），而定昌軍設置於開平四年（910），筆者暫定其掌刺棣州的時間為 908 年；〔2〕河流而分延州主城為東、西二城，宋人沈括據杜甫之詩認為延州在「天寶中已有五城」，但胡道靜在校證《夢溪筆談》時據其他說法以為高萬興節制此鎮時「始展南、北、東三關城」，今從其說。另外，查《資治通鑒》卷 267，高氏任該鎮節度使的時間為開平三年四月，結合本年延州的動盪局勢，高氏就職後增築三面關城的可能性較大；〔3〕據《劉敬瑭墓誌》，劉氏於乾化元年「重修城壘，固護軍民。板築東廂，數旬功就。」考慮到夏州子城在羅城東面（《太平寰宇記》卷 37）的情況，劉氏當在當時不僅重修了原有城池，還在其東面增築了新城，新城被設置為子城，遂有子城在東，羅城在西的形態。另外，考古學者邢福來對統萬城的發掘表明，其東城「建造年代約為唐末五代」，與墓誌所記基本一致，參見邢福來：《關於統萬城東城的幾個問題》，《考古與文物》2014 年第 5 期；〔4〕據《新修南溪池亭及九龍廟等記》（《五代石刻校注》第 59 頁），程暉任忠武軍節度使、同州刺史期間「繕修嚴雉碟……湯湛濬溝，云蠹金壘」，碑記的落款時間為貞明三年三月，查《五代宋初藩鎮年表》，程暉實際節制同州的時間不晚於貞明三年，為謹慎起見，暫定程氏修同州城的時間為該年；〔5〕據康贊美墓誌（《五代墓誌匯考》第 170 頁），康氏任淮西刺史後，「以梁朝多事，國步時艱，藉其勇幹之才，遂備翊垣之列。」查《舊五代史》卷 9，康贊美（美）於貞明四年十月任蔡州刺史。按，唐代曾設淮南西道節度使，簡稱淮西節度使，兩度以蔡州為治，第二次時建號淮寧軍，後廢；〔6〕含後梁時的河東政權；〔7〕據郭洪鐸墓誌（《五代石刻校注》第 359 頁），郭氏於李嗣源（後唐明宗）稱帝後不久即任涿州刺史，到任後「完堅壁壘」，查《舊五代史》卷 36，天成元年四月李嗣源稱帝，七月涿州刺史劉殷筆謀叛被平定，郭洪鐸當於此事後到任；〔8〕後唐明宗於天成二年十月開始臨幸汴州，「掌事者因緣修葺衙城」，因其臨幸發生在平定朱守殷叛亂之餘，暫以該年的最後數月為修築時間；〔9〕據《資治通鑒》卷 276，天成四年（929）十二月，後唐明宗派夏魯奇「治遂州城隍」，考慮到時間已至年末，築城或在次年。（萬曆）《四川通志》卷 11 云遂寧縣城為「（後）唐節度夏魯奇築」，筆者暫以為其築城時間與遂州相同或相近（按，遂寧縣隸屬於遂州，夏魯奇節制遂州的時間為 927～931 年）；〔10〕據（光緒）《浮山縣志》卷 5，後唐同光中「徙置於此」，表明長興時的築城發生在遷治之後，今從其說。（成化）《山西通志》卷 3 記載長興中所築的神山縣城周 4 里 150 步，與其他方志略有不同；〔11〕幽州與潞縣的築城均由節帥趙德鈞所主導，他於 926～936 年節制該鎮。《冊府元龜》卷 688 記「漢趙德鈞為薊門守」，若指「後漢」明顯錯誤，據《舊五代史》卷 98，趙氏於後晉初離世；〔12〕據記載，「初，青州節度使楊光遠構逆謀，乃繕治城隍，蓄聚芻粟，為

跋扈之計」,而《五代十國方鎮年表·青州》考證楊氏節制平盧始於天福五年九月,至八年十二月叛,筆者暫以後晉高祖離世的天福七年為修城時間;〔13〕據(乾隆)《順德府志》卷6所引舊志,沙河縣於開運元年移於今治。不過,(嘉慶)《大清一統志》卷30引述舊志稱「梁開運元年移今治」,與以上兩部方志有所不同,暫依前者;〔14〕包括深州城的修築,均由冀州刺史主導。據《中國行政區劃通史·五代十國卷》,後周時束鹿縣隸屬於鎮州、安平和博野縣則歸深州管轄。查《中國歷史地圖集》第5冊《唐·河北道南部》,深州和安平等縣與冀州距離較近,大致在其正北方;〔15〕另據(乾隆)《江南通志》卷20,通州城始築於顯德六年,較(嘉慶)《大清一統志》卷106所記時間偏晚一年。不過,後周約於顯德五年升靜海軍為通州,城池當修築於新政區設置後尚合乎情理;〔16〕關於後周改築泰州城的時間,史書並無明確記載,《宋史》卷270反映了後周初取泰州而後被南唐進攻時對牙城的重視,而據(乾隆)《江南通志》卷20,團練使於顯德中「增子城於東北隅」,又《舊五代史》卷117記載,泰州被後周奪取是在顯德四年十二月,世宗且在次年三月對其進行了巡幸,故筆者推測築城當在顯德五年;〔17〕此時澶州城的基礎是德勝寨,夾黃河而為南北二城,修築於貞明五年(919)梁、晉夾河對峙之時,之後北城得以擴展,天福三年(938)後晉出於防範契丹南侵的需要徙州治於此。另據《舊五代史》卷114,柴榮在廣順年間節制該鎮時曾對城市進行過整治,「廣其街肆,增其廨宇,吏民賴之。」

就空間分布而言,這44座城市有不少位於中原政權的邊疆地區,尤其以北疆為多(21座),占總數的近一半。在北疆中,又以河北道北部最多,達17座,折射出中原政權在防禦契丹侵擾上做出的努力。另外,隨著後周時劉崇在河東的割據,兩個政權的毗鄰區域也有部分州縣的城池得以修築。

後梁時期北方地區共有10座州縣城池(含沁州)得以修築,它們的分布區域相對分散:延、鄜、同、華、寧、夏6州位於關內道,蔡州屬河南道,沁州屬河東道,莘縣、棣州則在河北道的南部。顯然,後梁在關內道修築的城池較多,當與該地區偏離政權中心,且承擔著來自河東及岐政權給予的軍事侵擾有關。寧、夏2州的情況相對特殊,因鄰近邊疆,其城池修築更多地出於防範外部勢力來犯的需要;劉鄩增築莘縣城池,反映出末帝時基於河東政權在河北道的積極擴張致使後梁遭受到趨於嚴重的壓力〔註61〕;棣州的築城與遷治相伴隨,屬規避黃河災患的主動性舉措。

沁州屬河東政權,偏於河東道南部,周邊的晉、潞、澤、絳等州自唐末以來便是汴、晉兩大勢力爭奪的焦點區域,907~908年的潞州戰役〔註62〕無

〔註61〕《舊五代史》卷23《劉鄩傳》,中華書局,1976年,第310~312頁。
〔註62〕方積六著:《中國軍事通史》第11卷《五代十國軍事史》,軍事科學出版社,1998年,第83~86頁。

疑是兩者矛盾的集中爆發。潞州之戰以河東的勝利告終，在相當程度上扭轉了本地區業已形成的汴強晉弱態勢。唐末的沁州「當敵衝，徙其南百餘里，據險立柵而寓居」，抱著「徙城避敵，豈勇者所為」思想的李存賢遷之於故城，雖是棄安就危，「梁兵屢攻之，存賢力自距守，卒不能近」〔註63〕，固然與他修治城池有一定關聯，或更得益於潞州戰役產生的積極效應。

後唐一代共修築有 14 座城池（不含沁州），12 座在北方地區，而遂州與遂寧縣偏於巴蜀，反映出後唐滅亡前蜀後鞏固其在當地權力的努力。北方的 12 座州縣城池中，除汴州、神山縣及定州、新樂縣偏於內地外，其他的 8 座集中在北部邊疆，寰州與神山、渾源 2 縣屬河東道，涿、幽 2 州和三河、潞、良鄉 3 縣位於河北道。

汴州衙城在本時段得以修葺，與明宗有莫大關係，其政治意義相當明顯。據史書記載，李嗣源在位期間駐蹕汴州長達 1 年 4 個月〔註64〕，加上巡幸之前朱守殷據此城發生叛亂的事實，修葺衙城以強化防禦有其必然性。

定州城的修築並非後唐政府主導，而是節度使王都為防止被吞併而進行的自保舉措〔註65〕。面對後唐的討伐，「（王）都以重賂求救於奚酋禿餒」〔註66〕，禿餒遂「領二千騎西南趨定州」〔註67〕，剛得以修築的新樂縣城在契丹與王都聯軍的夜襲下被攻破〔註68〕。其實在莊宗時，定州節帥王處直就曾為自保而遣其子王郁「說契丹，使入塞以牽晉軍」〔註69〕——漢族官僚為個人利益而勾結契丹成為其南侵的直接原因〔註70〕，王處直可謂開了先河。當然，契丹的這兩次南下均以失敗告終，折射出中原政權在河北道尚保持著較強的防禦實力。

〔註63〕《新五代史》卷 36《李存賢傳》，中華書局，1974 年，第 395 頁。

〔註64〕《新五代史》卷 6《唐明宗本紀》，中華書局，1974 年，第 58～60 頁。

〔註65〕《冊府元龜》卷 123《帝王部·征討 3》，中華書局，1960 年，第 1475 頁。

〔註66〕《資治通鑒》卷 276《後唐紀》5「天成三年五月」，中華書局，1956 年，第 9018 頁。按，兩五代史相關紀、傳皆稱禿餒為契丹將領，與《資治通鑒》不同，暫以兩五代史為準。

〔註67〕《舊五代史》卷 39《唐明宗紀》5，中華書局，1976 年，第 538 頁。按，史書對禿餒所領騎兵數量的記載有所不同，《舊五代史》卷 137 稱「五千」，《資治通鑒》卷 276 則稱「（一）萬」。

〔註68〕《資治通鑒》卷 276《後唐紀》5「天成三年五月」，中華書局，1956 年，第 9019 頁。按，新樂縣隸屬於定州，位於州境的西南部，此時當為後唐所據，修築城池也是防禦王都及契丹的軍事需要。

〔註69〕《新五代史》卷 72《四夷附錄》1，中華書局，1974 年，第 888 頁。

〔註70〕韓光輝：《契丹人南下原因初探》，《北方文物》1990 年第 3 期。

　　涿、寰、幽 3 州和潞、三河、良鄉 3 縣在定州以北，位於後唐的北疆，除涿州〔註71〕外，其餘城池修築均與契丹的南侵有關，占到了後唐在北方築城總數的 41.6%，指示著本時段趨於嚴重的邊疆危機：幽州節帥趙德鈞在防禦契丹上用力頗多，幽州與良鄉等 3 縣城池的修築皆由其主導〔註72〕。結合天成四年（929）四月契丹入寇雲州的史實〔註73〕來看，雲州節帥楊漢章修築寰州城池應是其面對契丹侵擾而有意將防禦節點向縱深推移的積極舉措〔註74〕。

　　在此之前的天成元年（926），後唐以應州為彰國軍節度使、升興唐軍為寰州，尚屬河東道的北疆地區，或也是明宗加強北部邊防的需要而有意為之。推及西北方之府州在更早時段的遷治，何嘗不是為了規避契丹及其他游牧族群的侵擾？〔註75〕

　　後晉、後漢兩代修築的城池並不多，它們所處的位置與後唐不同，主要分布在內地。

　　後晉藩鎮節帥楊光遠對青州城的修築比後唐時的定州王都情況還要嚴重。查相關傳記，楊氏早年追隨李存勗，後唐一代頗有軍功。後晉前期，因牴觸權臣桑維翰而被石敬瑭「罷其兵權」，楊光遠「由此怨望」，走上了勾結契丹、謀逆朝廷的道路。青州位於河南道東部，在楊氏的誘導下，契丹南下奪取博、德等州，直抵黃河北岸，出帝不得不前往澶州以加強防禦〔註76〕。顯然，在楊光遠等漢人的幫助下，契丹南侵中原的程度較之前大大加深了。

　　南樂縣隸屬於鄴都，縣城的修築也發生在本時段，實為後晉防範楊光遠等人勾結契丹的重要行動〔註77〕。

〔註71〕按，涿州刺史郭洪鐸修城較大可能發生在之前的刺史劉殷肇不受代、謀叛被平定後，具有明顯的事後重建性質。而劉殷肇謀亂並非受契丹勢力影響，而是利用中央政權更替（莊宗駕崩、明宗即位）謀利。

〔註72〕《舊五代史》卷 98《趙德鈞傳》，中華書局，1976 年，第 1308～1309 頁。

〔註73〕《舊五代史》卷 40《明宗紀》6，中華書局，1976 年，第 549 頁。

〔註74〕按，寰州隸屬於彰國軍節度使（駐應州），而寰州尚在應、雲 2 州的西南。從某種意義上說，楊漢章修築寰州城池並非其職權所在，這樣做反映出該地區在本時段的特別應對情況，或也流露出新設節鎮（彰國軍）的相對弱勢。

〔註75〕《太平寰宇記》卷 38《府州》，中華書局，2010 年，第 812 頁。按，府州的遷治發生於天祐八年（910）河東政權設置該州後不久。

〔註76〕《舊五代史》卷 82《晉少帝紀》2、卷 97《楊光遠傳》，第 1084～1089、1291～1292 頁。

〔註77〕《資治通鑑》卷 283《後晉紀》4「天福八年十二月」，中華書局，1956 年，第 9256 頁。

　　後漢 4 個府州的築城均為當地節帥所為，折射出中央政權的相對弱勢和地方節帥較強的離心。契丹因施政不當，入主中原不久便失去了人心，無奈北歸，河東節帥劉知遠遂舉義南下，建立了新政權。鳳翔節度使侯益為契丹所授，擔心新王朝會對其討伐，遂濬城隍以自固。

　　劉知遠在位一年而離世，年僅 18 歲的劉承祐繼位。位高兵強的河中節帥李守貞擔心自身難保，據鎮謀叛。隨之，趙思綰、王景崇竊取京兆、鳳翔府，推李守貞為主，構成了「連衡作叛」〔註 78〕，修治城池以自我保護。與李茂貞、趙思綰不同的是，或鑒於侯益對鳳翔城池已進行過修治，王景崇把修築的對象定位於本鎮東部的乾州城。

　　後周政權雖然只存在了 9 年，修築的州縣城池卻有 18 座，在本時段的幾個中原政權中是最多的，平均每年就有 2 座城池得以修築。

　　應該說，這 18 座城池的修築主要與契丹、北漢和南唐 3 個相鄰政權有關，地域分布也相對集中於後周的北疆、三河〔註 79〕和新奪取的淮南地區：北部邊疆有深、莫、霸 3 州和武強、束鹿、安平、博野 4 縣，占到了總數的38.9%。莫、霸 2 州築城時間較晚，且在深州、武強等縣以北，顯示出後周世宗收復失地、鞏固邊防的努力；位於三河地區的城池有晉、懷、隰 3 州和河陽、河南 2 府，均在北漢疆域的南部，反映出後周在這一區域防禦能力的加強；淮南地區則有壽、揚、泰、通 4 州，後周對這些城池的修築帶有對新取得土地之舊環境特加改造的政治意味，壽州治所被遷移，揚、泰 2 州舊城被縮建都是較好的反映。

　　都城開封府的情況需要特別說明一下。後周世宗對開封城的擴建更多地迎合了社會發展、城市繁榮的現實需要，因為從唐建中二年（781）以來，開封（汴州）城的規模長期沿襲著周回 20 里 155 步的規模，隨著五代後期其都城地位的穩固，大量官僚、民眾集聚於此，造成了城市用地緊張、居住環境惡化的尷尬局面〔註 80〕。顯德三年（956）拓展的開封新城周 48 里 233 步，

〔註 78〕《舊五代史》卷 101《漢隱帝紀》上，中華書局，1976 年，第 1349 頁。
〔註 79〕按，為表述方便，此處的「三河」借用的是漢代地域概念，指河東、河南、河內三郡，大致相當於今山西南部、河南西北部一帶，參見《辭海·歷史地理》「三河」詞條，上海辭書出版社，1978 年修訂版，第 7 頁；譚其驤主編：《中國歷史地圖集》第 2 冊《西漢·司隸部》，中國地圖出版社，1982 年，第 15～16 頁。
〔註 80〕《五代會要》卷 26《城郭》，上海古籍出版社，2006 年，第 417 頁。

城內面積較之前擴大了 4 倍，助力於該城更好的承擔國都職能。

對比唐末與五代兩個時段北方地區所築城池的空間分布會發現，唐末相對分散，河南、河北、關內、河東諸道均有分布，差距相對較小，以河南道為多（8 座），占比為 42.1%，在一定程度上反映出唐末戰亂對該地區的較大影響和朱全忠的擴張。五代時期修築的城池總體上分布也較為分散，但受制於契丹的侵擾，北疆成為重要區域，築城最多的後唐、後周 2 代在本地區均有可觀的表現，占比也都在 1/3 左右。相比之下，河南道所築城池較唐末明顯偏少，加上下蔡縣與壽州也僅為 7 座，占比僅為 15.9%，且築城時間主要集中在後周時段，地域分布則偏於西北部，反映出本地區在防禦北漢侵擾上的重要地位。

與唐末不同的是，五代時期北方政權還修築了部分縣城，共 15 座，它們主要集中在河北道，為防範契丹南侵而修築的至少有 9 座，占到了總數的 60%。顯然，面對契丹的南下，中原政權在重視州城的同時，也在以修築縣城（與軍城）的方式提高著本地區軍事防禦的密度和實力。

北方地區在唐末與五代均得到修築的城池共有 7 座，分別為幽、定 2 州和河陽、河南、京兆、鳳翔、太原 5 府。就當權者修築它們的目的來看，或有歷史傳承性，如河陽府，均反映了河東政權與中原政權的對峙，鳳翔府都是當地節帥自保性舉措，河南府則是強調其重要政治地位的體現；或因社會形勢的改變而被賦予了新的意義，如幽州在唐末的築城是節帥為了自固，五代時則是防禦契丹侵擾的需要。唐末韓建改築長安城是對其喪失國都地位的善後，五代則為節帥的自固行為。

太原府在唐末築城的次數稍多，五代則到了後周世宗時。劉崇割據河東之初，尚有向西南擴張的舉動，但經過顯德元年（954）初的高平之戰，實力大減，轉為防守一方〔註81〕。隨之，陷入被動的劉崇「收散卒，繕甲兵，完城塹以備周。」〔註82〕比對李克用與劉崇的築城，均在一定程度上反映了河東與中原兩大集團的對立和河東所處的相對劣勢。

從數量來看，五代北方地區修築的州縣城池為 44 座，它們在整個政區體

〔註81〕方積六著：《中國軍事通史》第 11 卷《五代十國軍事史》，軍事科學出版社，1998 年，第 245～248 頁。

〔註82〕《資治通鑑》卷 291《後周紀》2「顯德元年三月」，中華書局，1956 年，第 9508 頁。

系中所佔比例為 6.3%，較唐末（2.4%）有所提高。從宏觀來看，城池得到修築的州縣只是眾多州縣中的少數。不過，相對而言，州城雖較縣城要少得多，卻得到了當權者更多的「眷顧」，所佔比例為 27.7%；都城與節鎮所在州城在整個最上層政區中所佔比例更是達到了 45.7%〔註83〕。正如上文所論，行政等級越高，越容易被當權者所重視，築城加以保護的可能性也就越大。

二、南方政權

據筆者統計，五代（及宋初）南方地區共有 60 座州縣城池得以修築〔註84〕，較唐末有一定增長。這 60 座城池在南方諸政權的分布並不均衡，與唐末類似，吳—南唐和吳越地區仍是主要的築城區域。其中，吳—南唐（不含清源軍）境內共有 31 座城池得以修築，超過了總數的一半（圖4-2）。吳越地區為 9 座，包括後來奪取的福州。之外的其他地區則相對較少，修築城池共 19 座，但分布相對均衡一些。

圖 4-2　五代至宋初南方諸政權修築城池占比圖

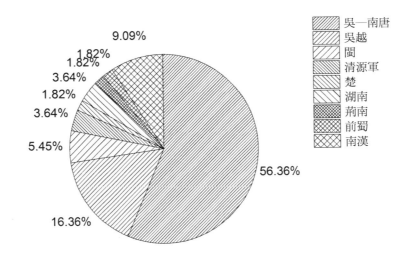

〔註83〕按，筆者對五代時期北方地區節鎮的統計主要參考的是《中國行政區劃通史五代十國卷》之《附錄》——《五代十國方鎮建置沿革表》及《五代十國時期政區沿革表》959 年所錄節鎮，未包括歸義軍、定難 2 個節鎮，北漢境內節鎮計入其中，後周奪取南唐的淮南地區節鎮依舊計入南方地區，符合條件的節鎮為 35 個。

〔註84〕按，含後唐、後周在南方修築的部分州縣城池（遂州與遂寧縣，揚、泰、通 3 州）。另外，部分城池在不同政權管轄下得到了多次修築（揚、泰、福 3 州），仍計為 1 座。

在得到修築的這 60 座城池中，含 43 座州城〔註85〕和 19 座縣城，州縣比例約為 2.3：1。顯然，州城是修築的主體。在這 43 座州城中，節鎮所在州占 22 座〔註86〕，超過了總數的 1/2，較唐末有較大幅度的提高——除舊的節鎮所駐州城在本時段多有修築之外，新增節鎮所在州城也有不少得到了修築，如吳國的濠州，南唐的壽、撫 2 州，吳越的蘇州，閩國的建州和之後的清源軍（泉州），南漢的韶、禎 2 州等。

從這些新修築城池的規模來看，州城周長多在 10 里以上，廬、昇、常、建、泉等州城更是在 20 里以上，而縣城則多數維持在 5 里以下。不過，縣城中也有少數例外，如江陰、當塗 2 縣，周回達 13 里和 15 里；南漢的雷州城僅周 5 里，梧州城更小，為 4 里有奇，樂史還稱端州「州郭邑甚微，然為西南道尤好郡」〔註87〕，似暗示嶺南地區州城普遍偏小的事實。

（一）吳—南唐

據統計，在吳—南唐疆域內，唐末得以修築的州縣城池為 15 座（表 4-4），含 12 座州城和 3 座縣城；五代及宋初的築城較唐末有增長了一倍，達 30 座，包括 20 座州城（按，含後周對揚、泰、通 3 座州城的修築，筠州與高安縣同治一城）和 12 座縣城。顯然，州城是城池修築的主體。另外，縣城在本時段被關注的程度也有所提高。

由表 4-4 可知，在唐末至宋初的本區域共有 23 座州級城池得到過修築。在這 23 座城池中，共有 9 座是節鎮所在州城，占比為 39.1%。推及唐末，在 12 座州城中，只有揚、潤 2 州是節鎮州，占比僅為 16.7%；五代時段除以上 2 州外，還有升格為節鎮及都城的虔、撫、濠、壽 4 州和金陵府，以及舊有的宣、洪 2 個節鎮州——顯然，新增節鎮州與都城的表現是比較突出的。

從這些經過修築的城池的規模來看，多數州城周長均在 10 里以上，潤、

〔註85〕按，高安縣與筠州雖同處一城，統計時予以分開；南城縣於南唐末的築城發生在它被升格為建武軍之後，故以州城統計；新淦、婺源 2 縣的築城與吳、南唐在其地設置使有關，據《中國歷代職官辭典》「制置使」詞條（邱樹森主編，1991 年），五代時為地區軍事長官，認定其為州級政區或顯武斷，仍視其為縣級職官。

〔註86〕按，揚州、昇州是吳與南唐的都城，也算作節鎮州內。不過，修築某州城池在先，在此設置節鎮在後，則未將其計入節鎮州內，這種情況如廬、池、婺、溫 4 州。

〔註87〕《太平寰宇記》卷 159《端州》，中華書局，2007 年，第 3059 頁。

昇、常、盧、泰等州州城更是達到了 20 里以上。至於縣城，周長則以小於 5 里為多。樂平縣城更顯「草率」，未築城池，僅立城門以示基本區域。不過，也有幾個偏大的縣城，南城、江陰、當塗 3 座縣城周長均超過了 10 里——從史志記載來看，3 縣在之前已有城池，此次修築城池是在城外又築一重或者對舊城的展拓，規模自然要大一些。而且，唐末的南城縣社會發展態勢良好〔註88〕，江陰、當塗 2 縣瀕臨長江，戰略位置優越〔註89〕，拓建城池且屬應時之需。南唐時升 3 縣為州級政區〔註90〕，城池偏大應是重要的考量因素。

表4-4　唐末至宋初吳—南唐修築城池州縣統計表

序號	時　間	州縣名稱	城池規模	文獻出處	備　註
1	乾符六年（879） 中和間（約 883） 景福元年（892） 保大中（約 955）	揚州	—— —— —— ——	舊唐書（182） 桂苑（16） 容齋隨筆（9） 南唐近事（2）	高駢修城 築羊馬城 楊行密修葺 理城隍〔1〕
2	乾符六年（879）	池州	——	全唐文（829）	亂後修城
3	中和三年（883） 中和五年（885） 光化中（約 899） 天祐五年（908）	歙州	4 里 2 步 9 里 7 步 —— ——	新安志（1） 全唐文（867）	修羅城 增廣羅城 以城外隄築新城 修新城
4	中和間（約 882）	樂平縣	——	江西通志（8）	無城，立 4 門
5	中和五年（885）	泗州	——	文苑英華（809）	重修鼓、角樓等
6	光啟三年（887） 顯德五年（958）	潤州	26 里 17 步 ——	通鑒（256） 全唐文（877）	增築羅城 修築城池〔2〕

〔註88〕「人繁土沃，桑耕有秋。學富文清，取捨無忮。既狀周道，兼貫魯風。萬戶魚鱗，實謂名邑」，《全唐文》卷 819《唐南康太守汝南公新創撫州南城縣羅城記》，中華書局，1983 年，第 8623 頁。

〔註89〕按，江陰、當塗 2 縣均瀕臨長江，戰略位置相當重要，相關描述參見《輿地紀勝》卷 8《江陰軍》、卷 18《太平州》，中華書局，1992 年，第 494、819 頁。

〔註90〕《太平寰宇記》卷 92《江陰軍》、卷 105《太平州》、卷 110《建昌軍》，中華書局，2007 年，第 1850、2078、2239 頁。按，昇元中建江陰縣為軍，以江陰縣屬焉；周世宗畫江為界後，南唐於當塗縣置新和州，後改雄遠軍；開寶二年，南唐於南城縣置建武軍。

7	光啟三年（887） 大順元年（890） 昇元四年（940）	撫州	15 里 —— ——	全唐文（819） 江西通志（18）	增築羅城 移築子城 拓展 5 里〔3〕
8	龍德元年（888）	蘄州	——	九國志（2）	塹城自固
9	大順元年（890） 天祐十一年（914） 武義二年（920） 太和四年（932） 太和五年（933） 顯德六年（959） 開寶七年（974）	昇州 金陵府 江寧府	—— 25 里 44 步 —— ——	九國志（2） 南唐書（陸，1） 景定建康志（20） 通鑒（278） 十國（16） 南唐書（陸，3）	拓城 耗時約 3 年 升金陵府，築城 拓城〔4〕 營建宮城 修城 修城
10 ~ 11	大順二年（891） 開寶二年（969）	南城縣 建武軍	13 里 ——	全唐文（819） 江西通志（15）	創築羅城 修築城池〔5〕
12	景福元年（892） 天祐三年（906） 順義中（約924） 天祚二年（936） 保大末（約956）	常州	4 里 318 步 7 里 30 步 27 里 37 步 ——	毗陵志（3） 全唐文（868） 毗陵志（3） 唐餘紀傳（11）	修內子城 修城築塹 拓展子城 創築羅城 修治城池〔6〕
13	乾寧二年（895） 天祐初（約904） 乾貞二年（928） 太和五年（933） 保大二年（944）	袁州	1500 餘丈 1272 間 —— 200 餘間 ——	袁州府志（15）	築羅城、濬壕塹 拓展東南城 城門置鋪設柵 拓城濬壕 修城〔7〕
14	天復初（約901） 昇元二年（938）	婺源縣	—— 10 里	新安志（5） 全唐文（871）	建鼓、角樓 拓展城池〔8〕
15	唐末 開寶五年（972）	吉州	—— ——	江南野史（6） （10）	拓廣城池〔9〕 修治城池
16	唐末 南唐末	虔州	13 里 ——	江西通志（34） 全唐文（886）	拓展城池 修治城池〔10〕
17	天祐四年（907）	廬州	26 里 170 步	全唐文（868）	創築羅城
18	天祐中（約910）	新淦縣	7 里	新淦縣志（2）	升制置院，築城〔11〕
19	天祐八年（911）	句容縣	——	句容縣志（1）	縣令修築
20		江陰縣	13 里有奇	江陰縣志（1）	內有子城
21	天祐十年（913）	黃州	——	孫彥思墓誌	版築城池
22		饒州	——	稽神錄（4）	修城掘濠

23	吳 顯德四年（957）	濠州	——	全唐文新編（884） 南唐書（陸，14）	疏濬城隍〔12〕 修治城壘
24	昇元元年（937） 保大時	壽州	——	南唐書（陸，7） 玉壺清話（10）	增修城隍 決水入城壕〔13〕
25	昇元元年（937）	靖安縣	2 里	南昌府志（9）	置縣後築城
26 ～ 27	昇元初（約937） 保大十年（952）	高安縣 筠州	——	瑞州府志（2）	修治縣城 升縣為州，修城
28	昇元元年（937）	泰州	25 里 4 里餘	太平寰宇記（130） 泰州重展築子城記	升縣為州，築羅城 重新展築子城
29	昇元二年（938）	溧陽縣	4 里許	江南通志（20）	創築土城
30	保大三年（945）	當塗縣	15 里	太平府志（6）	拓城；後置新和州
31	保大八年（950）	吉水縣	4 里	江西通志（24）	創築縣城〔14〕
32	南唐初 建隆三年（962）	宣州	新舊城 10 里 193 步	通鑑（293） 全唐文（877）	修繕城池 增築新城〔15〕
33	保大十三年 （955）	漣水縣	——	稽神錄（補遺）	修城；次年復置漣州
34	顯德五年（958）	虔化縣	——	江西通志（34）	增修城池
35	顯德六年（959）	洪州	——	江南野史（2）	修葺城池
36	乾德五年（967）	績溪縣	5 里	績溪縣志（1）	創築城池

說明：（1）在本區域內，後周還修築有揚、泰、通 3 州州城，相關內容在表 4-3 中已出現，為避免重複，予以省略；（2）「桂苑」指《桂苑筆耕集》、「毗陵志」指（咸淳）《毗陵志》、（新安志）指（淳熙）《新安志》、「南唐書（陸）」指陸游所撰《南唐書》，「江西通志」與「江陰縣志」均為嘉靖版，「袁州府志」為咸豐版，「新淦縣志」與「南昌府志」均為同治版，「句容縣志」為弘治版，「江南通志」為乾隆版；（3）南城縣與建武軍、高安縣與筠州同治一城，故放於一欄。但它們築城時間不同，為方便統計分析，在列表時有所區分；（4）據馬令《南唐書》卷 12，陳誨任建州節度使時「繕修守備」，因無法確證是否是對城池進行了修築，存疑。

注解：〔1〕據《唐方鎮年表》卷 5，楊行密節制淮南的時間是 892～905 年，對揚州城的修葺當在任職早期。另據《江南餘載》卷下及《江表志》卷中，南唐元宗李景時蘇洪曾對揚州城進行為修築，因「保大」為李景在位時年號，兩書所記或為一事；〔2〕據韓熙載所撰《宣州築新城記》，林仁肇「在京口日，濬溝池，崇壁壘」，查《五代十國方鎮年表》，林氏節制潤州的時間為 958～962 年，暫以其上任之年為修城時間；〔3〕《全唐文補編》卷 110 引（弘治）《江西通志》卷 2 所錄《大唐撫州新修羅城記》，內容雖不多，末尾所署時間為昇元四年十二月，與（嘉靖）《江西通志》卷 18 所記「羅城，昇元初太守周弘

祚關之，加長 5 里」相契合，暫以周氏修廣城池的時間為昇元四年；〔4〕兩部《南唐書》關於徐知誥修築昇州城的時間有所不同，馬令《南唐書》卷 8 記為天祐十二年開始修築，陸游《南唐書》卷 1 記為天祐十一年，暫從後者。另據《資治通鑒》卷 278，太和四年徐知誥對金陵城有所拓展，周圍 20 里，而（景定）《建康志》卷 20 記周 25 里 44 步的金陵城為順義年間所築，暫從後者；〔5〕據《太平寰宇記》卷 110，南唐升南城縣為建武軍的時間是開寶二年，而（嘉靖）《江南通志》卷 15 言及李崇贍在「制置建武軍事」時對其城池進行了修築，說明修城時間當在 969～975 年間。另外，從文字表述來看，李氏的築城主要體現在對子城的拓展和敵樓的營建上；〔6〕據《唐餘紀傳》卷 11 及《十國春秋》卷 30，保大中任職常州刺史的陸昭符曾鑒於「州當吳越之衝，屢歲交兵，城邑荒破」而對城池進行過修治。查相關史書，唐末五代初常州的確受到吳越錢氏的多數進擊，至五代末只於顯德三年（956）三月攻克過該城且隨即班師。顯德三年對應南唐的保大十四年，而該年號共十五年，故筆者暫定陸氏修築常州城的時間為「保大末（956）」；〔7〕據《十國春秋》卷 8，彭彥章於天祐初任袁州刺史，展州城東南面 1000 餘間。依所引府志，劉仁贍只是對袁州城進行了修治，和劉氏所撰《袁州廳壁記》（《全唐文》卷 876）所言「添築羅城，開壁壕塹」有所不同。另外，所引府志還顯示，宋大中祥符圖經雲袁州城周 7 里 20 步，子城周 1 里 120 步；〔8〕據（淳熙）《新安志》卷 5，因唐末戰亂，中和二年（882）弦高鎮將依山營築城，天復初於此置婺源都鎮，建鼓、角樓，而經劉津增築後的婺源縣城為 9 里 30 步，與《婺源諸縣都制置新城記》所記略有差異。吳大和中升婺源為都制置，轄婺源、浮梁、祁門、德興 4 縣，劉津修治舊城與拓展新城尚且「聚諸縣之眾，同其力役」；〔9〕《江南野史》卷 6 記載唐末修築吉州城池的是刺史彭玕，查《唐刺史考全編》卷 162，彭氏掌刺吉州的時間為「約光化中—天祐四年」，修城當在其任職早期；南唐末年吉州的修城，根據《江南野史》卷 10 與《南唐書》（馬令）卷 22，軍將劉茂忠「與郡守同修營版築」，與刺史申屠令堅修城應是同一事件；〔10〕據（嘉靖）《江西通志》卷 34，盧光稠任刺史時對虔州城池向南進行過拓展，查《唐刺史考全編》卷 161，盧氏任刺史的時間為 885～904 年。或認為贛州（1153 年虔州改名）城在五代後梁時盧氏向東、西、南三面都有所拓展（李海根、劉芳義：《贛州古城調查簡報》，《文物》1993 年第 3 期），因《新唐書》卷 190（及卷 10）和《資治通鑒》卷 267 分別記盧氏離世於天祐元年與開平四年，遂有了不同說法，但筆者更傾向於前者；〔11〕楊行密不服後梁朱氏，所建吳政權延用「天祐」年號達 15 年多。據《十國春秋》卷 111，吳於新淦縣設置制置院的時間為天祐七年（910），築城當發生於此時；〔12〕據《全唐文新編》卷 884「劉公神道碑」，劉崇俊「濬溝隍」是在壽州升為節鎮（927）之前。另外，從《舊五代史》卷 117 後周世宗攻取濠州的史料來看，該年郭延謂有可能在濠州城外修築了關城（或稱月城）和羊馬城；〔13〕本時段壽州還以壽春縣為治，後周末才遷至下蔡縣。另，劉彥貞於 946～955 年間節制壽州，「托以濬城壕」而決附近的安豐塘入壕，筆者暫以其治池隍列於表中；〔14〕（嘉慶）《大清一統志》卷 327 記保大八年所築吉水縣城周 6 里有奇，今暫依（嘉靖）《江西通志》；〔15〕結合馬令《南唐書》卷 11、《十國春秋》卷 22 等記載，推測柴克宏修繕宣州城的時間在烈祖李昪時或元宗李璟保大初期；另據《宣州築新城記》，林仁肇築有 2 段新城垣，分別長 5 里 333 步和 4 里 330 步，還開挖了濠塹、在城上建有敵樓。

　　不過，將本地區修築城池的情況分為唐末與五代（及宋初）兩個時段來考察固然能夠揭示一些史實，且容易和同時段的北方地區進行對比，但要更好的契合歷史發展的脈絡，劃分為唐末、吳、南唐三個時段是相對理想的。考慮到實際情況，前 2 個時段的分界年份為天復二年（902），該年楊行密受封吳王，其掌控區域也基本奠定了吳國的版圖，視作吳國建立的標誌較為客觀〔註91〕；後 2 個時段的分界時間為昇元元年（937），該年徐知誥禪代楊溥成行，南唐建立。

　　重新劃分時段後，根據表 4-4 可知，唐末本地區共有 15 座州縣城池得以修築，含 12 座州城和 3 座縣城；吳時修築有 11 座城池，含 8 座州城和 3 座縣城；南唐共有 24 座城池，含 15 座州城和 9 座縣城〔註92〕。顯然，南唐時段所築城池的數量接近唐末與吳時的總合，為本地區築城的高峰期。而且，大多數縣城也是在本時段修築的。

　　從節鎮所在州城（含都城）的修築情況來看，唐末只有揚、潤 2 座州城，吳時也僅有昇、濠 2 座州城。南唐時最多，共有 8 座州城，分別為揚、潤、撫、昇、虔、壽、宣、洪州〔註93〕，超過了南唐所築州城總數的一半。

　　唐末本地區修築有 15 座州縣城池，從它們的空間分布來看，呈現出總體分散、部分集中的情況（圖 2-3）。其中，揚、蘄、泗 3 州位於長江以北。就它們的大致方位而言，揚、泗 2 州在東部，揚州為淮南節度使駐地，泗州在淮河以北，屬武寧軍節度使〔註94〕。蘄州在西部，屬武昌軍節度使；當然，

〔註91〕鄭天挺等主編：《中國歷史大辭典》「吳」詞條，上海辭書出版社，2000 年，第 1443 頁；方詩銘編著：《中國歷史紀年表》（修訂本），上海人民出版社，2007 年，第 97 頁等。按，部分學者以景福元年（892）唐廷授予楊行密淮南節度使為吳國建立的標誌，參見陶懋炳著：《五代史略》，人民出版社，1985 年，第 10 頁；杜文玉著：《南唐史略》，陝西人民教育出版社，第 8 頁。

〔註92〕按，未含後周所築的揚、泰、通 3 州州城。另外，南唐對高安縣城與筠州城的修築分別予以統計；建武軍城作州城統計；漣水軍應駐於漣水縣，軍、縣同城，計為縣城。

〔註93〕按，濠州城在 957 年也得到過修築，不過，從該時段南唐對該地所設政區的調整來看，濠州或於當年被降為團練州，喪失了節鎮州的「身份」，參見李曉傑著：《中國行政區劃通史·五代十國卷》，第 279 頁。

〔註94〕按，唐末，「武寧軍」與「感化軍」在多數時段為駐於徐州的同一節度使名稱，但有較頻繁的變換。另外，泗州曾於咸通十一年（870）割屬淮南節度使，但當年又歸於感化軍節度使，參見郭聲波著：《中國行政區劃通史·唐代卷》，復旦大學出版社，2012 年，第 404 頁。

多數城池（12 座）位於長江以南，東部有昇、潤、常 3 州，屬鎮海軍節度使；中部則為池、歙 2 州和婺源縣，屬寧國軍節度使；西南部最多，有撫、袁、吉、虔 4 州與樂平、南城 2 縣，屬鎮南軍節度使〔註 95〕。

揚、潤 2 州分別是淮南、鎮海軍節度使駐地，在唐末局勢動盪的背景下，高駢、周寶兩位節帥對 2 座州城的修築帶有明顯的自固性質。當然，揚州與中原較近，又是唐代後期首屈一指的大都市，在面對黃巢起義軍侵擾方面承受的壓力更大，高氏修繕城池，包括對羊馬城的營建，都是強化防禦的直接表現形式。

泗州城的修治雖也因戰亂而起，卻更多地反映出節鎮與屬州之間的衝突。黃巢進擊關內，「徐（州節帥）以西討急，務在廣兵力」，染指泗州。當地以「未奉詔」而不服從徐帥指令，招致連年被圍困〔註 96〕。其實在咸通十一年（870）中央置徐州觀察使時，以「泗州向因攻守，結釁已深，宜有更張，庶為兩便」〔註 97〕賦予了其一定程度的獨立性。據研究，駐於徐州的節度使建置在 9 世紀表現出一定的不穩定性，而泗州則有數次隸屬淮南節度使的情況〔註 98〕。顯然，對於徐州節鎮而言，泗州表現出較大程度的離心。

轉戰江南一帶的孫儒勢力在一定程度上推動了本地區部分州城的修築，揚、昇、常 3 州便是其例。文德元年（888），孫儒攻破揚州，與楊行密在淮南、浙西、宣州一帶展開爭奪，一直持續到景福元年（892）其兵敗被擒〔註 99〕。馮宏鐸版築昇州城且發生在楊行密攻取潤州、孫儒分兵渡江之際；楊行密修葺揚州城、遣高彥隨修築常州城，尚發生在孫儒焚蕩兩地之後〔註 100〕。

〔註95〕按，鎮南軍節度使最早於咸通六年（865）由江南西道團練觀察使升格而來，乾符元年（874）廢為江南西道觀察使，龍紀元年（889）又升為鎮南軍節度使，參見吳廷燮撰：《唐方鎮年表》，中華書局，1980 年，第 845～849 頁。

〔註96〕〔宋〕李昉等編：《文苑英華》卷 809《泗州重修鼓角樓記》，中華書局，1966年，第 4276 頁。

〔註97〕《資治通鑑》卷 252《唐紀》68「咸通十一年六月」，中華書局，1956 年，第8159 頁。

〔註98〕賴青壽：《唐後期方鎮建置沿革研究》，復旦大學博士學位論文，2014 年，第74～78、138～140 頁。

〔註99〕《新唐書》卷 188《孫儒傳》，中華書局，1975 年，第 5467～5468 頁。

〔註100〕〔宋〕洪邁撰，孔凡禮點校：《容齋隨筆》卷 9《唐揚州之盛》，中華書局，2005 年，第 123～124 頁；《吳越備史》卷 1《武肅王》，第 6180～6181 頁。按，據史書記載，景福元年楊行密並非直接從孫儒手中奪取常州，之前甘露鎮使陳可立（一作陳可信）尚竊取了 2 個月。

　　基於唐末動盪的形勢，不少城池的修築被賦予了保護當地民眾正常生活、恢復當地安定秩序的良好目的，折射出當地刺史積極為民的自覺意識，這在江西地區（鎮南軍節度使所轄）的撫、袁、吉 3 州和南城縣表現得比較明顯〔註101〕。池州城的情況與之類似，刺史竇潚修築城池實為對黃巢亂後當地出現的「無屋宇城壁之事，無市井人物之類，瓦骼凹亞，相甃雜視」慘狀的修正與善後〔註102〕。

　　當然，因奪取手段的非正當性，部分州城的修築實為竊取者鞏固既得利益的舉措，蘄、虔 2 州是較好的說明〔註103〕。

　　歙州城的修築在一定程度上受到了當地自然災害的影響，防止水患成為現實需要：咸通六年（865），當地就在州城的西北方築堤以抵禦水災。或因民眾的較多遷駐，到了光化年間，就隄築城，從而形成了新的城區〔註104〕。當然，這一舉措並非長期奏效，五代初再度發生了水壞州城的情況〔註105〕。歙縣是歙州的附郭縣，沿襲至今，據今天的《歙縣志》記載，該縣地處皖南山區，境內溪谷縱橫，大雨降下，山洪得不到有效宣洩，極易引發水災〔註106〕。

　　相對而言，吳國在其疆域內修築的城池並不多，只有 11 座，含 8 座州城和 3 座縣城。其中，位於長江以北的有廬、濠、黃 3 州，長江以南屬鎮海軍節度使〔註107〕的有昇、常 2 州和句容、江陰 2 縣，歙州屬寧國軍節度使，袁、

〔註101〕　按，相關認知可從相應的史籍記載中查得，需要特別說明的是袁州城的修築，本時段最早的修築者為刺史揭鎮，據（光緒）《江西通志》卷 129，揭鎮於乾寧二年（895）任袁州刺史，「興利除害，惠鮮疲氓，勸農桑，阜財用，築城濬池，諸役斂弗及於民」，有頗強的為民施政心志。不過，之後彭彥章對城池的展築或有刺史自固的性質，因為其一度聯合撫州刺史進擊過洪州，隨後被反攻（《十國春秋》卷 8）。

〔註102〕　《全唐文》卷 829《池州重建大廳壁記》，中華書局，1983 年，第 8734～8735 頁。

〔註103〕　《九國志》卷 2《賈鐸傳》，杭州出版社，2004 年，第 3243 頁；《資治通鑒》卷 256「光啟元年正月」，中華書局，1956 年，第 8320 頁。

〔註104〕　〔宋〕趙不悔修：《新安志》卷 1《城社》，「宋元方志叢刊」第 8 冊，中華書局，1990 年，第 7607 頁。

〔註105〕　《全唐文》卷 867《歙州重築新城記》，中華書局，1983 年，第 9082 頁。

〔註106〕　朱益新主編：《歙縣志》，中華書局，1995 年，第 87、105 頁。按，據統計，在 650～1987 年的一千多年間，該縣發生的有文字記載的較大水災共 54 次，平均每 25 年左右就有 1 次。

〔註107〕　按，唐代後期的鎮海軍節度使轄有潤、常、蘇、湖、杭、睦等州，以潤州為駐地。唐末楊行密、錢鏐在江南地區爭戰，對鎮海軍節度使所轄數州進行了瓜分，後者且將節鎮駐地遷至杭州。吳國於天祐九年（912）重新設立鎮海

饒 2 州和新淦縣則屬鎮南軍節度使所轄（圖 2-3）。

因與中原政權長期保持著對立的態勢，吳在北部築城以強化邊防顯得很有必要。「淮右襟喉，江北唇齒」〔註108〕，鑒於其顯赫的戰略地位，盧州往往也是北方政權向南擴張時攻奪的重點對象。唐末五代初刺史張崇修築盧州羅城，主要就是防禦汴軍的奔沖。據記載，在張氏築城期間，尚且成功抵擋了北方軍隊的兩次進攻。修成後的盧州城更是「深壕高壘，足以外挫賊峰」、「壯吳部一面山河」〔註109〕，構成了守衛北疆的重要一環。當然，戰爭並非常態，而「邊寧不可心忘武備」，濠州的表現可謂對和平時段邊疆地區既定政治軍事生態的生動詮釋〔註110〕。

黃州近乎吳國的西北邊陲，天祐十年（913）任黃州制置使的孫彥思對州城進行了版築，且「興修廨署，招安民戶，勸課農桑。」其實在他築城之前，「竊值湘潭，忽興寇盜，黃寧偶失於防守，烏合遂縱於奔沖，閭閻□空，鄉閭略盡。」〔註111〕可以說，孫氏的築城是其強化地方防禦的重要舉措。不過，從當時的大環境與黃州所處的區位來看，寇盜侵擾黃州發生在吳國向西擴張失利而退敗之際，該年前後岳、荊、鄂等周邊州郡的遭遇反映出楚、荊南與吳 3 個割據政權（勢力）在該地區的激烈博弈〔註112〕。

軍節度使，以潤州為駐地，十四年（917）遷治於昇州。南唐鼎革，該節鎮駐地又遷回潤州，昇州作為政權都城被單獨劃出。參見李曉傑著：《中國行政區劃通史·五代十國卷》，第 265、281～282 頁。

〔註108〕〔宋〕鄭興裔：《合肥志序》，《鄭忠肅奏議遺集》卷下，愛如生「中國基本古籍庫」。

〔註109〕〔五代〕殷文圭：《後唐張崇修盧州外羅城記》，《全唐文》卷 868，中華書局，1983 年，第 9093～9095 頁。按，該文作於天祐十四年（917），題目中的「後唐」並非指五代後唐政權（建於 923 年）。

〔註110〕〔南唐〕徐鉉：《大唐故匡時啟運功臣清淮軍節度壽州觀察處置等使特進檢校太傅使持節都督壽州諸軍事壽州刺史御史大夫上柱國彭城威侯贈太尉劉公神道碑》，周紹良主編：《全唐文新編》卷 884，第 4 部第 4 冊，吉林文史出版社，2000 年，第 11095 頁。按，「劉公」指劉崇俊，在 927 年任壽州節帥之前為濠州刺史。他在濠州任上不僅對城池等防禦設施進行了修治，還「招懷邊甿，講習戎事，遊兵冀馬」，在強化邊防上用力頗多。

〔註111〕〔五代〕張簡如：《唐金紫光祿大（夫）檢校司空使持節黃州諸軍事黃州刺史上柱國樂安縣開國男食邑三百戶孫彥思墓誌並序》，《全唐文新編》卷 829，第 4 部第 3 冊，吉林文史出版社，2000 年，第 10452 頁。

〔註112〕《資治通鑑》卷 268～269《後梁紀》3～4「乾化二年十一月」至「乾化三年八月」，中華書局，1956 年，第 8764、8765、8776 頁；《十國春秋》卷 2《吳》2、卷 67《楚》1，中華書局，2010 年，第 44～45、939 頁。按，據前書卷

　　吳時可謂昇州城池修築的高峰期──7 次修築有 4 次發生在本時段。多次築城固然彰顯出昇州優越的地理區位，但更多地折射出權臣徐溫、徐知誥擺脫揚州楊氏且取而代之的圖謀：天祐五年（908），徐溫殺張顥而立楊隆演，「軍府事咸取決焉」，次年以昇州形勝，遣徐知誥治之；武義二年（920）七月昇州被升為金陵府，徐溫任金陵尹，十二月城成；太和三年（931），徐知誥「鎮金陵，總錄朝政如徐溫故事」，次年對金陵城進行了修廣；太和五年，宋齊丘勸徐知誥遷都金陵，遂有了「營宮城」的舉動〔註113〕。

　　常州與江陰縣的築城體現了吳與吳越在浙西的緊張對峙。兩國瓜分了浙西，常州與所轄的江陰縣與吳越接境，尤其是前者，承受著相當的軍事壓力。天祐三年（906）刺史張崇築城，就是基於這樣的考慮〔註114〕；江陰縣城與順義中常州城的修築均為張可琼所為，而張氏的功績恰集中於在本地區防禦吳越的侵擾上〔註115〕。天祚二年（936）吳國處於政治變動的敏感期，常州刺史徐景邁增築羅城或有防範吳越借機侵擾的考慮。當然，在 919 年的無錫戰役之後，兩國「休兵二十餘年」〔註116〕，基於和平環境對於社會發展的促進，城外不斷增長的居民也需要實質性的保護〔註117〕。

　　袁、饒 2 州和新淦縣屬鎮南軍節度使。新淦縣被升為制置院，修築其城池實為吳併吞虔州節鎮的重要步驟。至於袁、饒 2 座州城的修築，則是吳對來自於楚的侵犯而採取的防禦性舉措。

---

　　　　270 記載，乾化四年（914）四月，楚岳州刺史一度派水軍入黃州城，「執吳刺史馬鄴，大掠而還」，「鄂人不敢逼」。另據《孫彥思墓誌》，此時孫氏尚為黃州刺史，馬鄴或為次級長官，史書有誤。

〔註113〕《十國春秋》卷 2～3《吳》2～3，中華書局，2010 年，第 37～40、57、68～70 頁。按，徐知誥即南唐的建立者李昇，之前為徐溫的假子，在徐溫去世後殺其子徐知訓，進而成為吳國的權臣。他在吳國的政治發展路徑，很大程度上繼承了徐溫的既定謀略。

〔註114〕〔五代〕殷文圭：《後唐張崇修廬州外羅城記》，《全唐文》卷 868，中華書局，1983 年，第 9094 頁。

〔註115〕《九國志》卷 2《張可琼傳》，杭州出版社，2004 年，第 3252 頁。

〔註116〕《十國春秋》卷 78《吳越》2，中華書局，2010 年，第 1094 頁。

〔註117〕李孝聰：《唐宋運河城市城址選擇與城市形態的研究》，《中國城市的歷史空間》，北京大學出版社，2015 年，第 140 頁。按，該文最早發表於《環境變遷研究》第 4 輯（北京古籍出版社，1993 年）。另外，李先生認為常州城池的修築是基於當時附近地區的「江盜旁舞，民不奠居」而為之，所引文字來自（咸淳）《毗陵志》卷 2 所記武進縣的情況，儘管武進縣是常州的附郭縣，但細讀文獻，似與常州羅城的修築關係不大。

後梁在虔州置百勝軍節度使，成為介於吳和南漢之間的一方勢力〔註118〕。天祐七年（910），節帥盧光稠離世，為吳吞併此地提供了機會：「是冬，淮南節度判官嚴可求請置制置使於新淦縣，遣兵戍之，以圖虔州。每更番，輒潛益其兵。」〔註119〕新淦縣城的修築，應發生於此時。

袁州城在唐末五代共進行過 5 次修築，吳時就有 3 次，可謂高潮期。袁州的地理區位很關鍵，東接洪州、西連潭州，介於九嶺山與武功山之間，是溝通江西與湖南兩大地理單元的咽喉要地〔註120〕。天祐十一年（914），袁州叛附於楚，但很快被吳軍奪回〔註121〕。查吳、楚之間的衝突，主要戰線集中在長江沿岸的岳、鄂 2 州，且楚國多處於優勢。如此以來，袁州城在阻遏楚國陸上向東進軍的作用凸顯出來，以至於兩國將新戰線轉向了北面的上高、瀏陽一帶〔註122〕。

呂師造對饒州城的修治也有防禦楚軍沿江東侵的戰略考量。天祐十年八月，楚軍進攻鄂州，時任池州團練使的呂氏被委以水陸行軍應援使前往救援，但還未趕到，楚軍已離去，吳改任他為饒州刺史〔註123〕。查歷史地圖，饒州瀕臨彭蠡湖（今鄱陽湖），北與長江相通，在停駐、訓練水軍上頗具優勢〔註124〕。

南唐修築的州縣城池達 24 座，多數位於長江南岸，只有揚、濠、壽、泰 4 座州城和漣水縣城在長江以北（圖 2-3）。潤、常 2 州屬鎮海軍節度使，溧陽、當塗 2 縣隸西都江寧府，宣州與婺源、績溪 2 縣屬寧國軍節度使。今江西省境在南唐時共有 6 州 1 軍 5 縣的城池得以修築〔註125〕，占到了南唐築城

〔註118〕按，盧光稠於光啟元年（885）攻陷虔州，自稱刺史。天復二年（902），又向南奪取了韶州。開平三年（909）盧氏遣使依附於後梁，後梁遂以虔、韶 2 州置百勝軍節鎮。乾化元年（911）底，韶州為嶺南攻取，百勝軍至此只領有虔州一地，直至 918 年被吳吞併。

〔註119〕《十國春秋》卷 2《吳》2，中華書局，2010 年，第 42 頁。

〔註120〕譚其驤主編：《中國歷史地圖集》第 5 冊《唐·江南西道》，中國地圖出版社，1982 年，第 57～58 頁；劉明光主編：《中國自然地理圖集》，中國地圖出版社，2010 年第 3 版，第 137～138 頁。按，由後圖可知，宜春、袁州一線今天且為連通江西、湖南 2 省的主要東西通道。

〔註121〕《十國春秋》卷 2《吳》2，中華書局，2010 年，第 45～46 頁。

〔註122〕《十國春秋》卷 67《楚》1，中華書局，2010 年，第 937、939～941 頁。

〔註123〕《資治通鑑》卷 268《後梁紀》3「乾化三年八月」，中華書局，1956 年，第 8776 頁；《十國春秋》卷 7《呂師造傳》，中華書局，2010 年，第 106～107 頁。

〔註124〕譚其驤主編：《中國歷史地圖集》第 5 冊《唐·江南西道》，中國地圖出版社，1982 年，第 57～58 頁。

〔註125〕按，6 州指洪、筠、撫、袁、吉、虔州，1 軍指建武軍，5 縣指婺源、靖安、

總數的一半。

　　濠、壽 2 州與中原政權接境，和吳時一樣，該地區將帥對城池的修築主要是防禦北方軍隊的南侵：高審思修治壽州城是在南唐初期，後周時劉仁瞻在此能有較長時間的抵抗，善守是一方面，「審思之遺跡」也起到了重要作用〔註126〕；濠州在本時段的築城發生在慘烈的紫金山戰役之後，防範後周攻襲的目的相當明確〔註127〕。本時段都城江寧府城池的修築時間較晚，發生在北方軍隊強勢壓境的大環境下，折射出南唐的弱勢與被動。

　　漣水縣在淮河以北、泗州東部〔註128〕，北面的海州於唐末五代在北方與南方政權間表現出一定的搖擺性〔註129〕，漣水縣的防禦功能被後者重視起來。據史書記載，唐末楊吳便在此設有漣水制置使、漣水防遏使之職〔註130〕。「顯德己卯歲（955），偽漣水軍使秦進崇修城」〔註131〕，結合該年年底周世宗征討淮南的詔令，在相當程度上反映了秦氏修城的主觀預見性〔註132〕，更是對其職守的積極踐行。次年秦氏由漣水軍使改稱漣州刺史出現在與後周的作戰中〔註133〕，當是南唐肯定其作為和強化邊防的舉措。

　　揚州城在保大中進行過修治，「保大」年號有 15 年（943～957），相當於北方的後晉末至後周末。查相關史料，在乾祐元年（948）後漢討伐河中節帥

<hr>

　　　　　高安、吉水、虔化縣。此處用「今江西省境」實屬表述方便，或並不妥當，
　　　　　其區域大體相當於唐末的鎮南軍節度使轄區，到南唐時已被劃分為鎮南軍
　　　　　（駐洪州）、奉化軍（駐洪州）、昭武軍（駐撫州）、永平軍（駐饒州，後改
　　　　　稱安化軍）、百勝軍 5 個節鎮。除鎮南軍節鎮轄州較多外，其他 4 鎮所轄均
　　　　　只有所駐的 1 州。

〔註126〕〔宋〕陸游撰：《南唐書》卷 7《高審思傳》，杭州出版社，2004 年，第 5516
　　　　　頁。

〔註127〕《宋史》卷 271《郭廷謂傳》，中華書局，1977 年，第 9396 頁；《舊五代史》
　　　　　卷 117《周世宗紀》4「顯德四年三月」，中華書局，1975 年，第 1556 頁。

〔註128〕李曉傑著：《中國行政區劃通史·五代十國卷》之《920 年吳國直隸地區、金
　　　　　陵府鎮海軍節度使轄區示意圖》，復旦大學出版社，2014 年，第 649 頁。

〔註129〕《舊五代史》卷 13《朱瑾傳》、卷 41《唐明宗紀》7，中華書局，1975 年，
　　　　　第 172、568 頁。

〔註130〕《九國志》卷 1《臺濛傳》、《王綰傳》，杭州出版社，2004 年，第 3223、3235
　　　　　頁。

〔註131〕《稽神錄》之《補遺·秦進崇》，上海古籍出版社，2012 年，第 82 頁。

〔註132〕按，據《舊五代史》卷 115，後周世宗於顯德二年（955）十一月下詔征討淮
　　　　　南，而《稽神錄》所記並未涉及秦氏修城的具體月份，暫以其發生時間在周
　　　　　世宗下詔之前。

〔註133〕《舊五代史》卷 116《周世宗紀》3，中華書局，1975 年，第 1547 頁。

李守貞時,南唐應李氏之求出兵淮北,兩政權關係趨於惡化〔註134〕,南唐強化江北邊防成為現實所需,揚州城在本時段被修治或有這方面的原因。

「海陵為膏腴之地,邦賦最優」〔註135〕,表明揚州以東的海陵縣有著優越的發展條件。武義二年(920)從海陵縣劃分出興化縣,折射出本地可喜的社會發展態勢〔註136〕。之後,吳國又在海陵縣設制置院,南唐初升其為泰州〔註137〕,築城應是迎合當地經濟發展、城市人口增多的需要。

至於浙西的潤、常2州與寧國軍節鎮所轄的宣州,因毗鄰吳越國,修築其城池的目的與北疆的濠、壽2州大體一致。從「近鄰東夏,歲積貨泉,封略匪遙,備虞宜固,恥雲恀陋」來看,婺源的築城也屬於此類。當然,該地在吳時就已表現出良好的發展態勢,遂有了都制置之設,「完此城堙」、「添新壘」、「建東西二市」也有適應其政治地位提升、城市發展的客觀需要〔註138〕。

江西地區部分州縣的築城,與其政區變動有直接關鍵:面對後周的大舉南侵,南唐不敵其勢而被迫建、遷都於洪州,尋求「據上流而制根本」的上策〔註139〕。修葺洪州城,當為迎合該地政治地位提升而有意為之,與後唐明宗時修治汴州衙城的情況相似。而且,洪州城因故在歷史上少有修城的情況〔註140〕,距五代最近的一次是唐元和年間〔註141〕,若相關傳說一直存在,到後周末洪州城已有約150年沒有經過修繕,南唐在遷都之前加以修治是很有必要的;

〔註134〕《資治通鑑》卷288《後漢紀》3「乾祐元年十一月」,中華書局,1956年,第9403～9404頁。

〔註135〕〔南唐〕徐鉉:《唐故泰州刺史陶公墓誌銘》,《全唐文新編》卷885,第4部第4冊,吉林文史出版社,2000年,第11103頁。

〔註136〕《輿地紀勝》卷43《高郵軍》,中華書局,1992年,第1761頁。按,譚其驤先生認為,「一地方至於創建縣治,大致即可以表示該地開發已臻成熟;而其設縣以前所隸屬之縣,又大致即為開發此縣動力所自來」(《浙江省歷代行政區劃——兼論浙江各地區的開發過程》,《長水集》,人民出版社,1987年,404頁),興化縣從海陵縣析出,應屬於這種情況。

〔註137〕《太平寰宇記》卷130《泰州》,中華書局,2007年,第2564頁。

〔註138〕〔五代〕劉津:《婺源諸縣都制置新城記》,《全唐文》卷871,中華書局,1983年,第9116頁。

〔註139〕〔宋〕馬令撰:《南唐書》卷4《嗣主書》,杭州出版社,2004年,第5285頁。

〔註140〕「洪州城自馬援置立後,不復修革。相傳云,修者必死。永泰中,都督張鎬修之不疑……後七日,鎬薨,判官鄭從、南昌令馬皎、二子相繼而卒」,《太平廣記》卷457《張鎬》,中華書局,1961年,第3742頁。

〔註141〕按,據(萬曆)《新修南昌府志》卷4,「唐元和太守韋丹復修築東北隅」,規模似並不大。查《唐刺史考全編》卷157,韋丹於元和二年任江南西道觀察使(駐洪州),三年後離世,應驗了當地傳說。

筠州城與靖安、吉水 2 縣城的修築與南唐設置它們的時間一致，可以說是適應其政治地位變動的重要舉措，也是對當地社會發展狀況的積極肯定。建武軍城的修治也屬於此類，不過其原因或並非經濟上的推動，而是當政者強化本地軍事防禦的自覺意識。

吉、虔 2 州處在南唐的西南邊疆，本時段 2 座州城的修築時間很晚，已是開寶四年（971）前後，當地長官的築城有著鮮明的「鎮遏邊鄙」〔註142〕目的。不過，考慮到北宋已在這一時段先後滅亡了湖南、南漢政權，對南唐形成了圍困之勢，而 2 州又是首當其衝的區域，防禦宋軍入侵的因素也不容忽視。

統而論之，在吳—南唐疆域內，唐末、吳、南唐 3 個時段均有部分州縣的城池得到了修築。相對而言，長江以北地區所築城池較少，共有揚、濠、壽等 8 座州城和漣水縣城，占總數的 23.5%；今江西省境有不少州縣修築了城池，達 15 座，占總數的 44.1%，而且不少州城在 2 個甚至 3 個時段都有修築的記錄；借助徐溫的圖謀，昇州在吳時政治地位逐步提高，多次築城與之相伴隨。

鑒於和周邊不少政權長期的對立，吳—南唐對邊疆地區的不少城池進行了修築，如北方的廬、壽、濠 3 州，東南的常、潤、宣 3 州和江陰縣，江西省境的袁、饒 2 等州，占到了所築城池總數的 1/3 左右。

當然，一些州縣的築城反映了當地在吳—南唐時段良好的發展態勢，如揚州以東的泰州、洪州西南的筠州等，與周邊地區部分州縣的增置相契合。

略作統計發現，在唐末至宋初的吳—南唐疆域內，築城次數最多的幾座城池是昇州（7 次）、揚州（5 次）、常州（5 次）、袁州（5 次）和歙州（4 次）。

揚、昇 2 州作為區域內的主要城市，受到更多關注是可以理解的。前者的築城集中於唐末和五代末期，折射出戰爭與主要城市之間的密切關係；昇州的築城高峰期是在吳時，流露出權臣對國家政治生活的強烈干預；常、袁 2 州與鄰國接境，頻繁的築城反映出政權間的既有衝突和兩地在防禦敵國侵擾上所起到的重要作用；歙州城的情況比較特殊，築城以防范水患的目的相對明確。

〔註142〕〔宋〕龍袞撰，張劍光校點：《江南野史》卷 10《申屠令堅》，杭州出版社，2004 年，第 5228 頁；〔唐〕徐鉉撰：《唐故左右靜江軍都軍使忠義軍節度建州觀察處置等使留後光祿大夫檢校太尉右威衛大將軍臨潁縣開國子食邑五百戶陳公墓誌銘》，《全唐文新編》卷 886，第 4 部第 4 冊，吉林文史出版社，2000 年，第 11111 頁及朱玉龍編著：《五代十國方鎮年表》，中華書局，1997 年，第 468～469 頁。

（二）吳越

吳越國的締造者是錢鏐，他早期追隨董昌起家，從光啟三年（887）起擔任杭州刺史，經過不斷征戰，最終在兩浙地區〔註143〕建立了霸權。相對而言，錢鏐對修築城池表現出相當的熱情，據記載，他一生主導的築城竟達50多處〔註144〕。上文已涉，唐末吳越地區共修築有18座州縣城池，在該時段的南方地區是最多的，其中就有不少是在錢鏐的主導下完成的。

筆者統計了唐末五代及宋初吳越地區的築城情況（表4-5），梳理出26座州縣城池〔註145〕。由此表可知，唐末本地區共有18座州縣城池得到了修築，州城和縣城分別為8、10座，比例為4：5。在這8座州城中，杭、湖、越3州為節鎮〔註146〕，占比為37.5%，遠不及該時段北方地區的相應情況。當然，本地區節鎮偏少是主要原因。本地區在五代及宋初共修築有9座城池，含6座州城和3座縣城，州縣比例為2：1，縣城較唐末受到了一定程度的輕視。在這6座州城中，杭、蘇、福3州為節鎮州，占比為50%，較唐末有所提高，與該時段的北方地區相近。

就增築的這些城池的規模來看，州城周長多數在10～20里這一範圍，最短的睦州也有9里多，而杭州最長，應超過了70里，是一般州城的3倍多。相比之下，縣城的周長要短一些，嘉興、諸暨、定海3座縣城均不足5里，新城縣（東安鎮）城較長，達8里多，考慮到所築為羅城且依山而建〔註147〕，偏大尚在情理之中。

〔註143〕按，「兩浙地區」即浙江東、西2道所涉區域，兩道於唐乾元元年（758）始設，之後演變為鎮東軍、鎮海軍2大節鎮。其中，浙江西道包括潤、常、蘇、湖、杭、睦6州，浙江東道則涵蓋了越、明、臺、溫、婺、衢、處7州。唐末錢鏐與楊行密在浙西多有戰爭，楊氏奪取了北部的潤、常2州，結合研究時段與基本史實，筆者在正文中所指的浙西地區並不包括以上2州。

〔註144〕〔五代〕皮光業：《吳越國武肅王廟碑銘》，《全唐文》卷898，中華書局，1983年，第9376頁。

〔註145〕按，嘉興縣城與秀州城雖同處一地，但城池已有很大不同，故計作2座池；鑑於東安鎮的特殊情況，將其視為縣城更為合理。

〔註146〕按，景福元年（892）四月，唐廷升杭州（防禦使）為「武勝軍」，次年閏五月改為「蘇杭等州觀察處置使」，杭州具備了作為節鎮州的資質，參見《吳越備史》卷1《武肅王》，第6181頁。另，《資治通鑑》卷259稱「蘇杭等州觀察處置使」為「蘇杭觀察使」，略有不同。

〔註147〕〔唐〕羅隱：《東安鎮新築羅城記》，《全唐文》卷895，中華書局，1983年，第9346頁；（咸淳）《臨安志》卷18《疆域》3，「宋元方志叢刊」第4冊，中華書局，1990年，第3537頁。

表 4-5　唐末至宋初吳越修築城池州縣統計表

序號	時　間	州縣名稱	城池規模	文獻出處	備　註
1	文德元年（888） 天福四年（939）	嘉興縣 秀州	1 里 20 步 12 里	吳越備史（1） 至元嘉禾志（2）	—— 拓展州城〔1〕
2	大順元年（890） 景福二年（893） 天寶三年（910） 寶大元年（924）	杭州	50 餘里 70 里 30 里 ——	吳越備史（1） 全唐文（895） 舊(133)；通鑒(267) 唐文拾遺（11）	新夾城 增築羅城 拓廣城池 建西關城宇
3	大順二年（891）	新城縣 （東安鎮）	8 里 171 步	全唐文（895） 咸淳臨安志（18）	依山築城〔2〕
4	景福二年（893）	湖州	——	嘉泰吳興志（2）	重加版築
5	乾寧三年（896）	烏程縣	——	全唐文（867）	砌縣之外城
6	乾寧中（約896）	越州	——	寶慶會稽續志（1）	重修
7	乾寧五年（898）	明州	18 里	寶慶四明志（3）	增築羅城〔3〕
8	天復三年（903）	婺州	9 里 100 步	吳越備史（1）	築城
9	天祐初（約904）	諸暨縣	2 里 48 步	嘉泰會稽志（12）	修城
10	唐末	蕭山縣	——	新唐書（225下）	董昌「城（越州）四縣自防」〔4〕
11		餘姚縣	——		
12		上虞縣	——		
13		剡縣	——		
14		東陽縣	——	吳越備史（1）	修治城垣〔5〕
15		睦州	19 里	淳熙嚴州圖經（1）	增築羅城
16		處州	——	處州府志（2、18）	傳為唐末築　〔6〕
17		衢州	——	吳越備史（1）	修築城池
18		餘杭縣	——	咸淳臨安志（18）	武肅王時修廣
19	唐末五代初	台州	——	俞讓墓誌	修城〔7〕
20	開平初（907）	溫州	18 里 10 步	溫州府志（18）	增築內外城〔8〕
21	開平三年（909）	定海縣	3 里	寶慶四明志（1）	先築城，後置縣〔9〕
22	乾化二年（911）	吳江縣	——	吳越備史（1）	南北二城，夾松江
23	龍德二年（922）	蘇州	——	正德姑蘇志（16）	磚甃；876 年重築
24	五代	富春縣	——	咸淳臨安志（18）	修葺加固

25	顯德六年（959） 開寶七年（974）福州	——	淳熙三山志（4）	修補城池 築東南夾城

說明：（1）《讀史方輿紀要》成書較晚，部分輯入內容或經多次轉錄，差池在所難免，以明州城為例，唐末刺史黃晟創築羅城是史實，他於景福元年自稱本州刺史，而該書卷92則稱黃晟築於「咸通中」，明顯有誤。另外，卷90～93提及部分縣城（如於潛、長興、新昌、武義、浦江、蘭溪等）修築於吳越、五代或唐末，因難從相應方志中得到確證，存疑。《十國春秋》同理，該書卷112稱「天福三年四月城睦州」，也查無他據；（2）「杭州府志」為萬曆版、「處州府志」為雍正版、「溫州府志」為嘉靖版。

注解：〔1〕宋代《嘉禾記》稱乾寧三年（896）曹信父子修築過嘉興縣城，且為（光緒）《嘉興府志》卷4引述，但據（光緒）《嘉興縣志》卷3考證，此時曹信父子只是對縣城進行了固守，並未見其修築，今從其說。另，嘉興縣城規模參考的是（至元）《嘉禾志》卷2所記「府城舊為縣城」的相應內容（周回160丈，合1里20步），並非本卷「嘉興縣」縣城規模；〔2〕大順二年杜稜所築為東安鎮羅城，據（咸淳）《臨安志》卷18，新城縣城為杜稜所築，卷20又云「東安鎮在縣西一百步」，可知東安鎮在新城縣城內，結合史實推測，唐末因戰亂縣治遷於東安鎮城的可能性很大；〔3〕明州羅城為唐末該州刺史黃晟所築，1993年考古人員在寧波東門口羅城遺址發現了刻有「乾寧五年」字樣的城磚（林士民：《浙江寧波東門口羅城遺址發掘收穫》，《再現昔日的文明：東方大港寧波考古研究》，上海三聯書店，2005年，104頁），推知黃氏增築羅城的時間當在該年前後。另據（寶慶）《四明志》卷3，「錢氏據有吳越，明（州）為屬郡後，且以子弟鎮之，城郭增壯自此始矣。」而《吳越備史》卷1記錢氏據有明州是在開平二年（909）黃晟離世之後，從「城郭增壯自此始」分析，五代時錢氏對明州城也曾進行過修治甚至拓展；〔4〕據《新唐書》卷225下，董昌在稱帝之前「益兵城四縣自防」，筆者推測為越州境內的蕭山、餘姚、上虞和嵊縣，因為此時董昌雖貴為浙東節度使，但實際掌控的地區主要侷限在越州一地。出於「自防」的需要，遂對州內的幾個縣城進行了修築。考慮到東有明州黃晟，西有杭州錢鏐，南有台州杜雄（劉漢宏敗亡後逃至台州被捕獲），所築對象當為境內與3州相鄰的餘姚、上虞、蕭山、嵊縣。諸暨縣與婺州相鄰，但從本時段刺史蔣環逃奔越州，且董昌在與錢鏐激戰時「遣婺州兵以應之」（《吳越備史》卷1）的情況來看，婺州似屬服從董昌的一方，並未對其構成威脅，故此時諸暨縣城得到修築的可能性不大；〔5〕光化三年（900）九月，武肅王至東陽誅鎮將王永，考慮到王氏曾「在鎮治城壁，置鼓角（樓）」和一些鎮與縣同名且同處一地的史實，王永所治極有可能就是東陽縣城；〔6〕睦州羅城為唐末本州刺史陳晟所築，他任職的時間為881～900年；據宋代黃裳所撰《宋郡守黃烈重修郡城碑記》，「故老或云，僭偽時，盧約所築」，盧氏掌控處州的時間為883～907年；衢州城為陳章所重築（據《新唐書》卷36，元和十一年衢州爆發山洪，「毀州郭」），他任刺史的時段為901～906年；〔7〕據俞讓墓誌（全稱《大吳越國匡時勵節功臣台州教練都知兵馬使羅城四面都巡檢使銀青光祿大夫檢校刑部尚書上驍衛將軍兼御史大夫兼上柱國俞讓墓誌》，《五代墓誌匯考》，黃山書社，2012年，526～528頁），俞讓曾於唐末五代初任台州羅城四面都巡檢使，任內「樓艣應官，金湯匝郡」，《讀史

方興紀要》卷 92 且云「其羅城，五代時增修」，暫以為本時段的台州城得到
過修築；〔8〕《十國春秋》卷 77 僅言及天祐四年修築溫州子城，存疑；〔9〕
定海縣原為定（望）海鎮，開平三年五月錢鏐「城定海鎮」，閏八月升縣。

　　除福州外，在表 4-5 所列的 26 座城池中，浙東與浙西兩大區域的分布數
量大體相當：浙西地區共 12 座，含 6 座州城和 6 座縣城；14 座在浙東地區，
含 7 座州城和 7 座縣城。就所築縣城的分布來看，共有 9 縣集中在杭、越 2
州境內（圖 2-4）〔註 148〕，占到了總數的 69.2%。杭、越 2 州作為本時段浙
西、浙東兩大地區的中心城市，境內較多縣城的修築凸顯了兩座州城在區域
動盪局勢下的重要地位。

　　從諸多城池修築的時間來看，浙西地區普遍較浙東地區偏早一些，這其
實與錢鏐在兩浙地區的勢力發展有直接關聯：早期在浙西地區的擴張相對坎
坷，築城有鮮明的防禦目的；乾寧三年（896）開始節制浙東後，以築城的方
式將權力深入到所轄支州〔註 149〕。

　　以平原為主的地理單元主要集中在吳越地區的蘇、湖、杭、越、明 5 州
（及後置的秀州），而 26 座修築的城池中有 19 座分布在這一區域，占比
73.1%。本文的第 4 章第 3 節已有涉及，這一地區人口密集、經濟發達，在人
口數量、水利建設等方面較以山地為主的睦、婺、衢、臺、溫、處 6 州具有
明顯優勢，而唐末五代本地區所築城池也主要集中在北部 5 州，反映出築城
區域與經濟發達區域具有較強的重合度（圖 2-4）。當然，這一狀況也說明城
池修築尚需要足夠的人力、物力，工程的開展在相當程度上襯托出當地社會
發展狀況相對良好的現實。

　　考慮到本時段錢鏐在吳越地區社會發展過程中的重大影響，尤其是他在
修築城池方面的重大貢獻，故對唐末五代吳越地區所築城池的歷史地理學解
析更多地將其與錢鏐的事蹟相聯繫，將它們按唐末、五代兩個時段歸類後再
作分析，或不利於以築城為切入點對本地區歷史發展的更好解讀。

　　光啟三年（887），錢鏐被唐廷授予杭州刺史之職。借助節帥周寶馭下無方
引起的地區亂局，加上經過多年歷練的杭州「八都」，在之後的 2 年裏錢鏐相

〔註 148〕按，9 縣位於杭州境內的有嘉興、新城、餘杭、富春 4 縣（不含衣錦軍），蕭
　　　　　山、諸暨、餘姚、上虞、剡 5 縣在越州境內。需要點明的是，嘉興縣本屬蘇
　　　　　州，唐末歸於杭州。
〔註 149〕劉闖：《防禦與擴張：唐末五代吳越錢氏築城之時空解析》，《中國歷史地理
　　　　　論叢》2017 年第 2 輯。

繼奪取了浙西地區的常、潤、蘇3州。不過好景不長，面對實力強大、以騎、步兵為主的南下浙西的孫儒、楊行密兩大勢力，以水軍為主〔註150〕的錢鏐很快敗下陣來，既得的3州相繼喪失（表3-6）。為了不被孫、楊兩大集團吞併，錢鏐強化了杭州境內的防禦，杭州新夾城、東安鎮城均增築於這一時段。

景福二年（893），杭州與相鄰的湖州這2座州城均得到了修築。這一年，湖州刺史李師悅被唐廷加封「防禦使」之職〔註151〕；錢鏐得到相應職務，則相對較早——景福元年唐廷升杭州為武勝軍，以錢鏐為防禦使〔註152〕。顯然，唐廷賦予杭州的「防禦」任務較湖州更重。考慮到之前孫儒、楊行密在潤、常、蘇、宣等州的紛爭，杭、湖2州的築城帶有鮮明的刺史自保性質（或基於職位提升有意修治城池）。不過，結合「當是時，天下貢輸不入，獨（浙東董）昌賦外獻常參倍……朝廷賴其入」〔註153〕的事實，唐廷為維繫這一難得的財賦來源提高了湖、杭2州刺史的防禦職能，那麼，2座州城的修築也有阻遏孫、楊南侵東略〔註154〕的目的。因為杭州距越州更近，兵力也相對較強，遂有了「武勝軍」之設。

鑒於其大量的財物進獻，唐廷不斷對董昌加官晉爵。隨著權勢、聲望的提高，董昌在自我陶醉之餘越來越不滿足於中央的封授，加之近縣民眾、幕僚的鼓動，遂走上了稱帝的道路。董昌當然知曉僭越的後果，遂「益兵城四縣自防」〔註155〕。當然，修治越州城也是有可能的。因為本時段支州刺史普遍較長時間的割據，董昌雖貴為浙東節帥，實際掌控的範圍其實主要侷限於越州一地〔註156〕，「四縣」也應在越州境內。

〔註150〕何勇強著：《錢氏吳越國史論稿》，浙江大學出版社，2002年，第88～89、99、106頁。

〔註151〕〔宋〕談鑰纂修：（嘉泰）《吳興志》卷14《郡守題名》，「宋元方志叢刊」第5冊，中華書局，1990年，第4777頁。按，李師悅任湖州刺史始於光啟元年（885），直至乾寧三年（896）離世。

〔註152〕《資治通鑒》卷259《唐紀》75「景福元年四月」，中華書局，1956年，第8429頁。

〔註153〕《新唐書》卷225下《董昌傳》，中華書局，1975年，第6466～6467頁。

〔註154〕按，在浙西地區的紛爭中，孫儒不敵楊行密而最終於景福元年六月被殺，次年湖、杭2州的築城主要是防禦楊行密對越州可能的侵犯。不過，唐廷升杭州為「武勝軍」是在景福元年四月，此時錢鏐的防禦對象為孫儒和楊行密兩股勢力。

〔註155〕《新唐書》卷225下《董昌傳》，中華書局，1975年，第6467頁。

〔註156〕《資治通鑒》卷260《唐紀》76「乾寧二年正月」胡三省注，中華書局，1956年，第8463頁以及劉闖：《防禦與擴張：唐末五代吳越錢氏築城之時空解

　　董昌的僭越行徑引起了錢鏐的警覺，從對董昌的 2 次勸諫中可以認知錢氏此時維持地區和平的願望，遂充當起調停唐廷與董昌之間矛盾的傳話人。可以說，唐廷對董昌的處置在很大程度上契合了錢鏐的心志，但「縱歸田里」的意見觸及到錢鏐的根本利益，招致他改變了態度，決意對董昌大加討伐〔註157〕。乾寧三年（896）五月，董昌敗亡。錢鏐對越州城的重修是其鞏固既有戰果、染指浙東地區的重要步驟〔註158〕。

　　在錢鏐於浙東討伐董昌之際，楊行密從浙西出兵對其加以牽制，從史實來看，此時的湖州李氏追隨楊行密而站在了錢鏐的對立面〔註159〕。董昌敗亡之後，錢鏐劍指浙西，於乾寧四年九月攻取湖州。烏程縣是湖州的附郭縣，縣城修治於這一時段，防止被錢鏐或楊行密吞併的目的性很強〔註160〕。

　　節制浙東後，錢鏐通過一系列的戰爭與契機取得了對諸支州的掌控，修築城池成為其鞏固勝利、擴展地區權力的重要手段：光化三年（900）錢氏奪取婺州，結束了王壇近 8 年的割據，婺州城修築於天復三年（903），恰發生在由他任命的新刺史任期之內；同樣是在光化三年，衢州刺史陳岌歸降，陳氏兄弟長達 10 餘年的自立告終。次年錢鏐以陳章為衢州制置使（後改刺史），且命他修築了州城〔註161〕；開平元年（907）攻克溫州，當年便對其城池進行了增築〔註162〕。

析》，《中國歷史地理論叢》2017 年第 2 輯。

〔註157〕劉闖：《唐末董昌研究三題》，《杭州電子科技大學學報（社會科學版）》2018年第 1 期。

〔註158〕按，據《資治通鑒》卷 260，錢鏐攻滅董昌後，唐廷一度以王摶為浙東節帥，但遭致錢氏的堅決抵制，「錢鏐令兩浙吏民上表，請以鏐兼領浙東」，唐廷不得已承認了他在兩浙地區的地位。在討伐董昌的過程中，錢鏐表現出鮮明的自主性，筆者認為經過這一過程，他實現了從二流軍閥向一流軍閥的蛻變。

〔註159〕《吳越備史》卷 1《武肅王》，第 6184～6185 頁。

〔註160〕〔唐〕楊夔：《烏程縣修建廨宇記》，《全唐文》卷 867，中華書局，1983 年，第 9080 頁。按，從烏程縣令余氏「砌縣之外城」來看，湖州城與附郭的烏程縣城應並非一處，且縣城也是內、外二重規制。

〔註161〕《吳越備史》卷 1《武肅王》，第 6191～6193、6196、6199 頁；郁賢皓著：《唐刺史考全編》卷 145～146《婺州》、《衢州》，安徽大學出版社，2000 年，第 2071、2088 頁。

〔註162〕《吳越備史》卷 1《武肅王》，第 6200 頁；（嘉靖）《溫州府志》卷 1《城池》，「天一閣藏明代方志選刊」，上海古籍書店 1964 年影印，頁 3；《十國春秋》卷 77《吳越》1，中華書局，2010 年，第 1079 頁。

　　明州的情況略顯特殊。從景福元年（892）開始，黃晟開始掌刺明州。在錢鏐討伐董昌時，黃氏且有出兵的舉動〔註163〕。乾寧末，明州羅城得以增築，黃氏雖冠之以「先無羅城，民若野居。晟築金湯，北具海嶠，絕外寇窺覦之患，保一州生聚之安」〔註164〕的初衷，擔心被錢鏐吞併而有意為之的可能性或許更大。開平三年（909）五月黃晟離世，為錢鏐掌控明州提供了機會——不足一個月的時間，錢鏐從蘇州經越州到達明州，以修築定海鎮城、任其子錢元球為明州制置使的方式實現了對該地的佔有〔註165〕。

　　需要強調的是定海鎮，它位於明州以東70餘里，原名望海鎮，唐元和十四年（819），時任浙東觀察使的薛戎以該鎮離明州較遠，「俯臨大海，與新羅、日本諸蕃接界」而為其爭取到增派戍兵且不隸明州的特權〔註166〕。隨著浙東局勢的變動和黃晟在明州的長期割據，望海鎮當被取消，錢鏐節制浙東後又「置望海軍於甬江之海口，後更為靜海鎮」〔註167〕，進而對黃晟形成威懾。五代初借入明州之機修築定海鎮城，無疑是他深化在明州權力存在的重要舉措。也就是說，錢鏐把權力深入浙東屬州是以修築州城的形式展開的，如婺、衢等州，而鑒於明州特殊的情況，以修築鎮城的形式表現了出來。4個月後，定海鎮升格為縣，由軍事性區域轉變為著重開發「魚鹽之利」的經濟型政區〔註168〕。

　　當然，受地緣關係影響，唐末的楊吳對吳越形成了從東北到西南的包圍

〔註163〕 按，《吳越備史》卷1稱黃晟的出兵是對錢鏐討伐董昌的響應，判斷或有失偏頗，不排除黃氏此時的行動實為其以攻代守的戰略決策，因為自己相對弱勢，不行動將被敗退的董昌或勝利的錢鏐吞併。

〔註164〕 〔宋〕羅濬等纂修：（寶慶）《四明志》卷3《城池》引開平三年黃晟墓碑文字，成文出版社，1983年影印宋寶慶年間鈔本，第119頁。

〔註165〕 《吳越備史》卷1《武肅王》，第6201～6202頁。按，錢鏐於五月甲寅日在蘇州巡視，丁巳日黃晟離世，錢鏐應很快得知消息，於辛酉日趕到越州，辛巳日到達明州。查工具書，「甲寅」、「丁巳」、「辛酉」3日均在四月，引書所記有誤。細算時間，黃晟離世於909年5月14日，18日錢鏐來到越州（略作準備如整訓當地軍隊、制定作戰計劃等），於次月7日到達明州。參見王雙懷主編：《中華日曆通典》第3冊「開平三年」，吉林文史出版社，2006年，第2741頁。

〔註166〕 （寶慶）《四明志》卷1《敘郡上·沿革表》，成文出版社，1983年，第33頁；（嘉慶）《大清一統志》卷292《寧波府》2，第17冊，上海書店，1985年，頁2。

〔註167〕 〔明〕張時徹纂修：（嘉靖）《寧波府志》卷1下「定海」條，日本早稻田大學圖書館藏，頁15～16。

〔註168〕 《吳越備史》卷1《武肅王》「開平三年閏八月」，杭州出版社，2004年，第6203頁；《太平寰宇記》卷98《明州》，中華書局，2007年，第1961頁。

之勢，兩政權交界的湖、睦、婺、衢等州刺史表現出較明顯的叛離性，錢鏐對這些地區實現完全意義上的掌控已是天祐三年〔註169〕，其築城以深化對當地統治的方法在效果上因地方刺史的離心而被打上了折扣。

　　進入五代，吳國侵擾吳越的區域轉向了北部的蘇州一帶和杭州的西北部（入千秋嶺進犯衣錦軍），吳江縣城、蘇州城在本時段的修築，正與前者有關——在2座城池修築之前的2至3年，本地區均有戰事發生〔註170〕。吳越也有主動出擊的時候，位於蘇州以北而隸屬於吳—南唐的常、潤等州城的修築，多數也是出於防禦的軍事需要。

　　富春縣位於杭州的西南部，該縣城或在唐末的咸通十年（869）有過修築。本時段的修治出於防範自然災害的需要。據記載，此時的縣城逼近錢塘江，因顧慮城池被江水沖襲，錢鏐遂令人「壘磚礫」以對其進行了加固〔註171〕。

　　長興三年（932）三月錢鏐離世，之後吳越地區的築城已相當鮮見，秀、福2座州城的修築是比較突出的：秀州設置於天福三年（938），次年拓展羅城，考慮到無錫戰役後吳與吳越長期的休戰和錢氏開發本地區的努力〔註172〕，推知增築羅城的目的當與南唐泰州的情況類似，即為適應城市周邊經濟發展與人口增長有意為之；福州城在五代末與北宋初的2次修築當主要出自防禦南唐侵擾的需要。天德三年（945）南唐滅閩，吳越借機出兵，奪取福州一地。顯德三年（956）五月，南唐建州節帥陳誨「敗福州兵於南臺江」〔註173〕，流露出兩

〔註169〕（日）日野開三郎著：《五代史の基調》之《吳越領土沿革表》，《東洋史學論集》第2卷，三一書房，1980年，第56頁。

〔註170〕按，天寶二年（909）吳軍圍困蘇州，吳越勝利解圍後於蘇州南面置吳江縣，四年築吳江縣城，「備設險」；天寶十二年（919）吳越北伐，在狼山江大敗吳軍，後於無錫戰敗，兩國通好，「自是休兵二十餘年」。不過，「休兵二十餘年」是後人的看法，戰後強化地區防禦是當時的常理，922年蘇州城的修治當屬這一情況。另，不少方志稱錢鏐築（吳）松江南北二城的時間是在「開平間」，《吳越備史》卷1記其完成於「乾化元年五月」，查《舊五代史》卷6，開平五年五月才改年號為「乾化」，並不矛盾。

〔註171〕（咸淳）《臨安志》卷18《疆域》3，「宋元方志叢刊」第4冊，中華書局，1990年，第3537頁。按，富春縣即富陽縣，錢鏐與楊行密長期敵對而惡「楊」字，對吳越地區帶「陽」字的縣名多有更改。

〔註172〕〔明〕劉應珂修，沈堯中纂：（萬曆）《嘉興府志》卷4《寺觀·嘉興縣·智覺寺》、卷8《水利》，上海古籍出版社，2013年，第42、116頁。

〔註173〕《資治通鑒》卷293《後周紀》4「顯德三年五月」，中華書局，1956年，第9555頁。按，據胡三省所注，南臺江在福州南9里的釣龍台山之下。

地之間既有的矛盾；開寶年間，就任南唐建州節帥的尚全恭頗有鎮邊經驗，節制福州的錢昱則是新節度使〔註174〕，重築東南夾城是對之前南唐侵擾該城情況的有效借鑒〔註175〕。

杭州城是吳越地區在唐末五代修築次數最多的，與其重要的政治地位、偏於疆域西北部的地理位置關係密切，儘管在與吳—南唐的對峙中杭州城遭受的直接威脅並不多見。

可以說，吳越與吳—南唐在唐末五代及宋初保持了長期的對立，在頻繁的攻防過程中，築城成為阻遏敵方侵擾、保障自身利益的重要手段。在吳越與之接境的地區有較多州縣在本時段得到了修築，據筆者統計，發生過衝突的區域包括蘇、杭、湖、睦、婺、衢、福7州〔註176〕，而由錢氏所主導、出於軍事防禦需要而修築的州縣城池至少有9座，占到了吳越築城總數的36%〔註177〕；在這9座城池中，8座是在錢鏐在世時修築的，且唐末占6座，反映出該時段錢鏐在本地區修築城池方面的傑出貢獻和擴張過程中遭受到了的沉重軍事壓力（圖2-4）。

另外，五代時期的吳越地區或在城隍廟的營建上少有建樹，但對境內較多州縣的城隍神進行了封授，包括杭、越、湖、睦、臺5州和錢塘、臨安、臨海、黃岩、唐興、樂安、寧海7縣〔註178〕。杭、越2座州城是吳越國的兩大中心城市，而杭、湖、睦3州和臨安縣又與吳—南唐接境，對這些城市內的城隍神加以封授，深刻地表達了錢氏尋求城市安定的意願。除以上地區外，錢氏在這一方面對浙東地區的台州也表現出較多關照，或與錢鏐節制浙東後

〔註174〕朱玉龍編著：《五代十國方鎮年表》，中華書局，1997年，第474、490頁。按，關於尚全恭鎮守南唐邊疆的事蹟，可參考〔南唐〕徐鉉撰：《故唐內客省使知忠義軍尚公羨道銘》，《徐公文集》卷30，轉引自《五代十國方鎮年表》第474頁。

〔註175〕（淳熙）《三山志》卷4《外城》，「宋元方志叢刊」第8冊，中華書局，1990年，第7818頁。

〔註176〕按，婺州位於睦、婺2州以東，其實並不與吳—南唐接境。不過，因為衢、婺2州位於同一盆地內，聯繫較為密切，天祐二年（902）吳軍聯合叛亂的衢州刺史陳璋奪取婺州，一度把戰線推進到東陽縣（婺州的最東面），故也將其列入討論範圍。

〔註177〕按，若只是考慮修築城池，在唐末五代及宋初的本區域內符合條件的共有16座，占到了總數的64%。

〔註178〕按，台州所轄5縣名稱與前文有所不同，筆者據五代時期的相關名稱進行了調整，參見李曉傑著：《中國行政區劃通史·五代十國卷》，第298頁。

最早將該州收入統治範圍有關〔註179〕。

（三）其他政權

除吳—南唐、吳越外，南方地區還存在著閩、楚、南漢等多個割據政權。對比上文所論吳—南唐與吳越政權在本時段的築城情況，這些政權的表現就略顯遜色了。平均下來，每個疆域較大的政權只在境內修築了3到5座州城，且多數是主要城市。

據筆者統計，這些政權（及東川董璋勢力）在五代及宋初共修築有19座城池〔註180〕，參見表4-6，含16座州城和3座縣城，州縣比例超過了5：1——州城在這些地區的城池修築中是主要對象。在這16座州城中，有11座是節鎮州〔註181〕，占比高達68.8%。顯然，就這些政權所修築的城池而言，無論州縣比例，或者節鎮州在州城中的比例，較本時段北方地區和南方的吳—南唐、吳越的同類情況都要高，尤其是前者。

就這些新築州城而言，其規模表現出一定的差異性。不少州城的周長都在20里左右，但嶺南地區相對明顯偏小，周長9里多的韶州城較其他地區的州城並不突出，卻是本地區雷、梧2座州城周長的2倍上下，已屬大城。這一狀況或主要因為本時段的嶺南地區開發還相對滯後，經濟、人口條件尚無法支撐更大規模城池的營建。

〔註179〕按，據《吳越備史》卷1，乾化四年（897）十一月，台州刺史杜雄離世。次年正月，錢鏐以越州指揮使駱團為台州制置使，接管了該州。相對而言，錢鏐掌控浙東其他州郡已是在907年前後。

〔註180〕按，據賀州市博物館胡慶生研究，南漢乾和八年（950）因與楚發生戰事，軍將吳珣為守城之便對賀州城進行過改築（《賀州南漢史蹟概說》，《廣西博物館文集》第13輯），查《資治通鑒》、《南漢書》、《南漢紀》、《十國春秋》等史籍，事件實際發生於乾和六年（948），從當時的情況看，雖存在吳氏改築州城的可能性，但並無確切記載，而從後來的諸多地方志（如較早的萬曆《廣西通志》）、《讀史方輿紀要》等書籍中也未見相關補充，存疑。

〔註181〕按，據《資治通鑒》卷282，王延政於天福六年（941）正月修築建州城，「請於閩王（王延）曦，欲以建州為武威軍，自為節度使」，後得到認可（軍號有所變更），因兩事間隔時長很短，故筆者暫以為王氏所築的建州城為節鎮所在州城。

表4-6　五代及宋初南方部分政權修築城池州縣統計表

序號	政權	時　　間	州縣名稱	城池規模	文獻出處	備　　註
1	閩	龍啟元年（933）	寧德縣	────	寧德縣志（1）	置縣後築土城
2		永隆二年（940）	長樂府	────	通鑑（282）	修築西郭
3		永隆三年（941）	建州	20里	通鑑（282）	增築城池
4	清源	保大中（約949）乾德初（約963）	泉州	20餘里 ────	泉州府志（4）福建通志（6）	增築羅城、衙城展拓城東〔1〕
5		保大十四年（956）	清溪縣		安溪縣志（1、2）	無城，立隘以守
6	楚	同光三年（925）	岳州	────	冊府（410）	增築城池
7	湖南	顯德間（約955）	衡州		衡州府志（3）	無城，編竹為柵〔2〕
8		顯德五年（958）	朗州	────	九國志（11）	增築城壁
9	荊南〔3〕	開平二年（908）乾化二年（912）乾化三年（913）貞明五年（919）龍德元年（921）同光元年（923）天成二年（927）	江陵府	──── 18里216步	冊府（497）通鑑（268）十國（100）通鑑（271）舊（133）十國（100）	疏濬城池重築外城，拓廣修治城塹改、建城樓修築外郭增築西面羅城重築子城〔4〕
10	前蜀	永平元年（911）	西縣	────	通鑑（268）	修築城池〔5〕
11	────	天成元年（926）	漢州		通鑑（274）	無城，樹木為柵〔6〕
12	東川	後唐明宗時	梓州	────	鑒戒錄（1）	修城，城上建樓〔7〕
13	西川	天成二年（927）	成都府	約9里〔8〕	全唐文（891）	修城池，築羊馬城
14		長興二年（931）	利州		十國（48）	修城
15	南漢	乾亨間〔9〕	雷州	5里	雷州府志（8）	城隍，918年遷治
16		白龍二年（926）	韶州	9里30步	一統志（444）	築城〔10〕
17		大寶十一年（968）	梧州	4里有奇	一統志（469）	築城，973年砌磚
18		大寶十三年（970）	興王府	────	南漢書（5）	塹城東壕
19		劉銀時〔11〕	禎州	────	南漢叢錄（1）	築城，917年置州

說明：（1）（乾隆）《福建通志》卷 6 稱建陽縣城為王審知所築，但（嘉靖）與（民國）《建陽縣志》的「城池」部分均未提及相應內容，（嘉慶）《大清一統志》卷 431 云「或曰五代時王審知置城砦於此，宋始移縣治之」，存疑；（2）據《冊府元龜》卷 454，馬希範掌控湖南時，在長沙府「子城門構五鳳狀，女牆之上起行樓」，因相關舉動是為滿足其奢靡享樂之用，並非軍事防禦，故未列入上表；（3）「寧德縣志」、「安溪縣志」、「衡州府志」、「雷州府志」均為嘉靖版，「泉州府志」為萬曆版。

注解：〔1〕據《五代十國方鎮年表》，留從效、陳洪進節制泉州的起始時間分別為 949、963 年，暫以其任職當年便對泉州城進行了修築；〔2〕嘉靖、康熙、乾隆 3 部《衡州府志》之《城池》均載衡州城立柵時間為「顯德間」，近年問世的《衡陽市志》則定為顯德二年（中冊，湖南人民出版社，1998 年，1235 頁），不知何據，暫採納以備考；〔3〕荊南作為節鎮在五代前期歸後梁管轄，原則上當時屬北方政權，考慮到其區位的特殊性和高氏逐漸明顯的獨立性，將之歸入南方政權或更合適；〔4〕據《元和郡縣圖志・逸文 1》，唐後期江陵府（荊州）城廣 18 里，且《舊唐書》卷 19 下、《新唐書》卷 9、《資治通鑒》卷 253 言及黃巢曾攻陷江陵外郭，故高季興在五代時所築的江陵城應是對舊城的重築，拓展相對有限。《冊府元龜》卷 497 云：白小河環繞荊州城，高氏對其進行了疏濬，筆者暫以其修治城濠來對待。《十國春秋》卷 100 言及貞明五年（919）高氏「改建內城東門樓曰江漢樓，又築仲宣樓於荊州城之東南隅」，暫視其為強化軍事防禦而作。〔5〕魯西奇推定西縣的修築時間為唐末的天復二年（《城牆內外：古代漢水流域城市的形態與空間結構》，220、260 頁），考慮到修築城池的王宗綰之履歷（《十國春秋》卷 39），魯氏的判斷或有誤；〔6〕在漢州城外樹木為柵的是李紹琛，他隨後唐魏王李繼岌參與平定前蜀，之後發動叛亂，失敗被擒；〔7〕據《鑒戒錄》卷 1，後唐明宗時趙季良曾向孟知祥進言：「料其訓練兵師，完葺城壘」，所指即東川節度使董璋，他節制該鎮的時間為 925～932 年。另據（雍正）《四川通志》卷 27，董璋曾於州城上建長嘯樓和紅樓，或用於軍事防禦；〔8〕據今天學者研究，孟氏只在成都府城的北牆外修築了羊馬城，結合羅城周圍 33 里、接近正方形的規格，推測羊馬城約長 9 里，參見馬劍：《羊馬城考——兼考成都羊馬城》，《中國歷史地理論叢》2011 年第 2 輯；〔9〕「乾亨」年號共有 8 年（917～924），考慮到雷州曾於 918 年發生遷治，築城當在遷治之後。另，（嘉慶）《大清一統志》卷 451 稱雷州「城周五里，南漢時土築」；〔10〕（嘉慶）《大清一統志》卷 444 隻記有韶州城的規模和「南漢時建」，據《南漢叢錄》卷 1 引（道光）《廣東通志》，「梁斐，高祖時刺韶州，始築韶州城」，南漢高祖指劉龑，917～941 年在位，《讀史方輿紀要》卷 102 稱韶州城始築於白龍二年（926）可信，暫從其說；〔11〕劉鋹為南漢末帝，958～971 年在位。

　　閩地在五代及宋初共修築有 5 座城池，閩時有 3 座，位於北部；清源軍時有 2 座，集中在東南部。當然，吳越奪取福州後也對該城有過 2 次修築（上文有涉）。

　　建、泉 2 州是本時段新升格的節鎮州，兩座城池的修築在較大程度上反映出兩地長官割據自立的屬性：前者反映出閩國政治亂局中王氏兄弟間的既

有矛盾，在王延政擴展建州城之前，王延曦尚且「城福州西郭以備建人」〔註182〕；南唐滅閩的方式可謂簡單粗暴，大失人心〔註183〕，福州為吳越所奪，留從效也借機割據泉州〔註184〕。保大七年（949），留從傚之兄留從願在南州殺刺史而據有其地，南唐不能制，遂在泉州增設節鎮以羈縻之〔註185〕，承認了留氏在 2 州的地位。留從效築泉州城，當屬其鞏固自身的重要舉措。

　　楚地在本時段只有 3 座州城得到了修築，而岳、朗 2 座州城尚在本區域的北部。岳州城連江畈湖，頗具形勝，馬殷於後唐確立北方霸權不久對該城進行增築或與其迎候李存勖巡幸而有意裝點門面有關〔註186〕；南唐滅亡楚國後數年，周行逢在楚地建立了霸權，且將本地區的政治中心從潭州遷至朗州。面對後周「儲魚鹽於境上」的舉動，周氏擔心被吞併，遂「繕治戎器，增築城壁，閱諸州鄉兵，大修武備」以求自保〔註187〕。

　　荊南是後梁的一個節鎮，高季昌在唐末成為其節帥且為朱全忠所命〔註188〕。基於唐末戰亂和荊州四戰之地的區位，荊南原轄的 10 州多為周邊藩鎮所據，高氏蒞鎮時僅有江陵一城且是井邑凋零的狀況。隨著朱溫的離世，高季昌見後梁日漸衰弱，走上了割據與擴張的道路〔註189〕。因地狹兵少，頻繁

〔註182〕《資治通鑑》卷 282《後晉紀》3「天福五年七月」，中華書局，1956 年，第 9216 頁。

〔註183〕陶懋炳著：《五代史略》，人民出版社，1985 年，第 269 頁。

〔註184〕《十國春秋》卷 16《南唐元宗本紀》、卷 93《留從效傳》，中華書局，2010 年，第 210、1350 頁。

〔註185〕《資治通鑑》卷 288《後漢紀》3「乾祐二年十二月」，中華書局，1956 年，第 9417 頁。按，據《十國春秋》卷 16，留從願在漳州發動政變後「附其弟從效」。另，南州為漳州於保大四年（946）所改，北宋初復稱漳州。

〔註186〕按，據《新五代史》卷 66，李存勖入主開封後，馬殷派其子馬希範修貢並上繳後梁所授印信，而「莊宗問洞庭廣狹，希範對曰：『車駕南巡，才堪飲馬爾』，莊宗嘉之。」《冊府元龜》卷 410 記載，同光三年八月，馬殷向後唐奏增築岳州城，暗示了這一舉動尚屬正當。而且，莊宗偏好遊獵，在當時也是比較出名的。另一方面，該年十一月，馬殷在知曉後唐攻滅前蜀後「大懼」，而他增築岳州城則在此之前，言及築城是為了防禦後唐侵擾解釋不通（若為軍事防禦，築城應是私下所為，不可能向後唐奏報）；岳州固然是吳、荊南與楚紛爭的熱點區域，但此時 3 個政權均在向後唐入貢，增築岳州城以阻遏兩國入侵的理由也說不通。

〔註187〕《九國志》卷 11《周行逢傳》，杭州出版社，2004 年，第 3364 頁。

〔註188〕《資治通鑑》卷 265《唐紀》81「天祐三年十月」，中華書局，1956 年，第 8663 頁。

〔註189〕《新五代史》卷 69《高季興傳》，中華書局，1974 年，第 856 頁。按，高季

地築城、靈活的外交是必要的保存實力的手段，但荊南得以長期存在，外因的作用或更為重要，即南、北方諸多政權在長期對峙之下普遍推行扞蔽政策，即以荊南為緩衝地區，維持既有的平衡態勢〔註190〕。

　　包括後唐所築的遂州城和遂寧縣城，巴蜀地區在五代時段的築城主要集中在前蜀滅亡與後蜀建立之間的較短時段，軍事攻守與築城之間的密切聯繫在本地區得到了很好的詮釋。而且，除漢州與西、遂寧2縣外，成都府與利、梓、遂3州均為節鎮所在州，彰顯出這些主要城市在地方社會中佔據的重要地位。

　　成都府是西川的中心城市，又是前蜀的都城，後唐以孟知祥為西川節帥固然有鞏固既有戰果、穩定當地秩序的考量，但隨著明宗的即位，孟氏與中央的關係趨於緊張，修治成都城池、增築羊馬城可理解為其割據自固的舉措〔註191〕；遂州在成都府的東南且北臨梓州，與兩地相距均不算遠，夏魯奇受後唐之命修治其城隍，當出於限制西川孟知祥與東川董璋的目的。不過，事與願違，夏氏的這一舉動反而使兩者改隔閡為合作，「謀並力以拒朝廷」〔註192〕；利州城偏於巴蜀地區北部，修城時間相對較晚，折射出孟氏立足西川而積極向周邊地區擴張的進程。

　　南漢在五代及宋初共築有5座州城，除雷州偏於西南外，禎、韶、梧3州與國都興王府（廣州）相距較近，散佈於其東、北與西北方（圖2-5）。同光三年（925）二月，南漢遣使入貢於後唐，使者返回後告知劉龑「莊宗驕淫無政，不足懼，漢主大悅，自是不復通中國」〔註193〕。韶州作為南漢的北方門戶，州城修築於次年，或為該州刺史對劉氏保境安民政策的積極貫徹；梧州城與興王府城的修築與防禦北宋南下有關：北宋在滅亡楚國後一度南下奪取郴州，與南漢相持於韶州一帶。之後數年，雙方又把戰線轉向西北方的道、桂等州〔註194〕。梧州城築於兩次戰爭之間，或折射出南漢在軍事防禦上的先

昌，後唐時避李國昌（李克用父，獻祖）諱改名高季興。

〔註190〕陶懋炳著：《五代史略》，人民出版社，1985年，第176～177頁。張躍飛：《五代十國時期的扞蔽與平衡——以荊南為中心》，《唐史論叢》第15輯，陝西師範大學出版總社，2012年，第156～163頁。

〔註191〕《十國春秋》卷48《後蜀》1，中華書局，2010年，第680～684頁。

〔註192〕《資治通鑑》卷276《後唐紀》5「天成四年十二月」，中華書局，1956年，第9037頁。

〔註193〕《資治通鑑》卷273《後唐紀》2「同光三年二月」，中華書局，1956年，第8931頁。

〔註194〕《十國春秋》卷60《南漢》3，中華書局，2010年，第864～866頁。

見性。劉鋹修治興王府城東濠時北宋軍隊已在北方攻陷了韶州城，考慮到本時段國都「城壁壕隍，但飾為宮館池沼」〔註195〕的狀況，修治城壕以強化防禦的效果很難被高估。

對比唐末與五代及宋初除吳—南唐、吳越之外的南方廣大地區的築城情況，後者（19 座）較前者（12 座）在數量上提高了 58.3%〔註196〕，表明這一地區在後一時段修築城池的積極性有所提高。尤其需要強調的是江陵府（荊州）城，特殊的地理位置與高氏相對弱勢的實力造就了其頻繁的築城舉動，不失為瞭解五代十國前半期政治軍事發展脈絡的重要切入點。

閩地修築的州縣城池由 3 座增加到 5 座，除 2 座縣城外，福、建、泉 3 座州城均在兩個時段得到了修築，反映出 3 州在本地區政治生活中的重要地位。福州築城的頻次很高，與其傳統區域中心城市的地位相契合。建、泉 2 座州城得到更大規模修築的時間相對偏晚，折射出兩州在五代後期地位的提高與較為明顯的發展後勁。

楚地在唐末與五代均修築有 3 座州城，從它們的空間分布來看，後期情況較前期有向北遷移的趨勢，或反映出楚與湖南政權在五代時期與北方政權的聯繫更為密切（承受來自於北方的軍事壓力更重）。

巴蜀地區在五代時段修築的城池共有 7 座（含後唐所築遂州城和遂寧縣城），較唐末的 3 座有 133%的增長。成都府在兩個時段均有築城記錄，折射出該城在本地區的重要地位。另一方面，唐末所築的 3 座城池偏於巴蜀的邊緣地帶（西南部），尤其是邛、眉 2 座州城的修建，震懾周邊彝獠的目的比較明顯。與之相反，五代時期所築城池多數分布於巴蜀的中部與北部，結合多數城池修築的時間，深刻反映出後唐滅亡前蜀之後諸勢力在巴蜀中心區域的爭奪，而對北部城池的修築折射出巴蜀政權向北擴張的趨勢以及與北方政權在秦嶺一帶的長期制衡〔註197〕。

嶺南地區在唐末有 3 座城池得以修築，五代及宋初南漢則修築有 5 座城

〔註195〕《續資治通鑑長編》卷 11《太祖・開寶三年》，中華書局，1979 年，第 250 頁。
〔註196〕按，若考慮到後唐在巴蜀地區所築的遂州城與遂寧縣城，則後者較前者有更高幅度的增長（75%）。
〔註197〕按，後唐滅亡前蜀之後，周邊彝獠、吐蕃部族對巴蜀地區的侵擾比較多，後唐與後蜀在本時段裁併、遷移州縣的舉動便是說明。相關內容在第 3、4 章中已有涉及，此處不再贅述。據此，不能簡單地以修築城池的所在位置來判定一個地區的衝突就集中發生在相關區域，史書對邊疆地區史實少於記載在一定程度上影響了既有的判斷與認知。

池，較前一時段有所增長。廣州城在以上兩個時段均有修築，與其傳統的中心城市地位相適應。就得到修築城池的分布位置來看，唐末較為分散，桂、高 2 州且在廣州的西部；南漢則相對均衡，東、北部也有分布，且距廣州的距離更近，築城較多地反映出南漢在防禦北方侵擾上的努力。

在吳—南唐、吳越 2 國疆域之外的南方地區，6 座州城在唐末與五代及宋初均有被修築的記錄，它們分別是福州、建州、泉州、朗州、成都府、廣州。其中，福州、成都府、廣州作為地區中心城市，政治地位重要，動盪之際築城防禦的必要性相對區內其他州縣要高得多；建州、泉州與朗州〔註198〕在後期的築城，在相當程度上與它們政治地位的提升關係密切。

著眼於整個南方地區，在五代及宋初共有 60 座州縣城池得到了修築。不過，這一數字在整個南方政區系統中所佔比例極低，或只有 6.1%，流露出絕大多數州縣在本時段並未修築城池的事實。另一方面，在政區體系中，州比縣少，而州城卻得到了更多的關注（43 座），大約占到了總數的 23.5%，個別地區甚至很高〔註199〕。在這些州城中，有相當部分是政權都城與節鎮州城，在整個最高級政區體系中占比達到了 56.4%〔註200〕。顯然，城市的行政級別越高，被修築的可能性就越大。

第三節　城池形態與其分布——以本時段所築州城為例

上文用相當大的篇幅梳理、論述了唐末五代北、南方地區州縣城池的修築與空間分布情況，得到一個很深刻的認知即州城是本時段城池修築的主體，而且，城市的行政級別越高，城池被修築的可能性也就越大。

另一方面，一州通常轄有若干縣，州城作為相應區域的中心，往往集聚著

〔註198〕 按，馬楚滅亡後劉言逐漸奪取其地，後周太祖從其請，「升朗州為大都督府，在潭州之上」（《舊五代史》卷 112），隨後周行逢取代劉氏，仍以朗州為楚地的中心。因為朗州處在楚地的西北部，面對後周世宗的向南擴張，修築城池成為現實所迫。

〔註199〕 按，以五代及宋初人口有較大幅度增長、增置有較多州縣的江西地區為例，除江、信 2 州外，其他各州州城均在本時段得到了修築（含增置的筠州），築城比例高達 77.8%。

〔註200〕 按，筆者依據《中國行政區劃通史·五代十國卷》之《附錄》——《五代十國方鎮沿革建置表》及《五代十國時期政區沿革表》統計了 959 年南方政權轄境節鎮，南唐位於淮南地區的節鎮仍舊歸於南方，靜海軍節度使（駐交州）因當地走向割據獨立而未予統計，合計為 39 個節鎮。

相對可觀的人口與財富，地方長官借助較高職權組織更廣泛的人力、物力去修築城池的成功率也更高一些，城池形態也往往較縣城更為多樣。筆者查閱史籍發現，部分州城因實際需要，另建有羊馬城、關城、甕城（闉）等附屬性城池；在經過本時段的修築之後，較多州城已形成了子一羅城這樣的兩重結構，這些州城都有哪些，它們呈現出怎樣的空間分布情況，也是值得探討的問題。

一、羊馬城

「城外四面壕內，去城十步，更立小隔城，厚六尺，高五尺，仍立女牆，謂之羊馬城。」〔註201〕唐代 1 大尺合今天 30 釐米〔註202〕，5 尺為 1 步，也就是說，羊馬城距外城約 15 米，高 1.5 米。胡三省注《資治通鑒》所涉羊馬城時稱其「城外別築短垣，高才及肩」〔註203〕，頗切舊制。不過，實際情況或與既有規制存在一定差距，據李並成先生對西北地區部分唐城遺址的考察，有些羊馬城距外城不止 15 米，如瓜州（約 25 米）、建康軍城（30～40 米），而墨離軍城（巴州古城）的羊馬城離其東、西垣只有 6.9 米和 4.6 米〔註204〕。

「羊馬城之名，本防寇賊逼逐，人民入城權暫安泊羊馬而已」，但經發展演變為城池守禦體系中的重要組成部分，「大凡攻城，須填平壕，方可到羊馬牆下，使其攻破羊馬牆，亦難為入，入亦不能駐足。攻者止能於所填壕上一路直進，守者可於羊馬牆內兩下夾擊」，「羊馬牆與大城係是上下兩城，相乘濟用……比大城雖甚低薄，其捍禦堅守之效，不在大城之下也。」〔註205〕馬劍認為，羊馬城在本質上是一強化大城防禦的輔助性工事，其存在延緩了攻城者的前進步伐，在一定程度上改變了僅靠大城的消極防守策略〔註206〕，可謂一語中的。

據統計，唐代修築有羊馬城的有靈州定遠城、沙州城、瓜州城、建康軍

〔註201〕〔唐〕杜佑撰：《通典》卷 152《兵 5・守拒法附》，中華書局，1984 年，第 800 頁。

〔註202〕《中國自然地理・歷史自然地理》之《附錄・歷代度量衡換算簡表》，科學出版社，1982 年，第 261 頁。

〔註203〕《資治通鑒》卷 221《唐紀》37「乾元二年十月」，中華書局，1956 年，第 7086 頁。

〔註204〕李並成：《古代城防設施──羊馬城考》，《考古與文物》2002 年第 4 期。

〔註205〕〔宋〕陳規、湯璹撰，林正才注釋：《守城錄注釋》，解放軍出版社，1990 年，第 76、77、53 頁。

〔註206〕馬劍：《羊馬城考──兼考成都羊馬城》，《中國歷史地理論叢》2011 年第 2 輯。

城、墨離軍城、河陽三城（中潬城）、德州城、滑州城、靈臺鎮城、揚州城、蔡州城、華原縣城等 10 餘座。其中，後三者營建於 878～906 年的唐末時段〔註 207〕。此外，劉仁恭節制盧龍時，「知軍府事」的張居翰作為臣僚也負責修築了幽州的羊馬城〔註 208〕；李克用被昭宗封授為晉王時對太原府城進行過修築，或在此時也營建了羊馬城〔註 209〕。

從這些城池的區位來看，西北地區占到了相當的比例（46.2%），而且它們在史籍中出現的時間也相對更早一些。假設「人民入城權暫安泊羊馬」的注解符合羊馬城最初的意義，或可斷定其在唐代的西北地區較早便已出現，且有較高程度的普遍性——羊、馬都是食草性動物，在乾旱半乾旱的草原地帶更易被較大規模地餵養。也正因為如此，它們作為民眾不可或缺的生產生活資料，才有必要在動盪之際予以特別的保護。儘管唐代的氣候與今天存在一定的差異〔註 210〕，但大的環境格局是相對穩定的，西北地區相對乾旱的狀況在唐代是常態。

隨著時間的推演，內地州城也開始修築羊馬城，其存在的必要性當為戰爭狀態下守衛方強化城池防禦功能的重要舉措而並非「安泊羊馬」，因為平原地區民眾飼養羊、馬的數量應相對有限，而且馬匹作為重要的軍需物資，安置於城外未免過於草率。中潬城之羊馬城出現於 8 世紀中葉，德、滑 2 座州城的羊馬城為史書記載是在 9 世紀早期，當於安史之亂爆發以後內地戰爭趨於頻繁有關〔註 211〕。

〔註 207〕按，據上引李並成、馬劍論文。

〔註 208〕馬志祥：《西安西郊出土的後唐〈張居翰墓誌〉》，《碑林集刊》第 3 輯，陝西人民美術出版社，1995 年，第 103 頁。

〔註 209〕《五代名畫補遺》卷 1《人物門 1・韓求》，杭州出版社，2004 年，第 2567 頁。按，據《資治通鑑》卷 269，後梁軍隊於貞明二年（916）進襲太原，守軍「擊賊於羊馬城內」，而太原城在唐末五代初的大規模修築最晚可追溯到乾寧三年李克用受封晉王時的這次。

〔註 210〕竺可楨：《中國近五千年氣候變遷的初步研究》，《考古學報》1972 年第 1 期；滿志敏著：《中國歷史時期氣候變化研究》，山東教育出版社，2009 年，第 183 頁。

〔註 211〕馬劍：《羊馬城考——兼考成都羊馬城》，《中國歷史地理論叢》2011 年第 2 輯。按，河陽中潬城的羊馬城可能問世於唐軍與史思明作戰間隙；滑州羊馬城被記載於《唐會要》卷 89 所收錄的一篇關於當地防範黃河水患的記文中。固然史書並未涉及滑州羊馬城修築於何時，為何而建，不過，據《元和郡縣圖志》卷 8，滑州境內有黎陽津（又稱白馬津）、延津，均為溝通黃河南北的重要津隘，從而賦予了滑州重要的戰略地位，修羊馬城以強化軍事防禦是合乎情理的。

　　不過，因案例不多，似表明平原地區修築羊馬城的積極性並不高，或者說，羊馬城作為內地人眼中的新事物，被接受及改造以便更好地運用於實際作戰尚需一相對漫長的過程。

　　進入唐末，蔡州、揚州、幽州、太原府共 4 座州（府）城〔註212〕修築有羊馬城，這 4 座州城分別為奉國、淮南、盧龍、河東節度使駐地，城池形態的變化在一定程度上反映出時局動盪下當地節帥自我防禦意識的增強。

　　相對於中潬城、滑州、德州偏於中原地區，唐末修築有羊馬城的這 4 座州城在地域分布上更為廣泛，呈現出向北、南擴散的趨勢，或折射出羊馬城這一事物被內地更多人士（尤其是軍事將領）所認知與應用。當然，唐末趨於惡化的社會形勢是重要的催化劑。

　　五代時期，修築羊馬城的州城也有一些，據統計共有 5 處，分別為成都府、京兆府、兗州、襄州、濠州〔註213〕。此外，五代筆記小說《玉堂閒話》所記的一則故事還涉及到安州的羊馬城：「（後）梁貞明中，朱漢賓鎮安陸之初……有大蛇見於城之西南，首枕大城，尾拖於壕南岸土地廟中……其身不翅百尺，粗可數圍。跨於羊馬之堞，兼壕池之上，其餘尚蟠於廟垣之內」〔註214〕「安陸」為安州的郡名〔註215〕。據史書記載，曹州刺史朱漢賓於貞明六年（920）正月改任安州宣威軍節度使〔註216〕，距後梁末帝於次年五月改年

〔註212〕按，宋《長安志》卷 19 記載華原縣城有羊馬城，日本學者愛宕元先生認為可能修築於唐末李茂貞與朱全忠爭奪該地時。據考證，華原縣在唐末為岐王李茂貞所據，天祐三年（906）李氏升該縣為耀州，又於該州設置義勝軍節度使。筆者認為愛宕氏的推斷有一定道理，但因諸史籍並未記載華原縣之羊馬城與夾城、子城、羅城修築於何時，存疑。相關內容參見〔宋〕宋敏求纂修：《長安志》卷 19《華原》，「宋元方志叢刊」第 1 冊，中華書局，1990 年，第 192 頁；（日）愛宕元著：《唐代地域社會史研究》，同朋舍，1997 年，第 159 頁；郭聲波著：《中國行政區劃通史·唐代卷》，復旦大學出版社，2012 年，第 46、66 頁。

〔註213〕馬劍：《羊馬城考——兼考成都羊馬城》，《中國歷史地理論叢》2011 年第 2 輯。按，據（景定）《建康志》卷 20，吳順義年間修築的金陵府城且有「內臥羊城」，初步推斷或處於外城內側，與正文所論外城以外的羊馬城並非同一事物，故不予討論。

〔註214〕〔五代〕王仁裕撰，陳尚君校點：《玉堂閒話》卷 4《朱漢賓》，杭州出版社，2004 年，第 1909 頁。按，「翅」，古同「啻」，「不啻」有不只、不止的意思，參見《新華字典》「翅」、「啻」字條，商務印書館，2004 年第 10 版（雙色本），第 60~61 頁。

〔註215〕《新唐書》卷 41《地理志》5，中華書局，1975 年，第 1055 頁。

〔註216〕《舊五代史》卷 10《梁末帝紀》下，中華書局，1975 年，第 141 頁。

號「龍德」尚有近一年半時間，《玉堂閒話》記朱氏於「貞明中鎮安陸」並不為錯。考慮到羊馬城與外城的距離並不一定非要限定在 15 米，而肉眼目測大蛇「其身不翅百尺，粗可數圍」或只是時人為突出該物奇異而有意虛誇（即便是當事人所見，肉眼目測本身就可能存在一定誤差）。筆者以為，認定後梁時安州有羊馬城是合乎事理的〔註217〕。顯然，從數量上，五代時期修築有羊馬城的州城較唐末增加了 2 例。

可以說，成都府、襄州等 6 個府州均為節鎮所駐〔註218〕，這種情況與唐末類似，即僅有少數幾個節鎮州修築了羊馬城，或在較大程度上反映出節帥防禦意識的增強。

至於未見一般州城修築有羊馬城，或是因其兵力相對有限，作戰時不足以分配較多的將士駐守於羊馬城內以便與大城上的部隊形成積極有效的合力，從而使得羊馬城這一防禦工事成為刺史眼中華而不實的奢侈品。

此外，史書對本時段歷史的記載相對殘缺，或者羊馬城在戰爭中可發揮的作用尚未被較多的刺史們廣泛認知也是造成「未見一般州城修築有羊馬城」這一狀況的不可忽視的影響因素。

在這 6 座州城中，安州、襄州與濠州均處於中原政權或南方政權（吳─南唐）疆域的邊疆地區、彼此的交界帶上，折射出本時段兩大政權之間緊張的對峙環境。成都府的情況或與之類似，孟知祥修築羊馬城尚處於後唐攻滅前蜀、孟氏立足西川另建後蜀之交，結合後唐在遂州與遂寧縣築城的史實，孟氏的相關舉動流露出雙方在巴蜀一帶的激烈博弈。

〔註217〕 按，陳尚君先生在輯錄、校點《玉堂閒話》時對該書有過概括性評述，稱其「所涉以唐末至五代時期為主……內容雖較叢雜，但因多出親歷聞見，或得於友朋談議，所及多為唐末、五代間的重要人物和事件，多可與史籍相互補充和訂正，具有很高的史料價值」，參見《玉堂閒話》之《輯校說明》，杭州出版社，2004 年，第 1822 頁。

〔註218〕 按，其他州府毋庸多言，有考據顯示，後梁於安州設置宣威軍節度使或在開平元年（907），且一直持續到後周顯德元年（954）。至於濠州，楊吳或於天祐十四年（917）升濠州為清淮軍節度使，927 年節鎮駐地遷往壽州，濠州改為都團練觀察處置等使駐地。南唐又於保大元年（943）升濠州為定遠軍節度使，次年改觀察使，其建置或一直持續到保大十五年（957）。前文已涉，濠州之羊馬城修築於 957 年的可能性較大，不排除此時的濠州仍舊維持著觀察使駐地建置的可能性。相關沿革參見李曉傑著：《中國行政區劃通史·五代十國卷》，第 38、190、263、279 頁以及朱玉龍編著：《五代十國方鎮年表》，中華書局，1997 年，第 115～120、392～396 頁。

從空間分布來看，除京兆府與兗州偏於北方外，成都府、安州、襄州、濠州明顯在秦嶺─淮河以南，相對於唐末修築羊馬城的州城有明顯的向西、南擴散的趨勢。不過，成都府等4座州城雖在秦嶺─淮河以南，尚處於長江以北區域。前文已涉，五代時期南方諸國修築的州縣城池尚有許多，但少見對羊馬城的營建，或在相當程度上摺射出羊馬城在南方地區極弱的普及度。連同唐末的情況來宏觀審視，羊馬城這種北「熱」南「冷」截然不同的境遇，其影響因素或是多重的，如統治階層的認知度、戰爭的殘酷性、軍隊構成〔註219〕、微地貌條件等。

羊馬城在部分州城出現的時間較早，在之後的戰爭中尚為史書所提及，如光化三年（900）河東兵南下侵擾，攻破了河陽的羊馬城〔註220〕；北漢於太平興國四年（979）走向滅亡之際，太原的羊馬城也被宋軍攻破〔註221〕。顯然，兩座羊馬城在漫長的歲月中得到了當地將士的修護，使其防禦功能得到了延續。從相當程度上說，這也是當地統治者對羊馬城所起作用的認可。

統而論之，從唐到五代，羊馬城作為城池的特殊形態經歷了從西北邊疆向內地發展的過程，功能也由最初的「安泊羊馬」轉變為延伸守禦的重要工事。唐末修築有羊馬城的州城共有4座，五代為6座，較唐末稍有增加。值得注意的是，這10座州城均為節鎮所駐之地，暗示了兩者之間較強的契合性。從這些州城的空間位置來看，主要分布在長江以北的廣大地區，唐末較多處於河北、河東等偏北區域，五代則有一些處於北方政權與南方政權的交界地帶，較唐末有明顯向南擴散的趨向（圖4-3），與本時段相關區域緊張對峙的社會環境相適應。

〔註219〕按，因南方江、河、湖、塘等水域較多，注定了諸多政權的水軍在整個軍隊體系中佔據著相當的比例，不少戰爭（吳─南唐與吳越在浙西地區的戰鬥；吳、楚與荊南在長江中游的紛爭等）參戰的主力正是水軍。相對而言，羊馬城更適宜步兵就地攻防，水軍在城內發揮的空間十分有限。

〔註220〕《資治通鑒》卷262《唐紀》78「光化三年十月」，中華書局，1956年，第8537頁。

〔註221〕《續資治通鑒長編》卷20《太宗‧太平興國四年》，中華書局，1979年，第451頁。

圖 4-3　唐末五代修築羊馬城之諸節鎮州城分布圖

底圖來源：《中國行政區劃通史・五代十國卷》附圖《I-2 920 年後梁等政權轄境
　　　　政區示意圖》，有改動

　　另，和州屬唐末的奉國軍節度使（駐蔡州）。政權、節鎮邊界具有指示意
義，與史實或存在一定出入）

二、子—羅城

　　子城在內，羅城在外，這樣的雙重城池形態在唐、五代時期已是眾多州
城的「標配」。通常而言，節鎮所在州城也稱子城為牙（衙）城，而將一般州
城的子城稱為牙（衙）城的情況相對鮮見〔註222〕。當然，部分州城的子—羅
城結構並非完全意義上的內外雙重形態，如幽州與夏州，出現了子、羅城共
用部分城牆，羅城對子城形成半包圍的情況〔註223〕。

〔註222〕按，據筆者對五代史料的梳理與統計，這樣的情況僅見於澤、劍、泰、常 4
　　　　州，參見《舊五代史》卷 22《牛存節傳》，中華書局，1975 年，第 301 頁；
　　　　《資治通鑒》卷 277《後唐紀》6「長興元年十二月」，中華書局，1956 年，
　　　　第 9053 頁；《宋史》卷 270《高防傳》，中華書局，1977 年，第 9260 頁；《吳
　　　　越備史》之《補遺》，杭州出版社，2004 年，第 6265 頁。
〔註223〕於德源：《遼南京（燕京）城坊宮殿苑圍考》，《中國歷史地理論叢》1990 年

　　另一方面，唐末五代的部分州城（多數為節鎮州）尚且設置有「子城使」、「羅城使」及帶有「指揮」、「巡檢」等定語的官職，在相當程度上反映出本時段統治者對城市的管理趨於強化。當然，帶有「指揮」、「巡檢」的官職被統治者賦予了強烈的軍事作戰性質，流露出統治者對戰爭狀態下配置城內軍隊參與作戰之策略的明晰化。據筆者統計，這樣的州城共有 13 座，分別為兗州（子城使）、歙州（三城使）、杭州（三城都指揮使）、衢州（羅城指揮使）、虔州（羅城使）、成都府（左右羅城使）、魏州（三城巡檢使）、福州（羅牆都指揮使）、蘇州（羅城四面巡檢使）、揚州（羅城使）、台州（羅城四面都巡檢使）、義州（子城使）、靈州（子城使）〔註 224〕。

　　從這些州城所處的空間位置來看，只有靈、義、兗、魏 4 州位於北方地區，揚、虔、歙、蘇、杭、衢、臺、福 8 州和成都府則處在南方。顯然，北方以「子城使」居多，南方則以「羅城使」之設更為普遍。史實表明，子城偏小，因集聚著較多官署而帶有鮮明的政治色彩；羅城較大，普遍民眾多生活於此，生產與商業娛樂功能明顯。根據北、南方職官設置上的差異，筆者推測，北方地區的統治階層更重視子城的價值，強調城市在社會生活中的政治意義；南方地區的統治階層相對偏愛掌控羅城，以實現對域內可觀的人力、物力為己所用——當然，「羅城使」之設從某種意義上說也是對趨於壯大的城市民眾力量的一種包容與妥協。

　　另外，歸屬於吳越地區的有 4 州，分別為杭、蘇、衢、臺 4 州，職官均帶有「指揮」或「巡檢」2 字，而前 3 州尚處於吳越與吳——南唐疆域的接境區

第 4 輯；《太平寰宇記》卷 37《夏州》，中華書局，2007 年，第 785 頁；邢福來：《關於統萬城東城的幾個問題》，《考古與文物》2014 年第 5 期。按，延州城的情況或更特別一些，據《舊五代史》卷 125，延州城有「東、西二城，其中限以深澗」，另據《新五代史》卷 40，「是時，周密為彰信軍節度使，契丹滅晉，延州軍亂，逐密，密守東城，而西城之兵以（高）允權為留後」，似西城為延州的子（衙）城，東城為其羅城，因中間隔有深澗，子城與羅城既不相接，也構不成子城在內、外城在外的雙重結構。

〔註 224〕　《玉堂閒話》卷 3《袁繼謙》，杭州出版社，2004 年，第 1880 頁；《全唐文》卷 867《歙州重築新城記》，中華書局，1983 年，第 9082 頁；《吳越備史》卷 1《武肅王》，第 6194、6199 頁；《九國志》卷 2《鄭璠傳》、卷 7《王彥銖傳》、《趙進傳》，杭州出版社，2004 年，第 3253、3315、3318 頁；周阿根著：《五代墓誌匯考》之《59 王審知夫人任內明墓誌》、《145 錢君義妻殷氏墓誌》、《148 王氏夫人墓誌》、《194 俞讓墓誌》、《204 石金俊及妻元氏合祔墓誌》、《228 馮暉墓誌》，黃山書社，2012 年，第 146、394、404、526、554、626 頁。

域，或在相當程度上摺射出相對弱勢之錢氏對城市防禦的重視。

關於唐至五代諸多州郡新築羅城的情況，愛宕元、成一農等學者已進行過統計，但受研究地域、對象等內容所限，對其在地域分布上的變化涉及的還不夠〔註225〕。

依據相關文獻，唐末北方地區新築羅城的州郡有 7 個，分別為魏、登、密、襄、耀、同 6 州和京兆府。進入五代，加入這一行列的北方州郡共有 4 例，寧、夏、壽 3 州〔註226〕和河南府。排除魏州、京兆府這兩個特例〔註227〕，就北方已具有子—羅城結構的州城〔註228〕而言，登、密、襄、壽、寧、夏 6

〔註225〕（日）愛宕元著：《唐代地域社會史研究》，同朋舍，1997 年，第 415～450 頁；成一農著：《古代城市形態研究方法新探》，社會科學文獻出版社，2009 年，第 116～120、176～183 頁。

〔註226〕按，此處所涉壽州為後周遷治於下蔡縣城後的壽州。據《舊五代史》卷116、117，顯德三年十二月後周對下蔡縣城進行了修築，次年三月移壽州於此，又據《冊府元龜》卷 420，顯德四年四月節帥楊信「廣壽州新城」，筆者推測當為於舊縣城之外另築新城，或基於舊城的一面或多面進行延伸性拓展，前者的可能性更大一些，所築城池尚屬羅城性質。

〔註227〕按，經唐末築城之後，魏州城形成了三重結構（皇城—羅城—大城，《五代會要》卷 19），也就是說，在樂彥禎築魏州羅城之前，魏州城或已具備子—羅城雙重城池形態；京兆府城在唐代為國都長安城，皇城、宮城均在外郭城的北部，相對獨立。韓建創建新城後，京兆府城形成了子—羅城雙重城池形態；開封府在唐代稱汴州，781 年李勉拓城後已形成了子—羅城結構，後周太祖於廣順二年修治外城時且稱其為「羅城」。周世宗於顯德三年對開封府城進行了拓展，時人稱新築城池為「新羅城」（《五代會要》卷 26）。

〔註228〕按，據筆者初步統計，唐末五代具有子—羅城城市形態的北方州郡約有 43 個：幽州（《新五代史》卷 25）、涿州（《遼史》卷 2）、易州（《太平寰宇記》卷 67）、滄州（《資治通鑑》卷 244）、定州（《新唐書》卷 186）、鎮州（《北夢瑣言》卷 13）、魏州（《舊唐書》卷 181）、鄆州（《太平廣記》卷 459）、兗州（《舊五代史》卷 23）、萊州（《入唐求法巡禮行記》卷 2）、登州（《舊五代史》卷 19）、密州（《舊五代史》卷 22）、滑州（《舊五代史》卷 95）、開封府（《舊唐書》卷 38）、河南府（《冊府元龜》卷 475）、鄭州（《新唐書》卷 36）、許州（《資治通鑑》卷 253）、潁州（《資治通鑑》卷 266）、蔡州（《資治通鑑》卷 240）、壽州（《冊府元龜》卷 410）、襄州（《舊五代史》卷 22）、均州（《舊五代史》卷 141）、徐州（《元和郡縣圖志》卷 9）、申州（《資治通鑑》卷 240）、宿州（《資治通鑑》卷 258）、鄧州（《舊五代史》卷 123）、勝州（《唐代州縣城郭の規模と構造》）、夏州（《劉敬瑭墓誌》與《太平寰宇記》卷 37）、靈州（《馮暉墓誌》）、義州（《石金俊墓誌》）、寧州（《柱國牛公新築州城創建公署記》）、雲州（《舊五代史》卷 48）、太原府（《舊五代史》卷 75）、潞州（《舊五代史》卷 52）、澤州（《新五代史》卷 22）、絳州（《資治通鑑》卷 222）、河中府（《舊五代史》卷 110）、鳳翔府（《文苑英華》卷 809）、同州（《太平廣記》

州在地理位置上較它們構成了向邊疆地區擴展的趨勢。

　　參考前文及相關史籍，唐末南方地區新築羅城的州郡共有 11 個，較北方地區多 4 個，分別為歙、潤、撫、袁、杭、明、睦、衢、福、建、眉諸州〔註229〕。從大的行政單元來看，這 11 個州郡除眉州外，全部隸屬於江南道，而位於江南東道的占到了 8 州〔註230〕。進入五代，南方地區增築羅城的州郡有 8 個，比北方地區高出 1 倍，分別為廬、昇、常、泰、筠、秀、溫、泉諸州，除廬、泰 2 州處於偏北的淮南道外，其他 6 州均屬江南道，其中昇、常、秀、溫、泉 5 州屬江南東道。

　　無論唐末還是五代，南方新築羅城的州郡主要集中在江南道，尤其是江南東道。因為唐五代具有子—羅城結構的南方州城相對而言並非很多〔註231〕，

卷 145 與《唐代州縣城郭の規模と構造》）、京兆府（《長安志圖》卷上）、耀州（《長安志》卷 19）、華州（《太平寰宇記》卷 29）、乾州（《長安志》卷 19）等。另，史書記載有軍隊攻破某城之「郭」，「郭」指外城（《古漢語常用字字典》「郭」字條），間接指示了該城尚為內—外城或子—羅城形態。

〔註229〕 按，史書只記載有吳越王錢鏐令陳章築衢州城，而從該城設有「羅城指揮使」的情況來看，陳氏築衢州羅城的可能性極大，參見《吳越備史》卷 1《武肅王》，第 6199 頁。

〔註230〕 按，關於江南東、西道的政區劃分，參見譚其驤主編：《中國歷史地圖集》第 5 冊之《唐·江南東道》、《唐·江南西道》，中國地圖出版社，1982 年，第 55～56、57～58 頁。按，下方涉及的淮南道也參考該書的《唐·淮南道》圖幅（54 頁）。

〔註231〕 按，據筆者初步統計，唐五代及宋初南方地區具備子—羅城城市形態的州郡約有 40 個：楚州（《文苑英華》卷 812）、滁州（《釣磯立談》）、廬州（《全唐文》卷 868）、揚州（《資治通鑒》卷 257）、泰州（乾隆《江南通志》卷 20）、金陵府（《資治通鑒》卷 278）、歙州（《新安志》卷 1）、潤州（《資治通鑒》卷 256）、常州（咸淳《毗陵志》卷 3）、蘇州（《元和郡縣圖志》卷 25）、湖州（嘉泰《吳興志》卷 2）、秀州（至元《嘉禾志》卷 2）、杭州（《吳越備史》卷 1）、睦州（淳熙《嚴州圖經》卷 1）、衢州（《吳越備史》卷 1）、越州（《吳越備史》卷 1）、明州（寶慶《四明志》卷 3）、台州（《俞讓墓誌》）、溫州（嘉靖《溫州府志》卷 18）、福州（《王審知墓誌》與《王審知夫人任內明墓誌》）、建州（嘉靖《建寧府志》卷 7）、泉州（萬曆《重修泉州府志》卷 4）、汀州（《臨汀志》）、鄂州（《舊唐書》卷 19 下）、洪州（《舊唐書》卷 19 下）、撫州（《全唐文》卷 819）、筠州（正德《瑞州府志》卷 2）、袁州（《全唐文》卷 876）、吉州（《江南野史》卷 3）、虔州（《九國志》卷 2）、潭州（《冊府元龜》卷 454）、江陵府（《資治通鑒》卷 253）、夔州（《新五代史》卷 64）、利州（《元和郡縣圖志》卷 22）、成都府（《全唐文》卷 793）、眉州（《輿地碑目》）、劍州（《資治通鑒》卷 277）、梓州（《新唐書》卷 36）、容州（《樊川文集》卷 7）、桂州（《太平寰宇記》卷 162）等。

唐末五代諸多州郡羅城的修築更多地表現為江南道既有狀況之密集度的大幅度提升上。江南道在這一方面的突出表現固然與本地區較頻繁的戰爭有一定關聯，但也與本地區相對較好的社會發展狀況相適應。江西、福建地區的狀況，或也是本時段兩個地區良好發展勢頭的反映。當然，相對於唐末而言，五代新築羅城之州郡在空間分布上有向北、南方擴展的趨向（圖4-4）。

圖4-4　唐末五代具備子—羅城城池形態之諸州城分布圖

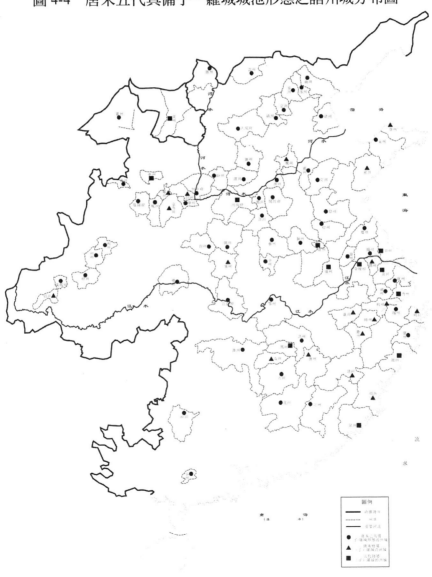

底圖來源：《中國行政區劃通史·五代十國卷》附圖《I-2 920年後梁等政權轄
　　　境政區示意圖》

第四節　宋初江南地區的毀城

　　在防禦外敵的侵擾上，城池的作用是毋庸置疑的。不過，基於堅牢的城池，唐末五代尚有不少節帥、刺史實現了自己在某地長期的割據。

　　北宋在攻滅南唐的過程中，在攻克「帶江負山，樓櫓高險，堅不可破」的江州城後，「隳其城七尺，使後不可守」〔註232〕；平定北漢之餘，為防止割據再現，對其境內的太原、隆州2城進行了刻意的毀壞〔註233〕。為迎合趙氏統一與集權的意識，「當時議者」提出毀壞江淮諸郡城隍的建議，以實現「尊京師而抑郡縣」的強幹弱枝目的〔註234〕。從至道三年（997）王禹偁提及滁、揚、黃等江淮諸州「城池墮圮」〔註235〕的狀況來看，統治者似乎對相關提議有所採納。

　　不過，「城池墮圮」就一定是「毀城隍」的結果嗎？後周世宗征討南唐時，已將淮南江北的14州納入版圖，滁、揚、黃3州均在其中〔註236〕。從史書記載來看，南唐面對後周的入侵曾對揚州城進行過毀壞，後周佔據後又對其進行過改築〔註237〕。李重進節制該鎮後對城池又進行了改建，後人謂之「處勢卑淺」〔註238〕。建隆元年（960）九月李氏據此而叛，不久城池為宋軍所拔〔註239〕，戰爭中當其城隍當有一定程度的破壞；北宋在攻滅南漢後，太祖調韶州刺史王明前往黃州任職，以為用兵南唐做準備，王氏對其城池尚進行了修葺〔註240〕。

〔註232〕〔宋〕陸游撰：《南唐書》卷8《胡則傳》，杭州出版社，2004年，第5529頁。

〔註233〕《續資治通鑒長編》卷20《太宗·太平興國四年》，中華書局，1979年，第453頁。

〔註234〕《宋史》卷293《王禹偁傳》，中華書局，1977年，第9798頁；〔宋〕魏了翁撰：《鶴山先生大全文集》卷15《論州郡消弱之弊》，第1冊，上海書店，1989年，頁12。

〔註235〕《宋史》卷293《王禹偁傳》，中華書局，1977年，第9798～9799頁。

〔註236〕《舊五代史》卷118《周世宗紀》5，中華書局，1975年，第1570頁；《新五代史》卷60《職方考》，中華書局，1974年，第725頁。

〔註237〕《舊五代史》卷118《周世宗紀》5，中華書局，1975年，第1568頁；《宋史》卷251《韓令坤傳》，中華書局，1977年，第8832頁。

〔註238〕《輿地紀勝》卷37《揚州》，中華書局，1992年，第1574頁。

〔註239〕《續資治通鑒長編》卷1《太祖·建隆元年》，中華書局，1979年，第24～25、27～28頁。

〔註240〕《續資治通鑒長編》卷16《太祖·開寶八年》，中華書局，1979年，第333頁；《宋史》卷270《王明傳》，中華書局，1977年，第9266頁。

　　筆者查詢相關史書與明清方志，並未見諸宋初刻意毀壞淮南 14 州州城的記錄。尤其是黃州，修葺後再加毀壞，似不合情理。有跡可循的是這麼一則史料：「開寶九年（976）十二月，毀江南諸州城上白露屋」〔註241〕，結合上一年十一月南唐歸降、該年四月江州官員頑抗而慘遭曹翰屠、隳城的舉動〔註242〕，進而招致「當時議者」毀江淮諸郡城隍的建議。從歷史的發展來看，這一建議或只是停留在決策過程中，並未見諸實施。滁、揚、黃等州州城「城池墮圮」的狀況或主要因為宋初地方官員疏於對城池慣常的修護，而本地區的自然環境又較為濕熱，加速了原有城池的自然破損〔註243〕。

　　不過，毀白露屋的命令，在江南東道的部分州城得到了執行。

　　吳越參與了北宋攻滅南唐的軍事行動，於開寶七年（974）十月大舉攻討常州，次年四月克之。五月，北宋以丁德裕權知常州〔註244〕。可以說，相對於南唐歸降的時間，常州提前歸於北宋。對於之後中央毀江南州城之上白露屋的命令，常州當地官員有效地付諸了實施，「惟留城隍、天王二祠、鼓角樓」〔註245〕。

　　南唐敗亡後，吳越王錢俶為向宋太宗表達忠心，於太平興國二年（977）五月下令：「文軌大同，封疆無患，凡百禦敵之制，悉命除之。境內諸州城有白露屋及防城物，亦令撤去之。」〔註246〕這一地方性指令或在吳越境內得到

〔註241〕 《續資治通鑑長編》卷 17《太祖・開寶九年》，中華書局，1979 年，第 387 頁。按，宋太祖趙匡胤崩於當年十月，十二月宋太宗改元「太平興國」，毀江南州城白露屋之令為太宗所頒，但時間尚在改元之前。另，白露屋為城牆之上重要的攻防設置，《武經總要（前集）》卷 12 稱其「以江竹或榆柳條編，如穹廬狀，外塗石灰，有門有竅，中容一人，以為候望。每敵樓戰棚上五間置一所於兩傍，施木櫃馬篦籬笆，隱人於下，持泥漿麻搭以備火攻。」

〔註242〕 《續資治通鑑長編》卷 16《太祖・開寶八年》、卷 17《太祖・開寶九年》，中華書局，1979 年，第 352、370 頁；〔宋〕陸游撰：《南唐書》卷 8《胡則傳》，杭州出版社，2004 年，第 5529 頁。

〔註243〕 按，至道三年距開寶九年已有 22 年，城池的自然損壞程度是值得關注的。以本地區中部的廬州為例，據《全唐文》卷 868《後唐張崇修廬州外羅城記》，廬州舊有羅城，咸通十年（869）盧諫議掌刺該州，基於動盪的局勢，「遂興版築之功，綿風月以滋深，致締建之匪固，漸成崩潰，難御奔沖」，張氏重新築城於天祐四年（907），前後僅隔了 30 多年。

〔註244〕 《吳越備史》之《補遺》，杭州出版社，2004 年，第 6265 頁。

〔註245〕 （咸淳）《毗陵志》卷 3《城郭》，「宋元方志叢刊」第 3 冊，中華書局，1990 年，第 1982 頁。

〔註246〕 《吳越備史》之《補遺》，杭州出版社，2004 年，第 6268 頁。

了執行。不過，從湖州「城上舊有白露屋，太平興國三年奉敕同子城皆拆毀」〔註247〕的情況重新審視錢氏的表態，似更多地停留在初步的言語層面——需要說明的一點是，錢氏納土歸宋已是太平興國三年五月。

其實在吳越歸宋之前，割據泉、漳 2 州的清源軍節帥陳洪進已向北宋納土，錢氏「恐懼，乃籍其國兵甲獻之」，遂有了「上表獻所管十三州、一軍」之舉〔註248〕。

不過，趙氏或對這兩個南方政權（勢力）的既有情況並不放心，擔心其宗室、臣僚不服從錢氏、陳氏的決定而繼續割據，對部分州城的子城和白露屋（主要建於羅城上）進行了有意損毀〔註249〕。筆者對相關文獻進行了梳理，符合條件的有 4 座州城：湖州城（上文已涉）；台州城，「隳其城示不設備，所存惟繚牆」〔註250〕；福州城，「隳其城不用……斷垣荒塹，往往父老徒指故跡以悲。」〔註251〕皇祐四年（1052）知福州的蔡襄曾上表修其城池，提及太平興國年間隳城後「至今四圍城牆只高三五尺，可以遮閉牛羊。至於私商小兒，皆可逾越」〔註252〕；泉州城，「留從傚之為二城也，堅壁數千雉，樓櫓相望。逮陳洪進納土歸宋，宋命撤之，如福州矣。」〔註253〕

或受大環境的影響，本地區雖也有州縣城池在本時段得以修築，但建設得相當簡略：太平興國四年，北宋於泉州莆田縣遊洋鎮置興化軍，並且割莆

〔註247〕（嘉泰）《吳興志》卷 2《城池》，「宋元方志叢刊」第 5 冊，中華書局，1990年，第 4686 頁。

〔註248〕《續資治通鑑長編》卷 19《太宗・太平興國三年》，中華書局，1979 年，第427 頁。

〔註249〕按，細揣文獻中的表述，吳越境內城池的毀壞或由錢氏主動所為，如（嘉定）《赤城志》卷 2 稱「太平興國三年吳越歸版圖，隳其城示不設備」。不過，從湖州「奉敕」和福州受「詔」毀城的記載來看，似只適用於來自北宋皇帝的指使，筆者暫從後者，即對這些城池的損毀源於北宋中央的命令。

〔註250〕（嘉定）《赤城志》卷 2《地里門・城郭》，「宋元方志叢刊」第 7 冊，中華書局，1990 年，第 7290 頁。按，據《古漢語常用字字典》，「繚」有「環繞」的意思，「所存惟繚牆」當指外牆（羅城）尚有所保留。

〔註251〕（淳熙）《三山志》卷 4《地理類 4・子城》，「宋元方志叢刊」第 8 冊，中華書局，1990 年，第 7815 頁。

〔註252〕〔宋〕蔡襄著，〔明〕徐〈火勃〉等編，吳以寧點校：《蔡襄集》卷 21《乞相度開修城池》，上海古籍出版社，1996 年，第 368 頁。

〔註253〕〔明〕何喬遠編撰：《閩書》卷 33《建置志 2・泉州府》，第 1 冊，福建人民出版社，1994 年，第 816 頁。按，（嘉慶）《大清一統志》卷 428 稱泉州城於「宋太平興國初，三城俱隳」，查無他據，或有誇大之嫌。

田等縣歸其所屬。太平興國八年，「以遊洋鎮不當要衝，移於莆田縣為軍理。」〔註254〕就是當年，基於莆田縣在行政級別上的提升，當地官員對其城池進行了修治，「築內為子城，周二里許，覆以屋，環以通衢。外築土垣，茅覆而已。」〔註255〕

北宋中央對以上4州的選擇或有其戰略目的：湖州位於吳越的西北部，毀其子城與白露屋可有效震懾相鄰的兩大重鎮——蘇、杭2州。若毀及蘇、杭，反而不利於穩定當地民心；台州為錢俶嗣位之前鎮守之地〔註256〕，毀城可根除錢氏依此繼續割據之心；至於福、泉2州，前者曾為閩國都城，後者為清源軍駐地，「蓋閩之州惟泉、福為壯也」〔註257〕，損毀2城對於威懾閩地意義頗大。

歐陽修在嘉祐四年（1059）撰寫有《有美堂記》一文，對該時段金陵城的狀況有所涉及：「及聖宋受命，海內為一，金陵以後服見誅，今其江山雖在，而頹垣廢址，荒煙野草，過而覽者莫不為之躊躇而悽愴」〔註258〕，字裏行間似透露出北宋在攻滅南唐後對其都城金陵進行過毀壞。

不過，著有《南唐書》的陸游曾三過金陵，對其地勢形勝多有查勘〔註259〕，在他的另一著述中稱：「建康城，李景所作，其高三丈，因江山為險固，其受敵惟東、北兩面，而壕塹重複，皆可堅守。至紹興間，已二百餘年，所損不及十之一。」〔註260〕再查南宋後期成書的（景定）《建康志》，記載內容與陸游的認知基本一致：「自開寶克復昇州，城郭皆因其舊。紹興初略加修固。」〔註261〕

〔註254〕　《太平寰宇記》卷102《興化軍》，中華書局，2007年，第2037頁。

〔註255〕　（乾隆）《福建通志》卷6《城池·興化府》，「愛如生數據庫」——「中國方志庫」。

〔註256〕　《吳越備史》卷4《大元帥吳越國王》，杭州出版社，2004年，第6244頁。

〔註257〕　《閩書》卷33《建置志2·泉州府》，第1冊，福建人民出版社，1994年，第816頁。

〔註258〕　〔宋〕歐陽修著，李逸安點校：《歐陽修全集》卷40，中華書局，2001年，第585頁。按，歐陽修在《有美堂記》這篇記文中對杭州美景多有稱讚，經常為後代學者在論證北宋時期該地的繁盛狀況時所引用。

〔註259〕　蔣方：《陸游三過金陵》，《古典文學知識》2007年第1期。

〔註260〕　〔宋〕陸游撰，李劍雄、劉德權點校：《老學庵筆記》卷1，中華書局，1979年，第3頁。

〔註261〕　（景定）《建康志》卷20《城闕志》1，「宋元方志叢刊」第2冊，中華書局，1990年，第1629頁。按，該書記載建康城高二丈五尺，在之前尚有紹興初的修固與乾道五年（1169）「因城壞復加修築，增立女牆」，而陸游第一次過金陵的時間為乾道元年（1165），撰寫《老學庵筆記》則到了稍晚的「淳熙、紹熙間」，稱金陵城高三丈或稍有誇張。

顯然，歐陽修在《有美堂記》一文中對於金陵城池的描述並不屬實，他將金陵與杭州進行對比，主要基於兩地分別作為五代時期南唐與吳越的都城，地位相對平等，進而以貶低金陵的方式來頌揚杭州——歐陽氏為文動機尚且不純，所著文字自然有失客觀，頗值警惕。

總而言之，關於宋初毀江淮諸郡城隍的認知並不屬實，本區域部分州城出現城垣頹圮的狀況，當為五代末年以來當地官員失於修治，加上相對濕熱的氣候所致。不過，北宋著眼於對江南地區州城之上的白露屋加以撤毀，原屬南唐而較早歸於北宋的常州城的相關舉動是較好的反映。不過，宋太宗或為了徹底消除吳越、清源軍的割據，在兩地納土後仍對境內的臺、湖、福、泉等州城進行了有意損毀，主要表現為隳毀子城與拆除羅城上的白露屋。

第五節　小結

唐末的北方地區有 19 個州縣修築了城池，含 16 州 3 縣。其中，河南道最多，共有 8 個，占總數的 42.1%。在修築的這 19 座城池中，有不少與朱全忠在北方的擴張有較大關聯；河北道有 4 座州城在本時段得到了修築，均為節鎮所在，體現了該地區節帥強烈的割據與自保意識；太原、河陽 2 座府城的修築，折射出沙陀人的南侵與入主河東後的發展與壯大。

同一時段南方地區修築城池的州縣更是多達了 45 個，含 32 州 13 縣。其中，分別有 18、15 座城池分布在之後的吳越與吳兩國疆域內，占到了總數的73.3%。吳越地區所築城池較集中於杭、越 2 州境內，流露出兩地在本地區的中心地位。其中有不少是由錢鏐主導，與他在兩浙的防禦和擴張有關；楊行密在江淮地區確立霸權已到 902 年，結合唐末動盪的局勢，本地區地方自主修築的城池占到了相當比例，楊氏的相關作為僅限於揚、常 2 座州城；其他地區修築的城池比較分散，但多為較大區域的中心城市，如潭州、成都府、廣州等。

五代時期北方政權在北方地區共修築了 44 座州縣城池，含 30 州 14 縣，在數量上較唐末增長了 1 倍多。其中，後唐、後周修築的數量分別為 14、19座，接近總數的 3/4。就空間分布來看，44 座城池中有 21 座位於北疆，17 座集中在河北道，與本時段契丹的南侵相適應。五代末期，北漢在河東建國，一度向晉南擴張，推進了後周對河陽、懷州等城池的修築。

　　此外，後唐滅亡前蜀後還在巴蜀地區修築了遂州城與遂寧縣城、後周征討南唐進而奪取淮南後對揚、泰等州城進行了改築，都在一定程度上反映了中原政權在當地重建政權的努力，突出了統治者的統一意志。

　　五代及宋初的南方政權共修築有 60 座城池，含 43 州 19 縣，較唐末有所增加。吳—南唐與吳越兩國疆域內分別有 31、9 座州縣城池得到修築，在總數中的比重仍相當高。在吳—南唐境內，本時段修築的城池較唐末增長了 1 倍多，較多地分布在江南西道，其他區域則以主要州城為主。昇州設置於唐末，城池在本時段被多次修築，與其政治地位的提升密切相關；吳越地區所築城池較唐末有大幅下降，分布區域較為分散，秀州的設置與築城反映了本地區社會發展的良好態勢。

　　至於南方其他政權，修築城池的數量一般在 3～5 座。巴蜀地區的築城主要集中在前、後蜀之交，相對分散於本地區的中部與北部，折射出後唐攻滅前蜀後統馭無方造成的混亂局勢；荊州城被修築的次數頗多，與其獨特的地理區位和相對弱勢下高氏政權積極尋求自保的既定方針相契合；閩、楚、南漢三地所築城池的時間明顯偏晚，從相關地區後期趨於緊張的社會環境可得到驗證。當然，泉州城的修築屬偏安閩南之清源軍節帥的自保舉措。

　　縱觀唐末、五代及宋初南、北方修築的眾多城池，統治者對州縣關注的程度存在嚴重的失衡情況，也就是說，在既定的行政體系中，縣比州要多得多，但被修築的州城卻較縣城多，總體比例約為 2.4：1。唐末的北方地區相對特殊，在所築的 19 座城池中，州城達 16 座，縣城僅有 3 座。當然，在這些州城中，也有相當比例是節鎮所駐之地。固然，修築的州縣城池在整個行政體系中所佔比例很低（唐末為 3.2%，五代為 6.0%），但隨著行政等級的提高，城池被修築的比例明顯在大幅提升。也就是說，城市的行政等級越高，被修築的可能性也就越大。

　　當然，江南部分地區州城被修築的比重相當高，特別是江南東道，主要在吳越與閩兩國境內，唐末五代共有汀、漳、劍 3 州未被涉及，築城比例高達 86.4%；今江西省境在本時段共有 9 州，被修築的則有 7 州，比例也達到了 77.8%。

　　受地形、統治者著力程度、當地經濟狀況等條件影響，在被修築的眾多城池中，其規模表現出很大的差異——大者如魏州城，羅城周 80 里；小者如嘉興縣城，周圍僅 1 里 20 步，更為無城而僅立竹柵甚至門隘者，衡、漢 2 州

與樂平、清溪 2 縣便是其例。宏觀審視這些新築的諸多城池，其規模與行政等級存在比較明顯的對應關係，州城的周長多數在 10 里以上，縣城則絕大多數不及 10 里。當然，也有周長低於 10 里的州城，多數分布在邊疆地區，如西北（寧州）、嶺南等；超過 10 里的縣城極少，共有 4 座，除遂寧縣外，南城、江陰與當塗分布在吳—南唐疆域內，區位優勢明顯或經濟發達且之前已有城池，為之後升格為州級政區奠定了基礎。

就城池形態的變化而言，唐末、五代修築羅城、羊馬城的州城尚有一些。其中，修築羊馬城的只是少數幾個節鎮州，均在長江以北。相對而言，唐末偏於北方，五代有較多出現在淮南、江北，在空間分布上明顯向南擴散了；修築羅城的北方州郡相對不多，除幾個特例外，唐末五代只有登、密、襄、壽 4 州，較北方已具備子—羅城形態的較多州城而言，4 州偏於東、南邊疆。南方地區修築羅城的州郡較多，主要集中在江南道，尤其是江南東道。從其空間分布的變化來看，五代較唐末有向北、南擴展的傾向。

北宋統一南方後，為消除地方割據，對江南地區的部分州城進行了有意損毀，但在地域與程度上並不及史書描述的那麼嚴重，地域上集中在江南東道，可查的有常、湖、臺、福、建 5 州，納土歸宋的吳越、清源軍境內州城佔據了其中的絕大多數。就損毀城隍而言，主要針對的是子城與白露屋，並非完全毀壞。

第五章　相關問題研究

前面的第二、三、四章分別對唐末五代（及宋初）增廢、遷治、修築城池諸州縣進行了梳理和解析了它們的空間分布狀況，並結合史實予以了適當說明，這些內容構成了本文的主體部分。

於此收尾或略顯草率，因為有些問題尚存在繼續探討的空間，如增置州縣與其城池的修築在本時段是否存在同時或相繼發生的情況？前文相關章節的論述相對「單調」，疏忽了對它們之間可能存在契合事實的考察與認知；「十國」之一的北漢建國時間較晚，又是在北方地區，因筆者對五代北方地區諸對象探討的時間止於 960 年，涉及北漢的內容相對不足，進一步補充才算圓滿。

第一節　州縣變動與其城池修築的契合度

上文已有提及，因前文根據不同對象展開的分章論述相對「單調」，在相當程度上忽視了部分對象可能存在的契合事實，即新增或遷治州縣是否在當時或稍後也對其城池進行了修築（含先築城後升格的情況）？如果存在這樣的州縣，究竟有哪些，分布在哪裏，在不同地域是否存在差異？

據筆者統計，本時段北方地區存在契合度的州縣共有 22 例，含 14 州 8 縣（表 5-1）。在這 22 例中，增置且發生遷治的州縣有 4 例（景、輝、府、泰 4 州），契合度為 8.7%〔註1〕；增置且修築城池的州縣共 7 例（乾、應、寰、解、霸 5 州和廣陵、三河 2 縣），契合度為 12.7%；遷治與修築城池相契合的州縣為 11 例（棣、沁、澶 3 州和長安、萬年、神山、良鄉、渾源、沙河 6 縣），

〔註1〕按，據筆者統計，唐末五代北方增置的州縣為 57 個（31 州 26 縣），遷治的州縣為 35 個（17 州 18 縣），修築城池共 53 座（36 座州城和 17 座縣城）。

契合度為 25%。顯然，城池修築與州縣的增置或遷治有著更高的契合度，州級政區的增置與修築城池匹配率稍高一些，而縣城同時發生遷治與修築城池的可能性更大。

就兩種情況發生時間間隔的長短來看，在這 22 個州縣中多數並不長，3 年以內的有 12 例（未含廣陵、渾源 2 縣），占比為 54.5%；15 年以上的只有 6 例，占比為 27.3%，即景、乾、應、泰、澶、解 6 州。顯然，增置或遷治州縣與其城池修築有較強的承接性。

由表 5-1 可知，新置或遷治後修築城池的州縣占到了 18 例中的 13 例（72.2%），而修築城池在先的只有 5 例。顯然，修築城池較政區的變動具有相對滯後性，帶有較強的穩定政區既有調整狀況的重要作用，也指示出城池修築作為現實的、需要消耗可觀人力、物力的政治軍事工程，踐行的難度較州縣的增置或遷治更大。即便是增置或遷治發生時間較晚的州縣，也均為對之前城池的沿用及重修。

宏觀審視這 22 個州縣的空間分布，共有 11 州縣處於邊疆地區（未含棣州），占 50%。其中，壽州位於南疆，府、應、寰、泰、深、霸 6 州和三河、良鄉、渾源、廣陵 4 縣位於北疆，尤其是後者，與本時段中原政權和契丹緊張的對峙史實相契合。而且，在增置與修築城池相契合的 7 個州縣中，處在北疆的就有 5 個，占到了 10 個北疆州縣的一半，在相當程度上反映出中原政權強化在北部邊疆的權力存在與軍事防禦層面的努力。

表 5-1　唐末五代北方地區增置、遷治與修築城池州縣契合度統計表

序號	州縣名稱	增　置	遷　治	修築城池	備　註
1	景州	+	+	－	892 年復置，908 年遷治
2	輝州	+	+	－	899 年增置，900 年遷治
3	長安縣	－	+	+	904 年築城，隨後遷治
4	萬年縣	－	+	+	
5	乾州	+	－	+	906 年復置，約 949 年重修
6	應州	+	－	+	乾符間築城，約 907 年置州〔1〕
7	棣州	－	+	+	約 908 年遷治，築城
8	沁州	－	+	+	909 年遷治，修築
9	府州	+	+	－	911 年增置，尋遷治

10	廣陵縣	+	—	+	924 年增置，稍後築城〔2〕
11	神山縣	—	+	+	約 924 年遷治，約 931 年築城
12	寰州	+	—	+	926 年增置，929 年修城
13	良鄉縣	—	+	+	927 年築城，932 年遷治
14	泰州	+	+	—	928 年增置，945 年遷治
15	三河縣	+	—	+	932 年復置，該年築城
16	渾源縣	—	+	+	後唐遷治、築城
17	澶州	—	+	+	938 年遷治，959 年修城〔3〕
18	沙河縣	—	+	+	約 945 年遷治，改築
19	解州	+	—	+	882 年解縣築城，948 年升州
20	深州	—	+	+	約 951 年遷治，該年修城
21	壽州	—	+	+	957 年遷治，該年修城
22	霸州	+	—	+	959 年增置，該年修築

參考文獻：《新唐書》、《五代會要》、《舊五代史》、《太平寰宇記》、《新五代史》、《資治通鑒》、（嘉慶）《大清一統志》、《中國行政區劃通史·唐代卷》、《中國行政區劃通史·五代十國卷》、明清相關方志等。

說明：（1）「+」指該州縣符合相應條件，「——」則與之相反，下表同理；（2）據（嘉慶）《大清一統志》卷 146 引「舊志」，乾符間金城縣遷治、築城，因具體年份未知且與本文研究時段有衝突，故未將其列入上表；（3）因本文研究對象主要是州縣政區，有意忽略了「軍」的相關情況，其實在它們中也有符合條件的事例，如德清軍（939 年增置，943、945 年築城，945 年遷治）、廣利軍（951 年築城，954 年增置）、靜安軍（955 年築城、增置）、雄勝軍（955 年築城，959 年增置）、鎮淮軍（956 年增置，次年築城）等。

注解：〔1〕應州以金城縣為附郭，該表格中的「築城」指的是之前所築的金城縣城；〔2〕（嘉慶）《大清一統志》卷 146 稱廣靈縣城於「後唐時土築」，時間難以確知。後唐初增置該縣，築城當發生在稍後；〔3〕遷治的澶州新城其實在後梁時已築。938 年遷治後，944 年後晉出於防禦契丹南侵的需要升其為節鎮，與遷治的關係（較 959 年修治城池）更為契合。另，938 年在澶州遷治之際，附郭頓丘縣治也隨其發生了遷移。

　　相較於北方地區，南方地區存在契合度的州縣稍多一些，共 29 例，含 15 州 14 縣。在這 29 例中，同時發生新置、遷治與修築城池的只有寧德縣 1 例；增置且發生遷治的州縣有 3 例（繁昌、上高、松源 3 縣），契合度為 4.9%〔註2〕；增置且修築城池的州縣為 14 例（昇、泰、筠、新和、漣、通、秀、禎 8 州、建

〔註 2〕按，據筆者統計，唐末五代及宋初南方增置的州縣為 82 個（23 州 59 縣），遷治的州縣為 39 個（13 州 26 縣），修築的州縣城池共 87 座（57 座州城和 30 座縣城）。

武軍與靖安、吉水、定海、吳江、清溪 5 縣），契合度為 16.5%；遷治與修築城池相契合的州縣有 11 例（黃、揚、處、高、韶、雷 6 州與樂平、婺源、溧陽、餘杭、新城 5 縣），契合度為 17.4%。顯然，與北方地區一樣，城池修築與州縣的增置或遷治有著更高的契合度，較多的州級政區增置與修築城池相匹配；與北方不一致的是，南方遷治州縣與修築城池間的契合度偏低一些。

從兩種情況發生時間的間隔長短來看，在 28 個州縣（未含寧德縣）中多數並不長，3 年以內的為 18 例（未含雷州和餘杭、新城 2 縣），占比為 64.2%。10 年以上的占 6 例（黃、新和、韶、禎 4 州和溧陽、松源 2 縣），占比 21.4%。顯然，新增或遷治州縣與其城池修築有著較強的承接性。

由表 5-2 可知，增置或遷治後修築城池的州縣占到了 29 例中的 25 例（86%），城池修築在先的只有 4 例，分別為新和、漣 2 州與新城、定海 2 縣。顯然，與北方一樣，城池修築相對滯後，需要待政區調整之後才付諸實施，深刻地折射出城池在保障地方政權運作上的重要意義。即便是築城在先的 4 個州縣，也都選擇了對舊有城池的繼承。

宏觀來看這 29 個州縣的空間分布，在吳—南唐疆域內的共 16 個，吳越境內有 6 個，閩地為 3 個，南漢共 4 個。在吳—南唐疆域內的 16 個州縣中，主體是增置與修築城池的州縣，共 9 個（占比為 56%），且主要發生在南唐時段，在相當程度上摺射出本地區良好的發展態勢，尤其是今江西省境的 4 例；吳越地區的 6 個州縣中，餘杭、新城、吳江 3 縣處於楊氏與楊吳緊張對峙的區域，反映出錢氏強化防禦的努力；南漢 4 個州府中有 3 個遷治與修築城池相契合，占比為 75%，其中的高、雷 2 州偏於國都興王府（廣州）較遠的西南方，反映出動盪時局下行政權力在當地的重塑。

表 5-2　唐末五代及宋初南方地區增置、遷治與修築城池州縣契合度統計表

序號	州縣名稱	增　置	遷　治	修築城池	備　　註	
1	樂平縣	－	＋	＋	約 882 年遷治，無城而立 4 門	
2	黃州	－	＋	＋	885 年遷治，913 年築城	〔1〕
3	昇州	＋	－	＋	887 年增置，890 年修城	
4	婺源縣	－	＋	＋	約 901 年遷治，建鼓、角樓	
5	溧陽縣	－	＋	＋	904 年遷治，938 年築城	
6	泰州	＋	－	＋	937 年增置，次年拓城	

7	靖安縣	＋	－	＋	約 937 年增置，隨之築城	
8	繁昌縣	＋	＋	－	約 940 年增置，隨之遷治	
9	新和州	＋	－	＋	945 年修城，約 958 年增置	
10	吉水縣	＋	－	＋	950 年增置，該年築城	
11	筠州	＋	－	＋	952 年增置，隨之修城	
12	上高縣	＋	＋	－	952 年由場升縣，隨之遷治	
13	漣州	＋	－	＋	955 年修城，次年增置	
14	通州	＋	－	＋	958 年增置，次年修城	後周所為
15	揚州	－	＋	＋	958 年遷治、築城	
16	建武軍	＋	－	＋	969 年增置，隨之增築城池	
17	處州	－	＋	＋	882 年遷治，隨之築城	
18	餘杭縣	－	＋	＋	887 年後遷治，隨後築城	
19	新城縣	－	＋	＋	891 年築東安鎮城，後縣治遷入	
20	定海縣	＋	－	＋	909 年五月築定海鎮城，閏八月置縣	
21	吳江縣	＋	－	＋	909 年增置，911 年築城	
22	秀州	＋	－	＋	938 年增置，次年拓城	
23	寧德縣	＋	＋	＋	933 年增置，隨後遷治、築城	
24	松源縣	＋	＋	－	951 年增置，975 年遷治	
25	清溪縣	＋	－	＋	955 年增置，無城而立隘	
26	高州	－	＋	＋	約 895 年遷治，修築城池	
27	韶州	－	＋	＋	約 911 年遷治，926 年築城	
28	禎州	＋	－	＋	917 年增置，劉䶮時築〔1〕	
29	雷州	－	＋	＋	918 年遷治，稍後築城〔2〕	

參考文獻：《全唐文》、《太平寰宇記》、《吳越備史》、《稽神錄》、《九國志》、《南唐書》（馬氏）、《南唐書》（陸氏）、《十國春秋》、《讀史方輿紀要》、《南漢書》、《南漢地理志》、（嘉慶）《大清一統志》、《五代時期南方諸政權政區地理》、《中國行政區劃通史·五代十國卷》、明清相關方志等。

說明：（1）此表的排序原則是先依政權（吳—南唐、吳越、閩、南漢），再依時間先後；（2）樂平、婺源與清溪 3 縣雖在遷治或設縣後並未修築城池，但相關舉動具有設險守邑的性質，暫視其為修築城池而列入上表；（3）因本文研究的對象主要是州縣政區，有意忽略了「軍」、都制置、節鎮的相關情況（特例除外），其實在它們中也有符合條件的一些事例，如建安軍（961 年增置，稍後築城）、衣錦軍（889 年始築城，907 年增置）；新淦都制置（910 年設置，築城）、婺源都制置（938 年設置，修城）和虔州（唐末築城，918 年設鎮）、杭州（893 年築城，該年設鎮）、建州（941 年築城，設鎮）、泉州（949 年設

鎮，築城）、朗州（882 年修治城塹，908 年設鎮）、禎州（917 年增置，當年設鎮）、韶州（約 917 年設鎮，926 年築城）等。

注解：〔1〕劉鋹為南漢末位國王，958～971 年在位；〔2〕據《太平寰宇記》卷 169，雷州在 909 年曾有過遷治，後「卻歸海康」。

關於唐末五代及宋初北、南方地區州縣增置、遷治與城池修築的契合度，地區差異相對不太明顯，表現出的一致性更值肯定：州縣修築城池與其增置或遷治的契合度均比增置與遷治連續發生的情況要高得多；就州縣的增置或遷治與其城池修築的間隔時長而言，多數發生在 3 年以內，城池修築普遍偏後，有較強的承接性。

至於北、南方的差異之處，主要體現在北方州縣遷治與城池修築的契合度較南方偏高一些，或與北方地區修築城池的州縣數量較南方明顯偏少有關。南方地區的差異體現在就存在契合度的州縣而言，江淮地區（吳—南唐）以新增政區與城池修築契合類型為多（占比為 56%），嶺南地區（南漢）則多屬政區遷治與其城池修築契合類型（占比為 75%）。

第二節　超規格縣城與其分布

從第四章可以瞭解到，就新築城池而言，大多數州、縣城的規模與其行政等級構成正相關關係，存在相對明確的界線，州城周長多在 10 里以上，縣城則以 10 里以下為主。當然，也存在一些周長小於 10 里的州城和大於 10 里的縣城，前者以邊疆地區為主，後者主要分布在經濟狀況相對較好的江南道。

州城之間的差距是相當大的，部分州城的周長達 20 里以上，如幽州、蘇州〔註3〕，而唐末五代經修築的魏州、杭州、福州城較之更大。當然，部分州城尚欠缺一般意義上的城牆，漢州、衡州便是典型〔註4〕。

其實縣城之間的差異或比州城還要大。一般而言，本時段普遍意義上的縣城只有一重且周長不足 10 里，前文涉及到周長超過 10 里或未築城池僅立城門或關隘的縣城只是其中的少數。檢索史籍發現，具備子—羅城兩重甚至更複雜城池形態的縣城尚有一定數量，以前代所築州郡城池為縣城的例子也並不鮮

〔註3〕《太平寰宇記》卷 69《幽州》、卷 91《蘇州》，中華書局，2007 年，第 1399、1819 頁。

〔註4〕《資治通鑑》卷 274《後唐紀》3「天成元年三月」，中華書局，1956 年，第8966 頁；（嘉靖）《衡州府志》卷 3《城池》，「天一閣藏明代方志選刊」，上海古籍書店，1963 年，頁 1。

見，周長超過 10 里的縣城且有一些，較無城或周長在 10 里以內的一般縣城而言，以這三種情況的縣城是比較特殊的，筆者統稱它們為超規格縣城。

這些超規格縣城在唐末五代都有哪些，空間分布又是怎樣的情況？

筆者對部分史書及相關方志中有關縣城規格的記載進行了統計與梳理，發現超規模的縣城共有 43 座（表 5-3），含 24 座子—羅城兩重或多重形態縣城、20 座以舊州郡城為理所的縣城和 10 座周長≧10 里的縣城。需要說明的是，部分縣城所謂的超規格並非表現在單個方面，如莒縣縣城，城有三重，外郭城周長達 40 多里，子城也有 12 里〔註5〕。

在這 43 座超規格縣城中，唐末五代貢獻了 7 座，占比為 16.3%。這 7 座縣城分別是江陰、烏程、新城、東陽、南城、當塗、遂寧，均分布在南方地區，江南道占 6 座，偏於江南道北部、社會經濟相對發達的常、湖、杭、昇 4 州各有 1 例〔註6〕，如此的狀況反映出本時段南方地區在修築城池上具有一定程度的靈活性，而經濟相對發達的社會環境為縣城突破既有規制提供了條件。

表 5-3 唐末五代超規格縣城統計表

序號	縣名	屬州	史書對縣城的記載	參考文獻	備　註
1	昌平	幽州	郭城	太寰（69）	北魏東燕州城
2	棗強	冀州	西城；外城	舊（7）；太寰（63）	
3	朝城	魏州	羅城	元和（16）、太寰（54）	
4	盂縣	并州	外城	太寰（40）	
5	陳留	汴州	羅城	太寰（1）	
6	吳房	蔡州	外城、子城	通鑒（240）	後改「遂平」
7	魯山	汝州	了城；故子城	三水（上）；太寰（8）	北魏西廣州城
8	臨淄	青州	外城	元和（10）、太寰（18）	西漢齊郡城
9	巨野	鄆州	外城、第二重城	太寰（14）	北周肥城郡城 後周置濟州
10	費縣	沂州	20 里、外城	太寰（23）	
11	輔唐	密州	外城	太寰（24）	

〔註5〕《太平寰宇記》卷 24《密州》，中華書局，2007 年，第 501 頁。
〔註6〕按，當塗縣原屬宣州。昇元元年（937）南唐建立，對國都江寧府（昇州）周邊政區進行了調整，當塗縣改屬該地，958 年又於該縣置新和州，旋又改為雄遠軍，轄當塗 1 縣，參見李曉傑：《中國行政區劃通史・五代十國卷》，復旦大學出版社，2014 年，第 281～282 頁。

12	莒縣	密州	子城 12 里，郭周 40 餘里	元和（11）、太寰（24）	城三重
13	高密	密州	外城	太寰（24）	
14	柘城	宋州	羅城	元和（7）	
15	下邳	徐州	大城周 12 里半	元和（9）、太寰（17）	城三重
16	昭應	雍州	羅城	長安志（15）	
17	奉天	乾州	羅城周 10 里有奇	雍正陝西通志（14）	
18	雲夢	安州	子城	太寰（132）	
19	烏程	湖州	外城	全唐文（867）	
20	新城	杭州	東安鎮羅城	全唐文（895）	縣治之後遷入
21	東陽	婺州	周 10 里，中為子城	道光東陽縣志（1）	
22	歙縣	歙州	羅城	太寰（104）	
23	南城	撫州	羅城，13 里	全唐文（819）	
24	江陰	常州	周 13 里有奇，內有子城	一統志（87）	南唐置江陰軍
25	槁城	鎮州	隋廉州城	太寰（61）	隋代遷入
26	霍邑	晉州	隋呂州城	太平廣記（142）	
27	端氏	澤州	北魏安平郡城	太寰（44）	
28	河西	蒲州	安遠府城	太寰（46）	唐代遷入
29	長山	淄州	宋（南朝）廣川郡城	太寰（19）	僑置
30	承縣	沂州	隋鄫州城	太寰（23）	
31	沭陽	海州	東魏沭陽郡城	太寰（22）	隋代遷入
32	東海	海州	唐環州城	太寰（22）	唐初遷入
33	蒙城	亳州	北魏渦州城	元和（7）、太寰（12）	
34	襄城	汝州	北周汝州城	元和（6）、太寰（8）	
35	涇陽	雍州	前秦咸陽郡城	太寰（26）	隋代遷入
36	豐義	寧州	北魏雲州城	太寰（34）	
37	比陽	泌州	唐唐州城	太寰（142）	
38	石泉	金州	西魏魏昌郡	太寰（141）	北周遷入
39	雩都	虔州	西晉南康郡城	太寰（108）	唐初遷入
40	義寧	廣州	隋岡（岡）州城	太寰（157）	
41	文水	并州	約 30 里	元和（13）、太寰（40）	
42	當塗	昇州	15 里	康熙太平府志（6）	南唐置新和州
43	遂寧	遂州	10 里	萬曆四川通志（11）	

說明：（1）對諸縣城列表排序的原則，從類型上先後為子—羅兩重或三重城池形態、以舊州城為理、周長≧10里，在方位上自北而南、自東而西；（2）「太寰」指《太平寰宇記》、「元和」指《元和郡縣圖志》、「三水」指《三水小牘》；（3）據《全唐文》卷871《婺源諸縣都制置新城記》，南唐初修築的婺源縣城「周環10里」，但據《新安志》（宋趙不悔修、羅願纂）卷5，劉氏增築的縣城周長為9里30步，筆者以為前者或有虛誇成份，故暫依後者，未將婺源縣城列入上表；（4）部分縣城如華原（宋《長安志》卷19）、無錫（咸淳《毗陵志》卷3）、虔化（嘉靖《江西通志》卷34）、長興（嘉泰《吳興志》卷2）、高安（正德《瑞州府志》卷2）或在本時段已具體子—羅城兩重城池形態，因史書未記載相應城池修築的時間，予以存疑；（5）部分縣城如武城（《太平寰宇記》卷58）、曲阜（《括地志》卷3）、上蔡（《括地志》卷3）舊有子—羅城雙重城池形態，但不確定唐末五代是否依然存在，存疑；（6）所列某代某州（郡）為最早在當地設置的州郡與相應朝代（主要參考史為樂主編：《中國歷史地名大辭典》，中國社會科學出版社，2005年），築城時間較設置時間應有一定的滯後；（7）部分縣的縣名、隸屬關係在唐末五代一度發生變更，因與本表主題內容的表達關係不大，未予注明。

在具備子—羅城兩重或多重城池形態的 24 座縣城中，以北方地區居多，共 17 例，全部沿襲的是原有狀況，唐末五代的貢獻率為 0。北方分布最多的是河南道，共 11 座，偏於東部的青、沂、密 3 州有 5 座，密州就佔了 3 座。南方地區有 7 例，除雲夢、歙縣（之前已有）外，其他 5 座縣城均為唐末五代所貢獻（占比為 71.4%）。相對於前 2 縣，後 5 縣在空間分布上存在向東、南拓展的趨勢。另外，雲夢縣屬淮南道，其他 6 縣則集中在江南道，這種極不平衡的地域配置或在某種程度上摺射出後者在本時段較強的經濟實力與良好的社會發展態勢。當然，不少城池的修築來自動盪局勢乃至戰爭的催化，江南道也不例外。

治於舊州（郡）城的 20 座縣城分布地域相對廣泛，北至幽州的昌平縣，南到廣州的義寧縣，東至海州的東海縣，西到寧州的豐義縣，接近甚至超出了本時段北、南方政權疆域的相應邊界。不過，此類縣城仍以北方地區為多，達 16 座，河南道最多，達 9 座，偏於東部的青、沂、淄、海 4 州就有 5 座；南方僅有 4 座，分布相當分散。

周長≧10 里的縣城共有 10 座，北、南方各占 5 座。就北方 5 座縣城而言，均為沿襲舊時規模。至於它們在地域上的分布，文水縣在河東道，奉天縣屬關內道，費縣、莒縣與下邳均在河南道，且偏於東部；至於南方 5 縣，城池均在唐末五代的修築下加入超規格縣城行列。從其分布來看，除遂寧縣屬劍南道外，其他 4 縣均在江南道。

依據相對有限的史料，似對唐末五代超規模縣城在地域分布上的規律與差異產生了些許新的認知，即對於諸多超規格縣城而言，北方較南方佔據明顯優勢，而且這些縣城的形態與規模較早已經形成。至於南方地區，超規格縣城並不多，不少經唐末五代的修築才得以入列。就空間分布而言，北方以河南道為多，且較多位於東部的齊魯地區，當是對舊有城池的有效繼承〔註7〕。南方以江南道為多，且略偏於北部，或得益於該地區良好的社會發展態勢。

第三節　北漢的抗爭

北漢創建於乾祐四年（951），借助契丹的力量割據於河東且延續到北宋初期，存世29年，是「十國」中建立最晚、亡國也最晚、唯一位於北方的政權，有一定的特殊性。

吞併與防止被吞併，後周、北宋作為中原統一政權與北漢多有交鋒。在修築城池、堡寨以強化防禦、阻遏被侵擾上，對峙雙方均有所作為，而受制於研究時段的限制，在上一章對北方地區築城情況的論述中更多地涉及到後周一方，顯然不夠充分。而且，隨著雙方斗爭的展開，攻防的手段頗為多樣，修築城池僅僅是容易被關注的一個方面。

北漢在建立之初共有並（太原府）、汾、忻、代、嵐、憲、沁、遼、麟、石 10 州〔註8〕，之後還增置有隆州〔註9〕與非州縣政區的寶興軍、固軍、雄

〔註7〕按，據《太平寰宇記》相關內容，兩重或多重形態且周長≥10里的莒、下邳 2 座縣城均可追溯到先秦時處於當地的莒、邳 2 國國城；費縣城的外城為祊城，實為鄭伯為祭祀泰山而建的城邑；高密縣「理漢夷安縣城之東南外城」，或暗示漢代夷安縣城很大（及已具備兩重城池結構）。

〔註8〕《新五代史》卷 60《職方考》，中華書局，1974 年，第 714、722～723 頁。按，《資治通鑒》卷 290 云北漢立國時轄有 12 州，較《新五代史》多出蔚、隆 2 州，今天有學者對此進行過考證，更傾向於 10 州的看法，參見李曉傑著：《中國行政區劃通史·五代十國卷》，第 449～450 頁。

〔註9〕《續資治通鑒長編》卷 20《太宗·太平興國四年》，中華書局，1979 年，第 453 頁。按，隆州出現於史籍的時間很晚且頻次極少，其地理位置在祁縣東 30 里的團柏谷一帶、南下潞州交通線上，為防禦宋軍侵擾而設。《十國春秋》卷 105 稱隆州城築於廣運二年（975）七月，不知何據。另，史籍中提及北漢尚有衛州刺史、耀州團練使、磁州刺史之職，而 3 州均非北漢之地，或為新置州郡（《中國行政區劃通史·五代十國卷》452 頁），甚或只是一種虛職，折射出北漢向外擴張的意願。關於隆州城的區位，參見山西省地圖集編纂委員會編：《山西省歷史地圖集》，中國地圖出版社，2000 年，第 68～69 頁。

勇鎮等〔註10〕。此外，北漢還在位於邊境的代、汾 2 州新設了 2 個節鎮——雁門節度使和汾州節度使，或為借鑒顯德元年（954）後周進擊北漢時於 2 州所置的靜塞軍、寧化軍 2 節鎮而來〔註11〕。

後周、北宋在與北漢的交鋒中，也對接境地區的相應建置進行了多方位的調整，如升府、麟 2 州為節鎮，遷治麟州與銅鍉縣，增置軍事性的承天、平晉、平定、威勝等軍，強化著對河東政權的攻防力量。

或受既有成見影響，即北漢疆域狹小且「土瘠民貧，內供軍國，外奉契丹，賦繁役重，民不聊生」〔註12〕，加上在與後周、北宋軍隊作戰時多以失敗告終，國都太原也被圍攻過 5 次〔註13〕，古今學者相對輕視了北漢軍隊的抗爭，尤其是較多邊境衝突中對北漢一方的考察，進而低估了其力量及對地理條件的有效利用。

在北漢周邊主要分布著中央（後周—北宋）、遼、府州折氏及夏州李氏〔註14〕等政權與地方勢力，在多數情況下，北漢與外界的衝突主要發生在疆域的

〔註10〕《續資治通鑑長編》卷 4《太祖·乾德元年》，中華書局，1979 年，第 114 頁。按，《十國春秋》卷 104 稱北漢劉氏所置為寧化軍，有誤，據《文獻通考》卷 316 及《元豐九域志》卷 4，劉氏所置其實是固軍，北宋滅北漢後徙軍城並改其地為寧化縣，之後於該縣置（寧化）軍。另外，《續資治通鑑長編》卷 9 涉及到北漢的佐勝軍使，因記載有限無法判知其為軍隊名或是具體轄區名、位置在哪裏。

〔註11〕《資治通鑑》卷 292《後周紀》3，中華書局，1956 年，第 9514～9515 頁；李曉傑著：《中國行政區劃通史·五代十國卷》，第 327～328、451 頁。按，雁門節度使僅轄有代州，汾州節度使則管有汾、石、沁 3 州。此外，查閱史籍發現，北漢還任命其官員擔任過義成節度使、武寧軍節度使、忠武節度使、河陽節度使、成德節度使、慶州節度使、永清軍節度使，因這些節鎮均非北漢所據，有此之設或為官員遙領，可能是主管北漢一定區域軍事的高級武職甚或只是附加於高官實際職務之外的虛銜。

〔註12〕《資治通鑑》卷 290《後周紀》1，中華書局，1956 年，第 9470～9471 頁。

〔註13〕按，發生時間分別為 954、968、969、976、979 年，北漢覆滅於最後 1 次。其中，968 年的圍困並非皇帝親征，但北宋軍隊圍困太原城 1 個多月，一度「焚延夏門」，後因契丹入援而退，攻擊力度當不及其他 4 次，參見吳曉豐：《論北漢得以維持割據的原因》，《忻州師範學院學報》2013 年第 5 期。

〔註14〕按，即党項人李氏掌控的定難軍，在五代時期表現出較強的獨立性，節鎮所轄的銀、綏 2 州與北漢西部的嵐、石 2 州接境。在中央與北漢的對抗中，夏州李氏在早期一度奉表於北漢（廣順元年五月，《資治通鑑》卷 290），北宋時則站在了中央一邊，建隆元年增援麟州、太平興國元年與四年兩次入河東界配合中央對北漢的討伐，參見《續資治通鑑長編》卷 1、17、20，中華書局，1979 年，第 11、383、447 頁。

西北（麟、嵐及憲州）、西南（汾、石及沁州）、東南（遼州、太原府）和東部（太原府）〔註15〕。東北部為代、忻2州，因這一區域臨近契丹，鑒於兩政權間的特殊關係，來自這一方向的威脅並不大〔註16〕。

　　筆者暫且以北漢與中原政權（含府州折氏）的邊境衝突為考察視角，不以戰爭的勝負而以交戰地點為判斷孰方據有相對優勢，考察對象集中在北漢與周邊地方節帥或刺史發生的攻伐，不包括皇帝下詔地方軍隊對北漢的進擊，也不涉及北漢官民的主動歸降，製作表格5-4以便於之後的分析。

表5-4　北漢與中央政權邊境衝突統計表

時　間	西北部	西南部	東南部	東　部
廣順元年（951）		2次入寇晉州，1次至隰州，遊兵最遠至絳州	3次入寇潞州	入寇鎮州
廣順二年（952）	入寇府州；府州破岢嵐軍			
廣順三年（953）	入寇府州			
顯德元年（954）			入寇潞州	
顯德二年（955）			潞州破祁縣，擊遼州	
顯德三年（956）			潞州北伐遼州	
顯德四年（957）			入寇潞州；潞州北伐	
顯德五年（958）		入寇隰州；晉州北伐，破孝義縣	潞州北伐至石會關；潞州破遼州長清砦	入寇邢州
顯德六年（959）		晉州北伐，招降北漢13所堡砦	潞州攻下遼州	
建隆元年（960）	入寇麟州；府州破沙谷寨	晉州北伐，抵汾州城下，焚草市	入寇澤州；潞州燒平遙縣	
建隆二年（961）	入寇麟州	入寇晉州	——	

〔註15〕按，相關地區對應的中央所轄州郡為府州（西北）、晉州與隰州（西南）、潞州與澤州及磁州（東南）、鎮州與趙州及邢州（東部）。另外，北漢最南端的沁州或因地形原因，受到攻討的頻次極低。

〔註16〕按，後周、北宋軍隊也有短暫佔據這一區域的時段，但主要侷限於重要關口，如忻口、石嶺關等，尤其是北漢後期。不過，相關將士的核心任務是阻遏契丹南下，並非向南討伐北漢。

建隆三年（962）	入寇麟州	入寇晉州	入寇潞州	
乾德元年（963）	入寇府州			邢州等攻掠；入寇平晉軍
乾德二年（964）			潞州伐遼州	――
乾德四年（966）			入寇並取遼州	邢州破靜陽砦
開寶元年（968）	入寇府州	入寇晉、絳州		鎮州攻馬鞍山寨
開寶四年（971）	嵐州進擊			平晉軍進擊
開寶五年（972）	入寇府州		遼州進擊	
開寶六年（973）		隰州進擊		
開寶七年（974）		入寇晉州，至洪洞縣		
開寶八年（975）		入寇晉州，至洪洞縣	潞州攻鷹潤堡	
開寶九年（976）	夏州進擊	――		

參考文獻：《舊五代史》、《資治通鑑》、《續資治通鑑長編》、《宋史》、《十國春秋》等。

說明：　（1）為對主動侵擾一方加以區分，「入寇」者為北漢，「潞州」指隸屬於中央政權的相關地方部隊對北漢發起的進攻；（2）空格指相應區域在此年無戰事記錄，「――」指無法知曉交戰地點，且難以判明北漢入寇或隸屬於中央政權的地方節帥及刺史主動討伐；（3）未提及入侵次數的實為 1 次；（4）嵐、遼 2 州雖為北漢轄地，但存在改屬的情況，北宋尚有藉此向北漢進擊的記錄；（5）建隆元年正月鎮、定 2 州稱河東軍隊出土門與契丹匯合南侵，考慮到陳橋兵變的特殊性，暫不認為這是真實情報；（6）據《續資治通鑑長編》卷 9，乾德四年正月，北漢入寇，「命西北諸鎮出兵御之」，因不知其入寇的具體方向，未列入上表；（7）據《續資治通鑑長編》卷 13，開寶五年四月，「隰州團練使兼晉隰等州沿邊都巡檢周勳築壘於北漢界上，北漢人襲破之」，暫且以為雙方在此時此地的對峙中北漢更具軍事優勢。

　　在西北方向，與北漢麟、嵐 2 州接境的主要是府州折氏。府州與中央政權所轄區域距離較遠，且間隔有獨立性較強的定難軍，服從於中央政權的府州折氏與北漢的戰爭間有發生，儘管折氏也有攻破北漢岢嵐軍、嵐州的情況，但在多數情況下，其遭受著來自河東較大規模的侵擾〔註17〕；對於原屬之地

〔註17〕按，根據表 5-4，北漢至少對府州有過 5 次入侵。其中，廣順二年二月被折氏斬首的北漢軍隊就達 2000 人，乾德元年閏十二月北漢軍隊數千人更是抵達府州城下。另一方面，在顯德元年、開寶二年、太平興國二年後周世宗、北宋太祖與太宗親征北漢之際，未見府州折氏配合對北漢的討伐。太平興國四年北宋太宗親征北漢時，折氏固然攻取了嵐州與岢嵐軍，然並非獨自所為（《宋史》卷 253）。

麟州的喪失，北漢表現出較強的奪回意願，付諸了 3 次軍事入侵〔註18〕；嵐州雖然一度被北宋佔據，成為其進擊北漢的基地，但時間或並不長〔註19〕——如此情形，折射出北漢在本區域明顯的軍事優勢。

在西南方向，與汾州毗鄰的晉州是建雄節度使駐地，具備討伐北漢的軍事實力，後周末、北宋初 2 度深入汾州境內。不過，從表 5-4 來看，在北漢與晉州發生的諸多邊境衝突中，北漢成功入寇的機率更大一些，還兩度衝破晉州防線而抵達南面的絳州。尤其是開寶後期，在面臨北宋圍攻與招降士民而國運日趨衰落的情況下，北漢尚且能夠組織 5000 餘將士入寇晉州，可以說是相當難得的〔註20〕。

隸屬於汾州節鎮的沁州位於北漢疆域的最南端，介於中央政權所屬的晉州與潞州兩個節鎮之間，本應是後周、北宋軍隊率先攻取的地區，但史實表明，沁州恰恰是 2 大節鎮北伐時極少染指的。即便是在諸皇帝數次親征時，沁州較北漢其他州郡也是很晚才歸降的。在開寶九年（976）北宋組織的大規模北伐中，討伐沁州的一路軍隊僅「敗北漢軍五百人」〔註21〕，較其他路的戰績頗顯慘淡，折射出北漢在本地的軍事部署雖然不多，但發揮了相當可觀的防禦作用。北漢被滅後，北宋省廢了沁州的建置〔註22〕，或有與其之前摧毀太原城具有同樣的戰略目的。

〔註18〕按，麟州位於北漢疆域的西北端，北臨府州，與河東隔黃河相望。廣順三年正月，麟州刺史楊信歸於後周，其子楊重訓嗣位後改依北漢，後又於顯德四年十月歸於後周。北宋於乾德五年十二月升麟州為節鎮，以強化對北漢的軍事攻勢。不過，或不甘心對該州的失去，北漢在開寶二年（969）尚有麟州刺史之設，參見《續資治通鑒長編》卷10《太祖·開寶二年》，中華書局，1979年，第 221 頁。

〔註19〕按，開寶二年北宋太祖親征北漢，嵐州歸降。開寶四年六月，「嵐州言破北漢軍於古冶村，斬首數百級」（《續資治通鑒長編》卷 12）。不過，在太平興國四年太宗覆滅北漢的過程中，嵐州尚在攻討之列，表明在開寶四年之後的某一時間，北漢又將該州收入版圖。

〔註20〕《續資治通鑒長編》卷 15《太祖·開寶七年》，中華書局，1979 年，第 329頁。按，開寶八年，北漢再次入寇晉州，和之前一樣，兵敗於該州的洪洞縣境，但史書未記載北漢這次南侵的人數。

〔註21〕《續資治通鑒長編》卷 17《太祖·開寶九年》，中華書局，1979 年，第 377頁。

〔註22〕《元豐九域志》卷 4《河東路·晉州》，中華書局，1984 年，第 164 頁。按，據此書記載，沁州廢於太平興國六年。另據《資治通鑒》卷 291 胡三省注，沁州廢於太平興國五年，略有不同。

　　在東南方向，與太原府、遼州接境的主要是潞州。「上黨，河東藩蔽，無上黨是無河東」〔註23〕，鑒於其重要的戰略地位，北漢在建國之初表現出較強的併吞之志，在後周時的數次入寇便是說明。北宋初，借助潞州節帥李筠叛亂，劉崇更是得以揮師澤州。另一方面，在後周、北宋3位皇帝對北漢的4次親征中，有3次是經潞州直指太原的，足見這一地區在攻防河東政權中的份量。

　　在北漢與潞州節帥發生的諸多衝突中，前者處於明顯的劣勢：顯德二年（955）一度「破河東賊軍於祁縣」〔註24〕，已進入太原府境；開寶元年（968），借北漢政權變故之機，李繼勳更是「薄太原城下，焚延夏門」〔註25〕，並對其進行了1個多月的圍困。當然，喪失遼州也是反映北漢實力偏弱的一個方面，儘管曾有過收復。

　　北宋奪取遼州後還在潞州以北築城，賦予其威勝軍的建置〔註26〕，強化了對北漢的攻勢。與之相對應，北漢也在增強本地區的軍力布控，如開寶八年（975）三月被北宋攻克的鷹澗堡，至少駐守有數千人；次年在遼州一帶作戰的宋軍，焚毀的北漢軍寨竟有40多個〔註27〕。此外，北漢還在祁縣以東的團柏谷一帶增設了隆州，修築有堅牢的城池，有著得天獨厚的區位優勢〔註28〕，在

〔註23〕　《資治通鑒》卷266《後梁紀》1「開平二年四月」，中華書局，1956年，第8693頁。按，此話為後梁長期圍困潞州之際河東節帥、晉王李存勗所說，戰爭結果以河東的勝利告終。這一戰役的戰略意義頗大，河東李氏藉此振奮了士氣又成功地遏制了後梁在南面的直接威脅。此後，雙方戰線轉移至河北地區，河東政權由防禦走向了對外擴張。五代初的史實，建立北漢的劉崇應對其有較為深刻的認知。

〔註24〕　《舊五代史》卷115《周世宗紀》2，中華書局，1975年，第1535頁。按，另據《續資治通鑒長編》卷1，建隆元年九月，新任的潞州節帥李繼勳率軍隊「入北漢界，燒平遙縣，擄掠甚眾」，而平遙縣在祁縣西南，位於汾州的東北部，與潞州的西北部相接，潞帥有如此戰績也是比較難得的。

〔註25〕　《續資治通鑒長編》卷9《太祖‧開寶元年》，中華書局，1979年，第209頁。

〔註26〕　《宋會要輯稿》之《方輿》6，上海古籍出版社，2014年，第9383頁。按，威勝軍城修築於潞州以北的亂柳石圍中，太平興國二年（977）四月築城完畢，與之相近的銅鞮縣也於此時遷治於軍城中，參見（嘉慶）《大清一統志》卷158《沁州直隸州》，第9冊，上海書店，1985年，頁8。

〔註27〕　《續資治通鑒長編》卷16、17《太祖‧開寶八年、九年》，中華書局，1979年，第337、377頁。

〔註28〕　按，關於隆州的區位優勢，李裕民、吳曉豐進行過論述，後者的認知或更為詳細、周全，轉述於下：從地理位置來看，該地帶南面為山地，東南方緊鄰的烏嶺山東麓有一大道經石會關等地可向南通往澤、潞2州，西南方緊鄰的太嶽山西麓也有一條大道經祁縣、介休沿汾河南下可達晉州，這兩條大道是

太平興國四年（979）宋太宗親征河東的過程中，隆州城的北漢將士尚且堅持了一個半月。北漢滅亡後不久，隆州被廢，城池也被刻意毀壞〔註29〕。

在東方，太原府及遼州隔太行山與鎮、趙、邢等州相對。從上表可知，北漢曾於後周和北宋初在這一區域有所行動，但以失敗告終。不過，就史實來看，北宋從這一區域對北漢發起的攻勢更易奏效，或得益於很早便實現了對娘子關的掌控〔註30〕。另一方面，北漢在這一區域尚建設有較多軍寨以強化東部防禦，個別軍寨駐守將士達千人以上〔註31〕。

隨著戰線向西推移，北宋先後在北漢境內設置了平晉、平定等軍〔註32〕，連同承天軍有效地將北漢軍隊限制在太行山以西。或鑒於宋軍的強勢，這一區域有不少北漢軍寨將士前來歸降〔註33〕，在一定程度上消弱了河東政權在東部的防禦功效。當然，經由這一區域的北宋軍隊也得以北往忻、代2州，成為阻擊契丹入援北漢的主要力量〔註34〕。太平興國四年太宗親征北漢，選

河東東南、西南面的最主要通道，團柏谷恰處於這兩條大道的樞紐位置，其得失關乎北漢的生死存亡。參見李裕民：《宋太宗平北漢始末》，《山西大學學報》1982年第3期；吳曉豐：《論北漢得以維持割據的原因》，《忻州師範學院學報》2013年第5期。

〔註29〕《續資治通鑑長編》卷20《太宗·太平興國四年》，中華書局，1979年，第446、448、453頁；王雙懷主編：《中華大曆通典》第3冊《太平興國四年》，吉林文史出版社，2006年，第2812頁。

〔註30〕按，建隆元年（960）九月，北宋升鎮州娘子關為承天軍，強化了對北漢正東面的軍事防禦。參見《續資治通鑑長編》卷1《太祖·建隆元年》，中華書局，1979年，第26頁。

〔註31〕《舊五代史》卷119《周世宗紀》6，中華書局，1975年，第1581頁；《續資治通鑑長編》卷7《太祖·乾德四年》，中華書局，1979年，第167頁。按，顯德六年五月，宋軍破河東軍於百井，殺2000人。從建隆三年四月北宋置鎮州百井寨來看，這一地點當頗有利於軍事防守和兵力駐紮，可能北漢之前就在此修建過工事。乾德四年二月，宋軍攻破北漢靜陽砦，也斬殺了1000多人。不過，從開寶元年七月「鎮州言北漢烏玉寨主胡遇等並家屬139人來降」（《續資治通鑑長編》卷9）的記載來看，軍寨中應該不止將士，可能也包括高級將領的家人及其他非軍事人員。

〔註32〕按，乾德元年八月北宋軍隊攻下太原府東南部的樂平縣，隨之以其為平晉軍，次月北漢便聯合契丹軍隊對其進行了攻擊；太平興國二年，北宋建鎮州廣陽砦為軍，四年改稱平定軍，以并州平定（廣陽）、樂平2縣來屬，參見《宋史》卷1《太祖本紀》1、卷86《地理志》2，中華書局，1977年，第15、2136頁。

〔註33〕按，據《續資治通鑑長編》卷4、8、18，北宋乾德、開寶及太平興國年間，北漢靜陽寨、石盆、鴻唐、烏玉、胡桃等寨將士及家屬歸降於宋。

〔註34〕《續資治通鑑長編》卷17《太祖·開寶九年》、卷20《太宗·太平興國四年》，中華書局，1979年，第375～376、447頁。

擇的行進路線就在這一區域，即從鎮州向西經娘子關（承天軍）直指太原。

統而論之，北漢固然在國力、軍力上較後周、北宋弱得多，但在與周邊隸屬於中央政權的地方軍隊衝突中，表現出東西異樣的情況：在西北、西南部，北漢對敵境的府、晉等州表現出頻繁而持久的侵擾；在東南與東部，北漢固然在早期也展開過擴張，但結果並不理想，轉入防禦的時間較西部要早得多。

在太平興國四年滅亡北漢的過程中，北宋軍隊（含府州一方）在西北、西南部討伐的地域為嵐州、汾州和沁州。也就是說，在 20 多年中，北漢對以上兩個地區州郡的掌控基本上是有效的〔註35〕，間有的衝突體現出北漢以攻代守的戰略方針。

隆州城成為北宋覆滅北漢進程中的「硬骨頭」，恰說明其在北漢東南部軍事防禦上的重要功用。細究潞州軍隊的北伐歷史會發現，出西北直抵太原的努力並不多，反倒是對東北方的遼州表現出更多的青睞。奪取遼州後，「出遼州」成為宋軍從晉東南北伐的優先選項。據嚴耕望先生研究，由潞州朝向西北方，經太平驛、團柏谷通往太原，這是唐代晉東南與太原府間最主要的交通線〔註36〕，為北漢與潞州軍隊在互相攻伐時頻繁使用——宋軍選擇這樣的行軍路線，折射出其在面對北漢在石會關線路上的有效布控與防禦形勢下的無奈而還得不另闢蹊徑。

上文已涉，北宋由鎮州向西對北漢的討伐是相對順利的，而平晉、平定 2 軍的先後設置有力地阻遏了北漢對河北地區的侵擾。不過，從宋太宗駐蹕鎮州之際命宋軍攻伐盂縣的史實來看，借助部分據點，此時的北漢仍可以對東部的宋軍構成一定威脅。當然，太平興國元年進擊忻、代 2 州的郭進在回師過程中攻襲壽陽縣也應出於這樣的擔心〔註37〕。

〔註35〕按，麟州在歸附於何方的問題上於北漢政權建立早期表現出很大的動搖性，失去並不奇怪，暗示了北漢據有其地時對其掌控的力度應相當有限。當然，北宋初北漢一度頻繁用兵麟州也反映出河東劉氏在奪取該地上的努力；在宋太宗滅亡北漢的過程中並未提及石州，但從定難留後李繼筠為配合宋軍作戰而遣軍「渡（黃）河略敵境以張軍勢」（《續資治通鑑長編》卷20）的情況來看，此時的石州當仍屬北漢所有。

〔註36〕嚴耕望著：《唐代交通圖考》第 5 卷《河東河北區》之《圖19　唐代河東太行區交通圖（南幅）》，上海古籍出版社，2007 年，第 1636～1637 頁中間夾圖。

〔註37〕按，壽陽、盂縣為太原府的東部屬縣，較廣陽、樂平 2 縣偏北一些。據《續資治通鑑長編》卷 20，待宋軍奪取盂縣之後，宋太宗才從鎮州起程向太原進發。

在反抗後周、北宋軍隊的討伐中，北漢為何表現出西優東劣的明顯差異？在筆者看來，不同方向上軍力的強弱固然是左右戰局成敗的一個方面，而對地理環境的有效利用成為北漢揚長避短的重要手段。

結合歷史政區查山西省地形圖會發現，北漢疆域地形以高原為主，海拔明顯較周邊地區高，其中，嵐、憲、石 3 州位於呂梁山脈，太原府、汾州處在汾河谷地的上游，沁州位於太嶽山東南麓，遼州則處在太行山間〔註38〕。也就是說，北漢在與西北、西南、東南、東部的邊境衝突中，從地形上具備居高臨下而俯衝出擊的優勢。如此以來，即便對外征戰陷入被動，也完全可以憑藉有利地形修築軍事堡寨而轉攻為守、以逸待勞，對後周、北宋的地方及中央軍隊構成有力阻遏。

與之對應的是，外部軍隊對北漢的討伐是從低地向高原地帶不斷推進的，為突破自然環境的侷限和北漢軍隊可能的侵擾，大量的人力、物力、財力消耗是必然的——對北漢的征討，注定是一場持久而不可估量的消耗戰〔註39〕。當然，軍隊要適應新的氣候環境也並非易事〔註40〕。

從軍力對比來看，北漢雖不及後周、北宋中央軍強大，但較府州、晉州等地方部隊當尚存優勢。

府州的情況比較特殊，雖貴為節鎮，轄境或主要侷限於府州一地〔註41〕，

〔註38〕譚其驤主編：《中國歷史地圖集》第 5 冊之《唐‧河東道》、《五代十國‧周　北漢》，中國地圖出版社，1982 年，第 46～47、88 頁；李曉傑著：《中國行政區劃通史‧五代十國卷》之《953 年北漢轄境政區示意圖》，復旦大學出版社，2014 年，第 328 頁；《中國自然地理圖集》，中國地圖出版社，2010 年，第 125～126 頁。

〔註39〕《舊五代史》卷 114《周世宗紀》1，中華書局，1975 年，第 1517 頁；《續資治通鑒長編》卷 10《太祖‧開寶二年》，中華書局，1979 年，第 226 頁。按，以上所記為皇帝親征時運達太原城下的巨量軍用物資。相對而言，地方軍隊對北漢的討伐難有足夠的糧草保障，注定了相關戰爭短暫和威脅力弱的特徵。

〔註40〕按，據研究，在後周世宗、北宋太祖親征太原時，均因當地大雨致使進軍受到影響進而招致行動功虧一簣。不僅如此，在 901、902 年朱全忠圍困太原、936 年張敬達進逼晉陽時，也遭受到大雨困擾，最終以撤軍或歸降告終，參見吳曉豐：《論北漢得以維持割據的原因》，《忻州師範學院學報》2013 年第 5 期。

〔註41〕按，府州建為永安軍節鎮最早是在後漢天福十二年（947），950 年節鎮被廢。顯德元年（954）後周出於籠絡折氏而借其牽制北漢、契丹的政治目的，再次升府州為節鎮。接境的麟州於 957 年改隸後周，或在此時歸於永安軍管轄（《中國行政區劃通史‧五代十國卷》440 頁）。不過，從北漢侵擾本地區的情況來看，兩者似並無直接的隸屬關係——據《續資治通鑒長編》卷 1，建隆元年四月北漢入侵麟州，後者求援的卻是夏州李氏而非府州折氏。

加之位置偏遠，得到中央的補給十分有限，在征討北漢時往往陷入孤軍奮戰的處境〔註42〕，北漢數次入侵府州帶有較強的恃強凌弱色彩。而且，北漢在嵐州（含岢嵐軍轄境）設置的軍事堡壘至少有 4 個，較為重要的沙谷寨、河市鎮也只是 500 多人的駐防規模〔註43〕，或在一定程度上摺射出北漢在防禦府州來侵上的優勢。

與北漢西南部接境的是晉州建雄節度使，該節鎮設置時間較晚〔註44〕，加上地理位置不及潞州近便於中原，所得補給當主要侷限於周邊的絳、慈等州。而且，因為其與北漢接境的地區較廣，戰線較長，較多將士或被劃歸隰州以強化防禦〔註45〕，從而制約了晉州進擊北漢軍力的發揮。北漢在這一區域設置的軍事堡壘較多，石州至少有 1 處（吳堡寨），為隰州將士所破的有 10 座，與晉州有關的則多達 18 所〔註46〕。不過，從少有的關於堡寨人數的史料

〔註42〕　按，麟州儘管在多數時間歸屬於後周、北宋，但見諸其參與討伐北漢的軍事行動並不多見（《宋史》卷 276，據政區位置分析，相關記載涉及到的「鄜州」當為「麟州」），多數情況下只是在北漢來侵時予以擊走而已。定難節鎮也與北漢的西部邊疆接境，其節帥雖也有渡河進擊河東的舉動，但頻次極少，作用也十分有限，並且未見府州折氏與之聯合作戰的記錄。

〔註43〕　按，史書對「寨」與「砦」的記錄並不一致，為統一起見，除引文保持原貌外，正文中一律寫作「寨」。4 個堡壘分別為河市鎮、沙谷寨（一作夾谷寨）、偏頭寨和桔槔寨。據《宋史》卷 253，府州折氏分別於後周顯德中與北宋初攻破過 1 次河市鎮和 2 次沙谷寨，殺死北漢將士（及從屬民眾）均為五百人或略多一些。北宋時這一區域有沙谷津，在府州城的東面，與其隔黃河相望（《中國歷史地圖集》第 6 冊《北宋·河北東部　河北西路　河東路》3①），考慮到地名的沿用性，五代宋初的沙谷寨或就在沙谷津附近。另外，在太平興國四年攻滅北漢的過程中，西北方軍隊進擊嵐州，「拔緣河諸砦」，表明北漢在該州所建軍寨應還有一些。

〔註44〕　按，晉州被升格為節度使始於後梁開平四年（910），初期轄晉、絳 2 州，924年絳州改隸河中府，慈、隰 2 州劃入晉州節鎮，相關建制得以沿襲。另，最初的晉州節鎮稱定昌軍節度使，後改稱建寧軍，923 年才啟用「建雄」之名，參見朱玉龍編著：《五代十國方鎮年表》，中華書局，1997 年，第 142～146 頁。

〔註45〕　《宋史》卷 273《李謙溥傳》，中華書局，1977 年，第 9337～9339 頁；《續資治通鑒長編》卷 13《太祖·開寶五年》，中華書局，1979 年，第 283 頁。

〔註46〕　按，關於本地區的堡寨數量，史書記載較為模糊，有具體名稱的只是其中的少數。因無法考據，部分軍寨或存在重複統計的情況，或存在誤差（當然，存在而未被記錄的軍寨或許更多）：開寶六年，隰州李謙溥北伐，拔北漢 7 寨；袁繼忠曾屯兵於隰州白壁關，前後破北漢 3 寨；顯德六年，晉州節帥楊廷璋北伐，招降北漢 13 所堡寨；之前他曾率兵入河東，曾攻拔有仁義、高壁等寨。在乾德三年與開寶元年，來自北漢羅侯、松谷與偏城 3 寨的將士前來晉州歸降（《舊五代史》卷 119、《續資治通鑒長編》卷 6～20 與《宋史》卷 255）。

記載來看〔註47〕，北漢在這一區域的軍力布控當以寨多兵少為主要特徵，恃險防禦的性質十分明顯。

潞州對於河東的戰略意義不言而喻，然而後周、北宋對該地的佔有又使得北漢在東南部的擴張受到了嚴重制約。潞州成為節鎮的時間很早，堪稱一方強藩，從後周時潞州節帥李筠的數次北伐便可窺知一二。作為後周世宗、北宋太祖親征北漢的路線，自然在北伐事務上被中央寄予厚望，從而給予較其他地區更多的軍隊、物資支持。因此，北漢在太原府東南部與遼州修建防禦設施也可謂不遺餘力，以實現雙方相對平衡的態勢。遼州喪失後，北漢尚在本地區布設有規模驚人的鷹潤堡、極具戰略優勢的隆州城，繼續與宋軍在這條線路上保持著高強度的對峙。北漢在本地區所建軍事堡壘的數量，或多達50多個〔註48〕，遠較其他地區密集，流露出本地區在承載雙方攻防上舉足輕重的地位。

北漢的東部正對河北地區的鎮、趙等州。應該說，在政權建立初期，北漢尚有向此方向尋求突破的嘗試，但並不理想。西山巡檢使、承天軍的設置，表明後周與北宋在強化對北漢向東侵擾的軍事防禦。對本地區北漢與河北軍隊數次邊境衝突略加考察會發現，北漢存在一由主動侵擾到被動防禦的過程，發生地點也在向鎮、趙2州以西區域轉移——這樣的處境，加劇了北漢政權東部的危機。

據統計，北漢在這一地區設置的軍事堡壘至少有27座〔註49〕，也是比較

〔註47〕按，位於石州的吳堡寨於太平興國元年被定難軍李氏攻破，700人被斬；乾德三年，北漢羅侯、松谷2個軍寨的指揮使攜700餘人歸降晉州；開寶元年，又有偏城寨指揮使攜150人前來晉州歸順。顯然，700人當是北漢駐守吳堡寨的軍隊規模。至於羅侯等寨，因前來歸降的將士並不一定就是相應軍寨的所有人口，故筆者對其規模的估計有所保留。不過，指揮使一般是較高級別的地方將領，所帶的應是麾下骨幹力量。

〔註48〕按，查《宋史》卷484，李筠任潞州節帥時攻克、招降的北漢軍寨就有長清、賈家等10個。開寶五年，歸於北宋的遼州出兵拔北漢一寨。到了太平興國元年，出遼州進擊北漢的安守信等更是焚毀了北漢40餘寨。從堡寨的駐守軍隊規模上看，小者如賈家寨或只有100多人，而像鷹潤堡這樣的大堡壘，則多達數千人。當然，遼州東面臨近河北地區的邢、磁2州，在其隸屬於北漢時，境內部分軍寨或主要為防禦河北地區敵軍的侵擾而設，《冊府元龜》卷435便記載了後周時河北軍隊入遼州界收降其軍寨的情況。

〔註49〕按，顯德五年，西山巡檢使楊璘入遼州界攻取2所軍寨（《冊府元龜》卷435）；乾德元年有靜陽等18所北漢軍寨首領相率歸降（《續資治通鑑長編》卷4），從之前宋軍在這一區域大舉用兵的情況來看，這些軍寨當位於太原府與遼州

多的。受地形影響，鎮州至太原的陸路交通多沿峽谷而設，尤以承天軍（娘子關）—廣陽縣—壽陽縣—榆次縣—太原府為要，頗利於北漢恃險防禦。從北宋於開寶九年（976）十月攻破壽陽縣、太平興國二年（977）四月升鎮州廣陽寨為平定軍的史實〔註50〕來看，宋軍在打通這條交通線上進展得並不順利。太平興國四年宋太宗親征北漢，在由鎮州前往太原之前，尚且命令軍隊攻打太原府東部的盂縣，表明基於對該地的掌握，北漢尚存在捍衛承天軍—太原這一交通要道的實力。

從理論上講，宋軍較早就在這條交通線上設置了承天、平晉等軍與百井寨等軍事堡寨，存在從東部向西不斷推進且一舉攻滅北漢的條件，但在現實中為何表現得如此小心謹慎？

有研究認為，在北漢割據河東之際，北宋與遼之間的衝突顯得較為克制，即雙方均不願發生直接衝突，尤其是接境地帶。不過，因為與北漢的特殊關係，遼又較多地參與其中去和宋軍作戰〔註51〕。那麼，河北地區尤其是鎮州作為防禦遼軍南侵的重鎮，北宋並不希望過早地將之納入到對北漢的討伐中，以免刺激契丹進而影響到自己的統一大業，面對北漢在東部的擴張只是簡單而有限地防禦與反擊。查雙方在東部發生的邊境衝突（表 5-4），較其他地區明顯要「冷淡」得多。

宋太宗即位後有意在外交上加強了與遼的關係，以隱藏其圖謀河東的計劃。待決意出兵討伐北漢之後，面對遼使的問詢，宋人的態度轉向強硬：「河東逆命，所當問罪。若北朝不援，和約如舊，不然則戰。」〔註52〕面對河東的求援，遼遣數萬騎兵相助，無奈被宋將郭進大敗於石嶺關南，太原城的鬥志因此被大大消弱。兩個月後，北漢在多路宋軍的聯合討伐下敗亡。太原城被毀且遷往他處另建，與對隆州城的毀棄及之後裁廢沁州一道，彰顯了北宋

的東部。在之後的較長時間裏，北漢的石盆、鴻唐、烏玉、3 寨將士歸於鎮州。當然，被攻討的則有馬鞍山、盂園、樂義、西龍門等軍寨（《續資治通鑑長編》卷 8、9、12、18、20）。關於這些軍寨駐守將士的規模，個別的比較大，如靜陽寨被攻破時有千餘人被殺；多數或只有幾百人，如歸降的烏玉寨，其「寨主等並家屬」只有 139 人。胡桃寨略多，指揮使等共 245 人內附。

〔註50〕《續資治通鑑長編》卷 17《太祖‧開寶九年》、卷 18《太宗‧太平興國二年》，中華書局，1979 年，第 377、402 頁。

〔註51〕曾瑞龍：《以北漢問題為核心的宋遼軍事衝突》，《暨南史學》第 1 輯，暨南大學出版社，2002 年，第 94～111 頁。

〔註52〕《遼史》卷 9《景宗本紀》下，中華書局，1974 年，第 101 頁。

作為正統王朝翦滅割據、維護一統的堅定意志。

宋太宗親征河東的路線較後周世宗、宋太祖時不同，放棄了由潞州向北的傳統大道，改由鎮州向西，考量的因素或是多方面的，但筆者認為，從河北地區用兵，北漢的相對劣勢、已取得的可喜戰績，尤其是郭進成功阻遏契丹入援河東的現實使得攻滅北漢的機率大幅提升，成為他另闢蹊徑的核心認知。

北漢能夠割據河東近 30 年，其原因是多方面的，鄭學檬、曾國富、吳曉豐給出了自己的看法，三人都注意到統治者比較注重政事的一面，契丹的支持也為鄭氏、曾氏所注意。從細節來看，曾氏側重於太原城的堅固，吳氏則強調了地利（團柏谷一帶）與堡寨修築、天時（大雨）對後周、北宋軍隊的限制，有較大的參考價值〔註 53〕。

只是，如何從「河東山川險固」的角度去認知北漢對於來自不同方向的攻討，尤其是在與毗鄰的地方敵對軍隊之間相對常態化的邊境衝突而付諸積極有效的抗爭這一問題上，以上幾位學人的探究是相對欠缺的。2 篇學位論文對這一情況雖有所涉及，但深入的程度還很不夠〔註 54〕。

從攻滅北漢後刻意毀壞太原、隆州城，裁併沁州的一系列舉動可推知北宋根除河東割據的決心，也在相當程度上流露出其討伐北漢時用兵晉南的艱難。當然，北宋討伐太原的過程中相繼增設承天、平晉、平定、威勝等軍，反映出宋軍更為著力於北漢疆域東部與東南部的事實。

總體來看，北漢在與隸屬於中央政權的周邊地區發生的諸多衝突中，西北、西南方佔據優勢，比較頻繁的入侵是顯著特徵；東南方是邊境衝突的重心所在，基於潞州的傳統實力與中央給予的大力支持，北漢處於相對劣勢的局面，有效防禦成為既定目標；當然，北漢在東部的防禦壓力隨著宋遼關係變化而不斷增強，即北宋於河北地區向西用兵的軍事力度在被不斷強化，成為覆滅北漢過程中的核心力量，如此結局，深刻揭示了契丹對於北漢政權存

〔註 53〕鄭學檬：《五代十國史研究》，上海人民出版社，1991 年，第 15～16 頁；曾國富：《北漢局促河東的原因及其割據的條件》，《湛江師範學院學報（哲學社會科學版）》2002 年第 5 期；吳曉豐：《論北漢得以維持割據的原因》，《忻州師範學院學報》2013 年第 5 期。

〔註 54〕楊春雷：《唐末五代宋初的「河東現象」》，福建師範大學碩士學位論文，2012年；朱一帆：《唐末五代河東地區軍事地理研究》，雲南大學碩士學位論文，2015 年。

亡的重要意義。另一方面，契丹援助北漢的軍事行動畢竟只是少數的幾個關鍵時段。在多數情況下，北漢與周邊地區發生的諸多邊境衝突是由其獨立進行的，儘管敗多勝少，但借助有利地形在不同方向成功地消耗、阻遏了地方敵對軍隊的來侵，為其國運得以長期維持奠定了堅實基礎。

第四節　小結

本章的 3 節內容在結構上比較鬆散，不成系統，主要是對前幾章探討內容的延伸或補充，或有利於對已有認知的深化。

就州縣的增置、遷治與城池修築的契合度而言，同時具備以上 3 項的只有南方的寧德縣 1 例。在諸多滿足 2 項的州縣中，城池修築與其增置或遷治發生的遠較增置與遷治發生的一類數量多，契合度也相對更高，北、南方皆如此。

另一方面，城池修築與其增置或遷治併發的州縣中，這 2 項發生的時間間隔多數並不長（3 年以內），且修築城池發生在州縣增置或遷治之後，北、南方的情況大體類似。這一相對普遍的事實，在相當程度上反映出修築城池與既有政區調整之間存在較強的承接性。

北方遷治與修築城池相契合的州縣偏多，而南方則以增置與修築城池相契合的州縣稍多一些。至於本時段各自城池修築的主要區域（北方的北疆和南方的江南道），契合於增置與修築城池的一類州縣據有相對優勢，北方較多地是出於強化政權存在、防禦契合南侵的需要，南方則在相當程度上流露出地區社會發展的良好態勢。

唐末五代的超規格縣城共有 43 座，尤以子—羅城兩重及多重城池形態和以舊州郡城池為理的縣城居多。不過，從這些州縣的空間分布來看，北方佔據著絕對的比例，河南道東部的齊魯地區表現比較可觀。

南方地區周長≧10 里的縣城有 5 座，以江南道居多，與北方同類縣城在數量上相同。不過，它們「入列」的時間明顯較北方諸縣偏晚，即經過唐末五代的修築才有了既定規模，而北方諸縣偏大的城池不少早已存在，甚至可追溯到先秦時段。

或受制於正統觀念、與中央王朝作戰時較多的敗績、契丹較多南援等史實影響，佔有河東一地、割據近 30 年的北漢或被學者們有意無意地輕視了。

　　關於北漢長期割據的原因，筆者以為北漢對河東特殊地形的有效利用是關鍵，進而保證了其在相對劣勢的處境中恃險守備，而且可以在西北、西南方堅持相對優勢下的以攻代守姿態。當然，兩地軍力相對薄弱也是一個方面。

　　因為山西高原所處的海拔較高，後周、北宋從各個孔道對北漢展開的進擊是自下而上的，這當然不及北漢自上而下的俯攻便利，從而注定了用兵北漢是驚人的消耗戰。東南方的潞州─太原一線本是中央討伐河東的主要選項，而最終在河東鎮州一線向西取得重大突破，折射了北漢在東南方的軍事阻遏是相對有效的，數千人駐守的鷹潤堡、較其他方向更多的軍寨布控都是很好的說明，北宋滅亡北漢後毀壞隆州城、省併沁州也是一大印證。

第六章 結 論

　　五代十國介於唐宋之間，時間雖短，史料也相對瑣碎，但輕易忽略或放棄對本時段歷史的考察顯然是不行的。當然，以戰亂、分裂的論調來給五代十國定性，因相對武斷也頗值警惕。

　　本文以唐末五代增廢、遷治與修築城池等發生變動州縣為研究對象，在對它們加以梳理與統計的基礎上，嘗試從歷史政治、軍事地理的視角去考察、解析它們的空間分布情況，探求背後的運作機理，或對本時段歷史形成一新的注解。

　　唐末（878～906）全國新增州縣城市 28 個，含 18 州 10 縣。同時，於「唐末」被省廢的州縣或有 17 縣。增置與省廢的這些州縣絕大多數位於北方，尤其是邊疆地區，反映了動盪環境下中央權力的收縮態勢及收復疆域的意願。另一方面，基於自身較強的實力，不少節帥在藩鎮內增置州縣以展拓權力，盧龍李匡威、鳳翔李茂貞表現的比較突出。

　　五代北方地區新增有 39 個州縣城市，含 15 州 24 縣。與之相對應，本時段北方地區還裁併有 33 個州縣，包括 12 州 21 縣。就前者而言，它們被增置的時間在五個朝代的分布並不均勻，後唐（4 州 12 縣）、後周（5 州 8 縣）兩代占比達到了 74%。對比來看，諸州縣被裁併的時間分布更不均勻，最多的後周就有 6 州 19 縣，占比約 76%。

　　39 個增置州縣在空間分布上以邊疆地區為主，尤其是河北、河東道的北部，表明隨著契丹勢力在北方的強大與南侵，中原政權也相應地加強了對邊疆地區的經營力度與權力配置。

　　當然，在 12 個被廢的州（未包含巴蜀地區的濂、安、徵 3 州）中有 9 個

處於邊疆地區，且多為唐末或五代初所置，最短的泰州僅存在了 8 年。顯然，邊疆地區作為與外族對峙、鬥爭的核心區域，中原政權固然以增加州縣的形式強化著對當地的掌控，但實際成效並不理想；諸廢縣在空間分布上相對分散，而今豫西山地佔據 6 縣，流露出山地開發的難度。

五代（及宋初）南方諸政權新置州縣共 76 個，含 22 州 54 縣。不過，被裁併的州縣只有 22 個，含 4 州 18 縣。從它們在諸政權疆域的分布來看，南唐增置的州縣最多，為 6 州 28 縣，占南方新置州縣總數的 46.5%；裁併州縣最多的是南漢，有 1 州 14 縣，占比達 68.2%。

就新置州縣的空間分布而言，較多處於都城周邊，如吳越、閩與南漢。吳—南唐疆域較廣，揚州以東地區和今江西省境有較多州縣得以增置，與地區開發的深入有很大關聯，尤其是後者，唐後期至宋初當地人口大幅增長的史實是重要佐證。馬楚政權新增州縣主要位於靈渠周邊，因其早期佔據嶺南西部，強化該地與湖南地區聯繫的意圖頗為明顯。

南漢在疆域內省廢有較多州縣，主要集中在今海南島和原屬馬楚的桂州節鎮內。相對於國都廣州，兩地均處於邊疆地區，對相關州縣的裁併反映了當地社會發展的滯後與政府相對有限的投入。當然，南漢對溥州與廣明縣的省廢也有奪取嶺南西部後有意消滅其與湖南地區聯繫的戰略考量。

還需注意的是，北宋在滅亡後蜀、南漢後對其政區有較大幅度的調整。其中，在巴蜀地區裁併了 30 個縣，還有 7 處縣治所遷移。嶺南地區更多，有 16 州 101 縣被裁併，遷治治所的州縣也有一些。

從空間分布來看，巴蜀地區被廢諸縣主要分布在原後蜀疆域的東北部與中南部，結合其裁併時間，與宋軍攻滅後蜀的路線大體一致。嶺南地區西部的寧遠軍（容管）、建武軍（邕管）兩個節鎮是州縣被裁併的重災區：前者在南漢時有 48 縣，此時被省廢的縣竟有 38 個，占比為 79%；後者在南漢時有 33 縣，宋初尚有 21 縣被載並，占比為 64%。相對而言，巴蜀與嶺南被廢州縣偏離地區傳統中心城市，加上以山地為主的地形，注定了政府經營的乏力和地區開發難度較大的現實。

一般而言，州縣政區的增置是地方社會發展或政府對某地資源或戰略區位重視程度提高的表現形式。當然，裁併的州縣多數情況下說明這些地方人口偏少、社會發展相對滯後。

宏觀來看，唐末五代北方地區的北部邊疆是政區變動的核心區域，增置

州縣顯示了其強化權力配置的努力，對州縣的裁併則暗示了相關努力流於形式的被動適應。相對而言，中原政權對西北地區著力有限，對外防禦處於守勢。在河北、河東地區則用力頗多以強化其軍事防禦能力，這是與本時段契丹的壯大與南侵相適應的。

至於南方地區，新增州縣主要集中經濟條件相對較好的江南道，尤其是今浙江、福建、江西等地，延續著唐代後期以上地區社會發展的良好態勢，民眾對這些區域的開發在不斷向縱深方向推進。與之不同的是，偏安西南、嶺南而相對奢靡與腐朽的後蜀（及前蜀）、南漢政權對國都及周邊地區的開發尚有一定貢獻，但對邊遠地區的經營相當有限，較多州縣在宋初被裁併尚合乎事理。

遷移治所也是州縣城市發生變化的表現形式。據筆者統計，唐末北方地區有 14 個州縣發生了遷治，含 8 州 6 縣。南方地區則略多一點，共 16 個，含 6 州 10 縣。與本時段動盪的社會環境有關，多數州縣的遷治因戰爭引起。北方的西北地區有 5 州 1 縣發生了遷治，當主要來自於吐蕃侵擾的壓力。或受北方戰亂波及而引起的地方亂離影響，南方遷治州縣有較多位於長江沿線與距其不遠的南面幾個州郡。

五代時期北方政權轄境共有 24 個州縣發生遷治，含 12 州 12 縣。從它們發生的時間來看，後唐、後晉兩代是最多的，占比達 70.8%。除戰爭外，水患也是造成州縣治所遷移的重要因素，黃河下游德、棣 2 州的遷治頗具代表性，在一定程度上流露出本時段河患危害的加深。就這些州縣的空間分布而言，位於邊疆地區的尚有 11 個州縣，北疆 3 州 3 縣的遷治和中原政權強化對契丹等游牧民族侵擾的防禦有關，西南興、階 2 州的情況反映了蜀人的擴張態勢，淮南壽、揚 2 州的遷治則彰顯出後周奪取兩地後對既定秩序的調整與重建。

本時段南方發生遷治的州縣也有 24 個，含 6 州 18 縣。從所屬政權來看，南唐、閩與南漢最多，約占遷治總數的 62.5%。承接唐末狀況，長江以南較近區域（限南唐疆域）仍有一些州縣發生了遷治。當然，閩地遷治州縣主要位於國都周邊，南漢則在疆域的東部，與相應地區良好的發展態勢相契合。

對地區發展影響更為深遠的其實是區域中心城市的轉移，北方地區由長安（或洛陽）轉至開封、南方的吳越地區由越州遷往杭州是本時段值得關注的大事。

就北方的這一變化而言，長安的國都地位在唐末已基本喪失，五代北方

中心城市的轉變主要發生在洛陽與開封之間。儘管開封的都城地位在五代前期並不穩固，但基於該地發達的商業與相對偏小的城市規模，繁榮程度較洛陽尚具優勢。後唐以洛陽為都，大力推進城市建設，在相當程度上可以看作是對開封的學習與趕超。另外，從皇帝對城外莊園的臨幸情況看，開封西莊、南莊比洛陽延慶莊、西莊等出現於史籍的時間早一年左右，或在一定程度上佐證了後者一度學習前者的基本史實。

基於這一轉變，縱貫河北平原腹地、連通幽—冀—貝—魏—澶—滑諸州南至開封的陸路交通線變得重要起來。面對契丹的南侵與守衛國都的需要，後晉大力提高這一區域的軍事防禦能力，一度出現了 4 節鎮 1 防禦州的「盛況」。相反，傳統的太行山東麓南北大道此時則要「冷清」得多，僅相州被升格為節鎮，北部的泰州也因「滿城縣地當要衝」而從清苑縣遷至該地。

杭州能夠成為吳越國的都城，除這裡是政權締造者錢鏐的起家之地外，還因為其在有限疆域內較蘇、越 2 州更優越的地理區位。這一狀況，其實是北部經濟發達地區與西部防禦區域疊加後的必然選擇——越州更偏於吳越地區的地理中心，但相對偏東，防禦吳—南唐軍隊的侵擾略顯滯後；蘇州處在吳越北疆，緩衝空間有限，承受的軍事壓力過大。

實力相對有限的錢鏐在唐末的擴張中並不順利，喪失潤、常 2 州便是很好的說明。在攻滅董昌後，錢氏有過「遷治」越州的舉動，而吳國在吳越西部的侵擾強化了錢氏對中原勢力的依賴，朱全忠也希望吳越可以牽制吳國進而實現自己在中原及淮南地區的擴張，遂有意借助唐廷提高了杭州的政治地位、不斷加封錢氏臨安故里的榮譽，在相當程度上推動了錢鏐對杭州的投入。周邊縣城的修築、杭州的城市建設也增加了錢氏對該地自信的積極構建。

當然，統治者對相關政區的調整也是強化新中心城市地位的重要手段。後梁以開封為都，割鄰州 9 縣來隸；為強化杭州的軍事、政治地位，周邊 4 縣也在唐末五代被錢氏有意劃入。

從某種意義上說，對本時段修築城池州縣的考察，較探討州縣的增廢、遷治更有意義。

唐末北方地區有 19 個州縣修築了城池，含 16 州 3 縣。南方地區得以修築的州縣城池更多，達 45 座，包括 32 座州城和 13 座縣城。就這些州縣的空間分布來看，北方地區較多位於河南道，與本時段該地相對頻仍的戰爭相適當。當然，朱全忠在北方的擴張也招致周邊部分州城得以修築。南方地區以

吳、吳越修築的城池最多，共 33 座，尤其是江南東道偏北的一些州縣，反映了動盪時局下節帥與刺史的自固意識。至於其他地區，修築城池的主要是少數幾個中心城市。

五代北方共有 44 座州縣城市得以修築，含 30 座州城和 14 座縣城，以北疆的河北道北部最多，達 21 座，折射出中原政權在防禦契丹侵擾方面的努力。本時段南方地區修築有 60 座州城，包括 43 座州城和 19 座縣城。其中，位於吳—南唐疆域的就有 31 座，超過了總數的一半。就其空間分布來看，約有 1/3 分散於邊疆地區，流露與該政權與周邊勢力長期對峙的態勢。當然，今江西省境尚有不少州縣修築了城池，與該地良好的社會發展態勢有關，築城以肯定既有的成績與秩序。

從所築城池的形態而言，羊馬城在部分城市出現，但主要集中在江北的一些節鎮州城，數量並不多，從唐末到五代在空間分布上呈現出向東、南擴散的趨勢。經過本時段創築而具備子—羅雙重城市結構的州城主要分布在南方，尤其是江南東道。北方地區相對較少，當與較多州城已具備相應規制有關。

宏觀審視這些經過修築的城池，多數情況下城池的規模（周長）與其行政等級構成對應關係，州城絕大多數在 10 里以上，而邊疆如嶺南地區則相對偏小，周長不及 10 里。縣城周長普遍在 10 里以下，超過 10 里的幾個特例主要分布在江南道，且在之後被升格為州級政區。

在行政體系中，州少縣多是基本史實，而就築城對象來看，被修築的城池更多針對的是州城。而且，在這些州城中，節鎮所駐州城佔有相當比例——也就是說，城市的行政等級越高，在唐末五代被修築的機率就越大。

筆者還考察了發生變動州縣是否在增置、遷治與修築城池這兩個甚至三個方面存在契合性的問題。經過統計發現，雖然這樣的州縣所佔比例並不高，但修築城池與其他兩項的契合度較強，即較多州縣在增置或遷治後修築了城池，而且兩者發生的間隔多數在 3 年以內。顯然，築城相對滯後，有較強的穩定當地既有秩序的政治意味。單就唐末五代增置州縣與其修築城池的契合度而言，總體來看並不高，尚不足 20%。從這些州縣的空間分布來看，北方地區較集中於北疆，與本時段中原政權和契丹在本地區的緊張對峙有關。南方地區則相對分散，但不少州縣反映了相關地區良好的社會發展態勢，如吳—南唐的揚州以東和江西地區。

　　還應提及北漢的一些情況。北漢建國初曾在東南方向有所擴張，帶動了後周對毗鄰區域州縣城池的修築。不過，因其實力有限，在與後周、北宋的作戰中經常處於劣勢。儘管如此，借助有利地形，北漢在與周邊地方部隊的鬥爭中，於西北、西南方向表現出相對明顯的進擊優勢。

　　略作拓展，或可得出與五代十國史相關的幾點見解，儘管有些偏離主題。

　　一，西北邊疆是增廢與遷治州縣較為集中的分布區域，為何少有城池修築？筆者以為或主要歸於兩個原因：一方面，該地遠離政治中心，築城等史實失於記載；另一方面，因自然環境相對惡劣，人口稀少、經濟發展相對滯後，而築城需要消耗大量的人力、物力與財力，故在這一地區很難開展。

　　二，相對而言，發生變動的州縣政區在北方以州為主，南方則以縣居多。或從某種意義上說，北方統治者更重視州級政區在政治生活中的地位和刺史們在主動作為，而南方縣的較多表現反映了基層社會對政治生活的參與程度的加強和地方良好的經濟發展態勢。

　　三，儘管發生變動的州縣城市尚有一些，但它們在龐大的行政區劃體系中所佔比例很低，或者說，沿襲之前既有狀態的州縣才是本時段眾多政區中的大多數。過於強調發生變動的這一部分州縣的情況，或在一定程度上偏離了對唐末五代歷史主旨的有效認知。

參考文獻

一、**古籍**（按朝代先後排列，同一朝代按書籍出版年份排列）

1. 〔唐〕皇甫枚撰：《三水小牘》，中華書局，1958 年。

2. 〔唐〕李泰等著，賀次君輯樣：《括地志輯校》，中華書局，1980 年。

3. 〔唐〕李吉甫撰，賀次君點校：《元和郡縣圖志》，中華書局，1983 年。

4. 〔唐〕莫休符撰：《桂林風土記》，中華書局，1985 年。

5. （日）圓仁撰，顧承甫、何泉達點校：《入唐求法巡禮行記》，上海古籍出版社，1986 年。

6. 〔唐〕陸廣微撰，曹林娣校注：《吳地記》，江蘇古籍出版社，1999 年。

7. （新羅）崔致遠撰，黨銀平校注：《桂苑筆耕集校注》，中華書局，2007 年。

8. 〔後晉〕劉昫等撰：《舊唐書》，中華書局，1975 年。

9. 〔南唐〕尉遲偓撰：《中朝故事》，中華書局，1958 年。

10. 〔五代〕孫光憲撰，賈二強點校：《北夢瑣言》，中華書局，2002 年。

11. 〔宋〕司馬光年編著，〔元〕胡三省音注：《資治通鑒》，中華書局，1956 年。

12. 〔宋〕王欽若等編：《冊府元龜》，中華書局，1960 年。

13. 〔宋〕李昉等編，汪紹楹點樣：《太平廣記》，中華書局，1961 年。

14. 〔宋〕歐陽修撰，〔宋〕徐無黨注：《新五代史》，中華書局，1974 年。

15. 〔宋〕歐陽修、宋祁撰：《新唐書》，中華書局，1975 年。

16. 〔宋〕薛居正等撰：《舊五代史》，中華書局，1976 年。

17. 〔宋〕邵伯溫撰，李劍雄、劉德權點校：《邵氏聞見錄》，中華書局，1983 年。

18.〔宋〕王存撰，王文楚、魏嵩山點校：《元豐九域志》，中華書局，1984 年。

19.〔宋〕陸游撰：《入蜀記》，中華書局，1985 年。

20.〔宋〕李攸撰：《宋朝事實》，中華書局，1985 年。

21.〔宋〕吳處厚撰，李裕民點校：《青箱雜記》，中華書局，1985 年。

22.〔宋〕葉隆禮撰，賈敬彥、林榮貴點校：《契丹國志》，中華書局，1985 年。

23.〔宋〕贊寧撰，范祥雍點校：《宋高僧傳》，中華書局，1987 年。

24.〔宋〕阮閱編，周本淳校點：《詩話總龜》，人民文學出版社，1987 年。

25.〔宋〕沈括著，胡道靜校證：《夢溪筆談校證》，上海古籍出版社，1987 年。

26.〔宋〕陸振撰：《九國志》（《宛委別藏》43），江蘇古籍出版社，1988 年。

27.〔宋〕李燾撰：《續資治通鑒長編》，中華書局，1995 年。

28.〔宋〕蔡襄著，吳以寧點校：《蔡襄集》，上海古籍出版社，1996 年。

29.〔宋〕歐陽修著，李逸安點校：《歐陽修全集》，中華書局，2001 年。

30.〔宋〕歐陽忞著，李勇先、王小紅校點：《輿地廣記》，四川大學出版社，2003 年。

31.〔宋〕洪邁撰，孔凡禮點校：《容齋隨筆》，中華書局，2005 年。

32.〔宋〕王溥撰：《五代會要》，上海古籍出版社，2006 年。

33.〔宋〕樂史撰，王文楚等點校：《太平寰宇記》，中華書局，2007 年。

34.〔宋〕馬端臨著：《文獻通考》，中華書局，2011 年。

35.〔宋〕徐鉉撰，傅成校點：《稽神錄》，上海古籍出版社，2012 年。

36.〔宋〕楊億撰，李裕民輯校：《楊文公談苑》，上海古籍出版社，2012 年。

37.〔元〕脫脫等撰：《遼史》，中華書局，1974 年。

38.〔元〕脫脫等撰：《宋史》，中華書局，1977 年。

39.〔明〕田汝成輯撰：《西湖遊覽志餘》，中華書局，1958 年。

40.〔明〕何喬遠編撰：《閩書》，福建人民出版社，1995 年。

41.〔明〕李濂撰，周寶珠、程民生點校：《汴京遺跡志》，中華書局，1999 年。

42.〔明〕劉應珂修，沈堯中纂：（萬曆）《嘉興府志》，上海古籍出版社，2013 年。

43.〔清〕陳夢雷等編纂：《古今圖書集成》，中華書局，1934 年。

44.〔清〕袁枚撰：《隨園隨筆》，廣益書局，1936 年。

45.〔清〕李調元編：《全五代詩》（附補遺），商務印書館，1937 年。

46. 〔清〕彭定求等編：《全唐詩》，中華書局，1960 年。

47. 〔清〕永瑢等撰：《四庫全書總目》，中華書局，1965 年。

48. 〔清〕梁廷楠著，林梓宗校點：《南漢書》，廣東人民出版社，1981 年。

49. 〔清〕董誥等編：《全唐文》，中華書局，1983 年。

50. 〔清〕顧炎武著：《歷代宅京記》，中華書局，1984 年。

51. 〔清〕穆彰阿、潘錫恩等纂修：（嘉慶）《大清一統志》，上海書店影印，
　　1985 年。

52. 〔清〕彭元瑞、劉鳳誥撰：《五代史記注》，上海古籍出版社，1996 年。

53. 〔清〕王士禛原編，鄭方坤刪補：《五代詩話》，人民文學出版社，1998 年。

54. 〔清〕顧祖禹撰，賀次君、施和金點校：《讀史方輿紀要》，中華書局，2005
　　年。

55. 〔清〕吳任臣撰，徐敏霞、周瑩點校：《十國春秋》，中華書局，2010 年。

56. 〔清〕徐松輯，劉琳等點校：《宋會要輯稿》，上海古籍出版社，2014 年。

57. 〔清〕翟慎行纂修：（道光）《武強縣志》，成文出版社，1969 年。

58. 〔清〕曹掄彬等修，朱肇濟等纂：（雍正）《處州府志》，成文出版社，1983
　　年。

59. 穆根來、汶江、黃倬漢譯：《中國印度見聞錄》，中華書局，1983 年。

60. 陳順烈、許佃璽選注：《五代詩選》，上海古籍出版社，1988 年。

61. 林正才：《守城錄注釋》，解放軍出版社，1990 年。

62. 中華書局編輯部編：《宋元方志叢刊》，中華書局，1990 年。

63. 周紹良主編：《全唐文新編》，吉林文史出版社，2000 年。

64. 傅璇琮、徐海榮、徐吉軍主編：《五代史書彙編》，杭州出版社，2004 年。

65. 陳尚君輯校：《全唐文補編》，中華書局，2005 年。

66. 劉緯毅等輯：《宋遼金元方志輯佚》，上海古籍出版社，2011 年。

二、碑刻（按出版年份排列，下同）

1. 周紹良主編：《唐代墓誌彙編》，上海古籍出版社，1992 年。

2. 向南編：《遼代石刻文編》，河北教育出版社，1995 年。

3. 周紹良、趙超主編：《唐代墓誌彙編續集》，上海古籍出版社，2001 年。

4. 周阿根著：《五代墓誌匯考》，黃山書社，2012 年。

5. 章紅梅校注，毛遠明審定：《五代石刻校注》，鳳凰出版社，2017 年。

三、中文著作

1. 全漢昇著：《唐宋帝國與運河》，商務印書館，1946 年。

2. 陳寅恪著：《元白詩箋證稿》，古典文學出版社，1958 年。

3. 李長傅著：《開封歷史地理》，商務印書館，1958 年。

4. 中國科學院編譯出版委員會主編：《十年來的中國科學 地理學》，科學出版社，1959 年。

5. 郭武雄著：《五代史輯本證補》，臺灣商務印書館，1976 年。

6. 陳正祥著：《中國文化地理》，三聯書店，1983 年。

7. 陶懋炳著：《五代史略》，人民出版社，1985 年。

8. 王楚才著：《成都城坊考》，巴蜀書社，1986 年。

9. 楊偉立著：《前蜀後蜀史》，四川社會科學院出版社，1986 年。

10. 譚其驤著：《長水集》，人民出版社，1987 年。

11. 譚其驤著：《長水集續編》，人民出版社，1994 年。

12. 張國剛著：《唐代藩鎮研究》，湖南教育出版社，1987 年。

13. 郭武雄著：《五代史料探源》，臺灣商務印書館，1987 年。

14. 四川省文史館著：《成都城坊古蹟考》，四川人民出版社，1987 年。

15. 劉淑芬著：《六朝的城市與社會》，學生書局，1992 年。

16. 周寶珠著：《宋代東京研究》，河南大學出版社，1992 年。

17. 楊寬著：《中國古代都城制度史研究》，上海古籍出版社，1993 年。

18. 何一民著：《中國城市史綱》，四川大學出版社，1994 年。

19. 周一星著：《城市地理學》，商務印書館，1995 年。

20. 侯甬堅著：《區域歷史地理的空間發展過程》，陝西人民教育出版社，1995 年。

21. 費省著：《唐代人口地理》，西北大學出版社，1996 年。

22. 陳代光著：《廣州城市發展史》，暨南大學出版社，1996 年。

23. 張國剛主編：《隋唐五代史研究概要》，天津教育出版社，1996 年。

24. 徐曉望著：《閩國史》，五南圖書出版公司，1997 年。

25. 諸葛計、銀玉珍編著：《閩國史事編年》，福建人民出版社，1997 年。

26. 吳松弟著：《中國移民史》第 3 卷《隋唐五代時期》，福建人民出版社，1997 年。

27. 梁啟超著：《中國歷史研究法》，上海古籍出版社，1998 年。

28. 劉統著：《唐代羈縻府州研究》，西北大學出版社，1998 年。

29. 馬正林編著：《中國城市歷史地理》，山東教育出版社，1998 年。

30. 顧朝林等著：《中國城市地理》，商務印書館，1999 年。

31. 鄒勁風著：《南唐國史》，南京大學出版社，2000 年。

32. 王文泰等編：《閩國史匯》，暨南大學出版社，2000 年。

33. 郁賢皓著：《唐刺史考全編》，安徽大學出版社，2000 年。

34. 何燦浩著：《唐末政治變化研究》，中國文聯出版社，2001 年。

35. 程存潔著：《唐代城市史研究初篇》，中華書局，2002 年。

36. 何勇強著：《錢氏吳越國史論稿》，浙江大學出版社，2002 年。

37. 吳松弟編著：《兩唐書地理志匯釋》，安徽教育出版社，2002 年。

38. 張劍光著：《唐五代江南工商業布局研究》，江蘇古籍出版社，2003 年。

39. 羅慶康著：《馬楚史研究》，湖南人民出版社，2004 年。

40.（日）中村圭爾、辛德勇編：《中國古代城市研究》，中國社會科學出版社，2004 年。

41. 梁思成著：《中國建築史》，百花文藝出版社，2005 年。

42. 周振鶴著：《中國地方行政制度史》，上海人民出版社，2005 年。

43. 杜文玉著：《五代十國制度研究》，人民出版社，2006 年。

44. 吳宏岐著：《西安歷史地理研究》，西安地圖出版社，2006 年。

45. 周祝偉著：《7～10 世紀杭州的崛起與錢塘江地區結構變遷》，社會科學文獻出版社，2006 年。

46. 李長傅著：《李長傅文集》，河南大學出版社，2007 年。

47. 嚴耕望撰：《唐代交通圖考》，上海古籍出版社，2007 年。

48. 李孝聰著：《歷史城市地理》，山東教育出版社，2007 年。

49. 李昌憲著：《中國行政區劃通史·宋西夏卷》，復旦大學出版社，2007 年。

50. 王明德著：《從黃河時代到運河時代：中國古都變遷研究》，巴蜀書社，2008 年。

51. 余蔚著：《中國行政區劃通史·遼金卷》，復旦大學出版社，2012 年。

52. 郭聲波著：《中國行政區劃通史·唐代卷》，復旦大學出版社，2012 年。

53. 李曉傑著：《中國行政區劃通史·五代十國卷》，復旦大學出版社，2014 年。

54. 成一農著：《古代城市形態研究方法新探》，社會科學文獻出版社，2009 年。

55. 寧欣著：《唐宋都城社會結構研究——對城市經濟與社會的關注》，商務印書館，2009 年。

56. 李裕民著：《北漢簡史》，三晉出版社，2010 年。

57. 陳欣著：《南漢國史》，廣東人民出版社，2010 年。

58. 陳國燦著：《中國古代江南城市化研究》，人民出版社，2010 年。

59. 杜文玉著：《五代十國經濟史》，學苑出版社，2011 年。

60. 薛政超著：《五代金陵史研究》，中央編譯出版社，2011 年。

61. 韓光輝：《宋遼金元建制城市研究》，北京大學出版社，2011 年。

62. 魯西奇著：《城牆內外：古代漢水流域城市的形態與空間》，中華書局，2011 年。

63. 葛劍雄著：《統一與分裂：中國歷史的啟示》，商務印書館，2013 年。

64. 包偉民著：《宋代城市研究》，中華書局，2014 年。

65. 徐曉望著：《閩國史略》，中國文史出版社，2014 年。

66. 王賡武著，胡耀飛等譯：《五代時期北方中國的權力結構》，中西書局，2014 年。

67. 李孝聰著：《中國城市的歷史空間》，北京大學出版社，2015 年。

四、外文著作（含譯著）

1.（日）加藤繁著，吳傑譯：《中國經濟史考證》第 1 卷，商務印書館，1959 年。

2.（日）加藤繁著，吳傑譯：《中國經濟史考證》第 2 卷，商務印書館，1963 年。

3.（日）日野開三郎著：《五代史の基調》，三一書房，1980 年。

4.（日）栗原益男編：《五代宋初藩鎮年表》，東京堂，1988 年。

5.（日）愛宕元著：《中國の城郭都市》，中央公論社，1991 年。

6.（日）愛宕元著：《唐代地域社會史研究》，同朋舍，1997 年。

7.（越）陳重金著，戴可來譯：《越南通史》，商務印書館，1992 年。

8.（德）沃爾特‧克里斯塔勒著，常正文等譯：《德國南部中心地原理》，商務印書館，1998 年。

9.（美）施堅雅主編，葉光庭等譯：《中華帝國晚期的城市》，中華書局，2000 年。

10.（美）凱文‧林奇著，方益萍、何曉軍譯：《城市意象》，華夏出版社，2001 年。

11.（日）斯波義信著，布和譯：《中國都市史》，北京大學出版社，2013 年。

12.（美）喬爾‧科特金著，王旭等譯：《全球城市史》，社會科學文獻出版社，2014 年。

13.（英）諾爾曼‧龐茲著，劉景華等譯：《中世紀城市》，商務印書館，2015 年。

五、論文（按刊出年份排列）

1. 何煩松：《五代時之文化》，《民鐸》第 6 卷第 5 號（1925 年）。

2. 劉石農：《五代州縣表》，《師大月刊》第 11、15 期（1934 年）。

3. 鄧嗣禹：《城隍考》，《史學年報》第 2 卷第 2 期（1935 年）。

4. 王伊同：《五季兵禍輯錄》，《史學年報》第 2 卷第 3 期（1936 年）。

5. 孟思明：《成都城池沿革》，《禹貢》第 5 卷第 12 期（1936 年 8 月）。

6. 侯仁之：《燕雲十六州考》，《禹貢》第 6 卷第 3、4 合期（1936 年 10 月）。

7. 武仙卿：《隋唐時代揚州的輪廓》，《食貨》第 5 卷第 1 期（1937 年 1 月）。

8. 黃盛璋：《中國港市之發展》，《地理學報》1951 年第 1～2 合期。

9. 韓國磐：《五代時南中國的經濟發展及其限度》，《廈門大學學報（社會科學版）》1956 年第 1 期。

10. 韓國磐：《唐末五代的藩鎮割據》，《歷史教學》1958 年第 8 期。

11. 李長傳：《朱仙鎮歷史地理》，《史學月刊》1964 年第 12 期。

12. 紀仲慶：《揚州古城址變遷初探》，《文物》1979 年第 9 期。

13. 莊為璣：《泉州歷代城址的探索》，《中國考古學會第一次年會論文集1979》，文物出版社，1980 年，第 367～379 頁。

14. 趙雅書：《五代吳越國的創建者——錢鏐》，《國立臺灣大學歷史學系學報》第 7 輯，1980 年，第 163～214 頁。

15. 李東華：《唐末泉州的興起及其背景》，《國立臺灣大學歷史學系學報》第 9 輯，1982 年，第 123～151 頁。

16. 寧可、閻守誠：《唐末五代的山西》，《晉陽學刊》1984 年第 5 期。

17. 張其凡：《五代都城的變遷》，《暨南學報（哲學社會科學版）》1985 年第 4 期。

18. 陳有忠：《唐五代洛陽開封間的交通路線》，《鄭州大學學報（哲學社會科學版）》1985 年第 3 期。

19. 韓振華：《五代福建對外貿易》，《中國社會經濟史研究》1986 年第 3 期。

20. 呂以春：《錢鏐與杭州》，《浙江學刊》1987 年第 2 期。

21. 朱玲玲：《坊裏的起源及其演變》，《中國古都研究》第 3 輯，浙江人民出版社，1987 年，第 91～106 頁。

22. 王鐸：《唐宋洛陽私家園林的風格》，《中國古都研究》第 3 輯，浙江人民出版社，1987 年，第 234～252 頁。

23. 吳濤：《唐「安史之亂」至五代時期的洛陽》，《鄭州大學學報（哲學社會科學版）》1988 年第 5 期。

24. 林立平：《試論唐宋之際城市分布重心的南遷》，《暨南學報（哲學社會科學版）》1989 年第 2 期。

25. 侯甬堅：《中國古都選址的基本原則》，《中國古都研究》第 4 輯，浙江人民出版社，1989 年，第 37～53 頁。

26. （日）愛宕元：《唐代州縣城郭の規模と構造》，《第一屆國際唐代學術會議論文集》，學生書局，1989 年，第 647～695 頁。

27. 宿白：《隋唐城址類型初探（提綱）》，《紀念北京大學考古專業三十週年論文集》，文物出版社，1990 年，第 279～285 頁。

28. 黃寬重：《宋代城郭的防禦設施及材料》，《南宋軍政與文獻探索》，新文豐出版公司，1990 年，第 183～224 頁。

29. 朱錫光：《＜十國春秋·地理表＞訂誤七則》，《文獻》1990 年第 3 期。

30. 韓光輝：《契丹人南下原因初探》，《北方文物》1990 年第 3 期。

31. 靳潤成：《五代十國國號與地域的關係》，《歷史教學》1990 年第 5 期。

32. 於德源：《遼南京（燕京）城坊宮殿苑圃考》，《中國歷史地理論叢》1990年第4輯。

33. 辛德勇：《侯仁之先生對於我國歷史城市地理研究的開拓性貢獻》，《中國歷史地理論叢》1990年第4輯。

34. 曹開華：《試論南唐江西經濟文化的初步發展》，《江西師範大學學報》1991年第2期。

35. 林立平：《中唐後城市生活的「俗世化」傾向》，《中國唐史學會論文集》，三秦出版社，1991年，第229～247頁；李慶新：《略論南漢時期的嶺南經濟》，《廣東社會科學》1992年第6期。

36. 李海根、劉芳義：《贛州古城調查簡報》，《文物》1993年第3期。

37. 曾昭璇：《南漢後海南省行政區劃史研究》，《中國邊疆史地研究》1993年第4期。

38. 張澤洪：《城隍神及其信仰》，《世界宗教研究》1995年第1期。

39. 陳尚君：《〈舊五代史〉補傳十六篇》，《文獻》1995年第3期。

40. 馬志祥：《西安西郊出土的後唐〈張居翰墓誌〉》，《碑林集刊》第3輯，陝西人民美術出版社，1995年，第102～107頁。

41. 曾國富：《五代南平史三題》，《中國史研究》1996年第1期。

42. 李志庭：《也談錢鏐「保境安民」國策》，《中國史研究》1997年第3期。

43. 宋傳銀：《古代湖北人口發展的空間過程》，《中國歷史地理論叢》1998年第2輯。

44. 廖大珂：《再論「甘棠港」的歷史問題》，《中國社會經濟史研究》1998年第3期。

45. 周寶珠：《朱梁建都開封及其歷史意義》，《開封大學學報》1998年第3期。

46. 吳宏岐、郭用和：《濮陽城址的歷史變遷》，《中國歷史地理論叢》1999年第1輯。

47. 吳宏岐：《論唐末五代長安城的形制和布局特點》，《中國歷史地理論叢》1999年第2輯。

48. 王德權：《從「漢縣」到「唐縣」——三至八世紀河北縣治體系變動的考察》，北京大學出版社，1999年。

49. 郭聲波：《試解岩州失蹤之謎——唐五代嶺南岩州、常樂州地理考》，《中

國邊疆史地論叢》2000 年第 3 期。

50.（日）久保和田男著，趙望秦、黃新華譯：《五代宋初的洛陽和國都問題》，《中國歷史地理論叢》2001 年第 3 輯。

51. 劉連香：《張全義與五代洛陽城》，《洛陽工學院學報（社會科學版）》2002 年第 2 期。

52. 嚴豔、吳宏岐：《歷史城市地理學的理論體系與研究內容》：《陝西師範大學學報（哲學社會科學版）》2003 年第 2 期。

53. 郭湖生：《子城制度》，《中華古都——中國古代城市史論文集》，空間出版社，2003 年再版。

54. 林榮貴：《五代十國時期的邊疆經略》，《中國邊疆史地論集續編》，黑龍江教育出版社，2003 年，第 89～103 頁。

55. 薛平拴：《五代宋元時期古都長安商業的興衰演變》，《中國歷史地理論叢》2004 年第 1 輯。

56. 樊莉娜：《廂坊制的始行時間》，《中國歷史地理論叢》2004 年第 1 輯。

57. 田雁：《五代行政區劃「軍」的形成》，《江漢大學學報（人文科學版）》2004 年第 2 期。

58. 彭鶴白：《唐末五代食人考》，《中國歷史學會史學集刊》第 36 期，2004 年，第 107～136 頁。

59. 陳雙印：《五代時期的揚州城考》，《中國歷史地理論叢》2005 年第 3 期。

60. 杜文玉、王鳳翔：《唐宋時期牢城使考述》，《陝西師範大學學報（哲學社會科學版）》2006 年第 2 期。

61. 王濤：《唐代的城隍神信仰與唐中後期南方城市的發展》，《首都師範大學學報（社會科學版）》2006 年第 3 期。

62. 賴高郡：《唐五代的城隍信仰》，《興大歷史學報》第 17 期，2006 年 6 月，第 293～348 頁。

63. 嚴耕望：《唐五代時期之成都》，《嚴耕望史學論文選集》，中華書局，2006 年，第 175～231 頁。

64. 魯西奇：《城牆內外：明清時期漢水下游地區府、州、縣城的形態與結構》，《明清以來長江流域社會發展史論》，武漢大學出版社，2006 年，第 228～291 頁。

65. 成一農：《中國古代城市城牆史研究綜述》,《中國史研究動態》2007 年第 1 期。

66. 成一農：《清代的城市規模與行政等級》,《揚州大學學報（人文社會科學版）》2007 年第 3 期。

67. 陳鴻鈞：《南漢興王府暨常康、咸寧二縣設置考》,《嶺南文史》2008 年第 1 期。

68. 王顏、杜文玉：《五代十國時期南北水路交通研究》,《中國歷史地理論叢》2008 年第 3 輯。

69. 高學欽：《五代時期十國與中原王朝的關係特徵分析》,《重慶科技學院學報（社會科學版）》2008 年第 8 期。

70. 杜文玉：《五代十國時期的陸路交通路線》,《中日文化交流的歷史記憶及其展望》，陝西師範大學，2008 年，第 256～276 頁。

71. 吳宏岐著：《李長傅先生對歷史地理學理論的探索》,《歷史地理學研究的新探索與新動向》，三秦出版社，2008 年，第 493～514 頁。

72. 馬強：《唐宋時期關於定都與遷都之議》,《人文雜誌》2009 年第 1 期。

73. 梁進社：《地理學的十四大原理》,《地理科學》2009 年第 3 期。

74. 周加勝：《南漢時期廣州城市布局及建築研究》,《唐史論叢》第 11 輯，2009 年，第 271～280 頁。

75. 成一農：《中國古代地方城市形態研究現狀評述》,《中國史研究》2010 年第 1 期。

76. 楊光華：《五代峽州復置巴山縣考》,《中國歷史地理論叢》2010 年第 3 輯。

77. 馬劍：《何以為城：唐宋時期川渝地區築城活動與城牆形態考察》,《西南大學學報（社會科學版）》2010 年第 6 期。

78. 馬劍：《羊馬城考：兼考成都與羊馬城》,《中國歷史地理論叢》2011 年第 2 輯。

79. 侯甬堅：《西安城市生命力的初步解析》,《江漢論壇》2012 年第 1 期。

80. 成一農：《中國古代城市選址研究方法的反思》,《中國歷史地理論叢》2012 年第 1 輯。

81. 周祝偉：《論浙江行政區雛形的歷史形成》,《浙江學刊》2012 年第 3 期。

82. 張躍飛：《五代十國時期的扞蔽與平衡——以荊南為中心》，《唐史論叢》第 15 輯，陝西師範大學出版社，2012 年，第 156～163 頁。

83. 王為例：《南唐〈泰州重展築子城記〉淺釋》，《東南文化》2013 年第 1 期。

84. 魯西奇：《新縣的置立及其意義——以唐五代至宋初新置的縣為中心》，《唐研究》第 19 卷，北京大學出版社，2013 年，第 155～232 頁。

85. 吳宏岐、王榮、高寧：《南漢國都與王府城形態特徵初探》，《中國古都研究》第 24 輯，陝西師範大學出版總社，2013 年，第 51～62 頁。

86. 張春蘭：《唐中後期至五代都城管理制度的演變》，《黃河文明與可持續發展研究》第 6 輯，河南大學出版社，2013 年，第 59～71 頁。

87. 楊適菁：《興亡以兵：五代禁軍影響之下的政權更迭》，《華岡史學》第 1 期，2013 年，第 129～184 頁。

88. 邢福來：《關於統萬城東城的幾個問題》，《考古與文物》2014 年第 5 期。

89. 高建國：《府州折氏與遼的關係》，《內蒙古社會科學（漢文版）》2014 年第 5 期。

90. 張萍：《古代城市形態研究的兩個維度》，《歷史研究》2014 年第 6 期。

91. 魯西奇：《隋唐五代沿海港口與近海航線（下）》，《魏晉南北朝隋唐史資料》第 30 輯，上海古籍出版社，2014 年，第 80～136 頁。

92. 成一農：《里坊制及相關問題研究》，《中國史研究》2015 年第 3 期。

93. 張達志：《唐宋之際由場升縣問題試釋——以宣歙、江西、福建為中心》，《復旦學報（社會科學版）》2015 年第 3 期。

94. 張劍光、鄒國慰：《城牆修築與隋唐五代江南城市的發展》，《文史哲》2015 年第 5 期。

95. 任江：《唐宋時期犍為縣治所略考》，《中國歷史地理論叢》2016 年第 4 輯。

96. 屈卡樂、盧地生：《後唐同光政權方鎮控制戰略研究》，《安徽史學》2020 年第 2 期。

97. 余國江：《南唐揚州築城史事考述》，《唐史論叢》第 31 輯，三秦出版社，2020 年，第 312～318 頁。

六、學位論文（按公布年份排列）

1. 林立平：《唐宋之際中國城市結構的演變》，北京師範大學 1988 年博士學位論文。

2. 鄭力鵬：《福州城市發展史研究》，華南理工大學 1991 年博士學位論文。

3. 徐君峰：《唐代城市地理研究》，陝西師範大學 1996 年博士學位論文。

4. 杭侃：《中原北方地區宋元時期的地方城址》，北京大學 1998 年博士學位論文。

5. 賴青壽：《唐後期方鎮建置沿革研究》，復旦大學 1999 年博士學位論文。

6. 阮思華：《唐宋時期江西交通路線考》，暨南大學 1999 年碩士學位論文。

7. 曾志忠：《五代時期十國政權的建立——以閩為例》，中國文化大學 2001 年碩士學位論文。

8. 李崇新：《唐末五代的晉梁之爭研究》，南京大學 2003 年博士學位論文。

9. 梁微：《唐末五代的太原》，北京師範大學 2004 年碩士學位論文。

10. 丁貞權：《五代時期的楊吳政權》，安徽大學 2004 年碩士學位論文。

11. 顧立誠：《走向南方——唐宋之際自北向南的移民與其影響》，臺灣大學 2004 年碩士學位論文。

12. 吳修安：《三至十世紀福建開發之研究》，國立中正大學 2004 年碩士學位論文。

13. 劉娟：《五代福建山區經濟研究》，福建師範大學 2006 年碩士學位論文。

14. 黃登峰：《宋代城池建設研究》，河北大學 2007 年博士學位論文。

15. 韓鳳冉：《五代河北道河南道政區地理研究》，復旦大學 2007 年碩士學位論文。

16. 王鳳翔：《晚唐五代秦岐割據政權研究》，陝西師範大學 2007 年博士學位論文。

17. 孫鈺紅：《五代政區地理研究——燕晉地區部分》，復旦大學 2007 年碩士學位論文。

18. 曾育榮：《高氏荊南史稿》，暨南大學 2008 年博士學位論文。

19. 周加勝：《南漢國研究》，陝西師範大學博士學位論文，2008 年。

20. 張恒宇：《福州城市歷史地理初步研究》，福建師範大學 2008 年碩士學位論文。

21. 林政忠：《唐代商業發展的關聯效果》，中國文化大學 2009 年博士學位論文。

22. 周慶彰：《五代時期南方諸政權政區地理》，復旦大學 2010 年博士學位論文。

23. 祁剛：《八至十八世紀閩東北開發之研究》，復旦大學 2010 年博士學位論文。

24. 曹流：《契丹與五代十國政治關係諸問題》，北京大學 2010 年博士學位論文。

25. 胡耀飛：《南唐兩都制研究》，陝西師範大學 2011 年碩士學位論文。

26. 徐仕達：《馬楚政權之研究》，中國文化大學 2011 年碩士學位論文。

27. 林至軒：《從能臣到叛臣——高駢與唐末政局研究》，國立清華大學 2013 年碩士學位論文。

28. 劉闖：《五代時期汴州城城市環境初探》，陝西師範大學 2014 年碩士學位論文。

七、工具書

1. 吳廷燮撰：《唐方鎮年表》，中華書局，1980 年。

2. 譚其驤主編：《中國歷史地圖集》，中國地圖出版社，1982 年。

3. 李旭旦主編：《人文地理學》，中國大百科全書出版社，1984 年。

4. 杜瑜、朱玲玲編：《中國歷史地理論著索引（1900～1980）》，書目文獻出版社，1986 年。

5. 葉驍軍編：《中國都城研究文獻索引》，蘭州大學出版社，1988 年。

6. 史念海主編：《西安歷史地圖集》，西安地圖出版社，1996 年。

7. 朱玉龍編著：《五代十國方鎮年表》，中華書局，1997 年。

8. 宋衍申主編：《兩五代史辭典》，山東教育出版社，1998 年。

9. 陳橋驛主編：《中國都城辭典》，江西教育出版社，1999 年。

10. 郭聲波、王蓉貴編：《新舊五代史地名族名索引》，四川辭書出版社，2000 年。

11. （英）R. J. 約翰斯頓主編，柴彥威等譯：《人文地理學辭典》，商務印書館，2004 年。

12. 王雙懷主編：《中華日曆通典》，吉林文史出版社，2006 年。

13. 方詩銘編著：《中國歷史紀年表》，上海人民出版社，2007 年。

14. 夏徵農、陳至立主編：《辭海》（第 6 版彩圖本），上海辭書出版社，2009 年。

15. 薛國屏編著：《中國古今地名對照表》，上海辭書出版社，2010 年。

附　表

附表1　五代置「軍」統計表

序號	軍　名	設置政權	存在時間	級　別	治　所	依據文獻〔1〕	備　註
1	崇德軍	後梁	907～924	直隸京	碭山縣境	五代會要	朱溫家鄉
2	河潼軍		907～？		華陰縣境		復置
3	虎牢軍		907～？		汜水縣境		改關為軍
4	蘆臺軍	劉燕〔2〕	907～938	縣級	——	資治通鑑	
5	興唐軍	晉王〔3〕	910～926		——	讀史方輿紀要	
6	靈臺軍	後唐	923～951？	——		文獻通考	後周廢
7	岢嵐軍	後唐	923？～959	縣級	嵐谷縣	舊五代史	唐曾有，復置
8	奉化軍	後唐	？～928	準州級	清苑縣境	五代會要	後為泰州
9	清邊軍	後晉	939～959？	縣級	——	舊五代史	改舊威州為軍〔4〕
10	德清軍		941～959		頓丘鎮		舊澶州改置
11	大通軍				胡梁渡月城		
12	昌化軍		942～959？		——	五代會要	降雄州為軍
13	威肅軍						降警州為軍
14	贍國軍	後漢	947？～956	準州級	渤海縣境	記纂淵海	後為濱州

15	廣利軍	後周	954～959	縣級	——	五代會要	後廢
16	定遠軍		955～959				廢景州為軍〔5〕
17	靜安軍		955～959？			舊五代史	以李晏口為軍
18	鎮淮軍		956～957？			五代會要	以渦口鎮為軍
19	保順軍		958～959			太平寰宇記	以保順鎮建軍
20	雄勝軍		959			舊五代史	升固鎮為軍
21	通遠軍		957～959	準州級	通遠縣	五代會要	宋存〔6〕
22	雄武軍		957？～959		漣水縣	資治通鑑	宋廢〔7〕
23	靜海軍		957？～958	直隸	靜海縣	太平寰宇記	南唐有建置〔8〕
24	漢陽軍		958～959	直隸京	漢陽縣	五代會要	宋存
25	固軍	北漢	951？～959	準州級	——	元豐九域志	宋廢為寧化縣
26	寶興軍		959？	縣級		太平寰宇記	銀冶
27	衣錦軍	吳越	908～959	直隸	臨安縣境	新五代史	錢鏐家鄉
28	荊門軍	荊南	919？		當陽縣	太平寰宇記	尋廢
29	安遠軍	前蜀	911～？	——	西縣	十國春秋	
30	南鎮軍	閩	940？～？	——	——	資治通鑑	
31	建武軍	南唐	942～958	直隸	天長縣	文獻通考	後改天長軍〔9〕
32	江陰軍		942？～959		江陰縣	太平寰宇記	宋存
33	雄遠軍		958？～959		當塗縣		宋存
34	建武軍		969～975	準州級	南城縣	太平寰宇記	宋改建昌軍

說明：（1）主要參考論著：田雁：《論五代特殊地方行政單位「軍」的設置》，《保定學院學報》2013 年第 3 期和李曉傑著：《中國行政區劃通史‧五代十國卷》附錄表Ⅲ《五代十國時期「軍」建置沿革表》，復旦大學出版社，2014 年，第 1110～1115 頁；（2）《中國行政區劃通史‧五代十國卷》附錄表Ⅲ統計有振武軍和天德軍，從其提供的史料出處看當為節鎮級別的軍，超出了本文主要論述的州縣範圍，故未列入附表 1；（3）據《資治通鑑》記載，唐光化三年（900）已存在乾寧軍，胡三省注曰：「蓋乾寧間始置此軍」，暫從其說；（4）《十國春秋》記載前蜀曾設置有永康軍，而《太平寰宇記》、《宋史》、《文獻通考》等書記其為宋代所設，暫從宋代設置說；（5）田雁在論文中統計有「良原軍」，出處為《文獻通考‧輿地》，然查無此軍，存疑；（6）據田雁研究，附表 1 中的 10（德清軍）、14（贍國軍）、16（定遠軍）、17（靜安軍）、19（保順軍）、20（雄勝軍）、21（通遠軍）、23（靜海軍）、24（漢陽軍）、25（固軍）、26（寶興軍）、27（衣錦軍）、31（建武軍）、32（江陰軍）、33（雄遠軍）、34（建武軍）及天長軍（與 31 建武軍可視作同一軍）等 17 個軍為具有地方行政單位性質的軍，而附表 1 中的 1（崇德軍）、3（虎牢軍）、6（靈臺軍）、7（岢嵐軍）、8（奉化軍）、9（清邊軍）、11（大通軍）、12

（昌化軍）、13（咸肅軍）、15（廣利軍）、18（鎮淮軍）、28（荊門軍）、
29（安遠軍）、30（南鎮軍）及良原、永康、乾寧3軍共17個軍為軍政區性
質的軍。

注釋：〔1〕限於空間，「依據文獻」一欄所列史籍並非全部；〔2〕開平三年（909），
　　　後梁封幽州盧龍節度使劉守光為燕王，次年又據為滄州節鎮，911年僭越稱帝，
　　　建燕國；〔3〕唐末以割據河東的李克用為晉王，李存勖嗣位後不斷擴張地盤，
　　　最終建立後唐、滅亡後梁；〔4〕《五代會要》卷24作「清遠軍」，據李曉傑
　　　考證，清遠軍成立於北宋淳化五年，有誤，當為「清邊軍」；〔5〕據《太平
　　　寰宇記》卷68，定遠軍一直存在到宋代，太平興國六年（981）割東光縣屬縣，
　　　行政等級有所提高；〔6〕據《輿地廣記》卷14，後晉以方渠鎮置威州，後周
　　　改為環州，後廢為通遠軍；〔7〕由新設的漣州改置，參見正文表2-5「漣州」；
　　　〔8〕據《太平寰宇記》卷130，南唐曾在此設置有靜海制置院，後周奪取此地
　　　後升為靜海軍，不久置通州；〔9〕據陸游《南唐書》卷1、《文獻通考》卷
　　　318，南唐改天長制置使為建武軍，後升為雄州，後周奪取此地後又降為天長
　　　軍，筆者認為南唐之建武軍與後周之天長軍可視為一軍。另，《資治通鑑》卷
　　　294記南唐改天長縣（建武軍）為雄州，而《太平寰宇記》卷130記作後周改
　　　建武軍為雄州，宋滅亡南唐後才降雄州為天長軍，暫從《文獻通考》。

附表2　宋初升縣之五代南方政權所置場、監等統計表

序號	政權	名　稱	設置時間	升縣時間	備　註
1	吳	星子鎮	——	太平興國三年（978）	屬江州 982年於縣置南康軍
2	南唐	安仁場	開寶八年（975）	端拱元年（988）	以餘干縣置；屬饒州
3		崇安場	保大九年（951）	淳化五年（994）	屬建州
4		上杭場	保大十三年（955）		屬汀州〔1〕
5		金溪場	顯德五年（958）		銀礦；屬撫州〔2〕
6	吳越	開化場	乾德四年（966）	太平興國六年（981）	屬衢州
7		南新場	乾德五年（967）		便於徵科；屬杭州
8	閩	武平場	——	淳化五年（994）	唐為武平鎮
9	楚	安仁場	清泰二年（935）	乾德二年（964）	954年徙；屬衡州
10		東安場	清泰三年（936）	太平興國七年（974）	屬永州〔3〕
11		王朝場		淳化五年（994）	便人輸納；屬岳州
12	荊南	白沙徵科巡院	開平四年（910）	乾德三年（965）	玉沙縣；屬荊州
13	後蜀	招葺院	明德四年（937）	乾德四年（966）	原雍江草市〔4〕

參考文獻：《太平寰宇記》、《元豐九域志》、《輿地廣記》、《輿地紀勝》、（嘉慶）《大清
　　　一統志》等。

說明：編排順序參考的是第二章南方政權（增置州縣）的相應次序。

注釋：〔1〕上杭場為唐時所置，955 年該場徙於別地；〔2〕《宋史》卷 88 記金溪場於開寶五年（972）升縣；〔3〕《宋史》卷 88 記東安場於雍熙元年（984）升縣；〔4〕《十國春秋》卷 49 記招莙院置於縣是在明德元年（934）。另，966年升為東關縣，屬梓州。

附表 3　唐末至宋初或發生遷治州縣統計表

序號	時間	州縣名稱	相關記載	文獻出處	備註
1	唐末	成州	866 年復置，徙治寶井堡，後徙治同谷，（後）梁改汶州	文獻通考（321）輿地考（7）〔1〕	行州
2	唐末	增城縣	通志，唐末移於今縣東北十里九岡村，後又移今治〔2〕	一統志（442）廣州府（2）	屬廣州〔3〕
3	五代	宜君縣	元和志云 D，玉華宮在縣北四里。寰宇記云，宮在縣西四十里，移治當在五代時	一統志（249）鄜州	屬坊州
4	五代	平陸縣	元和志，縣西北至陝州十七里。寰宇記，縣在陝州北五十里，蓋五代時遷今治	一統志（154）解州	屬陝州
5	五代	小封縣	移小封縣於此，仍改曰通化	一統志（421）雜谷廳	屬維州
6	吳越	樂安縣	縣志，故城在今縣西北，至吳越時方徙今治〔4〕	一統志（297）台州府（1）	後改永安、仙居
7	宋初	龍城縣	遷縣於今治	一統志（469）梧州府	屬柳州

注釋：〔1〕括號內數字指引用文字在相關書籍的具體卷數，下同。「一統志」為（嘉慶）《大清一統志》；〔2〕據愛如生數據庫─中國方志庫，（道光）《廣東通志》卷 216 引用的是（嘉慶）《大清一統志》所記內容，至於《一統志》所引的「通志」纂修於何時，有待查證；〔3〕本欄關於某縣隸屬於某州的統計依據的是唐末五代宋初行政區劃，參考文獻為《中國行政區劃通史》之《唐代卷》、《五代十國卷》和《宋西夏卷》；〔4〕（萬曆）《仙居志》與（光緒）《仙居志》無相關內容。

附表 4　唐末軍隊「營」、「壁」諸縣統計表

序號	時　間	州　縣	相關史實	文獻出處
1	乾符五年（878）	原武縣	（唐廷）詔滑州節度使李嶧壁原武	新唐書（225 下）
2	乾符五年（878）光啟二年（886）	河陰縣	河陽節度使鄭延休兵三千壁河陰（朱）全忠壁河陰	新唐書（225 下）（188）
3	中和二年（882）	盩厔縣	王鐸率衛兵自梁、蜀師三萬壁盩厔	新唐書（185）

4	光啟元年（885）	澠池縣	李罕之兵少，西走澠池……壁澠池	新五代史（42）
5	光啟三年（887）	乘氏縣	朱珍先攻（朱）瑾，取曹州，壁乘氏	新唐書（188）
6～7		靈昌縣 酸棗縣	秦宗權攻梁，壁靈昌、酸棗〔1〕	新五代史（22）
8	文德元年（888）	上蔡縣	秦宗權素壁上蔡以扼險要	新唐書（225下）
9		新繁縣	王建攻彭州，陳敬瑄……壁新繁以救	資治通鑒（257）
10	文德元年（888） 乾寧三年（896）	洹水縣	樂從訓敗，裒餘眾壁洹水 汴軍復壁於洹水	新唐書（210） 舊五代史（1）
11	大順元年（890）	霍邑縣	鳳翔軍營霍邑，李承嗣帥一軍攻之	舊五代史（55）
12	大順二年（891）	內黃縣	羅弘信壁內黃	新唐書（210）
13	景福元年（892）	欒城縣	李克用退壁欒城	新唐書（211）
14～15	景福二年（893）	興平縣 鄠縣	王行瑜壁興平，李茂貞壁鄠（縣）	新唐書（187）
16	乾寧三年（896）	莘縣	太原將李瑭救（朱）宣，復壁莘。（羅）弘信厭其暴，而瑭溝壘自固。	新唐書（210）
17	乾寧四年（897）	安豐縣	葛從周以兗、鄆、曹、濮之兵壁安豐	資治通鑒（261）
18	光化二年（899）	宿州	楊行密攻徐州，汴將李禮壁宿州以援	新唐書（188）
19	光化三年（900）	沙河縣	王處直壁沙河	新唐書（174）
20	天復二年（902）	三原縣	朱全忠……回壁三原	新唐書（208）

說明：（1）筆者所列事例僅為梳理史料時所見，應並非全部；（2）所列文獻為首要參考史籍，相應時間依《資治通鑒》；（3）不同史籍對相關歷史的記載略有不同，「壁」、「營」或記作「屯」、「軍」等。

注釋：〔1〕據《新五代史》卷225下《秦宗權傳》，「（朱）全忠壁酸棗」，略有不同。

附　圖

附圖 1　唐末（878～906）增置、遷治與修築城池州縣分布圖

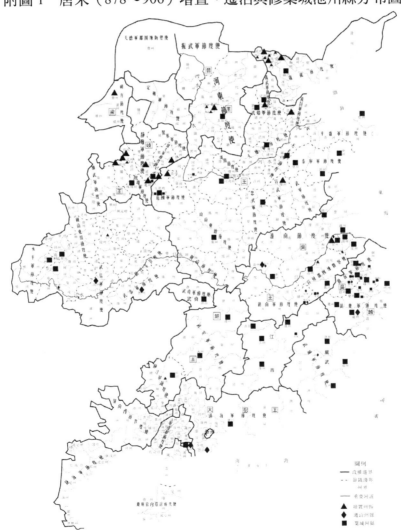

底圖來源：《中國行政區劃通史・五代十國卷》附圖《 I-1 907 年後梁等政權轄
　　境政區示意圖》

附圖 2 五代（907～959）增廢、遷治與修築城池州縣分布圖

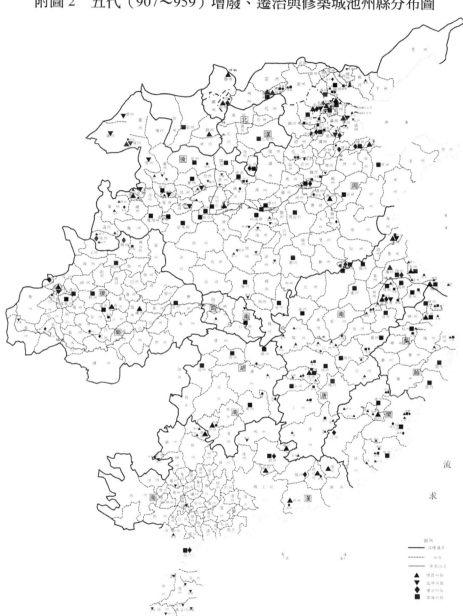

底圖來源：《中國行政區劃通史・五代十國卷》附圖《I-2 920 年後梁等政權
轄境政區示意圖》，有改動

後　記

　　呈現在學界同仁面前的這本小書，是我在自己博士學位論文基礎上加以修改完善的結果，尤其是增加了相應時段內的遷治州縣和區域中心城市遷移的部分。新近出土墓誌和學界新的研究成果，對論文的修改也有一定幫助。為求精益求精，對論文中的不少地圖進行了重新清繪，對表格也進行了修訂。當然，受時間、能力、精力所限，雖不得不面對無法盡收相關史籍有用信息來展開縝密研究以得出客觀、符合史實的診斷，但這一創作過程也算做到了秉個人之誠心，盡個人之全力。如今身為學術、工作、生活所累的自己，著實再難找回讀博時的那種狀態，完成這樣一篇學術論著。不少人說博士論文是一個人學術生涯上的一個高峰，深以為然。

　　初學歷史城市地理或相對坎坷一些。本科學的是漢語言文學專業，固然高中時歷史、地理等文科成績不錯，但跨入歷史地理學的初期並不算順利，基礎弱，差距大，先生問我「二十四史」中《宋書》的情況我還答錯了。承蒙不棄，有幸被引上了學術研究之路。

　　進入師門後不久，有幸參加了先生承擔的環境保護部（後改作生態環境部）項目《中國環境通史》（第 3 卷）的寫作團隊。先生說，你名字中有「闖」，敢闖敢幹，五代十國是我們這一卷的開始，你就負責這一段吧，學術生涯遂於五代十國結緣。五代十國時段雖然不長，但從環境變遷的角度來審視，尚存在可圈可點之處，比如作為多個中原王朝都城的開封，其城市環境在五代後期就經歷了實質性地改善，相關規劃「富於市政設計觀念，極堪注重」（現代建築學家梁思成語）。基於此，我完成了自己的碩士學位論文（《五代時期汴州城市環境初探》）。

　　坦白說，碩士那 3 年我有些不務正業。或受益於本科階段文學方面的積累，感性思維比較發達，寫作的熱情也較高，創作、發表了幾篇有關地方歷史文化的論文。至於五代十國環境史的寫作，且在先生多次耳提面命地點撥、一年多的不斷摸索中才找出眉目。至今都在敬佩、感恩先生對我的諸多包容，每想起來總會感觸良多。

　　碩士畢業當年，我又順利考取了先生的博士，繼續開展學術研究。在之前閱讀五代十國史籍及研究論著過程中，我注意到本時段且有不少州縣像開封城一樣修築過城池，少數重要州城還不止修築過 1 次，這一現象絕非偶然。經過思考，我將這一「重大發現」告訴了先生，先生並沒有直接拒絕，幫我分析道：「這些州城有哪些，分布在哪些，與五代十國的形勢契合度如何，這些你弄清了嗎？博士論文十多萬字，這些能支撐起來嗎？」我說：「如果不夠，還可以把研究時段前伸後延，研究對象也可以不僅僅侷限於修築城池的州縣，還有增廢、遷治等發生變動的州縣也值得關注。」見我有意堅持，或是欣賞此時我出生牛犢不怕虎的勇氣，「你先試試吧」成了先生那次談話的結束語。

　　隨著研究的深入，才發現前面的困難比預期的更大、更多。從某種意義上說，有關五代十國的史書不算少，最大的問題是過於瑣碎。原本計劃 3 個月完成基本史料的搜集、辨析與整理，後來一再延長，前後竟達半年有餘。更要命的是製圖。作為一本十足的文科生，我對操作軟件是比較排斥的，一開始打算請擅長此事的某位師弟來做，一兩幅出來後總不能令人滿意，而自己也算個挑剔的人，過多地麻煩他人又難免會傷及感情與錢財，索性自學吧。相對薄弱的考證功底也讓自己吃了不少苦，比如康贊羑墓誌銘中提及他曾任淮西刺史，查閱正史、歷史地圖並無此人和所謂的「淮西郡」，後認真比對才明白，《舊五代史》記「康贊羑」為「康讚美」，曾任蔡州刺史，而蔡州在唐代一度為淮西節度使駐地。還有相對枯燥的數字統計，面對下大工夫得出的結果，史料中每一個新的發現既讓人驚喜，又讓人哭笑不得，因為牽一髮而動全身，不少數字、比值與地圖且得重新計算、製作。就這樣跌跌撞撞地向前推進著，彷彿幼童從四肢爬行到兩腿走路，痛並快樂著。

　　應該說，碩士 3 年、博士前 2 年，在同門裏，我算是與先生交流較多的。最難忘的莫過於晚上陪先生到學校東邊的曲江池鍛鍊。來回約 8 公里，用時

一般在 2 小時左右。同行的路上，多數時候會向先生傾訴論文寫作中遇到的問題，先生及時予以點撥，大腦頓時豁然開朗，加上身上因流汗帶來的暢快，有時先生會帶我們再吃個夜宵，實在難得，也頗值懷念。

　　想起當年單純而執著於學位論文寫作的情景，著實令自己陶醉：給自己定了一個現實且直接的目標，每天完成 2000 字。除了相對規律的作息外，就是在電腦上一字一句、一段一節地思考與創作，忙得不亦樂乎，記得有一次 2 個月沒顧上洗頭、理髮，或許這就是「走火入魔」後應有的狀態吧。當然，跳出來看，日復一日，甚至夜以繼日，月月相繼地研究，單調無聊且肩負著不小的壓力。如何排解呢？一般情況下，每天晚上 8 點左右完成既定任務，隨後到操場上跑幾圈，到超市買瓶冰鎮啤酒，帶上收音機坐在有風的路口邊喝邊聽有趣的廣播節目，直到經過的學生少了再回宿舍休息。麻木的神經得到放鬆後，第二天重新開始。總結經驗，當得益於先生特別的人生教育方式。那些年，隨先生上了不少西北的名山，崆峒山、終南山、華山、太白山。太白山路長、華山路險、終南山有趣，讓人印象深刻，尤其是前者，在 1 米左右寬的山路上前進，一邊是嶙峋且少為植被的山體，一邊是向下無限延伸的亂石坡，快步行軍 5、6 個小時，遇到 3、4 次雨電，通訊信號缺失，很難想像一行幾人是怎麼挺過來的——特別是先生，誰能想到他已年近花甲，在體力、耐力等方面遠不及我們這幾個青年學生！休息間歇，先生會借汪國真的散文名句勉勵大家：沒有比人更高的山，沒有比腳更長的路；既然選擇了遠方，便只顧風雨兼程。難忘的是這段經歷，難得的是先生勇於挑戰自己、堅持和不服輸的那股心勁，這樣的言傳身教讓人受用頗多。

　　2018 年下半年博士畢業後，入職老家所在城市的一所普通本科高校，從學生轉變為教師，融入新的工作、生活消耗了不少時間，學術研究在一定程度上有所疏忽。慶幸的是，與先生的聯繫並沒有中斷以及奉獻學術的初心，在郵件的字裏行間流露著先生的教誨與點撥，比如那句「在寫作之中漸入佳境」，時刻提醒我不忘立身之本、專業使命。博士學位論文被推薦出版，更是先生的厚愛與鞭策。

　　我還要誠摯地感謝花木蘭文化事業有限公司，尤其是與我接洽的楊嘉樂女士和負責本書稿的幾位編輯，您們辛苦了！您們在工作中表現出的專業、細心、勤懇讓人感動。

　　遺憾總是有的，敢於、勇於承認不足，在今後的研究中不斷彌補、提高，不失為理智的做法。路漫漫其修遠兮，吾將上下而求索。前進路上，離不開學界同仁們的賜教與指正，個人電郵 20181013@xcu.edu.cn，敬侯佳音。

許昌學院家屬院寓所
2021 年 7 月末的幾個雨夜